포스트 성장 시대와 사회학의 과제

포스트 성장 시대와 사회학의 과제

임운택·정태석·지주형
권오용·김태균·백영경
김주환·김연철·홍찬숙
최샛별·김홍중 지음

한울
아카데미

차례

서문 사회학 이론의 포스트 성장 패러다임 전환을 위하여 6

1부 포스트 성장과 사회 이론 ⋯ 11
1장 자본주의 전환의 딜레마와 사회학의 과제 _임운택 ⋯⋯ 12
2장 포스트 성장과 전환 시대의 사회학 _정태석 ⋯⋯ 47

2부 국가, 정치, 이데올로기 ⋯ 97
3장 포스트 성장 균형 국가: 형태와 전략 _지주형 ⋯⋯ 98
4장 성장의 위기와 민족주의 전환 _권오용 ⋯⋯ 129
5장 글로벌 사우스의 포스트 성장과 포스트 발전: 발전 담론의 혼종적 공진화 _김태균 ⋯⋯ 159

3부 발전, 노동, 기술 ⋯ 195
6장 포스트-추출주의를 위한 발전주의 역사의 재해석: 영풍석포제련소 사례로 본 한국 추출주의의 역사와 전환의 가능성 _백영경 ⋯⋯ 196
7장 포스트 성장 시대, 노동의 재구성을 위하여: 사회 통합과 사회적 노동 _김주환 ⋯⋯ 228
8장 포스트 성장 사회로의 전환과 인간의 활동적 삶: 한나 아렌트의 개념을 중심으로 _김연철 ⋯⋯ 260

4부 돌봄과 계층 ⋯ 283
9장 포스트 성장 사회에서 돌봄과 주체 되기의 문제 _홍찬숙 ⋯⋯ 284
10장 포스트 성장 시대와 한국 사회의 계층 재생산 _최샛별 ⋯⋯ 312
11장 시대를 횡단하기: 한강의 『채식주의자』를 중심으로 _김홍중 ⋯⋯ 338

찾아보기 376

서문
사회학 이론의 포스트 성장 패러다임 전환을 위하여

사회학은 역설적으로 자본주의 사회의 위기와 함께 탄생하고 성장했다. 고전 사회학은 프랑스 혁명으로 대변되는 정치혁명과 '산업혁명'이라는 사회경제적 전환(transformation)의 파고 속에서, 현대 사회학은 2차 산업혁명을 압축하는 포디즘이라는 사회경제적 전환 속에서 발생했다. 1960년대 이후 소위 산업사회의 위기와 함께 '노동 사회'의 종말 논쟁이 시작되었고(알랭 투렝, 앙드레 고르, 다니엘 벨, 클라우스 오페 등), 이러한 변화가 다시 정치혁명(반전·인권·여성·환경운동)으로 이어지면서 현대 사회학의 다양한 이론들이 탄생했는데, 경제에는 무관심하나 합리적·형식적 근대의 문법에 도전하는 포스트모더니즘도 이 시기에 등장했다. 위기에 대한 진단과 대안의 모색은 동시대에도 보수적이거나 진보적 관점으로 나뉘기도 했지만, 자본주의 사회의 위기 상황은 사회학의 존립 근거를 제공하기에는 충분했다. 자본주의의 피할 수 없는 위기와 근대의 불안정한 지속성은 사회경제적·문화적·정치적 격변을 동반했지만, 이를 둘러싼 진단과 대안의 배후에는 자본주의 사회의 생성과 형성의 토양이었던 경제적 성장에 대한 믿음이 굳건하게 자리 잡고 있었다. 성장 사회의 대표적 학문인 경제학이 위기의 진단과 해법을 기술혁신과 생산요소(노동, 자본, 토지, 기업가 정신)의 재구성을 통해 제시하려고 했다면, 사회학자들은 성장 사회의 위기가 위기에서 파열된 사회의 모세혈관(사회조직, 정치제도, 노동, 문화, 공동체 등)에 대한 진단과 처방으로 회복되리라 기대했다. 그럼에도 이러한 판단의 전제 조건은 성장의 지속이고, 위기는 일시적인 부작용으로 이해되었다.

냉전의 종식과 함께 섣부르게 선언된 '역사의 종말'은 이후 마르크스 경제학에서 강조하는 경제 위기 사이클보다 경제 위기가 더 빈번하게(1990년대 이후만 해도 1997년 동아시아 외환 위기, 2000~2001년 닷컴 버블, 2007~2008년 대침체, 2010~2012년 유럽 재정위기, 2020~2022년 코로나19 위기 등) 발생하면서 무색해졌다.

위기가 잦아지고 그 규모도 커지면서, 이제 위기 진단은 사회과학자들만의 전유물이 아니게 되었다. 최근만 해도 ≪파이낸셜타임스≫의 수석 경제논설위원인 마틴 울프(Martin Wolf)는 『민주주의적 자본주의의 위기』(2024)라는 저서에서 시장경제와 민주주의의 결합 모델이 구조적 위기에 봉착했다는 진단을 내렸고, 글로벌 헤지펀드인 블랙록(BlackRock)의 창립자 래리 핑크(Larry Fink)는 투자자 서한에서 "자본주의가 소수의 사람만 위해 존재할 뿐 제대로 작동하지 않는다"라고 경고했다(The Australian, 2025.3.31). 굴지의 글로벌 보험회사인 알리안츠의 CEO 귄터 탈링거(Günther Thallinger)는 기후 위기와 경제구조의 붕괴가 자본주의 자체를 위협하고 있다고 지적하고(Carrington, 2025.4.3 재인용), DBS은행의 CEO 피유시 굽타(Piyush Gupta) 또한 디지털 전환과 그린 전환에 대처하지 못하면 자본주의가 장기 경제모델의 위험에 빠질 것이라고 경고한다(Time Forum, 2025). 자본주의의 첨병 역할을 하는 이들마저 인지하는 위기의 토대는 자본주의 역사에서 경험하지 못했던 장기적 저성장이고, 위기를 관리할 능력의 부재이다.

성장 사회의 위기는 자본주의 역사에서 여러 차례 있었고, 심지어 위기 발생과 그에 동반된 자본주의 자정 능력은 자본주의 전환의 역동성을 가져다주는 이중운동(칼 폴라니, 안토니오 그람시)으로까지 이해되었다. 현대 사회학 이론도 성장의 과실(불평등과 분배, 위험의 확산)을 문제 삼았지만, '제2의 근대화론'에서 보듯 성장 사회의 위기를 심각한 도전으로 이해하지는 않았다. 한편, 규제 자본주의를 철폐하자던 신자유주의 기획으로 민주적 통제가 약화한 이후 막상 기대한 만큼 자본수익을 확보하기에도 급급할 정도로 경제 위기가 심화되기도 했지만, 생태 위기와 민주주의의 위기가 중첩되면서 경제, 생태 및 사회의 복합 위기가 도래했다. 이러한 복합 위기는 전통적인 국민국가에서 '조직화된 자본주의'의 형태로 극복될 성질이 아니었다. 신자유주의가 강제한 시장의 세계화는 국가의 조정 능력을 약화시켰지만, 동시에 시장에 의해 강화된 (울리히 벡의 의미에서) '개별화'는 사회의 회복력을 현저하게 둔화시켰다.

　이 책의 저자들은 이러한 자본주의의 구조적 위기를 '성장 사회의 딜레마'로 규정하며, 이는 근대성 자체의 위기이자 사회학의 새로운 전환점이라고 진단한다. 저성장의 위기를 탈출하기 위해 선택된 이중 전환(디지털 전환과 그린 전환)이 성장 사회의 동력을 지속가능하게 하지 않으면서 우리 시대는 '포스트 성장'의 도전과 마주하고 있다. 포스트 성장 사회는 더 이상 GDP 중심의 성장 패러다임으로 설명되지 않는다. 사회적 행복, 생태적 지속가능성, 그리고 분배 정의가 중심이 되는 사회를 지향한다. 이 과정에서 사회학은 단순한 비판의 학문이 아니라, 대안적 제도와 가치 체계를 제시하는 실천적 학문으로 재정립되어야 한다.

　이는 이론적 측면에서 중요한 의미를 지닌다. 한국 사회학계는 학문의 출발과 제도화가 늦어진 만큼 오랫동안 해외 사회학 이론의 '수용-적용-비교'의 과정을 거쳐 왔다. 위르겐 하버마스, 니클라스 루만, 울리히 벡, 앤서니 기든스, 피에르 부르디외 등의 현대 사회학 이론을 수용하는 단계에서 시공간의 차이는 근대화의 추격 과정상 일정하게 극복될 것으로 전제되었기에, 이론 수용과 적용에 따른 한국 사회 근대화의 과잉 해석, 혹은 이론의 현실화를 전제로 한 비교 분석 등은 수입 이론의 내재화를 위해 치러야 할 대가 정도로 이해되었다. 한편, 한국적 사회학의 정립이라는 이름으로 극단적 탈중심화의 논의도 유행했다. '한국적', '동양적'이라는 수식어는 한국 사회의 물질적 토대와는 무관하게 근대화의 상이한 경로 혹은 이론 적용의 한계를 채워 주는 묘한 치유제가 되기도 했다. 물론 이러한 시도는 포스트모더니즘만큼 무관심하진 않지만, 성장 사회에 대한 해석이 관념론의 수준을 넘어서지 못했다. 이러다 보니 수입 이론은 근대 형성의 고유한 성찰에 기여하기보다는 개념의 유용성에 따른 사회적 설명의 수준에 머무르게 되었다. 일례로 대형 사건만 터지면 소환되는 벡의 위험사회 이론, 문화의 잡종성을 특징으로 하는 K-pop 문화의 성공에도 불구하고 여전히 부르디외의 고전적 계층적 문화 분석이 학술 세계에서 주류가 되는 현실이 이를 방증한다.

이제 한국 사회의 발전 속도, 즉 근대의 '가속화'가 서구의 발전 수준과 격차를 좁혀 감에 따라 사회학 이론의 '시간 지체'는 사회 이론의 미발달에 핑계를 제공하지 않는다. 소위 세계 체제론의 반주변부에서 중심부로 이동한 한국 사회는 단순히 물질적 수준이 높아진 것이 아니라 사회적 이슈 혹은 사회문제 자체가 글로벌화되었다.

강도에서 차이는 있을지언정 주요 OECD 국가와 비슷하게 현재 한국은 인구 붕괴, 지역 소멸, 지속적 노동시장 이중화, 생태계 불안정화, 디지털 자본주의에 의해 심화되는 고용 불안정성 등 구조적 위기가 복합적으로 발생하고 있다. 이러한 상황은 생산주의적 성장 패러다임의 한계와 성장 의존적 사회계약의 붕괴를 의미한다. 이러한 현상을 배경으로 이 책의 저자들이 제시하는 포스트-성장 담론은 새로운 사회현상과 갈등을 진단하는 사회학의 재이론화를 강조하고, 부분적으로는 정책적 차원의 논의와 실천적 측면에서 전환을 위한 담론의 재구성을 지향한다.

포스트-성장 이론이 저성장, 시간 빈곤, 기후 취약성, 사회적 재생산 위기를 개인적 불운이 아닌 집단적 구조적 문제로 재개념화하고, 다양한 대중(청년, 지역공동체, 노동조직, 기후 운동가, 돌봄 노동자 등)을 참여시켜, 학문적 분석과 실천 담론의 가교 역할을 추구한다는 점에서 마이클 부라보이(Michael Burawoy)의 공공 사회학과도 유사하다.

그러한 관점에서 이 책은 세 부분으로 구성된다. 1부는 포스트 성장과 사회 이론으로, 임운택·정태석은 일련의 논쟁적이고, 이론적 기여를 위한 논문으로 현재 자본주의의 모순과 역동성, 그 확장 방식과 한계에 대한 이론적 분석과 질문을 담고 있다.

2부는 국가, 정치, 이데올로기의 관점으로, 지주형은 포스트 성장 시대의 균형 국가의 역할, 권요용은 민족주의의 재해석, 김태균은 글로벌 남북문제에서 우리 사회의 역할 등에 대해 다룬다.

3부에서는 경제적 발전, 노동, 기술의 미래와 전망을 다루는데, 백영경은 화석에너지의 추출주의에서 포스트 추출주의로의 전환을, 김주환은 포스트 성장 시대에서 사회적 노동의 재구성을, 김연철은 한나 아렌트의 개념을 중심으로 노동과 작업의 의미를 재구성한다.

4부에서는 돌봄과 계층 문제를 다루는데, 홍찬숙은 포스트 성장 시대에서 돌봄의 주체화를, 최샛별은 부르디외의 관점에서 계층구조의 변화를, 김홍중은 한강의 『채식주의자』 재해석을 통해 인류세, 개인의 탈주체화 문제를 다룬다.

이 책은 여러 연구자의 협업에 기초한 것으로 단일한 관점을 제시하기보다는 포스트 성장 시대에 사회학적 분석의 다양한 지평을 제시하고 담론화하는 데 목적을 가진 만큼 후속 논의의 시발점이 되기를 기대한다. 다수의 저자가 참여하는 이 책은 미래인력연구원 이진규 이사장님의 적극적인 지원과 격려 없이는 불가능했을 것이다. 다시 한 번 한국사회학회에 깊은 애정과 관심을 보여 주신 데 깊은 감사를 드린다. 마지막으로 저자들의 원고를 깔끔하게 교정해 준 배소영 팀장님, 출판 과정을 말끔하게 안내해 준 윤순현 부장님, 어려운 출판 환경에도 불구하고 흔쾌히 저술의 출간을 결정해 준 김종수 대표님에게 감사드린다.

참고문헌

울프, 마틴(Martin Wolf). 2024. 『민주주의적 자본주의의 위기』. 고한석 옮김. 페이지2북스.
Carrington, Damian. 2025. "Climate Crisis on track to destroy captialsim, warns top insurer." *The Guardian*. 2025.4.3.
Fink, Larry. 2025. "Capitalism has 'failed too many?'" *The Australian*. 2025.3.31.
Times Forum. 2022.10.2. "Why DBS CEO Piyush Gupta believes the Pendemic will end up accelerating the Green Transition".

1부 포스트 성장과 사회 이론

1장 자본주의 전환의 딜레마와 사회학의 과제 _임운택

2장 포스트 성장과 전환 시대의 사회학 _정태석

1 자본주의 전환의 딜레마와 사회학의 과제*

임운택

1. 위기의 자본주의:
경제적·생태적 집계발 위기와 사회학적 문제 제기

2007/8년 대침체 이후 지속되고 있는 세계 자본주의 경제의 일련의 위기는 '포스트 성장 사회(Post-Growth Society)'의 논의를 촉발했다. 대침체가 발발한 지 사반세기가 지난 지금, 글로벌 자본주의는 경기순환적으로는 신규 수요가 증가하면서 위기를 극복한 것처럼 보인다. 디지털 전환과 그린 전환(Digital and Green Transformation)으로 상당수 국가에서 공식 실업률은 부분적으로 감소했다. 코로나19 이전의 상황을 보면 일부 주요 자본주의 국가에서는 노동시장 참여율이 기록적인 수준에 도달했고, 일부 국가에서는 심지

---

* 이 글은 ≪사회와이론≫ 제51집(2025년)에 게재된 논문 「자본주의 전환의 딜레마와 사회학의 과제」를 수정한 것이다.

어 실질임금도 다시 상승했다. 그렇다면 현대의 성장 자본주의의 불안정화에 대한 전망은 기우에 불과할까? 나아가서 진보적 사회 이론은 자본주의의 위기 현상을 과대평가하고 사회 발전의 우발성을 과소평가한 것일까? 혹은 어차피 더 나은 대안이 없으므로 사회 이론가들은 자본주의가 계속 존재한다는 것을 인정해야만 할까?

자본주의의 이중 전환으로 대침체발 경제가 어느 정도 회복되고 있음에도 전 세계의 엘리트들은 미래 전망에 대해 낙관적이기는커녕 오히려 불안한 시각을 드러내고 있다. 이들은 "자본주의가 많은 사람들에게서 실패했다"[래리 핑크(Larry Fink) 세계 최대 금융자산회사 블랙록(Black Rock) CEO, 2025]면서, 기존의 자본주의 성장과 투자 방식에 스스로 의구심을 드러냈다. 뿐만 아니라 월스트리트의 억만장자 투자자 레이 달리오(Ray Dalio)는 디지털 자산과 기술 자본주의의 극단적 가치 편중에 따른 AI 투자가 "닷컴 버블과 유사한 버블"이라고 경고하고 나섰다(Foley and Samson, 2025에서 인용). 한편, 안토니오 구테헤스(Antonio Guterres) 유엔 사무총장은 "화석연료 기업들은 기록적인 이익을 누리고 있지만, 가계 예산은 줄어들고 우리 행성은 불타고 있다"면서, 화석 자본의 탐욕이 기후 재앙에 책임이 있음을 분명히 했다(Guterres, 2022). 글로벌 보험·금융 회사인 알리안츠(Allianz)의 귄터 탈링어(Günther Tallinger) 이사회의장은 심지어 "기후 위기는 자본주의를 파괴할 수도 있다"고 경고했다(Carrington, 2025에서 인용).

이러한 일련의 언급은 정계와 재계의 최고 엘리트들이 열정적으로 추진하고 있는 자본주의 전환의 본질을 방증한다고 할 수 있다. 위기 탈출과 일시적인 성장 동력에도 불구하고 글로벌 엘리트들은 불확실성에 당혹스러워하며, 이들은 아직 새로운 도전에 대해 만족할 만한 답을 찾지 못한 것으로 보인다.

이러한 금융 자본주의 엘리트들의 위기에 대한 경고는 산업화된 자본주의 사회가 '경제적·생태적 집게발 위기'(Zangenkrise: 되레, 2024)에 처한 문제를 해결할 수 없다는 점을 분명하게 보여 준다. 경제 위기를 극복하는 가장 중요한 수단인 경제성장이 환경에 점점 더 파괴적인 영향을 미치고 사회를 분열시키고 있으므로, 특히 자본주의 중심 국가들은 발전의 근본적인 방향을 두고 선택에 직면해 있다. 경제성장을 생태적·사회적으로 지속가능하게 만드는 데 성공하든지, 아니면 급속한 성장 없이도 안정을 보장하는 방법을 찾아야 한다(Jackson, 2009: 128). 이는 대침체 당시에 고민해야 할 선택지였다. 집게발 위기의 영향에 놓인 지금, 글로벌 북반구의 자본주의는 지속가능한 사회로의 전환의 갈림길에 서 있다. 이 전환이 어떤 사회적 조건에서 실현될 수 있을지는 아직 미지수이다. 확고한 지배 메커니즘이 생태적·사회적 지속가능성으로의 전환을 막는다면 자본주의 자체가 상상할 수 없을 정도의 위험에 빠지게 될 것이다.

이 글에서는 전환 시대에 사회학이 마주한 이론적 도전을 크게 두 가지로 압축한다. 하나는 근대성의 배경에서 탄생하고 형성된 사회학의 역할(자기 정체성)에 대한 도전이며, 또 다른 하나는 첫 번째와 연관 속에서 미루어 짐작할 수 있듯 사회학이 성장 사회를 배경으로 사회문제를 대상화하고 이론화하는 것에 대한 도전이다. 현재의 이중 전환(디지털 전환과 그린 전환) 국면에서 사회학을 오랫동안 지탱해 주었던 근대성과 성장 사회라는 두 개의 환경은 근본적으로 도전을 받고 있다. 현실의 변화는 당연히 이론적으로 새로운 도전을 의미한다. 아래에서는 사회학과 근대성의 맥락, 그리고 사회학과 성장 사회의 연관성을 각각 이론적으로 검토한 후 사회학 이론의 새로운 도전과 과제를 탐색해 보고자 한다. 이 글은 문제 인식에 기반을 둔 시론적 시도이므로, 이론적 완결성을 추구하기보다는 문제의 지형을 묘사하고, 사회학 이론의 가능성을 탐색하는 데 목적을 둔다.

2. 사회학과 근대성의 맥락

인류의 첫 번째 위대한 전환을 신석기 혁명으로 본다면, 사회학은 근대로의 두 번째 위대한 전환(폴라니, 2009) 시기에 등장한다. 근대성과 사회학은 말하자면 샴쌍둥이다. 이 둘은 서구에서 세 번의 혁명(Müller, 2019)을 거쳐 궁극적으로 사회과학으로서의 사회학이 탄생했다. 즉, 첫째는 영국의 산업혁명과 자본주의의 부상, 둘째는 1789년 프랑스의 정치혁명과 그 결과로 인한 민주적 공화정의 출현, 셋째는 철학적 이상주의와 낭만주의를 기반으로 한 독일의 문화 혁명과 개인주의의 확립이다. 물론 이러한 혁명은 시공간적 격차를 두고 일어났을 뿐만 아니라, 새로운 사회구성체의 발전은 20세기 후반에 이르러서야 완전히 드러났으며, 특히 혁명적 근대화 프로젝트로 시작된 사회주의와의 체제 경쟁에서 더욱더 분명해졌다. 자본주의, 민주주의, 개인주의는 여전히 서구 사회에서 일반적으로 볼 수 있는 경제, 정치, 문화의 상황을 특징짓는 요소이지만, 서구 사회에만 국한된 것은 아니다. 적어도 한국, 일본, 싱가포르, 인도를 포함한 아시아의 주요 국가에서는 개인주의의 보편적 이상으로서 개인의 인권과 자유가 명백히 지배적인 문화가 되었거나 정착하고 있다.

사회학은 보통 근대성 또는 현대사회의 제반 문제를 자신의 연구 대상으로 다루어 왔고, 이는 오늘날에도 마찬가지이다. 한편, 우리는 다중 근대성의 시대에 살고 있다(Eisenstadt, 2000). 유럽과 미국은 한때 근대성/근대화의 역사적 선구자였지만, 오늘날에는 전 세계의 확실한 롤모델로 간주하기가 점점 더 어려워지고 있다. 오히려 최근에는 글로벌 북반구와 글로벌 남반구라는 용어가 더 보편화되고 있듯(Prashad, 2014), 세계는 부와 빈곤의 분배뿐만 아니라 경제, 정치, 법률, 사회제도의 조직에 있어서도 분열이 가속화되고 있다. 현재 전 세계 사회에는 다양한 변화와 발전의 경로가 존재한다. 자본주의 시스템 내의 모든 사회는 근대화/현대화되거나 적어도 근대화/현대화되기 위해 경주하고 있다. 그러나 이는 더 이상 서구에서 여전히 지배적인 자본주의, 민주주의, 개인주의의 삼위일체를 의미하지 않는다. 물론 이 세 개의 이념은 큰 균열이 있기는 하지만 여전히 존재하고 있다. 반면에 통제된 경제, 독재, 종교적 및 비종교적 성격의 새로운 집산주의가 전 세계적으로 인정받고 경제적 성공을 거둘 수 있다는 전망 또한 나오기도 했다. 가장 대표적인 사례는 아마도 국가 자본주의, 당이 주도하는 공산주의, 유교에서 영감을 받은 집산주의를 성공적으로 결합한 세계의 신흥 강대국 중국이다(Champion and Leung, 2018). 실제로 이렇게 빠르고 급진적으로 근대화를 이룩하고 전 세계에 그 흔적을 남겼던 사회는 역사적으로 거의 전례가 없었다.

  이처럼 혼란스러운 상황에서 인류의 미래와 발전 역량이 달린 21세기에 이미 우리가 목격하고 있거나 달성해야 할 새로운 대전환에 대한 논의가 정책적으로나 이론적으로 본격화되고 있다(WBGU, 2011). 사실, 기술적·경제적·정치적·문화적 측면에서 엄청난 격변이 일어나고 있으며, 고전적 근대성 개념이나 후기 근대의 낡은 처방으로는 쉽게 해결할 수 없는 완전히 새로운 성격의 도전이 발생하고 있다. 결국, 성장 사회의 위기로부터 초래된 포스트 성장 사회에서 예상되는 세 번째 대전환은 지금까지 경험하지 못한 완전히 새로운 형태의 글로벌 사회구성체를 만들어 낼 수도 있고, 아니면 금세기에 성장의 궁극적 한계에 도달해 지구의 생태 균형을 파괴하고 존립 자체를 위협하는 대혼란에 빠지게 될 수도 있다.

이러한 격변은 도대체 어떤 것일까? 21세기 세계는 어떤 도전에 직면하게 될까? 현대 사회학은 이에 어떻게 대응해야 할까? 사회학이 전문성 측면에서 기여할 수 있는 것은 무엇이며, 그 한계는 무엇일까? 마르크스, 베버, 뒤르켐, 짐멜 등 사회학의 주요 창시자들이 당대의 거대한 사회경제적 변화를 파악하고 근대사회의 구성체에 대한 시원적 분석을 제시하려 했던 고전 사회학에서 우리는 어떤 교훈을 얻을 수 있을까?

나는 이 질문 목록을 아래에서 세 단계로 나누어 살펴보고자 한다. 먼저, 사회학과 성장 사회 간의 특수한 관계를 조명할 것이다(III장). 이어서 그 관계의 단절을 요구하는 전 지구적 관점에서 21세기 세계가 직면한 주요 문제와 도전 과제를 간략하게 파악한다. 그런 다음 사회학의 창시자들을 되돌아보고 그들이 당대의 도전에 어떻게 대처했는지, 그로 인해 현재 다양한 변화의 분야에서 어떤 질문이 제기되는지, 그리고 오늘날의 사회학이 어느 정도까지 정의할 수 있는지 보여 주고자 한다(IV장). 마지막으로 우리 시대가 직면한 도전을 고려할 때 무엇이 필요한지, 사회학이 근대에서 했던 것과 마찬가지로 현대에서도 중요한 역할을 수행하고자 한다면 이론적으로 무엇을 성취해야 하는지, 그리고 무엇을 성취할 수 있는지에 대해 논해 보고자 한다(V장). 나는 이에 대해 명확한 답을 제시하기보다는 많은 의문을 제기하는 에세이 형식으로 시대와 위기에 대한 진단을 내려 보고자 한다. 이러한 입장은 주로 자본주의 주요 핵심국가의 관점에서 구성된 것으로, 다른 지역에서는 이 문제에 대한 글로벌 인식이 매우 다를 수 있다. 지정학적 차이에도 불구하고 지구 다수 지역에서 공통점은 자유와 인권의 타협 불가능성 때문에 발생하며, 동시에 세 번째 대전환의 필요성을 인식하기 때문이다. 글로벌 북반구의 '가치 관계'를 바탕으로 하고 있음에도 불구하고 막스 베버가 말한 대로 아래의 분석은 '가치중립적'임을 강조하고자 한다.

3. 사회학과 성장 사회의 연관성

근대사회는 역동적인 경제성장에 기반을 두고 발전해 왔다. 다시 말해서 근대사회는 성장 사회를 당연한 것으로 이해해 왔다. 장기적으로 지속되어 온 국내총생산의 낮은 성장률을 고려할 때 후기 산업사회가 이제 포스트 성장 자본주의 시대에 접어들었다는 주장이 빈번하게 제기되면서, 역설적으로 근대의 사회학 이론이 성장 사회에 기초해 발전했다는 점이 분명해졌다.

스스로를 '근대'로 이해하고 설명하는 현대사회는 20세기에 민주적 복지국가의 제도적 형성을 기반으로 발전해 왔다(주로 유럽과 북미, 동아시아 일부). 이러한 사회가 기능할 수 있는 능력은 중단 없는 경제성장과 지속적인 사회보장이라는 전제 조건과 연결되어 있다. 물질적 성장, 그리고 이를 가로막는 제약 조건은 민주적 복지 자본주의의 제도적 질서 전반에 영향을 주며, 집단적 생활 방식과 개인의 일상적 관행을 특징짓는다. 따라서 이러한 물질적 성장의 제약은 근대사회가 성장 사회로 재생산되는 것을 촉진하는 동기를 부여하며, 어떤 면에서는 재차 이를 강제하는 문화적 합리성으로도 해석할 수 있다.

'성장'은 원래 자본주의 사회화(Vergesellschaftung)의 구조적 특징을 가리킨다. "자본주의적 생산방식이 지배적인 사회"(Marx, 1973: 49)는 자본축적의 강제를 보여 주는 분명한 증거이다. 여기서 자본을 소유한다는 것은 자본 증식이라는 명령을 의미하며, '이윤 의존적'(Streeck 2015: 48)인 자본가는 자본의 영구적이고 지속적으로 확장하는 규모의 가치 증식에 실질적으로 의

존한다. 이런 점에서 자본주의 경제는 끊임없는 운동에 놓여 있을 뿐만 아니라 지속적인 팽창의 소용돌이 속에서 움직일 수밖에 없다. 자본주의 체제의 목적과 목표는 잉여가치를 생산하여 이를 활용하고, 이를 통해 끊임없이 새로운 "추가적 축적에 적합한 이윤율을 회복"(Mattick, 1974: 57)하는 데 있다. 문명사에서 유례가 없을 정도로 자본주의 사회에서 끊임없이 증가하는 경제적 가치 창출은 "**주어진** 시장에 따라 확장하는 것이 아니라 **예상되는** 시장에 따라 확장하는"(Mattick, 1974: 69) 개별 자본 간의 경쟁 과정에 기반한다. 따라서 자본 논리와 경쟁 동력의 결합은 강박적이고 거의 비극적이라고 부를만한 수준으로 개별 기업의 합리성을 만들어 내는데, 이 합리성은 영원한 확장이 궁극적인 목표이며, 시시포스의 운명처럼 이윤에 의존하는 사람들은 시장의 확장을 달성하기도 전에 다음 시장의 확장을 기획하지 않으면 안 되는 저주를 의미한다(Holst, 2019).

그러나 현대사회는 민주적으로 구성된 사회로서 엄격한 의미에서의 성장, 즉 축적의 명령뿐만 아니라 합법화의 명령에 대한 구조적 이중 연결을 통해서만 성장의 필요성을 갖게 된다(Borchert and Lessenich, 2016: 22). 자본 생산성의 논리만 우세하다면 성장 없이도 자본주의를 구상할 수 있다. 이윤에 의존하는 사람들만 수요를 창출해야 하는 곳에서는 부가가치 생산이 필요하지만, 다른 집단의 분배적 수요도 충족시키는 '사회적 생산물'이 성장할 필요는 없다(Lepenies, 2013). 이러한 상황은 19세기부터 이어져 온 자본 관계의 반대편, 즉 노동력 실현 조건에서 분리된 임금노동자의 상대적 권력 증대와 함께 근본적으로 변화했다. 강자가 집단적 조직과 의회 대표를 통해 정치적 (공동)결정권을 획득하는 민주적 자본주의에서 임금노동자들은 최소한 제한된 물질적 참여권이 주어질 때만 이윤에 의존하는 게임을 할 수 있었다.

산업 자본주의로부터 복지국가의 발전은 임금노동자의 민주적 권력 자원을 통해서만 가능하며(Korpi, 1983), 자본주의의 축적 압박은 성장을 제도화하는 명령이 되었다. 이윤에 의존하는 사람과 임금에 의존하는 사람의 요구, 즉 가진 자의 자본 가치 평가이익과 가지지 못한 사람의 사회참여 요구를 동등하게 고려한 정치적 합의가 바로 20세기 후반에 완전한 결실을 맺은 복지국가였다(Lessenich, 2012). "사유재산과 사회적 재산, 경제 발전과 사회적 권리의 부여"(Castel, 2000: 325)를 통합한다는 자체적인 목표를 가진 제도와 개입의 복합체로서 민주적 복지국가는 후기 근대 사회화의 결정적인 기능적·합법적 기둥이 되기 위해 발전했다. 동시에 복지국가는 자본주의적 축적의 결실과 민주적 정당화의 원천에 의존하면서 성장 사회의 정치적 이미지, 제도적 이타성, 자기 논리를 장착한 동력을 가진 '성장 국가'(Lessenich, 2012)로 발전했다.

비록 제도상으로는 불평등 문제를 해결하는 데 한계가 있었음에도, 사회적으로 전례 없이 광범위하게 확산된 복지국가의 정책이 경제적 가치 창출을 물질적 번영으로 전환하는 데 성공하면서, 복지국가 자체뿐만 아니라 자본주의 사회 내의 이해관계, 선호도, 가치관 등 전체 사회질서는 성장 논리에 강하게 유착되었다. 역사적으로 임금노동자들뿐만 아니라 비임금노동자들도 물질적 참여를 강제하는 정도와 국가 복지국가 체제가 취하는 제도적 형태는 항상 구체적인 사회적 권력관계와 경쟁하는 정치 질서에 관한 철학의 문제이다(Esping-Andersen, 1990). 어쨌든 '현대사회의 갈등'(Dahrendorf, 1992)은 본질적으로 특정 기간에 발생한 잉여 생산물의 분배를 둘러싼 투쟁이며, 성장률 증가로 일시적으로 해소될 수는 있지만 결코 중단될 수 없는 구조적 갈등이다. 경기회복 시대가 반드시 도래할 것이기 때문에 가치 창출, 분배 비율 및 참여 기회의 미래 조건을 둘러싼 전투가 벌어질 수밖에 없다. 승자가 없는 치열한 전투에서 최종전이란 성립하기 어렵다.

따라서 민주적 복지 자본주의는 성장을 둘러싼 사회적 갈등을 지속하는 사회적 행위자의 구성과 행동 논리를 제공하며, 이는 일시적인 개별 행동의 특이성을 배제하는 방식으로 이루어진다. 사회 역사적 관점에서 개인화를 보는 방식과 유사하게, 경제성장이라는 현상도 "집단적으로 개인화된 존재 방식"으로 이해될 수 있다(Beck, 1983: 42). 혹은 좀 더 역동적인 관점에서 보면, 자신의 존재 방식의 모순적 본질을 쉽게 인식할 수 없는 사회 행위자들이 집단적으로 개별화되는 역사적으로 특수한 과정일 수도 있다(Beck, 1983: 42). 민주적 복지국가의 시민들은 사회적 행동의 지향, 공유된 가치관, 상호 의존적인 생활 방식에서 겉으로 보기에는 성장 사회의 공통적 문화에 따라 행동한다. 사회 공동체의 물질적·이상적 관심사, 습관적 성향, '정신적 하부구조'(Welzer, 2011)(어떤 식으로든 소속감을 갖고 함께 활동하는 사회화된 개인들의 앙상블—필자)는 성장을 위한 준비가 되어 있다(Eversberg, 2014).

사회적 행위자가 일자리나 소비 시장, 노동시장, 인간관계 어디에서 움직이든 상관없다. 언제 어디서나 물질적 경쟁과 상징적 경쟁의 장, 사회적 검증과 개인 간 비교의 장이 열린다. 다시 말해, 자신과 타인, 주변 환경과 주변 사람들, 주어진 가능성과 역경 속에서 성장의 사회적 세계가 열려 있다. 결국, 시장이 모든 것을 해결해 줄 것이라고 사람들은 믿게 되었다. 어쨌든 선과 악이 아니라 행복과 불행, 많고 적음을 판단하는 것은 시장이 될 것이기 때문이다. 사회에서 행위의 측면은 시장 신호를 따르는 것 외에는 아무것도 하지 않는 시장 시민들 스스로에게 달려 있다. 이러한 신호를 듣는 사람들은 머리부터 발끝까지 성장에 맞춰져 있다. 그들이 할 수 있는 일, 즉 그들의 두 번째 본성은 오직 성장해야만 한다는 것이다. 그리고 이것이 바로 사회적 관계를 뒤집으려는 시도를 근본적으로 어렵게 만드는 이유이다.

이로써 분명한 사실은 성장하느냐, 성장하지 않느냐는 중요한 질문이지만 일상적인 삶에서 전혀 문제가 되지 않는다는 점이다. 성장 사회에서 개인은 스스로를 '무한한 가능성'의 하나로 표현하고 싶어 하지만, 이는 개인의 선택이나 개인적인 라이프 스타일 결정의 문제가 아니다. 오히려 그 조건에서 살아가고 있거나 살아가야 하는 모든 개인이 생존을 위해 어떤 것을 주어진 것으로, 정해진 것으로 받아들이느냐는, 당연시하고 수용해야 하는 객관적-사회적으로 생산된, 필연성에 의해 지배된다. 민주적 복지국가 사회에서 개인은 성장에 의해 지배된다(Brand und Wissen, 2017). 그리고 이런 일이 점점 더 직접적으로 일어날수록, 대안적인 사회적 개인들은 자신의 특정한 사회적 위치와 일상생활 방식에서 경제성장의 동력이 합리적이고 안정적이며, 문제없이 계속 작동하는 것에 점점 더 의존하게 된다. 성장 사회는 모든 곳에서 의존성을 낳고, 더욱 촘촘하고 뗄 수 없는 그물망을 펼쳐 놓고 있다. 성장 사회는 이대로 계속 가야 한다는 집단적-개인적 자기 강박과 더 많은 것을 가지려는 조직적 이기주의의 사회일 뿐이다. 비판적 사회 이론의 관점에서 볼 때, 이러한 강박적 자기 관계의 맥락은 성장의 변증법을 의미하며, 어쩌면 성장의 함정에서 벗어날 방법을 의미하기도 한다.

4. 21세기의 도전

인구(저출생과 초고령화), 기후, 불평등, 이주 등 21세기는 엄청난 가속화 동력을 배경으로 이러한 도전에 직면하고 있다. 글로벌 북반구의 경우, 우리는 선택의 폭이 무한하다고 여겨지는 경제적으로 크게 발전한 세상에 살고 있다. 이것이 바로 지속적인 성장, 번영, 복지 증진을 통해 가속화된 디지털 자본주의의 구원을 약속하는 배경이기도 하다. 그러나 1972년 데니스 메도우스(Dennis Meadows) 등이 '로마클럽'을 대표해 제기한 생태학적·물질적 '성장의 한계'는 이러한 전망을 반박한다. 자원의 유한성에 대한 구체적인 예측 중 일부가 실현되지 않았더라도, 그 예측의 방향은 옳았다. 기후 위기나 코로나19 등을 반추해 볼 때 지금과 같은 상황이 영원히 지속될 수 없다는 것은 분명해졌다. 사회학적으로 볼 때, 이는 현재의 물질적으로 팽창한 형태의 자본주의 성장 모델을 포기한다는 의미라고 볼 수 있다. 결국, 지구는 생태학적 측면에서 현재와 같은 상황을 더는 지속할 수 없다.

파우스트와 악마가 맺은 계약과 유사하게도 역사의 아이러니는 호모 사피엔스가 인류세에 접어들어 자연, 사회, 문화를 지배하게 되면서 그 지배의 한계가 분명하게 드러났다. 어쩌면 인간이 자연을 지배하면서 자연과학과 현재 번성하는 '생명과학'의 약속이 실현되었을 수도 있었다. 그러나 인간이 기술을 통해 자연을 통제할 수는 있을지 모르지만, 실제로 자연을 정복할 수는 없다. 반대로 과학기술의 발명과 혁신은 의도하지 않은 방식으로 인간 삶의 자연적 기반을 훼손했고, 이는 포괄적인 생물학적 치료를 제공한다는 '생명과학'의 주장에 반하는 것이다. '유희의 명인(Magister Ludi)'(헤르만 헤세의 소설 『유리알 유희』에 등장하는 유토피아 카스탈리엔의 최고 책임자)으로 분한 인간은 자신이 수행하는 게임의 기반을 파괴하는 과정에서 극단적으로 행동하기 때문에, 매우 나쁜 행위자라고 할 수 있다.

스스로가 세계의 지배자인 듯 행동하는 것은 인류의 오만이다. 실제로 인간은 오늘날 지구에 가장 큰 위협이 되고 있다. 현대인의 폭발적 인구 증가와 자원 집약적인 생활 방식은 지구의 생태와 양립할 수 없다. 새뮤얼 헌팅턴(1997)은 종교와 문화의 충돌을 언급하며 '문명의 충돌'을 쟁점화했다. 문명의 충돌은 존재하지만, 그의 전망과는 달리 문제는 대부분 그것이 국가

간 국경에서가 아니라 국가 자체에 존재하고 있다. 그러나 진정한 충돌은 자본주의 문명과 지구의 자연 생태 간의 충돌이다. 그러한 관점에서 볼 때 인류는 21세기에 전환점을 맞이하고 있다. 이전과 같은 방식으로 경제가 지속된다면 지구의 생물권(biosphere)이 돌이킬 수 없을 정도로 파괴되어 생태계의 분배 투쟁이 격화될 위험이 있으며, 영화에서나 볼 수 있을 법한 생존 가능한 공간을 차지하기 위한 최후의 전쟁으로 확산될 수도 있다. 아니면 생태 정치적 측면에서 정신을 차리고 지구의 모든 주민이 환경적·사회적으로 수용할 수 있는 경제적·사회적 생활양식 모델을 찾는 데 성공할 수도 있다. 그렇다 하더라도, 인간이 작아진 지구에서 성공적으로 공존하기 위해서는 많은 금욕주의, 절제 그리고 겸손이 필요하다. 미국핵과학회지의 지구종말시계(Doomsday Clock)에 따르면 2024년 기준 지구는 종말을 의미하는 자정까지 겨우 90초 남았다고 한다.[1] 관련하여 인구통계, 기후 또는 더 구체적인 키워드인 생물 용량, 불평등, 이주 등 누적적 사회위기의 문제를 진단해 볼 필요가 있다. 물론 이는 시대에 대한 개략적인 진단의 형태로만 이루어질 수 있다. 그럼에도 불구하고 이 다섯 가지 키워드는 21세기 세계와 우리 사회가 직면한 가장 큰 도전 과제를 강조한다.

이러한 키워드로 나열된 위기적 심화 현상에 대한 최소 공통분모를 찾다 보면 아마도 가속도, 즉 괴테가 "악마적으로 성급한(verloziferisch)"[2]이라고

---

[1] Doomsday Clock remains at a minute and a half to midnight in 2024—closest ever to apocalypse | University of Chicago News 참조.

[2] 괴테는 1778년 니콜로비우스(Nicolovious)에게 보낸 편지에서 근대의 특징을 이탈리아어 velocità와 독일어 luzifersich를 조합하여 만든 신조어—악마적으로 성급한(verloziferisch)—를 사용했다. 즉, 괴테는 이 용어로 현대 생활에서 기술 발전의 급속한 가속화가 유기적 성장을 앞지르는 위험한 속도를 비유하고 있는데, 여기서 기술 가속주의는 우화 『파우스트』를 통

불렀던 가속(Rosa, 2005)으로 귀결된다. 악마적(luzifersich) 가속도(velocità)는 20세기 후반, 특히 1980년대에 시작되었다. 우리는 일반적으로 이를 세계화라고 불렀고, 이는 ICT 혁명에 의해 기술적으로 가능해졌고, 통화, 금융 및 무역 흐름의 자유화에 의해 정치적으로 바람직해졌으며, 제3세계 모델의 붕괴에 따라 지역적으로도 가능해진 과정을 의미한다(Müller and Schmid, 1994). 평화롭게 보였던 하나의 열린 세계가 갑자기 글로벌 경쟁을 통해 획일적인 서구식 문명으로 강제로 찢겨져 나갔고, ICT 혁명, 신자유주의, 세계화의 결합으로 전 세계가 엄청난 역학 관계에 놓이게 되었다.

1) 인구

세계인구 시계에 따르면 현재 지구상에는 77억 명이 넘는 사람들이 살고 있다. 신석기 혁명이 시작된 1만 2천 년 전에는 인구가 500만 명에 불과했다. 예수 탄생 당시에는 이미 3억 명, 로마 제국에만 6천만 명이 있었다. 1804년 인구는 10억 명을 돌파했고, 산업혁명의 여파로 인구의 증가가 본격화되었다. 1970년대 이후 전 세계 인구는 1974년 40억 명에서 현재 77억 명으로 거의 두 배 가까이 증가했다. 2022년 유엔 인구전망보고서에 의하면 전 세계 인구는 2030년에 85억 명, 2050년에 97억 명, 2100년에 109억 명으로 증가할 것으로 예상되나 증가세는 점점 둔화되리라 보았다. 인구학자들은 세계의 다른 지역이 경제적으로 발전하고 그들의 인구학적 행동이 서구 사회의 그것과 일치하게 되면 21세기 후반에 인구 증가가 멈출 수 있다고

해 이것이 지닌 가장 흉악하고 부정적 기능을 확인하게 된다.

가정한다. 하지만 한 가지 예외가 있는데, 바로 인구통계학적 전환이 이루어지고 있는 아프리카 지역이다. 현재 가장 큰 성장세를 보이고 있는 아프리카 대륙의 인구는 2050년까지 현재 13억 명에서 26억 명으로 두 배, 2100년에는 44억 7천만 명으로 세 배 이상 늘어날 것으로 예상된다. 하지만 지구는 얼마나 많은 인구를 수용할 수 있을까? 새로 유입되는 모든 인구를 부양해야 하고, 경제성장을 촉진해야 하며, 자원의 활용도를 높이고 기후변화를 제어해야 한다. 물론 이 모든 것은 라이프 스타일에 달려 있다. 유엔은 서구의 생활수준으로는 지구상에 기껏해야 20억 명, 아무리 양보해도 60억 명 정도가 살 수 있다고 계산했다. 110억 정도 되는 인구의 생활수준과 라이프 스타일이 어떤 모습일지에 대한 선구적 분석과 비전이 있으며, 이를 통해 생태적 문제 지점을 파악할 수 있다(Fader, Gerten, Krause, Lucht and Cramer, 2013; Greenpeace, 2015). 그러나 전 세계적인 지원을 통해 이러한 문제를 완화할 수 있는 정치적 의지와 적극성이 있는지는 아직 지켜봐야 한다.

2) 생태 용량과 기후변화

삶의 방식의 생태적 지속가능성을 측정하기 위한 검증된 접근 방식은 생태 발자국(ecological footprint) 개념이다. 이 개념은 한 개인이나 국가가 경제 및 소비 행태를 측정하여 인간이 번식을 위해 생물학적으로 생산적인 토지와 수역을 얼마나 많이 사용하는지 계산하는 데 사용된다. 이 면적 측정은 인간 활동이 자연에 요구하는 생태적 수요를 글로벌 공통 단위인 헥타르(gha)로 환산한 것이다. 글로벌 풋프린트 네트워크(Global Footprint Network)가 2017년 개방형 데이터 플랫폼을 출시하면서 제시한 계산에 따르면, 2016년 생태적으로 이용 가능한 생물 용량은 1인당 1.6gha였다. 그러나 전 세계 평균 생태 발자국은 2.8gha였다(GFN, 2019a). 따라서 우리는 현재 지구의 4분의 3에 해당하는 생물 용량을 소비하고 있다. 전 세계 인구의 86%가 생태적 균형이 깨진 국가에 살고 있는 셈이다. 2016년 기준 '생태적 죄인' 리그의 선두 주자는 1인당 생태 발자국이 14.1gha인 카타르와 12.9gha인 룩셈부르크였다. 반면 미국과 유럽은 각각 8.1gha, 4.6gha로 중간 정도 수준에 위치한다. 이 소비량을 전 세계의 평균 소비량으로 환산하면, 인류에게 거의 지구 세 개가 필요하다는 결론에 도달한다. 방글라데시(1인당 0.8gha)나 에리트레아(1인당 0.5gha)와 같은 가난한 국가는 최하위권이다(GFN, 2019b). 한국도 예외는 아니다. 한국의 생태 초과용량은 미국과 호주 다음으로, 한국인처럼 전 세계인이 살려면 지구 3.5개가 필요하다는 계산이 나온다. 현재 많은 국가에서 1인당 생태 발자국이 약간 감소하고 있지만, 더 걱정스러운 사실은 인구 증가와 함께 많은 지역의 생물 수용력이 더 빠른 속도로 감소하고 있다는 사실이다. 주된 감소 요인은 남용, 토양 황폐화 및 밀봉이지만, 기후변화로 인해 감소하는 경우도 있다. 후자는 육지와 수역의 생물 용량에 미치는 영향이 크고 평가하기 어렵다. 전후 잠시 중단되었던 비옥한 토지와 자원을 차지하기 위한 전 세계적인 착취 경쟁이 다시 시작되었다. 마르크스주의에서는 이를 수탈(landnahme)이라고 표현한다.

3) 글로벌 사회 불평등

경제학에서 사회적 불평등은 보통 불가항력으로 이해된다. 평등과 효율성이라는 두 마리 토끼를 한 번에 잡을 수 없기 때문이다(Okun, 2015). 자본주의는 불평등을 의미하지만, 모든 사람이 성장, 번영, 복지라는 세 가지 혜택을 누린다면 그것이 비극적일 이유는 없다. 이러한 경제학적 관점의 대표적인 사례는 배가 작든 크든 일반적인 생활수준이 상승하면 배 안에 있는 다양한 사람들이 수면 위로 부상하는 배와 함께 모두 드러나는 이미지이다 (Thurow, 1996). 따라서 민주적 복지국가 내에서 사회적 불평등은 성장이 지속되던 시기에 사회과학의 하위 학문인 사회학에 맡겨져 그리 큰 관심을 받지 못했다. 이는 사회학이 정치인의 단골 상담분야인 경제학이나 법학에 비해 비주류 학문으로 여겨졌던 이유를 제공하기도 했다.

프랑스의 저명한 경제학자 토마 피케티의 저서『21세기의 자본』(2014)은 이러한 상황을 근본적으로 변화시켰으며, 이후 일군의 저명 경제학자들도 세계화 이후 심화된 사회적 불평등에 대해 경고하기 시작했다. 피케티는 그의 경제사를 통해 세계가 인류 역사상 불평등이 가장 심했던 새로운 '아름다운 시대(belle epoche)' 또는 '황금시대'로 향하고 있음을 설득력 있게 보여준다. 민주주의 사회에서는 가능한 한 많은 평등과 필요한 만큼의 불평등이 원칙이다. 하지만 글로벌 디지털 자본주의에서는 그 공식이 뒤바뀌었다. 옥스팜(Oxfam, 2018)의 보고서에 따르면, 현재 상위 1%가 전 세계 모든 부의 50% 이상을 소유하고 있으며, 이들이 나머지 99%보다 더 많은 부를 보유하고 있다는 의미이다. 한국에서도 부의 편중과 특권적 분배가 급속도로 가속화되고 있다. 2021년 기준 상위 1%가 소득 전체의 11.7%를 차지하고 있으며(한겨레, 2023.4.10), 2020년 기준 상위 10%의 소득분배율은 약 33.7%에 달한다(Bajard, Bauluz, Pierre, Chancel, Martínez-Toledano, Piketty and Sodano, 2025). 이러한 불평등의 확산은 경제적으로 합리적이지 않고 사회적으로도 지속가능하지 않다. 조세정의네트워크(Tax Justice Network)에 의하면 전 세계에서 조세 회피로 연간 약 4,920억 달러, 기업은 약 3,476억 달러, 개인은 약 1,448억 달러의 손실이 발행하는 것으로 추정된다(Mansour, 2024). 대침체 이후 성장체가 지속되었던 2015년까지 세계 경제성장의 66%가 상위 1%

에게 돌아갔다(Anand and Segal, 2016). 굳이 사회주의자가 아니더라도 이러한 글로벌 부의 분배가 대단히 불공정하고 글로벌 시민사회의 발전에 도움이 되지 않는다는 것은 어렵지 않게 생각할 수 있다.

4) 이주

자신이 속한 사회에서 좋은 기회가 보이지 않고, 그가 젊고 진취적인 사람이라면 더 나은 환경이 있다고 생각되는 곳으로 이주할 것이다. 과거에는 미국만이 꿈의 이민국이었지만, 오늘날에는 독일을 위시해 유럽이 그 대열에 합류했으며, 일본과 한국과 같은 아시아 국가도 그 대열에 합류했다. 브랑코 밀라노비치(2017)는 『왜 우리는 불평등해졌는가』라는 저서에서 글로벌 이주 과정의 경제적 토대를 조사했다. 소득 불평등 측면에서 볼 때, 이제 계급보다 태어난 곳이 더 중요하며, 그는 이를 시민권 임대료라고 부른다. 최빈국 콩고를 기준으로 118개국을 비교한 결과, 그는 회귀분석을 통해 소득 변동의 3분의 2가 '국가'라는 변수로 '설명'될 수 있음을 보일 수 있었다. "콩고가 아닌 미국에서 태어난 사람의 소득은 93배 더 높다"(밀라노비치, 2017: 142). 이것이 바로 "당신이 어디에서 태어났는지 말해 주면 당신의 운명을 알려 주겠다!"는 사회경제적 '출생 복권(birthright lottery)'이다(Shachar, 2009).

이처럼 심각한 글로벌 소득 불평등이 이주의 이유라는 점은 명백하다. 전쟁, 내전, 정치적 박해 때문이 아니라면 이주는 대개 경제적으로 합리적인 결정이다. 교육 수준이 높고 자신이 이민 대상 사회에서 중산층 또는 상류층에 속한다고 생각하는 사람들은 미국처럼 사회적 불평등이 심하더라도 출세할 수 있는 기회가 많은 나라로 이민을 갈 것이다. 반면, 학력이 낮거나 아예 없는 사람들은 스웨덴과 같이 보편적 복지가 발달하고 사회적 평등 수준이 높은 국가로 이민을 갈 가능성이 높다.

2016년 세계 인구의 3%, 즉 2억 3천만 명만이 이민자, 즉 자신이 태어난 나라가 아닌 다른 나라에 살고 있는 것으로 나타났는데, 코로나19 시기인 2020년에는 이 숫자가 다소 줄어들어 국제 이주자는 2억 8천만 명으로 나타났다. 밀라노비치는 모든 이주민을 포함하는 가상의 국가를 '미그라티아(Migratia)'라고 부르는데, 이 국가는 인구 규모로 보면 인도네시아와 브라질 사이에 있는 세계에서 다섯 번째로 인구가 많은 국가일 것이다. 이때 이주의 성장률이 결정적인 역할을 한다. 1990년과 2000년 사이에는 1.2%였으나 그 이후에는 매년 2.2%로 증가했다. "이러한 증가율은 이 그룹이 전 세계 인구보다 약 두 배 빠르게 성장하고 있으며, 전 세계 인구에서 이주민이 차지하는 비율이 2000년 2.8%에서 2013년 3.2%로 증가했음을 의미한다"(밀라노비치, 2017: 158). 2010년부터 2012년까지 154개국에서 갤럽이 실시한 설문조사에 따르면 약 6억 3천만 명이 이민을 희망하고 2,800만 명이 독일로의 이주를 희망하는 것으로 나타났다. 물론 이는 이주 희망자 수이며 실제 이주율은 훨씬 낮다. 따라서 전 세계 인구의 16%는 잠재적 이민자이며, 실제로 이민을 떠난 사람은 3%에 불과하다(밀라노비치, 2017: 158). 극심한 사회 경제적 불평등으로 인한 경제적 이주, 전쟁과 내전으로 인한 난민 이동에 기후변화로 인한 대규모 생태적 이동이 더해지면 상황은 더욱 악화될 수 있다. 지구온난화와 해수면 상승은 넓은 지역의 땅을 사람이 살 수 없는 곳으로 만들 수 있다. 찰스 가이슬러와 벤 구렌스(Geisler and Gurrens, 2017)가 지적했듯이 2100년에는 전 세계 인구의 5분의 1이 집을 잃을 수 있다.

5) 지역 갈등과 미래의 도전

앞서 설명한 문제와 전망은 전 세계가 앞으로 해결해야 할 과제가 산적해 있다는 것을 시사한다. 그러나 코로나19 이후 세계화 전략은 미중 갈등으로 인해 오히려 지역 갈등이 더 심화되고 있는 형국이며(홍허펑, 2023), 트럼프 2기 행정부의 보호무역과 관세정책은 지난 수십 년 동안 맹위를 떨쳐 온 세계화에 마침표를 찍었다. 미국은 여전히 초강대국으로서 세계 경찰의 역할을 완전히 포기하지는 않았지만, 트럼프의 등장과 함께 동맹국에 대한 비용 부담(burden sharing)은 노골화되었고, 그로 인한 각 사회의 군사화(militarization)[3]는 피할 수 없게 되었다. 이제 세계 경찰로서 미국의 지위가 압도성을 상실하고 예측 불가해진 것처럼 다극화의 이름 아래 아시아, 유럽, 아프리카, 남미와 같은 다른 대륙은 자신만의 고유한 발전 프로젝트를 구축하기 위해 그 어느 때보다 더 독립적으로 행동하고 세계 정치에서 자신의 색깔을 드러내야 하는 상황에 직면하고 있다. 물론 간단한 일이 아니다. 소위 신자유주의 헤게모니 블록의 분열로 국내외 정치는 안팎으로 도전에 직면해 있다. 대외 관계의 불안정은 물론, 앞서 언급한 다양한 요인들이 복합적으로 작용하면서 다수 국가에서 정치적 포퓰리즘과 극우 정치의 발흥이 노골화되고 있다. 성장 사회의 과실이 사라지고, 저성장과 기후변화가 정치적 선택과 행동에 영향을 주면서 권위주의적 정치와 문화, 계층 간의 갈등은 물

---

[3] 트럼트는 한국을 비롯해 유럽, 특히 NATO 국가들에게 1~5% 수준의 국방비 예산 증액을 요구하고 나섰다. 군사비의 지출은 당연히 사회비용의 축소를 의미하며, 나아가서 폭력 이데올로기의 정당화에 기여한다. 문재인 정부의 최대 성과로 언급되는 K-방산은 민주 정부의 성과라는 점에서 이율배반적이기도 하다.

질적 이해관계(즉, 계급 관계)를 넘어 다양한 방식으로 확산되고 있다. 포스트 민주주의와 권위주의와 폭력적 우익 정치는 기존의 계급 갈등과 연대의 지형을 더욱 복잡하게 만들고 있다.

5. 거대한 전환 사이의 사회학

사회학이 태동한 근대의 전환기에 사회적 현상과 조건이 열악했음에도 불구하고, 사회학의 고전 이론(가)들은 실존적 위기에 직면하지 않았다. 무엇보다도 그들은 산업, 정치, 문화 혁명이 어떤 종류의 사회구조를 가져왔는지 이해하려고 노력했다.

토크빌(1987)은 정치혁명의 관점에서 전통에서 근대로의 변화를 분석했다. 그의 대작 『미국의 민주주의』는 정부, 사회, 생활의 한 형태인 민주주의의 출현과 구현을 통해 근대의 본질을 설명했다. 마르크스(1973)도 비슷한 접근 방식을 취해 자본주의의 생산양식과 삶의 방식으로 산업혁명을 설명했다. 또한 사회 이론, 사회 분석 및 사회 비판을 연계한 연구 프로그램을 제시하며 사회학의 패러다임적 롤모델이 되었다. 뒤르켐, 짐멜, 베버는 마르크스의 발자취를 따라 어느 정도는 훨씬 더 추상적인 관점에서 출발했지만, 현대사회의 사회구조와 그 동학을 묘사하고 이를 바탕으로 사회제도와 사람들의 생활 방식을 이해해야 한다는 사회분화 이론에서 나아갔다. 예를 들어 뒤르켐(2012)은 한편으로는 분업과 기계적-유기적 연대, 다른 한편으로는 분업과 개인화 사이의 관계를 조사했다. 그는 만성적 아노미로 위협받는 현대사회를 더 잘 조직하고 규제하기 위해 시민 도덕 프로그램(Durkeim, 1991)을 개발했다. 짐멜은 또한 사회적 분화와 개인화 사이의 관계에 관심을 가졌으며, 화폐경제의 사회적 동학을 탐구하는 '돈의 철학'(Simmel, 1977)과 '사회형태의 사회학'(Simmel, 1968)에서 이 문제를 구체화했다. 그는 또한 문화, 예술, 삶에 대한 철학으로 문화의 위기에 대응해야 한다고 생각했다. 문화는 사람들의 자유와 개성을 실현하기 위한 '개별 법칙(individuelles Gesetz)'(Simmel, 1999)을 성찰함으로써 사람들의 삶의 방식을 지원해야 한다고 보았다. 마지막으로, 베버는 자본주의가 "현대 생활의 가장 운명적인 힘"이라는 마르크스의 견해를 공유하지만(Weber, 1972b: 4), 사회 이론으로부터 상호의존적인 사회사 및 경제사로 전환한다. 그의 핵심 문제는 이 독특하고 특이한 자본주의 사회가 왜 서구에서만 생겨났는지에 대한 의문 아래 근대성의 계보를 탐색하는 것이었다. 그는 이런 보편적인 역사적 접근 방식을 고대, 중세, 근대의 경제, 정치, 문화, 종교에 대한 분석을 통해 입증하려 했다.

고전 이론가들은 처음에 실용적인 측면, 즉 분석 대상의 논리를 강화하는 차원에서 사회학을 발전시켰다. 새로운 정치 이론을 발전시키고 제도 분석 및 정치와 문화 연구를 결합했던 토크빌이 특히 그러했다. 그러나 이는 정치경제학에 대한 비판을 통해 자본주의 생산양식의 법칙을 탐구한 마르크스에게도 해당된다. 구체적인 사회학적 개념과 정리는 두 사상가의 연구에서 맹아적인 형태로만 존재할 뿐, 대학에서 독립적인 학문 분야로 발전하지 못했다. 뒤르켐, 짐멜, 베버는 상황이 달랐다. 이들은 자신의 연구를 안내하는 사회학의 토대를 마련함으로써 사회학 전반에 대한 기초를 발전시켰다. 뒤르켐은 『사회학적 방법의 규칙들』(2021)에서 자신의 논문 「사회적 분업」을 통해 사회학적 사고방식의 원칙을 제시했다. 짐멜(1992)은 이미 1894년 「사회학의 문제」라는 논문에서 자신의 접근법에 대한 토대를 구축했으며, 1908년 사회학에 관한 그의 기념비적 저서(Simmel, 1968)에서 이를 더욱 정교하게 발전시켰다. 또한 베버는 문화 및 사회과학의 방법론에 대한 성찰을 통해 사회학으로 나아가는 길을 찾았는데, 이는 그의 사후에 『지식론(Wissen-schaftslehre)』(Weber, 1973)으로 출판되었으며, 『경제와 사회(Wirtschaft und Gesellschaft)』(Weber, 1972a)에는 그가 평생 동안 연구한 행위, 질서, 문화 이론이 담겨 있다.

모든 사회학 고전 이론가들이 마르크스의 엄청나게 까다로운 연구 프로그램(정치, 경제, 사회의 유기적 결합에 따른 사회구성체의 특성 분석과 이에 근거한 실천적 행위 도출)을 완전히 수행할 수 없었다는 것은 사실이지만(아마 마르크스 자신도 마찬가지였을 것이다!), 그들은 모두 나름대로 이론, 분석, 비판을 통합하기 위해 노력했다. 그 결과 모든 시간적 한계에도 불구하고 오늘날에도 여전히 유효한 설명, 적절한 (부분적인) 설명, 시대에 대한 명료한 진단을 내놓을 수 있었다. 이러한 점에서 이 같은 이론적 접근 방식은 모든 문제 정의와 해결책에 대해 고전 사회학이 제시한 만큼 설득력이 있는 것은 아닐지라도, 앞서 설명한 현재의 도전 과제에 대해서도 여전히 관련성이 있고 시사점을 줄 수 있다.

근대화된 사회는 적어도 경제는 자본주의에 의해, 정치는 민주주의에 의해, 문화는 개인주의에 의해 결정되는 근대 후기에 머물러 있다. 그러나 핵심 질문은 앞서 언급한 도전 과제를 안고 있는 거대한 전환이 완전히 새로운 사회 모델로 이어질 것인가 하는 점이다(Baecker, 2007; Latour, 2017). 지금 다가오는 전환의 동력은 우리 사회를 필연적으로 포스트 자본주의, 포스트 민주주의, 포스트 개인주의로 몰고 갈까? 혹은 다른 대안의 길을 갈까? 그렇다면 변화의 필요성은 개인에게만 영향을 미칠까? 아니면 경제, 정치, 문화의 모든 제도적 복합체에 영향을 미칠까? 전자가 사실이라면 어떤 영향을 미칠까? 만약 후자라면 무엇을 극복해야 할까? 고전과 현재의 후기 근대적 사회 구성을 대신할 수 있는 것은 무엇일까? 누가, 무엇을, 어떻게, 어떤 방향으로 변화시킬 수 있고 변화시킬 것인가? 역사적으로 이러한 전환의 강력한 행위자는 누구인가? 이 과정을 주도할 혁명적 또는 진화적 아방가르드는 어디에서 찾을 수 있을까? 변혁 과정의 주체는 누구인가? 필요한 변혁 과정을 위한 길을 열려면 기존의 지배, 권력, 폭력 관계를 어떻게 깨뜨릴 수 있을까? 또는 이것이 절망적으로 보인다면 어떻게 글로벌 엘리트들을 세 번째 대전환으로 이끌 수 있을까? 데이비드 로스코프(2008)는 세계를 지배하는 6천 명의 회원을 '글로벌 슈퍼 클래스'라고 부르는데, 결국 이들은 매우 일관되고 치밀하게 자신들의 이익을 추구하기 때문에 그들의 존재에 대한 대안 없이는 세 번째 대전환을 실현하기 어려울 것이다.

고전이 다루는 분야를 대략적으로 따라가다 보면 최소한 결정적인 답을 최대한 빨리 찾아야 하는 질문의 목록을 만들 수 있다. 그 시작은 경제와 그 생산양식에서 시작된다. 성장을 포기하지 않은 자본주의가 기후 중립성을 보장할 수 있을까? "녹색 자본주의"(Managi, 2017; Williams, 2013)가 생태적 지속가능성과 세계인구 증가에 따른 공급 부담을 결합할 수 있을까? 아니면 성장, 번영, 복지라는 세 가지 부와 오염의 논리를 무력화시키는 포스트 성장 모델(Welzer and Wiegandt, 2013)이 필요할까?

그렇다면 정치적 소통과 의사결정 방식에 관한 문제가 관건이 된다. 현재의 민주주의는 선견지명을 가지고 이러한 도전에 대응할 수 있는 위치에 있을까? 대전환을 위한 새로운 사회계약과 함께 더 많은 민주주의가 필요할까? 그렇다면 이는 어떻게 가능할까? 만약 그것이 어렵다면 기존 민주주의에 대한 현재의 불안감에 어떻게 대처해야 할까?(크라우치, 2007; Ketterer and Becker, 2019) 아니면 실존을 위협하는 위기에 직면하여 '생태 독재' 또는 적어도 '생태국가 사회주의'의 형태로 더 빠르고 일관된 의사결정 과정이 필요할까? 그리고 글로벌 생태 체제에는 어떤 가능성이 있을까? 이러한 질문은 사회학과 정치학, 특히 사회계약 이론의 정치철학에 깊숙이 파고드는 광범위한 질문이다(Rosa and Henning, 2017).

결국 기존의 자본주의화된 근대 문화의 기초가 문제가 된다. 자유와 개성은 여기서 최고의 가치로 간주되며 개인주의는 보편적 인권과 시민권을 보장하는 교리로 간주된다. 모든 고전이 이 복잡한 문제의 특성을 인지하지 못한 것도 아니고, 오늘날 그대로 수용할 만큼은 아니지만 나름대로 대안을 제시하려 했다. 그러나 이 법치 문화를 배척하는 것은 이러한 기초에 기반을 둔 법률구조와 법치국가를 위태롭게 한다. 그럼에도 불구하고 새로운 형태의 연대와 글로벌 책임을 발굴해 내는 것은 시급하며, 또한 새롭고 효과적인 글로벌 분배 시스템을 만들어 내야 할 것이다. 물론 전 세계 상품의 비대칭적 분배를 줄이려면 과감한 정책뿐만 아니라 지속가능한 삶에 대한 새로운 사회생태학적 윤리 또한 필요하다.

이러한 질문은 해결해야 할 다른 문제를 포함하지 않는다. 무엇보다도 더 지털화, 인공지능(AI), 인간과 기계, 로봇 공학 등 새로운 기술의 역할과 그것이 일과 삶에 미치는 영향이다. 오늘날의 세계를 특징짓는 다양한 문화, 세계관, 인생관뿐만 아니라 지역과 국가의 발전 수준과 경로가 완전히 다르다는 점도 마찬가지로 중요하다. 글로벌 북부와 글로벌 남부에 대한 논의는 초기의 대략적인 구분일 뿐이며, 아마도 드러나는 것보다 더 많은 것을 감추고 있을 것이다(Rosling, Rönnlund and Roslin, 2018).

그렇다면 사회학은 이 포괄적이고 복잡다단한 논의에 어떤 기여를 할 수 있을까? 기능주의와 구조주의, 행위와 체계 이론, 비판 이론, 포스트 구조주의와 같은 주요 이론이 서서히 쇠퇴하면서 원래 더 통합적이었던 이론, 분석, 비판 프로그램이 점점 더 분리되고 있다. 한편으로 우리는 거대 이론의 폐허 위에서 중범위 이론이나 분석 사회학, 기타 다양한 사회현상에 주목하는 미시적 사회 이론의 백가쟁명식 이론을 목도하고 있다. 다른 한편으로, 사회학 이론은 너무 분화되어, 초창기처럼 학제 간 접근은 말할 것도 없고 주제 자체와 지식 생산을 관리하기가 어려워졌다. 만약 사회학 이론 내에서 대규모 분석과 방향성을 제시하는 이론적 시도가 이루어진다면, 이러저러한 프로젝트에서 시도되는 시대 진단은 많은 자극을 줄 가능성은 있지만, 실제 증거에 기반한 설명력은 없는 밀도 높은 기술(description)에 제한될 가능성이 있다. 이런 식으로 각 사회 영역에서 어느 정도 지배적인 경향과 흐름은 기록되지만, 사회 이론의 형태로 사회 전체의 구성과 복잡성을 파악하기는 어렵다. 따라서 기능적이고 사회발전 동력을 설명하는 요인들 간의 효과적인 상호관계에 대한 통찰을 통해 문제해결 능력을 키우고 오늘날 현대 사회의 조직 문제에 대면하기 위해서는 이론-분석-비판에 기초하여 사회 이론을 재구축하려는 시도가 필요하다.

사회학이라는 학문을 구축하는 데 크게 기여한 이론-분석-비판 프로그램의 약화는 외부 연구비 수주량이 학문의 질, 즉 학문의 '우수성'을 결정하는 시대에 학문적 생존을 위해 (유사) 학문성을 미덕으로 내세워야 하는 상당수의 실증적 사회 연구 프로젝트가 '참여 과학' 혹은 '현실개입 과학'의 성격을 띠는 아이러니로 이어졌다. 다른 한편으로, '공공 사회학'(Michael Buroway)은 이러한 유형의 학문적 주장에 대한 일종의 대항 운동으로 등장했으며, 이는 확실히 고무적인 일이다. 그러나 이러한 헌신적이고 당파적인 사회학이 베버(Weber, 1973)가 말한 의미에서 주제에 대한 전문적 거리와 판단의 자유가 결여되어 있다면 이론적·방법론적 관점에서 항상 최선의 과학 형태는 아니다. 요컨대, 이러한 연구는 종종 정치적으로는 필요하지만 과학적 관점에서는 차선책인 경우가 많다.

마지막으로, '참여 과학'의 스킬라와 '현실개입 과학'의 카립디스 사이를 탐색하려는 시도에서 또 다른 문제가 발생하는데, 바로 과학적 의견이 오해된 '정치적 올바름'이라는 이름으로 끊임없이 도덕화되는 의심의 해석학에 노출된다는 점이다. 이것이 때때로 정당화되고 종종 최선의 의도로 행해지더라도, 자신을 '현실 과학'으로 여기는 사회학이 더 이상 모든 문제를 공개적이고 공정하게 다룰 수 없다면 문제가 될 수 있다. 사회학이 그러한 '감시기구(watchdog instance)'에 영향을 받는 한, 문제의 주제화 가능성의 반경은 눈에 띄게 줄어들 것이며, 이는 사회학적 계몽과 비판의 임무를 저해할 것이다.

이제 이것을 시험대에 올려놓고 앞서 언급한 21세기의 운명적 질문에 대해 사회학이 무엇을 말해야 하는지 묻고자 할 때, 떠오르는 그림은 그다지 고무적이지 않다. 일부 이론가 개인의 노력에도 불구하고, 사회학은 현실과 관련되어 있지만, 대중의 관심에서 중심이 아닌 담론의 변두리에 있는 경향이 강하다. 어쩌면 전문성을 추구하는 학문적 한계로 전환에 의구심을 표하는 사람에게 더 이상 지적 기적을 기대하기 어려워진 탓도 있다. 숫자의 세계에서 불평등은 다른 나라와의 비교에서 상대화되고(한국은 다른 나라에 비하면 불평등이 심한 나라가 아니라는 견해), 민주주의의 위기도 정부를 새로 세우면 문제의 발발에 대한 근본적인 원인은 사라지고, 민주주의라는 정치화된 산업이 등장한다(교육과 시민사회단체에 대한 각종 정부지원사업과 과거사에 대한 연구사업의 범람). 오늘날 사회학에는 사회문제를 규정하는 과정에 참여하는 데 의의를 두는 올림픽 원칙이 필요해 보인다. 다른 시각이 없다면 이론-분석-비판의 프로그램이 불가능하기 때문이다. 그럼에도 포스트 성장 사회에서 발현하는 다양한 도전의 규모를 고려할 때 사회학의 목소리를 고통스러운 결과 없이 논의의 장에서 간단히 사라지게 하기는 쉽지 않을 것이다.

6. 세 번째 대전환의 범주적 명령과 사회학의 역할

세상의 상황은 이론적 현실보다 심각할 수 있다. 정작 아무 일도 일어나지 않고 모든 것이 그대로 지속되고 결정적인 변화가 이루어지지 않는다면 흡사 쓰나미 직전의 고요처럼 위협적인 상황에 놓여 있는 것일 수도 있다. '리빙 플래닛 보고서(Living Planet Report)'(2016)는 이미 필요한 변화에 대한 청사진을 제시한 바 있다. 길이 있는 곳에 의지도 있어야 한다. 그러나 역사에서 확인되듯 선한 의지에서 실행에 이르는 길은 멀고도 험하다. 이제 근대화의 표본으로 이해했던 서구의 라이프 스타일을 근본적으로 바꾸지 않고서는 불가능할 시기이다. 앞서 유사한 다수의 보고서에서 알 수 있듯이 포스트 성장 사회가 어떤 모습일지 모호한 윤곽만 드러나고 있다. 인류세에서 지구의 운명은 인간에 의해 결정될 것이다. 핵심 과제는 앞서 설명한 인류가 직면한 다섯 가지 주요 과제이다. 인구문제에서 가장 중요한 과제는 전 세계 인구 증가의 안정 상태를 위해 적극적으로 노력해야 한다는 것이다. 인구가 무한정 늘어날 수는 없다. 로마클럽은 최근 전 세계적인 한 자녀 정책을 제안했다(Randers and Maxton, 2016). 이러한 과감한 조치가 세계 정치의 관점에서 바람직하지 않고 실현 가능하지도 않더라도, 지구상에서 인권과 시민권을 보존하고 합리적으로 평화로운 문명을 유지하고자 하는 사람이라면 인구 증가와 공급 문제에 대한 해답을 찾아야 한다. 지구의 생물용량을 보존하기 위해 경제와 사회가 지속가능하게 발전하고 탄소 배출을 최소화해야 한다는 것은 생태학의 절대적인 명령이다. 글로벌 불평등을 해소하기 위해서는 세상을 좀 더 평등하게 만들 수 있는 방법과 수단을 찾아야 한다. 예를 들어, 글로벌 조세정책을 통해 초부유층으로부터 세금을 거둬들일 수 있다면 이 재원으로 생태 경제를 구현하거나 저개발국 아동/여성을 교육하는 데 사용할 수 있을 것이다. 이주는 양날의 검과 같아서 인도적인 방식으로 관리되어야 하며, 전 세계 삶의 기회를 더 잘 분배하여 불필요한 이주를 최소화하는 것이 이상적이다.

인문학과 자연과학의 접점에서 전문성을 지닌 사회학은 그 전문성과 방향성을 바탕으로 전 세계가 합리적으로 평화롭고 경제적으로나 사회적으로 균형을 이룰 수 있는 조건, 즉 기본적 공급이 지속가능한 방식으로 보장될 수 있는 조건을 모색해야 한다. 이를 위해서는 헌신적이고 비판적이며, 이런 의미에서 우리 시대의 크고 작은 문제를 양심적으로 다루는 공공 사회학이 필요하다. 객관성과 신뢰성이 확보되지 않으면 연구 결과의 실제 활용도가 떨어지기 때문에 객관성과 신뢰성이 요구된다. 마지막으로, 사회학이 관찰, 측정, 번역, 비판의 권위로서 제 역할을 다할 수 있도록 이론, 분석, 비평의 통일성이 점진적으로 훼손되는 것을 막는 일이 중요하다.

물론 사회학은 여러 전문분야에서 하나의 목소리일 뿐이다. 사회학이 선도적인 과학이라는 환상은 1980년대 뜨거운 민주화 운동의 짧은 여름에만 가능했다. 이제 그러한 기억으로는 사회학의 강점을 유지하기 어렵다. 사회학의 강점은 완결된 해법을 제시하거나 개별 문제를 기술적 세부 사항까지 분석하는 데 있지 않다. 오히려 사회적 맥락에서 문제를 이해하고, 이를 통해 재생산과 전환의 조건을 밝히는 데 있다. 기후 재난이 예고 없이 삶의 터전을 해체하고, 고위 정치인들이 280자 메시지로 소통하는 시대에, 문제가 복잡할수록 사회학의 관점은 더욱 중요해진다. 칼 마르크스부터 막스 베버, 노버트 엘리아스까지 사회적 상황과 형성 과정에 대한 분석을 통해 비즈니스, 정치, 문화 간의 관계를 밝혀낼 수 있다. 하지만 이러한 지식에서 실질적인 결론을 도출하는 것은 여전히 연구자가 직접 해야 한다. 왜냐하면 "경험적 과학은 누구에게나 무엇을 해야 하는지 가르칠 수 없고, 단지 무엇을 할 수 있는지, 그리고 특정 상황에서는 무엇을 하고 싶은지만 가르칠 수 있기 때문이다"(Weber, 1973: 151).

그러한 점에서 성장 사회의 딜레마가 보다 구체적으로 위험에 노출된 현 시기에 사회 비판적 실천으로서 사회학의 시대를 열어야 한다. 이는 단지 선언이 아니라 사회학의 사회 비판이 지향하는 바를 드러낸다. 그것은 성장 사회가 자체 동력의 형태를 취하면서, 서구 계몽주의 도덕의 가치 규범을 조롱하고 타자를 강제적으로 응징하는 외재화된 사회 논리에 기초한 부르주아 자본주의 노동 사회에서 확립된 욕구 체계의 비합리적 합리성에 대해 "서구 문명은 과연 정상인가?"라는 근본적 질문을 제기하는 것을 의미한다

오늘날 우리는 자주 (별로 자유적이지 않은) '신자유주의'라는 이름으로 불리는 이 서구 문명을 성장과 외재화라는 사회적 얽힘의 규칙으로 일상에서 마주하게 되는데, 이제 더 이상 외부에 남아 있는 것도 별로 없는 자기 논리적으로 작동하는 기능 메커니즘과 마주하고 있다. 그러나 바로 이로부터 상쇄되는 사회적 역학에 대한 희망을 이끌어 낼 수도 있다. 스스로 생산한 성장 한계와 타인에게 체계적인 피해를 주는 사회는 거의 "가능한 것에 대한 미친 모순(irren Widerspruch zum Möglichen)"(Adorno, 1969: 22)에 노출되었다는 인식이 점차 커지고, 이를 저지해야 한다는 공론이 커져 가고 있기 때문이다.

그러나 이것이 어떻게 가능하고 무엇을 가능하게 할 수 있을까? 사회 비판적 사회학 연구자는 결정된 것은 아무것도 없으니 기존 성장 사회의 문제를 분석하고 비판하며 대안을 탐색하는 데 주저하지 말아야 할 것이다. 문제는 의심이 깊어지고 불안감이 확산되어 주어진 조건에 대한 선택이 사실상 대안이 없는 것으로 간주되는 한, 시스템 유지는 필요해 보인다는 해묵은 주장이 고개를 쳐든다는 것이다.

이러한 사회 관찰에 비추어 볼 때, 내면화된 성장 사회 시스템의 한계와 사회적 생산을 통해 사회 발전 가능성의 한계를 과학적으로 문제화하고, 그 결과 상실되거나 반복적으로 상실되는 개인 및 집단적 자율성의 가능성에 대해 질문하는 것은 사회 관찰 과학의 자기 설명의 일부가 되어야 한다. 아마도 이것이 바로 사회학의 비판 이론이 항상 추구해 온 것이 아닌가 싶다. 그 이상도 그 이하도 아닐 것이다. 지배적인 사회적 제약 속에서 미래 해방을 위한 전제 조건과 출발점을 입증하려는 비판적 사회 이론은 유토피아가 아니라 상상력에 의존한다. 그리고 비판적 상상력은 무엇보다도 먼저 사회학 자체에서 시작해야만 한다(밀즈, 2004).

참고문헌

되레, 클라우스(Klaus Dörre). 2024. 「'집게발' 위기의 함정: 노사 간 계급갈등에서 사회-생태전환으로」. 임운택·김민정·강민형 엮음. 『사회생태전환의 정치』. pp.181~216. 두 번째 테제.
뒤르켐, 에밀(Emile Durkheim). 2012. 『사회분업론』. 민문홍 옮김. 아카넷.
뒤르켐, 에밀. 2021. 『사회학적 방법의 규칙들』. 민혜숙 옮김. 이른비.
로스코프, 데이브드(David Rothkopf). 2008. 『슈퍼클래스』. 이현주 옮김. 더난출판사.
류이근. 2023. "한국 소득 불평등, OECD 2번째로 빠르다." 한겨레. 2023/4/10. https://v.daum.net/v/20230410070510863(최종접속일 2025.3.30)
밀라노비치, 브랑코(Branko Milanovic). 2017. 『왜 우리는 불평등해졌는가?』. 서장아 옮김. 21세기북스
밀즈, C. 라이트(C. Wright Mills). 2004. 『사회학적 상상력』. 강희경·이해찬 옮김. 돌베개.
슈트렉, 볼프강(Wolfgang Streeck). 2015. 『시간 벌기: 민주적 자본주의와 유예된 위기』. 김희상 옮김. 돌베개.
크라우치, 콜린(Colin Crouch). 2008. 『포스트 민주주의. 민주주의 시대의 종말』. 이한 옮김. 미지북스.
폴라니, 칼(Karl Polanyi). 2009(1944). 『거대한 전환. 우리시대의 정치·경제적 기원』. 홍기빈 옮김. 길.
피케티, 토마(Thomas Piketty). 2014. 『21세기 자본』. 이강국 옮김. 글항아리.
헌팅턴, 새뮤얼(Samuel Huntington). 1997. 『문명의 충돌』. 이희재 옮김. 김영사.
Adorno, T. W. 1969. "Einleitungsvortrag zum 16. Deutschen Soziologentag." *Spätkapitalismus oder Industriegesellschaft? Verhandlungen des 16. Deutschen Soziologentages.* edited by T. W. Adorno. Stuttgart: Enke. pp.12~26.
Anand, Sudhir, and Paul Segal. "Who are the Glboal Top 1%?" International Development Institute. King's College London. Working Paper 2016-02.
Bajard, Félix, Luis Bauluz, Brassac Pierre, Lucas Chancel, Clara Martínez-Toledano, Thomas Piketty, and Alice Sodano. 2025. "Global Wealth Inequality on WID.World: Estimates and Imputantions." *World Inequality Lab*, April.
Beck, Ulrich. 1983. "Jenseits von Stand und Klasse? Soziale Ungleichheiten, gesellschaftliche Individualisierungsprozesse und die Entstehung neuer sozialer Formationen und Identitäten." *Soziale Ungleichheiten. Soziale Welt, Sonderband 2.* edited by R. Kreckel. Göttingen: Otto Schwartz. pp.35~74.
Becker, Karina and Hanna Ketterer(eds.). 2019. *Was stimmt nicht mit derDemokratie? Eine Debatte mit Klaus Dörre, Nancy Fraser, Stephan Lessenich und Hartmut Rosa.* Berlin: Suhrkamp.
Borchert, Jens and S. Lessenich, 2016. *Claus Offe and the critical theory of the capitalist state.* New York: Routledge.
Brand, Ulrich and M. Wissen. 2017. *Imperiale Lebensweise. Zur Ausbeutung von Mensch und*

Natur im globalen Kapitalismus. München: oekom.

Bulletin of the Atom Scientists. 2024. "Doomsday Clock remains at a minute and a half to midnight in 2024—closest ever to apocalypse." *UChicago News*, 2024.1.23.

https://news.uchicago.edu/story/2024-doomsday-clock-announcement-90-seconds-to-midnight-apocalypse?utm_source=chatgpt.com(최종접속일 2025.3.24)

Carrington, Damian. 2025. "Climate Crisis on track to destroy capitalism, warns top insurer." *Guardian*, 2025.4.3.

https://www.theguardian.com/environment/2025/apr/03/climate-crisis-on-track-to-destroy-capitalism-warns-allianz-insurer?utm_source=chatgpt.com(최종접속일 2025.4.22)

Castel, Robert. 2000. *Die Metamorphosen der sozialen Frage. Eine Chronik der Lohnarbeit.* Konstanz: UVK.

Dürkheim, Emil. 1991. *Physik der Sitten und des Rechts. Vorlesungen zur Soziologie der Moral.* Frankfurt a.M.: Suhrkamp.

Eisenstadt, S. N. 2000. *Die Vielfalt der Moderne.* Weilerswist: Velbrück.

Esping-Andersen, G. 1990. *The three worlds of welfare capitalism.* Cambridge: Polity Press.

Eversberg, D. 2014. "Die Erzeugung kapitalistischer Realitätsprobleme: Wachstumsregimes und ihre subjektiven Grenzen." *WSI-Mitteilungen*, 67(7): 528~535.

Fink, L. 2025. "Capitalism has failed too many." *The Australian*, 2025.3.31.

https://www.theaustralian.com.au/business/markets/blackrock-boss-larry-fink-admits-capitalism-has-failed-too-many-but-argues-for-a-new-way-in-investing/news-story/60eb026b8429bbeca4bb7378ca350d3d?utm_source=chatgpt.com(최종접속일 2025.4.30)

Foley J. and A. Samson. 2025. "Wall Street's AI 'Bubble' echoes dotcom excesses, Ray Dalio warns." *Financial Times*, 2025.1.28.

https://www.ft.com/content/eef8dbc9-bd04-4502-bdc2-1092aa4251b2(최종접속일 2025.4.30)

Geisler, Charles and Ben Currens. 2017. "Impediments to inland resettlement under conditions of accelerated sea level rise." *Land Use Policy*, 66: 322~330.

GFN(Global Footprint Network). 2019a. "Humanity's ecological footprint contracted between 2014-2016." Blog, 2019.4.24.

https://www.footprintnetwork.org/2019/04/24/humanitys-ecological-footprint-contracted-between-2014-and-2016/(최종접속일 2023.3.23)

GFN(Global Footprint Network). 2019b. Compare countries.

http://data.footprintnetwork.org/#/compareCountries?type=EFCpc&cn=all&yr=2016(최종접속일 2023.3.23)

Greenpeace. 2015. Ecological farming. The seven principles of a food system that has people at its heart. Amsterdam.

http://www.agroecologyinaction.be/IMG/pdf/food_and_far ming_vision.pdf.

Guterres, A. 2022.9.20. "Speech. UN General Assembly".

Holst, H. 2019. *Spekulieren aufZukunft. Zeitstrukturen der Unternehmensführung und der Arbeit imfinanzialisierten Kapitalismus.* Wiesbaden: Springer VS.

Korpi, Walter. 1983. *The democratic class struggle.* London: Routledge & Kegan Paul.

Latour, B. 2017. *Das terrestrische Manifest.* Berlin: Suhrkamp.

Lessenich, S. 2012. *Theorien des Sozialstaats zur Einführung.* Hamburg: Junius.

Managi, S.(ed.). 2017. *The economics of green growth. New Indicators for Sustainable Societies.* London: Routledge.

Mansour, Mark B. 2024. "World Losing Half a trillion to tas abuse, largeley due to 8 countries blocking UN tax reform, annual report finds." *Tax Justice Network*, 2024.11.19. https://taxjustice.net/press/world-losing-half-a-trillion-to-tax-abuse-largely-due-to-8-countries-blocking-un-tax-reform-annual-report-finds/?utm_source=chatgpt.com(최종접속일 2025.3.21)

Marx, Karl. 1867(1973). *Das Kapital. Kritik der politischen Ökonomie.* K. Marx & F. Engels, Werke(MEW), Bd. 23. Berlin: Dietz.

Müller, H.-P. 2019. *Krise und Kritik. Klassische soziologische Zeitdiagnosen.* Berlin: Suhrkamp.

Okun, A. M. 2014. *Equality and Efficiency: The Big Tradeoff.* Brookings Institution Press.

Prashad, V. 2014. *The Poorer Nations. A Possible History of the Global South.* London: Verso

Rosa, Hartmut and C. Henning(eds.). 2017. *The good life beyond growth. New perspectives.* London: Routledge.

Rosa, Hartmut. 2005. *Beschleunigung. Die Veränderung der Zeitstrukturen in der Moderne.* Frankfurt a.M.: Suhrkamp.

Rosling, Hans, Rosling Rönnlund, and Ola Rosling. 2018. *Factfulness: Wie wir lernen, die Welt so zu sehen, wie sie wirklich ist.* Berlin: Ullstein.

Shachar, A. 2009. *The birthright lottery. Citizenship and global inequality.* Cambridge: Harvard University Press.

Simmel, G. (1999) 1918. "Lebensanschauung. Vier metaphysische Kapitel." *Gesamtausgabe*, Bd. 16. edited by G. Simmel. Frankfurt a.M.: Suhrkamp. pp.209~425.

Simmel, G. 1894(1992). "Das Problem der Soziologie." *Gesamtausgabe*, Bd. 5 edited by G. Simmel. Frankfurt a. M.: Suhrkamp. pp.52~61.

Simmel, G. 1900(1977). *Philosophie des Geldes.* Berlin: Duncker & Humblot.

Simmel, G. 1908(1968). *Soziologie. Untersuchung über die Formen der Vergesellschaftung.* Berlin: Duncker & Humblot.

Thurow, L. C. 1996. *Die Zukunft des Kapitalismus. Leben im 21. Jahrhundert.* Düsseldorf: Metropolitan Verlag.

UN 2017. World population prospects: The 2017 revision. https://population.un.org/wpp/Publications/(최종접속일 2023.7.23)

WBGU(Wissenschaftlicher Beitrat der Bundesregierung Globale Umweltveränderung). 2011. *Welt im Wandel. Gesellschaftsvertrag für eine Große Transformation.* Berlin.

Weber, M. 1921/1922(1972a). *Wirtschaft und Gesellschaft*. 5., rev. Aufl. Tübingen: Mohr.
Weber, M. 1972b. *Gesammelte Aufsätze zurReligionssoziologie*, Bd. 1. Tübingen: Mohr.
Weber, M. 1973. *Gesammelte Aufsätze zur Wissenschaftslehre*. Tübingen: Mohr.
Welzer, Harald and Klaus Wiegandt(eds). 2013. *Wege aus der Wachstumsgesellschaft*. Frankfurt am Main: Fischer Verlag.

2 포스트 성장과 전환 시대의 사회학

정태석

1. 경제성장 이후의 사회

오늘날 경제성장에 대한 사회적 성찰을 요구하는 중요한 계기는 무엇보다도 생태 위기와 기후 위기라고 할 수 있다. 공업 혁명 이후 자본주의 경제성장은, 석탄, 석유, 가스 등 화석연료의 채굴과 사용에 의존해 왔는데, 그 성장의 결과가 바로 지구온난화에 따른 기후변화이며 이에 따른 인간 생존의 위기이기 때문이다. 화석연료 사용으로 배출된 이산화탄소가 온실가스가 되어 지구온난화를 가져왔고, 이것이 기후 위기의 원인이므로 이제 화석연료 사용을 줄여야 한다는 인식이 널리 공유되고 있다.

그런데 기후 위기에서 벗어나기 위해 당장 화석연료의 사용량을 줄인다는 것은 경제성장을 억제하거나 포기하는 것을 의미하기 때문에, 성장의 혜택을 누리는 사람들의 저항에 부딪히고 있는 것 역시 현실이다. 그래서 경제성장에 대한 성찰이 곧바로 '탈성장(degrowth)'의 요구로 이어질 것이라고 단정하기는 어렵다. 포스트 성장(Post-Growth)이라는 표현은 바로 경제성장 이후에 인간 사회가 직면한 현실이 단순하지 않음을 말해 준다. '탈성장'이 성장을 멈추는 것이 기후위기 해결을 위한 유일한 방안이라는 가치판단과 실천적 지향을 담고 있는 표현이라면, '포스트 성장'은 성장이 낳은 기후 위기와 다양한 사회변동이 만들어 낸 복잡한 현실을 보여 주려는 현실적 표현이라고 할 수 있다. 이런 점에서 포스트 성장은 성장에 대한 성찰과 대안의 논의 앞에 열려 있다.

20세기의 경제성장 과정은 과학기술 발전에 따른 공업적 생산방식, 생산조직, 노동 방식, 산업구조, 일자리 구조 등에서 다양한 변화를 수반했으며, 이것은 곧 소비 양식과 일상생활 양식, 일상 의식의 변화로 이어졌다. 소비사회, 탈공업-서비스 사회, 지식정보사회, 디지털-플랫폼 사회로의 전환 등도 결국 경제성장의 산물이다. 이뿐만 아니라 계급 관계와 정치 세력의 지형도 변화하면서 정책과 가치를 둘러싼 경쟁과 변화에 대한 요구 등도 다양하게 분출된다. 그리하여 경제성장의 사회적 효과들과 이로 인한 사회문제들은 단순히 '탈성장' 주장만으로 해결될 수 있는 것들이 아니며, 다양한 이해관계자들 사이에 훨씬 복잡한 정치적·사회적 쟁점들을 만들어 낸다. 이런 점에서도 '포스트 성장'이라는 시각은 경제성장 이후 사회변동의 양상들을 성찰하도록 만든다.

한편 오늘날 경제성장은 세계화와 정보화라는 또 다른 조건들과도 연관되어 있다. 세계화는 유럽 제국들의 영토적 확장 욕구가 자본주의적 팽창과 맞물리면서 지구 곳곳에 식민지를 건설하여 자원과 노동력을 수탈해 온 역사와 맞물려 있으며, 오늘날 산업자본을 넘어선 금융자본의 팽창과 함께 세계시장 개방의 확대를 추구하는 신자유주의 논리와 결합해 있다. 기든스는 오늘날의 세계화 양상을 시·공간 원격화(distanciation)로 설명한다. 화폐와 같이 보편적 신뢰를 지닌 추상 체계가 공간적 제약을 넘어서 세계시장의 통합을 가능하게 했다는 것이다. 공업화 이후 지속해서 발달해 온 교통과 통신은 시·공간 원격화의 핵심적 요소가 되었다(기든스, 1991). 항공과 해운 등 대륙을 잇는 교통의 발달은 지구적인 물류 이동을 양적으로 확대했다면, 디지털 기술과 인터넷 네트워크 등 통신의 발달은 다양한 인터넷 플랫폼을 통한 온라인 거래와 소통, 디지털 콘텐츠 유통 등 온라인 시장경제의 공간을 확장하여 바야흐로 지구화된 시장의 시대를 열어 놓았다.

이처럼 포스트 성장 시대의 사회변동 양상들은 과거에 비해 훨씬 복잡한 양상을 보여 주고 있다. 한편에서는 과학기술의 발달이 디지털 전환과 산업 전환을 만들어 내고 있고, 다른 한편에서는 경제성장의 결과로 생태 위기와 기후 위기가 심화하면서 생태 전환과 에너지 전환을 요청하고 있기도 하다. 이처럼 다중적·복합적 사회전환 과정을 이해하려면, 자본주의 경제 체계와 산업 체계, 소비 체계 등 체계들의 복합적 작동을 분석할 필요가 있다. 그리고 이와 함께 이러한 체계들의 작동 속에서 살아가고 있는 개인들의 인식과 정서 변화와 그들이 맺고 있는 대인 관계의 성격 변화도 분석해 보아야 한다. 개인들의 인식과 정서, 대인 관계의 변화를 이해해야 다중적 사회 전환의 성격을 분석하고 또 그 가능성을 모색할 수 있다. 말하자면 포스트 성장과 전환 시대에 전체 사회를 구성하는 다중적인 체계와 대인 관계의 성격과 이들의 복잡한 결합 양상을 분석하는 것이 바로 사회전환 모색을 위한 사회학의 과제라고 하겠다.

2. 포스트 성장 시대와 현대성에 대한 성찰

현대사회의 발달을 이끌어 온 현대적 이념과 제도들은 현대인들의 삶에 다양한 사회문제들을 만들어 내고 있다. 다양한 불평등과 차별이 지속되고 있고, 환경문제도 심화하고 있고, 민주주의가 위기를 겪기도 하고, 국민국가들 사이의 갈등과 전쟁도 반복적으로 나타나고 있다. 현대사회의 발달 속에서 차별의 해소와 삶의 질의 개선, 질병이 줄어든 건강한 삶, 평화롭고 안전한 사회, 민주적인 사회를 기대했던 현대인들은, 현대사회가 이전 사회의 불합리함을 해결하기보다 새로운 불합리한 문제들을 만들어 내고 있다는 사실에 불만을 가지게 되었다. 이러한 현실은 사회 이론가들 사이에서 현대성에 대한 논쟁과 성찰로 나타났는데, 이 과정에서 현대성에 대한 성찰적 사유를 보여 준 대표적인 사회학자가 앤서니 기든스(Anthony Giddens)와 울리히 벡(Ulich Beck)이다.

생태 위기와 기후 위기는 오늘날 현대성 또는 현대적 제도가 만들어 낸 대표적인 문제라고 할 수 있는데, 이것은 공업화에 따른 경제성장과 깊이 연관되어 있다. 그리고 이러한 경제성장은 자본주의적 발전이나 국민국가들 사이의 경쟁과도 밀접히 연관되어 있다. 이런 점에서 경제성장은 현대적 제도의 다양한 발전 과정과의 연관 속에서 이해할 필요가 있는데, 현대성에 대한 기든스의 시각은 이러한 사유에 도움을 준다. 기든스는 현대성의 발전 과정이 네 가지 제도들 또는 양상들과 깊이 연관되어 있음에 주목하는데, 그것들은 각각 자본주의, 공업주의(industrialism), 군사력, 감시이다. 여기서 자본주의는 경쟁적인 노동 및 생산물 시장의 맥락에서 자본축적을 의미하고, 공업주의는 자연의 변형, 즉 '창조된 환경'의 발달을 의미하고, 군사력은 전쟁의 공업화 맥락에서 폭력 수단의 통제를 의미하며, 감시는 정보의 통제와 사회적 관리를 의미한다(Giddens, 1990: 59). 여기서 경제성장은 자본주의, 공업주의 등과 직접적으로 연관되어 있다.

일반적인 맥락에서 보면, 현대사회의 경제성장은 자본주의와 공업주의, 국민국가 체계의 상호작용 과정을 통해 이루어졌다. 특히 유럽의 선진국들에서 자본주의적 계급 갈등이 국가-자본-노동 사이의 계급 타협을 이룰 때, 그 기반이 된 것은 바로 공업적 성장에 기초한 보편적 복지의 확대, 재분배 강화 등이었는데, 생태 위기와 기후 위기의 증폭은 바로 이러한 '성장동맹' 과정에서 이루어졌다. 중도좌파 정권의 복지국가 정책이든, 중도우파 정권의 신자유주의 정책이든 국가의 정책들이 경제성장을 적극적으로 추구하게 되면서, 자연 자원과 화석연료 사용의 증가, 소비주의 확산에 따라 환경운동 세력 및 녹색 정당들과의 대립과 갈등은 불가피하게 되었다. 이러한 상황은 생태 위기와 기후 위기를 극복하기 위한 대응책으로 탈성장을 주장하기 위해 경제성장에 동조해 온 노동자계급과 시민 대중을 정치적으로 설득해야 한다는 과제를 던져 준다.

한편 세계화의 맥락에서 본다면, 유럽 선진국들의 경제성장과 복지국가의 발달이 피식민지국들, 저개발국들, 개발도상국들의 자원이나 노동력의 착취, 경제적 불평등 교환 등에 기반하고 있다는 점도 주목해야 하며, 공업적 발전을 선도했던 유럽 선진국들이 앞서서 화석연료를 적극적으로 개발하고 또 사용해 왔다는 점에서 오늘날 생태 위기와 기후 위기에 대해 더 큰 책임이 있다는 점도 지적할 필요가 있다. 유럽 열강들의 지리적 확장과 식민지적·제국주의적 지배가 자본주의를 세계화하면서 신자유주의적 세계시장 체계를 구축했고, 이를 통해 이들 나라의 경제성장을 지속할 수 있었다.

그러므로 성장과 탈성장을 단순하게 대비시키는 방식으로는 경제성장이 낳은 사회변동의 복잡한 현실을 사고하는 데 한계가 있다. 반면에 '포스트 성장'이라는 시각은 현실의 복잡성을 사고할 수 있는 개방적 사고를 가능하게 한다. 여기서 벡의 '재귀적 현대화' 이론은 이러한 현대화의 복합적 과정을 이해하는 데 유용하다. 그는 현대화의 결과가 현대화와 마주하게 되는 상황, 즉 현대화의 자기대면 상황을 '재귀적 현대화'라고 규정한다. 여기서 경제성장은 현대화 과정들 가운데 중요한 하나라고 할 수 있으며, 포스트 성장은 재귀적 현대화의 국면으로서 현대화에 대한 자기 성찰이 이루어져야 하는 시대 상황이 된다(벡, 1997).

벡은 재귀적 현대화가 낳은 새로운 사회문제들로 지구화, 생태 위기, 과학기술적 위험, 핵 문제, 노동시장의 개인화, 양성 관계의 개인화 등을 제시하면서, 이러한 사회문제들을 해결하기 위해 하부 정치(sub-politics)나 시민 노동과 같은 다양한 정치적·실천적 전략들을 제안하고 있다. 여기서 재귀적 현대화는 현실 분석적 차원과 규범적 차원을 함께 포함하고 있다. 즉, 전자가 현대화의 자기 대면이 어떻게 나타나고 있는지를 객관적 현실로 분석하려는 목적과 서로 연관되어 있다면, 후자는 현대화의 자기 대면이 낳고 있는 사회문제들을 규범적으로 판단하고 또 그 바람직한 해결 방안을 모색하려는 목적과 서로 연관되어 있다(정태석, 2002).

포스트 성장 사회에 관한 질문은 경제성장을 둘러싼 복합적 과정과 이러한 과정이 낳은 다양한 사회적 효과들을 복합적으로 사고하면서, 이에 따라 생겨난 사회문제들을 해결하려는 관심과 연결되어 있다. 벡의 '재귀적 현대화'는 이러한 경제성장 과정과 밀접히 연관된 다양한 사회적 과정들과 그 결과들이 직면하는 새로운 현실에 대한 사유를 도와준다. 특히 '위험사회' 이론은 전통적으로 자본주의 시장경제 체계와 계급 갈등의 문제에 주목해 온 마르크스주의 좌파 이론들의 한계를 넘어설 수 있는 다원적 사유의 틀을 제공해 주고 있다.

마르크스주의적 전통에서 물질적·자본주의적 성장은 한편으로는 생산력 증대, 다른 한편으로는 노동 착취와 자본축적의 확대를 의미하는 것이었다. 물론 생산력 증대는 노동 해방에 긍정적인 영향을 가져다주는 것이었지만 자본주의적 계급 관계 속에서 이루어지는 생산력 증대와 경제성장은 착취와 분배 불평등으로 이어지는 것이었다. 그런데 혁명을 통한 자본의 사적 소유 철폐가 실현되기 어려운 현실에서, 현실적 대안 성장에 따른 분배의 개선을 추구하는 것이었다. 노동자계급의 이익을 대변하는 좌파 정당이 결성되고 또 민주주의와 선거제도가 발전한 20세기 초 유럽에서, 좌파 정당은 선거에 참여하는 사회민주주의 전략을 통해 집권을 추구했는데, 완전고용과 보편적 복지 정책 등 친노동자적 정책을 내세운 중도좌파 정당은 마침내 선거에서 승리하여 집권 후 노동자들의 권리를 강화함으로써 분배의 개선을 이룰 수 있었다.

한편 제2차 세계대전 이후에 태어난 베이비붐 세대가 대학생이 된 1968년에는 기성세대의 권위주의와 관료화된 통치에 맞서는 청년들의 68운동이 분출했다. 탈권위주의, 풀뿌리 민주주의, 탈물질주의 등 문화적 전환을 요구했던 68운동은 이후 환경 운동, 여성운동, 반전·평화운동, 인종차별 철폐 운동 등 다양하고 새로운 사회운동들의 확산을 낳는 결정적 계기가 되었다. 청년 세대는 물질적 성장과 복지 제도의 발달이 노동자계급을 비롯한 시민 대중의 삶의 질을 개선해 주었지만, 이것이 생태계 파괴와 환경오염을 대가로 한 것이었다는 점을 비판했다. 다양한 복지 제도의 확대와 함께 여성운동을 통해 여성들의 권리가 향상되고 또 피임법의 발달로 여성들의 출산 조절이 가능해짐에 따라 동거가 늘어나고 저출산 경향이 확산하기 시작하는 등 탈물질주의적·자유-지상주의적 가치를 추구하는 흐름이 형성되었지만, 과학기술의 발달에 따른 물질적 풍요가 일상생활에 경제적 여유를 가져다

줌에 따라 다양한 소비의 확대와 대중문화 및 여가생활 향유도 늘어났다. 그리하여 새로운 사회운동들의 확장도 자본주의적 성장에 따른 물질적 풍요와 소비주의의 확산을 전적으로 억누르기는 어려웠다.

물질적 성장과 함께 정보통신기술을 비롯한 과학기술의 발달은 생산의 자동화를 통한 생산력 발달로 이어지면서 서비스 산업과 정보통신산업의 발달을 낳으면서 제조업 중심의 산업구조를 변화시켰고, 디지털 기술의 발달로 디지털 전환 시대를 열어 놓았다. 노동의 성격, 고용 및 일자리의 성격이 변화하면서 노동자들, 시민들의 삶을 점점 더 개인화, 분산화, 파편화해 나갔다. 이러한 변화는 단지 기술적·물리적 변화에 그치지 않고 노동과 일상생활, 인간관계, 인생관, 가치관 등에도 변화를 낳았다.

경제성장은 물질적 풍요에 따른 소비주의의 확산과 함께 환경문제의 심화에 따른 생태 전환과 에너지 전환을 고민하도록 만들었고, 디지털 전환과 함께 산업, 노동, 시장, 일상생활, 인간관계에서도 변화를 만들어 내고 있다. 이처럼 포스트 성장 시대 사회변동의 경향들은 서로 모순적이거나 갈등적이기도 하다. 특히 새로운 시대를 배경으로 성장한 세대는 문화, 일상생활, 인간관계의 양상을 변화시키고 있다. 그리하여 지금은 경제성장이 낳은 다양한 효과들에 대한 성찰이 필요한 시대가 되었다.

포스트 성장 사회의 현실과 미래를 전체적으로 이해하려면, 단지 경제/산업/노동 영역의 변화만이 아니라, 생태/환경/안전, 정치/권력/민주주의, 소비/문화, 네트워크/일상생활/인간관계 등에서의 변화를 함께 살펴보면서 재귀적 현대성의 산물에 대해 성찰하지 않을 수 없게 된 것이다. 그리고 사회를 '탈인격적 체계와 인격적 대인 관계(인식-정서)의 비대칭적 결합체'로 이해한다면, 이러한 성찰은 탈인격적 체계 차원에서의 성찰과 함께 인격적 대인 관계(인식-정서) 차원에서의 성찰이라는 '이중적 성찰'을 요구하고 있다고 하겠다.

3. 후기 자본주의와 성장의 딜레마: 물질적 풍요와 생태-에너지 전환

포스트 성장 사회 담론 이전에는 20세기 들어 자본주의의 공업적 성장과 민주주의의 발달이 결합하면서 변화한 사회의 성격을 해명하기 위해 '후기 자본주의'라는 개념이 널리 사용되었다. 20세기 초에 한편으로 공업 자본주의의 발달로 노동자의 대량 형성이 이루어지고 또 노동운동이 조직화하면서 계급 갈등이 심화했다면, 다른 한편으로는 국가의 민주화가 진행되면서 좌파 정당이 집권하기도 하고 자본주의 시장경제의 불황이나 공황에 국가가 개입하는 등 국가의 성격도 변화하면서 계급 갈등이 제도화되기 시작했다. 이에 따라 조직된 노동과 자본 사이의 제도화된 계급 타협이 이루어지기 시작했고, 이 과정에서 좌파 정당이 집권하면서 보편적 복지를 확대하는 등 조직 자본주의와 복지 자본주의의 성격이 강화되었다. 경제성장과 물질적 풍요에 기초한 계급 타협과 재분배는 자유 시장주의를 내세웠던 초기 자본주의의 모습과 크게 달라졌는데, 이처럼 변화한 자본주의를 '후기 자본주의'라고 명명하게 되었다. 그리고 후기 자본주의는 국가의 시장 개입, 재분배, 복지국가 등 경제적·정치적 변화만이 아니라 소비사회와 문화 사회로의 변화라는 의미로도 확장되었다.

포스트 성장 사회라는 질문은 바로 후기 자본주의가 경제성장을 통해 해결했다고 여겼던 사회문제들이 사실은 새로운 사회문제들을 낳음으로써 가능했다는 성찰에서 시작된다. 자본주의적 성장의 물질적 효과는 탈물질주의 가치관의 확산으로 나타났는데, 제2차 세계대전 이후에 태어나 복지국가의 물질적 풍요 속에서 자라났던, 이른바 '68세대'는 물질주의를 넘어서는 다양한 탈물질주의 가치를 추구하기 시작했다. 이것은 다양한 문화적 소비의 확대로 이어지기도 했지만, 탈권위주의, 환경, 성평등, 평화, 인권 등에 대한 관심의 확대로도 나타났다(정태석, 2006).

공업적 성장으로 늘어나는 에너지 소비를 충당하기 위해 핵발전소를 짓고, 중화학 제품들을 대량생산하기 위해 다양한 오염 물질들을 배출하게 되면서 환경적 위험과 피해는 점점 더 확산해 갔고, 과학기술의 발달 속에서 생산된 새로운 제품들의 안전성도 문제가 되기 시작했다. 시장과 이윤 논리에 종속된 새로운 과학기술들과 관료화된 전문가주의(expertism)는 안전성에 대한 공적·민주적 통제력을 약화했으며, 이로 인한 사회적 불안과 위험도 점점 커지게 되었다. 원자력 발전의 위험, 각종 화학제품의 위험성, 화학적 생산공정에서의 폭발 위험과 환경오염 등은 과학기술의 발전에 대한 의존이 높아지면서 생겨난, 생명과 건강, 생태계를 위협하는 위험들로서 그 피해의 범위를 가늠하기 힘든 것들이었다.

앞서 살펴보았던 벡의 '재귀적 현대화' 이론에서 그가 주목했던 핵심적인 쟁점들이 바로 이러한 것들이었다. 벡은 위험사회(risk society) 이론에서 '공업 사회'와 '위험사회'를 구분하면서, 공업적 성장에 몰두했던 공업 사회에서의 현실적 재난(danger)과 공업적 성장의 산물로 등장하여 경제성장 자체에 제약을 부과하게 된 위험 부담(risk)을 구분하고자 했다. 위험사회에서의 위험(risk)은 공업 사회에서 보험으로 처리할 수 있는 수준의 한정된 사고를 넘어서는 생태 환경적·과학 기술적 위험들로서 그 피해의 범위를 특정하기 어렵다는 특징을 지닌다. 방사능이나 화학물질의 대량 누출, 석유의 해양 유출, 화석연료 배기가스 등에 따른 재난은 그 피해 범위가 넓어서 특정하기 어렵고 보험으로 처리될 수도 없다. 이것은 물질적 풍요를 위해 공업적 성장을 추구해 온 결과이지만 물질적 풍요를 포기하지 않는 한 쉽게 해결하기 어려운 과제가 되었다(정태석, 2003, 2005).

위험사회가 공업적 성장의 산물이라면 그것은 무엇보다도 자본주의(capitalism), 공업주의와 밀접한 관련성을 지닌다. 그래서 오늘날 기후 위기의 원인으로 지목된 화석연료의 대량 소비에 대한 책임 논쟁에서, 기후 위기의 원인이 자본주의인가, 공업주의인가 하는 점이 중요한 쟁점이 되었다. 이 점이 중요한 이유는 오늘날 체계 전환(system change)이나 탈성장을 주장하는 담론들이 원인을 어디에 두느냐에 따라 그 실천 전략을 달리하게 되기 때문이다. 한편에서는 자본주의가 근본적 원인이라는 환원주의적 주장을 펼치며 탈-자본주의를 외치고 있고, 다른 한편에서는 성장이 근본적 원인이므로 탈-성장으로 나아가야 한다고 외치고 있다.

그런데 탈-자본주의를 외치든, 탈-성장을 외치든, 현실적인 문제는 자본주의적 성장 체계를 전환하기 위해 제도나 규칙을 바꾸는 일이 단순한 문제가 아니라는 데 있다. 이 체계는 생산과 노동, 소비와 소득의 분배를 둘러싼 다양한 이해관계자들의 모순적 결합체이며, 민주주의 사회에서는 아무리 바람직한 규범적 주장을 내세우더라도 이해관계를 조정하고 갈등을 해결하는 구체적인 절차와 과정이 없다면, 이해관계자들을 설득하여 현실적인 사회 전환을 이루어 내기 쉽지 않기 때문이다.

기후 위기가 다양한 재난을 통해 인간의 미래를 불안하게 만들기는 하지만, 그렇다고 해서 당장 성장을 완화하거나 멈추자는 주장에 모두가 쉽게 동의할 수 있는 것은 아니다. 경제성장 체계 자체가 노동을 통한 일상적 생존의 기반이 되어 있기 때문이다. 사회 전체로 보면 생산력이 발달하여 물질적으로 풍부하지만, 불평등으로 인해 부가 편중해 있는 사회에서 상대적 빈곤층들은 성장이 지속되어야 그나마 자신들의 노동과 생존이 지속될 수 있다고 믿는다. 그래서 그들은 기후 위기의 대응 방안들이 자신들의 일자리와 소득을 빼앗아 갈지도 모른다는 생각으로 쉽게 생태 전환이나 에너지 전환에 동의하지 못하는 것이다. 그래서 역으로 자본주의가 생태 위기나 기후 위기의 원인이라고 주장하는 사람들은, 바로 이러한 불평등한 체계가 경제성장과의 단절을 어렵게 한다고 생각한다.

그런데 생태 전환이나 에너지 전환의 구체적 과정을 살펴보면, 단순히 노동자계급이나 빈곤층만이 아니라, 산업전환 과정에서 위축되고 사라지게 될 산업이나 직업들과 서로 관련된 다양한 사람들이 전환의 불안을 느끼게 된다. 그래서 유럽의 선진국들에서는 '생태 전환'이나 '에너지 전환'이 관련된 노동자들이나 시민들의 일자리와 소득을 보장할 수 있게 하는 '정의로운 전환'을 모색해 왔다. 이들 나라는 일찍부터 보편적 복지 제도의 일환으로 직업교육을 통해 일자리 전환을 지원하는 고용복지 정책들을 시행해 왔는데, 이에 따라 생태 전환에 따른 일자리 전환을 지원하는 데서도 유리한 상황에 놓여 있다. 하지만 한국을 비롯해 일자리 전환을 지원하는 고용복지 정책이 취약한 나라들에서는 정치 환경도 열악할 뿐만 아니라, 생태 전환이나 에너지 전환에 대한 저항들이 생겨나면서 정의로운 전환을 추구하는 데 어려움을 겪고 있다(정태석, 2023).

이처럼 포스트 성장 시대는 경제성장에 따른 물질적 풍요와 생태-기후 위기에 따른 산업 전환의 추구가 서로 딜레마 상황에 놓이게 되는 시대이다. 사람들은 지금 물질적 생존을 넘어서 풍요를 통해 삶의 질을 향상해 온 경제성장이 생태-기후 위기로 신체적 생존과 생명을 위기에 빠뜨리는 상황에 직면하게 된 것이다. 이에 따라 생태 전환과 에너지 전환을 요구하는 다양한 환경 운동들이 지속되고 있고, 국가도 이러한 전환을 적극적으로 모색하고 있다. 그리하여 경제성장이라는 현대화 과정이 생태-기후 위기와 마주하게 된 재귀적 현대화의 현실에 대한 성찰은 이중적 사유를 요구한다. 한편으로는 경제성장 체계가 어떤 과정을 통해 새로운 위험과 위기들을 만들어내고 있는지를 객관적으로 분석하는 사유라면, 다른 하나는 다양한 이해관계와 가치 지향을 지닌 시민 대중들이 전환의 사유를 받아들이고 또 사회 전환을 위한 정치적 실천들에 참여하도록 만드는 인식과 정서 형성을 모색하는 전략적 사유이다.

4. 포스트 성장 시대의 산업구조 변동과 산업-일자리 전환

1) 생산력 발달과 산업 및 직업구조 변동 — 지식·정보·서비스 사회로의 전환

20세기의 경제성장을 뒷받침한 것은 무엇보다도 과학기술의 발달에 기초한 생산방식의 혁신이었다. 미국의 주도하에 테일러주의와 포드주의와 같은 생산방식의 혁신으로 기술적 분업의 확대와 생산의 자동화가 이루어졌다. 이에 따라 대량생산과 대량소비 시대가 이어지면서 소비자들의 욕구가 다양화하기 시작했고, 이러한 시장 상황에 대응하기 위해 등장한 포스트-포드주의 생산방식은 다품종 소량 생산을 통해 점점 더 다양한 상품 개발로 이어졌다.

제조업에서 생산방식의 혁신에 따른 생산력 발달은 서비스 산업의 확대와 함께 컴퓨터, 반도체, 정보통신산업의 발달을 가능하게 했다. 이러한 산업구조 변동은 정보 통신, 플랫폼 산업 중심의 지식·정보·서비스 사회로의 이행을 촉진했으며, 문화 산업, 여가 산업, 의료·건강·복지 서비스 산업 등 다양한 3차 산업을 발달시켜 직업, 일자리, 노동 방식, 소비 양식 등에서도 큰 변화를 만들어 내고 있다. 특히 정보통신기술의 발달로 인터넷 플랫폼을 활용한 정보 콘텐츠 산업과 유통 및 물류 산업의 규모가 점차 커지면서, 배달 노동, 플랫폼 서비스 노동 등의 일자리 규모도 커지고 있다. 이러한 산업 구조 변동과 일자리 변화의 전반적 양상은 표 2-1에서 확인할 수 있다.

표 2-1을 보면 선진국들의 산업구조가 어떻게 바뀌어 왔는지를 알 수 있

표 2-1 주요 국가 산업별 취업 인구, 1980~2024년

(단위: 천 명)

국가	경제활동	1980	1990	2000	2010	2020	2024
미국	농림어업	3.4	2.7	1.8	1.6	1.6	1.4
	산업(건설포함)	30.5	24.2	22.0	17.2	17.6	17.1
	서비스업	66.1	73.1	76.2	81.2	80.8	81.5
영국	농림어업	-	-	5.2	1.2	1.0	0.9
	산업(건설포함)	-	-	23.7	19.1	17.0	16.1
	서비스업	-	-	71.1	79.7	82.0	83.0
독일	농림어업	6.8	4.6	2.6	1.6	-	1.1
	산업(건설포함)	45.1	41.5	33.7	28.3	-	26.3
	서비스업	48.1	53.9	63.7	70.0	-	72.6
이탈리아	농림어업	-	-	5.3	3.8	4.0	3.4
	산업(건설포함)	-	-	32.1	28.6	26.4	26.7
	서비스업	-	-	62.6	67.6	69.6	69.9
일본	농림어업	10.4	7.2	5.0	4.1	3.0	2.7
	산업(건설포함)	35.3	34.1	31.3	25.1	23.5	22.9
	서비스업	54.3	58.7	63.7	70.8	73.5	74.4
한국	농림어업	-	17.9	10.6	6.6	5.4	5.2
	산업(건설포함)	-	35.4	28.1	25.0	24.6	23.7
	서비스업	-	46.7	61.3	68.4	70.0	71.1

자료: OECD(통계청 홈페이지 참조).

다. 1980년대까지만 하더라도 미국, 일본 등에서 30~40%를 차지하던 2차 산업 일자리가 2024년에는 20% 내외로 줄어들었고, 3차 산업(서비스업) 일자리는 75~80% 내외로 늘어났다. 미국과 영국은 서비스업 일자리가 80%를 넘어섰고, 전통적으로 제조업이 강했던 독일도 70%를 넘어섰다. 한국 역시

표 2-2 한국의 경제활동별(산업별) GDP, 1960~2024년

(단위: 십억 원)

산업별	1960	1970	1980	1990	2000	2010	2020	2024
농림어업	8,687.1	13,468.1	16,504.8	24,082.6	29,266.3	33,496.1	32,481.6	33,452.8
광공업	1,703.2	7,349.8	30,897.8	95,502.5	231,019.4	421,633.2	530,768.1	612,533.6
컴퓨터/전자/광학기기 제조업	-	56.9	742.4	4,654.1	23,584.8	78,670.0	150,007.9	208,072.2
전기/가스/수도 사업	52.5	375.9	1,581.2	7,860.6	20,430.8	35,171.1	45,605.3	48,309.2
건설업	1,966.0	10,936.7	27,868.4	69,256.2	76,444.5	91,097.9	110,255.4	105,421.4
서비스업	18,341.2	43,370.8	104,212.1	265,754.2	554,190.1	866,598.2	1,171,665.8	1,324,200.8
금융 및 보험업	121.8	754.4	4,145.4	16,289.6	35,266.9	68,608.7	110,016.4	125,704.2
정보 통신업	49.3	254.0	1,360.7	5,184.8	27,427.5	59,488.8	89,215.3	104,960.0
전문/과학/기술 관련 서비스업	-	1,250.7	5,384.8	22,463.7	41,094.3	67,516.3	89,229.1	98,291.2
공공행정/국방/사회보장	7,930.8	12,331.6	22,940.7	40,712.5	68,902.5	96,575.9	129,850.9	144,757.3
교육서비스업	5,952.6	12,741.3	22,121.3	39,012.2	54,388.9	79,866.2	90,436.1	101,155.4
의료/보건업/사회복지서비스업	648.5	1,350.9	3,481.3	17,603.4	31,263.9	55,162.7	106,034.6	127,459.8
예술/스포츠/여가 관련 서비스업	-	572.7	988.1	4,415.5	12,642.1	23,409.5	20,063.1	28,905.9
국내총생산(GDP)	31,031.5	77,130.7	188,693.1	495,738.2	998,289.1	1,577,253.1	2,058,466.5	2,292,202.4
1인당 GDP(달러)	80	255	1,745	6,813	12,717	24,069	33,653	36,129

주 1: 서비스업 내 세부 업종은 주요 부문만 포함한 것임.
  2: 정보 통신업에는 출판, 방송, 영상, 정보 서비스 업종이 포함됨.
자료: 한국은행, 「국민계정」(통계청 홈페이지 검색일 2025.7.10).

2020년 이후 서비스업 일자리가 70%를 넘어서고 있다.

한국 사회도 시작은 늦었지만, 점차 비슷한 산업구조 변동의 흐름을 보여 준다. 표 2-2를 보면, 산업별 생산액(GDP)에서 전체적으로 증가가 나타났지만, 성장 속에서의 산업별 차이를 통해 산업구조나 직업구조 변화의 흐름을 볼 수 있다. 2차 산업(광공업)의 경우 컴퓨터나 전자 산업과 관련된 생산액 비중이 2차 산업 전체의 3분의 1 정도가 되고 있다는 것은 그만큼 정보사회로의 급속한 전환이 이루어지고 있음을 보여 준다. 이러한 변화는 특히 1990년대에 들어 컴퓨터가 보급되기 시작하면서 급속히 이루어졌다. 서비스 산업 분야 정보 통신업의 성장도 이와 맞물려 있다. 여기에는 출판, 방송, 영상, 정보 서비스 업종들이 포함된다. 이와 함께 공공복지정책이 확대되고 고령화가 진행되면서 의료·건강·복지 서비스 산업도 꾸준히 성장해 왔다.

표 2-3은 산업별 생산액이 전체 GDP와 비교하여 어느 정도의 비중을 차지하고 있는지 계산한 것인데, 국가 주도 경제성장이 이루어지기 전인 1960년대와 비교하면 1차 산업(농림어업)의 비중은 28.3%에서 1.6%로 현저하게 줄어들었고, 2차 산업(광공업)의 비중은 경제성장 정책의 효과로 1960년 5.5%에서 2010년 29.1%로 꾸준히 늘어나다가 이후로는 비슷한 수준을 유

표 2-3 한국의 경제활동별(산업별) GDP 대비 비중, 1960~2024년

(단위: %)

산업별	1960	1970	1980	1990	2000	2010	2020	2024
농림어업	28.3	17.8	9.1	5.2	3.2	2.3	1.7	1.6
광공업	5.5	9.7	17.1	20.7	25.3	29.1	28.1	28.8
전기/가스/수도 사업	0.2	0.5	0.9	1.7	2.2	2.4	2.4	2.3
건설업	6.4	14.5	15.4	15.0	8.4	6.3	5.8	5.0
서비스업	59.6	57.4	57.6	57.5	60.8	59.8	62.0	62.3

지하고 있다. 사회간접자본을 포함한 3차 산업(서비스업)의 비중은 그 자체로 큰 변화를 보이지 않지만, 표 2-2에서 볼 수 있듯이 3차 산업(서비스업) 내에서 금융·보험·정보 통신·교육 서비스·의료·건강·복지·예술·스포츠·여가 산업의 비중이 크게 높아지는 등 구체적 업종에서 큰 변화를 보여 준다.

한편, 산업별 생산액 구조의 변화는 산업별 취업자 수 구조에도 일정하게 영향을 미치고 있다. 표 2-4를 보면 2013년과 비교하여 2025년 취업자 수는 350만 명가량 늘어났다. 이것은 저출산의 심화에도 불구하고 베이비붐 세대인 60대의 고용률이 높아 아직은 전체적으로 경제활동인구가 늘어나고

표 2-4 한국의 산업별 취업자 수, 2013~2025년

(단위: 천 명)

산업별		2013.5	2015.5	2020.5	2025.5
총계		25,610	26,431	26,930	29,160
농업, 임업 및 어업		1,706	1,526	1,551	1,485
광공업		4,314	4,593	4,391	4,443
사회간접자본 및 기타 서비스업		19,591	20,312	20,989	23,231
사회간접자본 및 기타 서비스업 주요 부문	정보 통신업	698	773	864	1,143
	금융 및 보험업	859	781	746	824
	전문, 과학 및 기술 서비스업	1,021	1,043	1,151	1,511
	공공행정, 국방 및 사회보장 행정	1,044	999	1,124	1,368
	교육 서비스업	1,774	1,825	1,814	1,957
	보건업 및 사회복지서비스업	1,586	1,799	2,332	3,242
	예술, 스포츠 및 여가 관련 서비스업	398	443	511	554

주 1: 사회간접자본 및 기타 서비스업 주요 부문은 전체의 일부분임.
 2: 정보 통신업에는 출판, 방송, 영상, 정보 서비스 업종이 포함됨.
자료: 통계청, 「경제활동인구조사」(검색일 2025.7.10).

표 2-5 한국의 산업별 취업자 비중, 2013~2025년

(단위: %)

산업별	2013	2015	2020	2025
1차 산업	6.6	5.7	5.8	5.1
2차 산업	16.8	17.4	16.3	15.2
3차 산업	76.5	76.8	77.9	79.7

있기 때문이다. 그런데 표 2-5를 보면 늘어난 취업자 수가 대부분 3차산업 부문에 속한다는 점이다. 여기서도 정보 통신업과 의료·보건·사회복지 서비스업 취업자의 증가율이 눈에 띈다.

그렇다면 이렇게 2차 산업의 일자리 비중 감소와 지식정보산업, 서비스 산업 중심으로의 산업구조 변화가 의미하는 바는 무엇일까? 그것은 우선 중화학공업 중심의 대규모 장치산업에서 절대적 생산액의 증가에도 불구하고, 생산액 증가율이나 산업별 비중에서 3차 산업이 2차 산업을 크게 앞서고 있으며, 특히 일자리에서는 그 비중이 격차가 더 커지고 있다는 점이다. 이것은 2차 산업에서 과학기술의 발달에 의한 생산의 자동화 등으로 생산력 발달이 이루어지면서 일자리가 꾸준히 감소해 온 반면, 지식·정보·문화 콘텐츠 산업의 팽창이 지속되면서 이들 분야의 일자리가 많이 늘어나고 있기 때문이라고 할 수 있다.

2) 플랫폼 자본주의 시대 노동시장의 개인화와 가치관의 분화

일찍이 제레미 리프킨(Jeremy Rifkin)은 『노동의 종말』(1995)에서 기술 진보가 노동력 수요를 감소시켜 정치적·정책적 개입이 없다면 사회 갈등이 증폭될 것이라 말했다. 첨단 기술이나 전문 지식·정보 영역에서 새로운 일자

리들이 생겨나겠지만, 줄어드는 노동력 수요를 대체하기는 어려워질 것이라 내다보았다. 물론 앞서 보았듯이 그사이에 많은 정치적·정책적 개입들이 이루어져 노동시간 단축을 통한 일자리 나누기, 다양한 공공·복지 서비스 일자리 창출 등이 이루어지기도 했고, 또 산업구조의 변동 속에서 정보산업이나 서비스 산업과 관련된 새로운 일자리들의 생성되기도 했다. 이처럼 노동 상황이 변화하면서, 울리히 벡은 시장에서 가치를 인정받지 못하는 다양한 공익적 노동을 '시민 노동'이라 부르면서 이에 대한 사회적 보상이 필요함을 역설하기도 했다. 또한 괜찮은 일자리는 줄어들고 있지만 부의 편중이 점점 심화하는 현실에서 시민들의 삶의 질을 보호하기 위해 정부가 '기본 소득'을 지급해야 한다는 주장들도 지속되고 있다.

공업 자본주의 시대에 기반을 둔 마르크스주의 시각에서 자본주의 생산관계에 대한 분석의 중심은 무엇보다도 공업 또는 제조업 자본과 생산방식이었다. 자본의 중심은 공업자본이었고, 공장에서의 노동 착취가 계급 불평등의 근원으로 여겨졌다. 그런데 자본과 시장의 세계적 팽창 속에서 자본의 독과점화와 금융자본의 성장이 이루어졌고, 이윤은 더 이상 공장에서의 착취만으로 설명하기 어렵게 되었다. 게다가 서비스 노동이나 정신노동이 중심이 되는 서비스 산업과 지식정보산업에서의 이윤 형성은, 작업장의 자본-노동관계에 기초한 착취만으로 설명하기에는 복잡한 과정을 보여 주게 되었다. 특히 다양한 디지털 지식/정보 콘텐츠 상품들은 생산보다는 소비시장 규모가 이윤 양을 결정하는 중심 요인이 되면서, 현실적으로 이윤 형성에서 시장(규모)의 효과가 중요해졌다. 예를 들어 휴대폰 통신 서비스 상품이나 음악, 영상 등 디지털 콘텐츠는 상품생산이나 서비스 제공에 투여된 노동시간을 계산하고 이것을 통해 가격을 매기는 것이 무의미하게 되었다. 특히 온라인 시장의 급속한 확장은 지식/정보 서비스 상품만이 아니라 재화 상품들에서도 시장 효과를 극대화하고 있다.

이처럼 자동화, 정보화에 따른 산업구조의 변동은 직업과 일자리 구조에서도 변화를 낳게 되었고 또 노동의 성격도 변화시켰다. 노동자들의 대규모 결집이 이루어지는 공장 노동 일자리가 줄어드는 대신, 다양한 형태의 플랫폼 노동 일자리들이나 유통 및 소비자 서비스 영역의 불안정하고 분산된 일자리들이 늘어나면서, 개별화되고 파편화된 노동이 확대되고 있다. 이러한 고용과 일자리의 개인화는 일자리를 불안정하게 하면서 노동자들 사이의 경쟁을 일상화하고 있다.

한국 사회에서는 1990년대 후반부터 과학기술의 발달과 자동화의 진전 속에서 산업구조와 직업구조 변동의 흐름이 바뀌기 시작했다고 할 수 있다. 제조업 종사자들의 일자리 비중이 정체를 보이기 시작했고, 대규모 공장의 생산직 노동자들의 수보다 다양한 직종의 중소기업 노동자들, 작업장이 분산되어 있는 서비스직 노동자들, 일상적 성과 경쟁을 하는 금융 및 판매 서비스직 노동자들이 더 많이 늘어나게 되었다. 이에 따라 생산직, 사무직, 기술직, 전문직, 관리직, 서비스직 등으로 분화된 노동자들은 점차 이해관계를 공유하기 어려워졌고, 공동의 공간에 기초한 연대를 형성하기도 어려워졌다(정태석, 2009: 259~265). 그리고 최근으로 오면서 정보화에 따른 다양한 지식 정보 노동자들, 플랫폼 노동자들의 출현은 이러한 작업의 개별화와 노동의 분산화를 더욱 심화했다. 이것은 한국 사회가 경제구조, 산업구조, 직업 구조 등이 변화하면서, 다원적 불평등과 차별 속에서 계급·계층, 직업, 세대, 성별, 지역 등에 따른 이해관계와 가치 지향의 분화가 심화하고 있음을 보여 준다.

한편으로는 지식·정보·서비스 사회로의 전환과 플랫폼 자본주의의 발달 속에서 직업과 일자리에서의 격차와 불평등이 커지고 있고, 또 다른 한편으로는 노동시장의 개인화에 따른 노동조직의 변화도 나타나고 있다. 전통적인 공업에 기반을 둔 조직 자본주의가 더 이상 지속되기 어려워지면서, 조직 노동이 쇠퇴하고 있고 이에 따라 노동자들의 이해관계 통일성에 기초한 연대를 추구하기가 점점 어려워지고 있다. 이것은 노동자계급의 통일성에 의존하는 계급 중심주의 개혁 전략은 더 이상 유효하지 않게 되었음을 의미한다. 대기업 노동자와 중소기업 노동자 간, 정규직과 비정규직 간의 임금 및 노동조건의 격차가 커지고, 생산직, 사무직, 기술직, 관리직, 전문직, 정보·서비스직 등 산업과 직종의 분화도 심화하면서, 노동자 내부의 계층 분화가 이루어지고 있다. 게다가 지식·정보 노동이나 각종 서비스 노동이 개별화, 분산화의 경향을 지님에 따라 노동자들 내부의 이해관계 분화와 파편화의 양상도 더욱 확대되고 있다.

노동시장의 개인화는 직업과 일자리의 분화와 다양화를 확산시켜 개인들이 더 많아진 선택지들 가운데서 선택하도록 하며, 그만큼 이동의 가능성이 커졌음을 말한다. 물론 개인의 성장 과정에서 가족의 계급 계층적·직업적 배경이 교육 기회, 가치관, 생활양식에 영향을 미쳐 개인의 직업 선택 가능성과 기회를 제약하게 되지만, 보편 교육과 사회복지가 확대되면서 개인의 생애 이력은 점점 개인의 자유로운 선택의 문제가 되는 경향이 있다. 이에 따라 개인은 그 책임 부담이 커지고 있고, 이것은 개인에게 불안과 고통을 안겨 준다.

이처럼 경제, 산업, 노동 영역에서의 개인화와 파편화는 자본주의의 성격과 노동의 형태를 변화시키고 있는데, 이러한 변화는 또한 노동의 의미, 소득과 분배의 공정성 등에 관한 사회적 인식과 정서의 변화로 이어지고 있다. 노동은 생존을 위한 활동이라는 의미를 넘어서 여가와 즐김을 위한 수단이라는 의미가 더 중요해지고 있다. 돈을 벌기 위해 건강을 희생하면서까지 장시간 노동을 하던 이전 세대들과 달리 젊은 세대는 더 이상 노동에 매달리지 않는다. 그래서 젊은 세대로 갈수록 직장에 대한 충성도도 떨어지고 있고 평균 근속연수도 줄어들고 있다. 그리고 노동의 이질성이 커지고 전문적 능력이 중요해지면서, 젊은 세대는 점점 더 능력주의적 분배가 공정하다고 여긴다.

한국 사회에서 개인화된 능력 경쟁이 심화하면서 공정에 대한 사고도 변화하고 있다. 직업 및 일자리 구조의 변동으로 상대적으로 좋은 일자리가 줄어들면서, 개인의 능력에 따른 차등 보상을 공정의 기준으로 생각하는 경향이 강해졌다(정태석, 2021). 특히 청년 세대에서는 개인의 계급·계층적 배경이나 교육 여건 등 사회구조적 조건의 차이를 배려하기보다 개인의 노력과 능력의 차이를 중요시해야 한다는 생각이 우세해졌다. 이것은 학생들 대부분이 대학 진학을 할 수 있게 되어 과거에 비해 교육 기회의 불평등이 크게 완화된 현실과도 연관되어 있다.

현대 사회에서 교육은 계층 상승의 기회를 제공하는 중요한 수단으로 작용해 왔는데, 이에 따라 민주적 국가는 교육 기회의 평등을 실현하기 위해 공교육을 강화해 왔다. 한국 사회에서도 그동안 초중등 교육이 점진적으로 의무화, 무상화되고 고등교육 기회가 확대되어 교육 기회의 평등이 크게 강화되었다. 그런데 이러한 형식적 기회의 평등이 실질적인 평등을 의미하는지에 대해 비판도 제기되고 있는데, 특히 프랑스 사회학자 피에르 부르디외(P. Bourdieu)는 현실적으로 교육이 계급·계층 재생산을 위한 수단이 되었다고 진단했다. 부르디외는 프랑스에서 부모의 계급·계층적 지위와 학력을 통해 형성되는 가족 내 문화자본이 자녀들에게 전수되어 이들이 중간계급 중심의 문화와 규칙에 따라 작동하는 학교 교육에 더 잘 적응할 수 있도록 함으로써, 교육이 계급·계층 재생산의 장치로 작동하게 되었음을 지적했다

(부르디외, 2000).

한국에서도 교육이 계급·계층 재생산을 위한 수단이 되고 있다는 주장들이 제기되고 있는데, 이것은 무엇보다도 사교육을 통한 학력·학벌 재생산을 문제 삼고 있다. 한국에서는 대학 학력이 출세를 위한 가장 확실한 수단이 되면서 일찍부터 높은 교육열 속에서 치열한 입시 경쟁이 이루어져 학벌주의가 심화했고, 이에 따라 첨예한 대학서열 체제가 형성되었다. 그래서 가난한 부모들도 자녀 교육에 투자하여 그들을 상위권 대학에 진학시켜 계층 상승을 이룰 수 있었다. 하지만 대학 입시를 위한 사교육 경쟁이 점점 심화하면서, 사교육에 더 많은 투자를 할 수 있는 중간계급 이상의 부유층이 입시 경쟁에서 좀 더 유리한 위치를 차지하게 되었고, 이에 따라 교육이 점차 계급·계층 재생산(세습)의 장치로 변화했다는 비판이 제기되기도 했다. 하지만 사회이동 또는 계층 이동의 유동성이 줄어들지 않았다는 연구 결과들도 나오고 있어서 여전히 논쟁적인 쟁점이라고 할 수 있다(정태석, 2021: 21~22).

어쨌든 직업·일자리 서열화와 함께 좋은 일자리가 줄어드는 현실에서 학벌과 학력에 따른 직업 및 일자리 기회 격차와 소득 격차가 커지면서, 취업 경쟁과 보상의 공정성에 대한 의식이 높아지고 있고, 이것은 능력주의 가치관의 확산으로 이어지고 있다. 30대 정규직 노동자들이 비정규직의 정규직화에 대해 불공정의 문제를 제기한다거나, 젊은 층 노동자들이 연공서열제 임금제도가 나이에 따른 임금 차별을 낳아 '동일 노동, 동일 임금' 원칙에 어긋난다고 주장하는 것들은 공정에 대한 가치관의 변화를 잘 보여 준다(정태석, 2021).

한편, 전반적인 교육수준 상승으로 고학력자들의 인구 비중이 높아짐에 따라 학력 수준과 일자리 간의 부조화가 커지고 있는 것도 한국 사회의 중요한 사회문제가 되고 있다. 국가통계포털 자료에 의하면 고소득 일자리를 얻기 위한 교육 경쟁이 치열해지면서 대학 진학률이 2004년에 80%를 넘어섰다가 약간 하락했지만 2020년 이후에도 70% 이상을 유지하고 있다. 이른바 '고용 없는 성장'이 지속되면서 대졸자들이 기대하는 좋은 일자리의 부족 현상이 심화하고 있어서 고학력 무직자 증가가 사회문제가 되고 있다. 반면에 중소기업 일자리나 '3D 업종'에 속하는 부문의 일자리에서는 노동력 부족 현상이 심화하면서 부족한 노동력을 메우기 위한 외국인 노동자들의 유입이 계속 늘어나고 있다. 그리고 취업 및 승진 기회, 노동조건, 사회진출 기회 등에서 차별당하고 있는 여성들이나 다양한 사회적 약자들의 문제도 여전히 개선되어야 할 사회문제로 남아 있다. 이것들은 대기업과 중소기업 간의 임금격차를 줄이면서 좋은 일자리를 만들려는 정부의 정책적 개입을 요구하고 있으며, 시민사회에서도 차별 해소의 문화를 만들기 위한 다양한 노력이 필요해지고 있다.

5. 포스트 성장 시대의 일상생활: 소비주의와 개인화된 네트워크 사회

20세기의 경제성장은 물질적 풍요와 함께 생태 위기를 낳기도 했지만, 과학기술 발전에 힘입은 생산력 발달로 노동과 소비에 대한 가치관을 바꿔놓기도 했고, 20세기 말부터 시작된 정보통신기술의 발달과 네트워크화의 흐름은 일상생활과 인간관계의 변화도 만들어 냈다. 그래서 그동안의 경제성장에 대한 성찰이 어떤 사회 전환을 만들어 낼 것인지는 다양한 시민들이 일상생활에서 경제성장의 결과들을 어떻게 받아들이고 있는지에 달려 있다.

1) 소비사회와 가치 지향의 분화

포스트 성장 사회는 경제성장의 효과로서 경제/산업/노동/일자리 체계를 파편화하고 개인화했을 뿐 아니라, 시민들은 자본주의 체계의 분화와 개인화에 따라 다양한 계급·계층적 지위를 차지하고 또 다양한 직업과 일자리를 지니며 살아가고 있다. 그래서 개인들은 계급·계층적 지위에 따라 경제성장의 혜택을 더 많이 누리기도 하고 더 적게 누리기도 한다. 그렇지만 양적 성장을 통한 물질적 풍요와 소비 증대, 노동시간 감축에 따른 더 많은 여가 시간은 시민들 대부분이 누리게 된 경제성장의 효과이다. 절대적 빈곤이 거의 사라지고 과거의 사치재들이 점차 대중 소비재가 되면서, 소비는 점차 개인의 취향을 표현하는 행위가 되었고, 상품의 가치는 실용성보다 상징적 의미에 의해 평가되고 있다. 소비자 대중의 욕구와 선호의 다양성은 생산과 소비 시장을 주도하면서 기업들이 다양한 기능과 디자인의 상품들을 생산하도록 추동하고 있다.

사람들은 일정한 수준의 물질적 욕구가 충족되면 정신적·정서적 욕구를 좀 더 충족시키려 하는데, 다양한 정보 통신 상품들이나 문화 콘텐츠, 서비스 상품 등에 대한 소비가 늘어나고 있는 사실은 이러한 소비성향의 전환을 잘 보여 준다. 선진국에서 시민들은 대부분 원하는 가전제품과 자동차 등을 소유하고 있어서 공산품 구매에 더 많은 돈을 쓸 필요가 없어졌다. 그들은 컴퓨터나 스마트폰 같은 정보 통신 기기들의 구매나 외식, 공연 관람, 관광, 여행, 문화 콘텐츠 구매 등 문화생활과 여가 생활을 위해 더 많은 돈을 사용하고 있다. 포드주의 시대를 지나면서 소비는 점차 생존에서 문화생활로 전환되었다.

이처럼 경제성장이 물질적 풍요와 소비문화의 확산을 가져다주었지만,

불평등은 여전히 사회문제로 남아 있다. 복지국가가 발달한 선진국들은 불평등이 완화되면서 삶의 질도 전반적으로 상승했다. 하지만 한국 사회처럼 복지 제도가 취약하여 개인들 간의 소득 경쟁과 재산 경쟁이 치열하고 저소득층이 불평등에 대해 강한 불만을 가진 나라에서는 소비도 불평등한 제도가 되었다. 예전의 사치재들이 대중 소비재가 되었고, 부유층의 전유물이었던 과시 소비는 중간계급으로 확산하고 있다. 이에 따라 소비와 문화 향유에서의 구별 짓기(distinction)는 소비 격차에 따른 상대적 박탈감을 불러일으키기도 한다.

서열주의 문화가 강하게 남아 있는 한국 사회에서는 소비의 차별화가 더 강한 열등감을 불러일으키는 경향이 있다. 나이 서열에 순응적인 문화는 다양한 조직에서 나이나 지위 서열에 따른 우월감과 순종 의식을 일상화하는데, 이것은 서열에 따른 차별과 무시, 그리고 이에 대한 반대급부로서 경쟁과 승리 지향을 강화한다. 형식적으로는 평등한 시민들의 민주주의 사회이지만, 현실적으로는 인격적 평등주의 문화가 취약한 서열 사회에서, 개인들은 비교를 통한 차별과 무시에 민감하여 이에 대응하는 경쟁을 통한 지위상승 지향이 강하게 나타난다. 예를 들어 학교에서 청소년들 사이에 각종 생활용품의 가격 등급에 따라 구별 짓기와 서열 매기기를 하는 문화가 강하게 나타나는 것은 지위서열사회의 특성을 잘 보여 준다. 부유층 자녀들은 과시 소비를 통해 서열을 매기고 저소득층 자녀들을 비하하며 우월감을 느끼고, 저소득층 자녀들은 열등감과 소외감을 느끼면서 좌절하거나 물질적 성공을 통해 복수하겠다는 생각을 품게 되는 현실은, 물질만능주의 서열 사회에서 소비가 계급적 제도가 된 모습을 잘 보여 준다.

소비와 문화에서의 다양한 차별화는 모방소비 욕구를 불러일으키기도 하고 또 위화감이나 상대적 박탈감을 불러일으키기도 한다. 대중매체와 정보

매체의 발달과 함께 다양화하는 대중문화 콘텐츠들도 소비의 중요한 영역이 되었는데, 이 과정에서도 여러 의식과 가치관들이 형성된다. 영화, 드라마, 예능 등의 콘텐츠를 통해 부유층이나 연예인들의 호화로운 삶을 접하거나 스포츠 스타들의 고소득을 보면서, 대중은 불평등과 불공정을 느끼기도 하지만, 그들의 노력에 대한 공정한 대가라고 정당화해 주기도 한다. 이처럼 소비와 대중문화를 통해 사람들의 가치관은 엘리트-영웅주의와 대중주의, 능력주의와 형평주의, 개인주의와 공동체주의, 소비주의와 탈-소비주의, 물질주의와 탈-물질주의, 성장주의와 탈-성장주의 등 다양한 가치 지향들로 복잡하게 분화하고 있다. 물론 이러한 의식과 가치관들은 반드시 계급·계층적 지위에 상응하지는 않는다.

한편, 환경의 관점에서 본다면, 일상생활에 필요한 공산품 소비가 많이 늘어나지 않는 대신 문화생활이나 여가 생활을 위한 소비가 늘어나는 것이, 자원과 에너지 사용을 점차 줄여 줄 것인지는 분명하지 않다. 국제 교류나 관광 등을 위한 여행으로 국제적인 이동 인구가 늘어나면서 항공 산업이 번창하고 있고, 항공기를 비롯한 교통수단 관련 시설을 위해 사용되는 재화와 에너지가 늘어나고 있기 때문이다. 이에 따라 자원과 에너지의 소비를 줄이기는 여전히 쉽지 않아졌으며, 이에 따라 생태 전환이나 에너지 전환의 전망도 어두워지고 있다. 게다가 인공지능 기술의 발달로 고급 정보를 검색하기 위해 사용되는 전기 에너지가 많아지고 있는 점도 에너지 전환을 제약하는 요인이 되고 있다.

지구적 수준에서의 생태 전환과 에너지 전환의 가능성은 개발도상국이나 저개발국 국민의 필수적인 물질적 욕구 충족에 자원과 에너지를 더 많이 사용하게 되더라도 선진국 국민의 정신적·정서적 욕구 충족을 위해 사용하는 자원과 에너지의 양을 얼마나 줄일 수 있느냐에 달려 있다. 말하자면 이동 욕구를 충족시키기 위한 산업에서 얼마나 절약적이고 생태-친화적인 생산과 소비가 이루어지느냐가 중요하다고 하겠다.

자본주의 사회에서 자본(기업)의 이윤 극대화는 기본적으로 자본축적을 통한 생산의 증대, 즉 확대재생산을 통해 이루어지는데, 이러한 확대재생산이 사회적으로 이루어지는 것이 곧 경제성장이다. 그리고 소비의 확대는 확대재생산, 즉 경제성장을 지속시키는 힘이다. 이것은 자본주의적 경제성장을 억제하려면 소비자들이 '적정 욕구'와 '적정 소비'를 추구할 수 있어야 함을 의미한다. 적정 소비는 자본(기업)의 적정 생산이 이루어지도록 할 것이며, 이것은 성장을 억제하는 힘이 될 수 있기 때문이다. 여기서 자본주의는 딜레마 상황에 놓이게 된다. 경쟁적인 시장에서 자본(기업)은 성장을 통한 이윤 증대를 추구하지 않으면서 어떻게 생존할 수 있을 것인가? 단순재생산을 통한 적정 이윤 추구는 가능할 것인가? 기술 경쟁력 강화를 통한 상대적 이윤 증대가 모든 자본의 공동 전략이 될 수 있을까? 한 사회의 경제적 재생산방식을 어떻게 재구조화할 수 있을 것인가? 자본주의 사회에서 탈성장을 통한 생태 전환은 바로 이러한 질문들에 대해 어떤 대답을 내놓을 수 있을지에 달려 있다.

2) 세대 전환과 가치관의 변화

오늘날 가치관의 분화와 변화는 세대 전환이라는 현실적 조건과도 깊이 관련되어 있다. 포스트 성장 시대의 중심 세대는 성장 시대의 중심 세대와 다른 사회적 조건과 상황에 놓여 있다. 나라마다 경제성장의 주요 시기가 다른데, 전후 경제성장에 따른 물질적 풍요와 복지의 혜택을 받으면서 성장한 유럽의 68세대는 개인화의 경향 속에서 탈권위주의, 탈물질주의적 지향을 보이기 시작한 세대였다. 그런데 지금 이 세대는 80대가 되었다. 그들의 탈물질주의와 생태-친화적 가치, 자유-지상주의 가치는 점차 사회 속으로 확산했지만, 이후 세대는 후기 자본주의를 넘어 신자유주의적 세계화가 심화하고 기후 위기가 악화한 위험사회, 이민과 난민 등으로 국제적 이동이 확대되어 다양한 종족, 인종의 사람들이 서로 어울려 살아가는 다문화 사회에서 파편화되고 개인화되어 다중적 정체성 속에서 불안을 느끼며 살아가고 있다. 최근에 유럽에서 이민과 난민 수용 등을 둘러싼 갈등이 확산하면서 외국인에 배타적인 국수주의 성향의 극우 세력이 확대되는 경향이 나타나고 있는 것도, 바로 이러한 사회적 조건에 기인한다고 할 수 있다.

한국의 경우 1960~1970년대 경제성장의 과정에서 태어나고 자라난 1980년대 민주화 운동 세대도 60대 전후가 되었다. 유럽과 한국은 역사적 전통과 사회적 배경이 서로 다르지만, 자본주의적 경제성장에 따른 사회의 분화와 파편화 과정에서 개인화가 진전되었다는 점은 유사하다. 한국은 집단주의와 나이·성별 서열주의 문화가 뿌리 깊게 남아 있어서 변화의 속도나 형태에서 차이를 보이기는 하지만, 민주주의의 발달 속에서 개인의 자유를 추구하는 경향은 확대해 왔다(정태석, 2020).

현재의 청년 세대가 기성세대와 다른 가치관이나 정서를 지니게 된 것은, 기본적으로 성장 시대가 바꾸어 놓은 사회 체계의 환경에서 살아왔기 때문이다. 한국 사회에서 성장 시대의 젊은 세대는 근면과 절약의 태도를 내면화하면서 열심히 일했고, 그렇게 아낀 돈으로 자녀의 교육에 투자하고 또 주택을 구매하여 재산을 형성할 수 있었다. 그런데 그들의 희생으로 교육을 받고 취업하여 살아가게 된 자녀들은, 물질적 풍요와 개인화된 관계 속에서 성장하여 돈과 노동에 대해 부모들과 다른 가치관을 지니게 되었고, 경제적으로도 부모의 재산을 물려받아 좀 더 안정적인 삶을 살 수 있게 되었다.

물론 사교육을 받거나 부모의 재산을 물려받을 기회가 모두에게 공평하게 주어진 것은 아니었다. 이러한 재산의 불평등은 부모 세대의 계급·계층적 지위에 따라 자녀 세대에 더 큰 불평등을 만들어 내게 된다. 게다가 저출산으로 인해 자녀들이 부모의 재산을 물려받을 기회를 점점 더 많이 얻게 되면, 사회는 재산의 불평등 문제로 공정성을 둘러싼 가치 갈등이 심화하게 된다. 포스트 성장 시대에 부모의 재산을 상속받고 특권화된 교육을 받은 부유층 자녀들은 소유권과 특권을 정당화하면서 자신들만의 이기주의적 가치관을 형성해 가고 있다. 지금 한국 사회에서 부유층 자녀들은 증여세와 상속세에 대해 서서히 불만을 표출하고 있고, 저소득층 자녀들은 증여와 상속에 따른 재산의 불평등에 대해 불공정의 문제를 강하게 제기하고 있다.

한편, 보편화된 공교육을 받으며 개인화된 경쟁을 펼쳐 온 청년 세대는, 자신의 노력으로 전문성과 능력을 키워 온 사람들이 더 많은 보상을 받아야 한다는 능력주의 정서를 지니면서 이것이 공정성을 담보한 원리라고 생각하는 경향을 보인다. 그리고 그들의 능력주의 지지는 연공서열제 임금제도에 대한 불만으로 이어진다. 이것은 불평등과 불공정에 대한 인식과 가치관에서 복잡한 균열을 만들어 내고 있다. 사회 불평등에 대한 비판 의식은 사회제도의 공정한 개혁을 바라는 정치적 요구로 표출되기도 하지만, 일확천금이나 횡재를 통해 자산 형성을 추구하는 개인적인 계층(지위)상승 전략으로 나타나기도 한다.

차이와 다양성이 커지고 있는 대중문화의 현실 역시 청년 세대의 가치관 변화에 크게 영향을 미치고 있다. 성공한 대중 스타들의 화려한 삶을 선망하면서 연예계 진출을 열망하는 청소년들이 늘어나고 또 대다수가 실패할 수밖에 없는 현실은, 많은 청소년들이 좌절에 따른 심리적 열등감과 공허함을 느끼도록 만든다. 일자리 경쟁과 소득 경쟁이 치열해진 현실에서 그들은 건전한 노동 윤리를 배우기보다 물질주의를 추구하며 불로소득을 통한 부자를 꿈꾸고 있다. 이러한 문화적 환경은 아직 자아 정체성과 가치관이 충분히 정립되지 않은 청소년들에게 불안과 불만을 증폭시킨다. 개인들 각자가 자신의 생애 과정에서 다양한 선택을 하며 살아가야 하는 다원화된 현대 사회에서, 그들은 한편으로는 선택의 자유를 누리지만 동시에 그 선택에 대해 책임져야만 한다. 파편화와 개인화로 자유로운 만큼 불확실한 선택 속에서 살아가야 하는 사회에서 청소년과 청년들은 가치관과 정체성의 혼란과 불안정을 겪을 수밖에 없는데, 이처럼 변화된 현실이 던져 주는 다양한 지식과 정보, 가치관들 속에서 이들은 점점 기성세대의 가치관에서 멀어져 가고 있다.

3) 개인화된 네트워크 사회와 인격적 관계의 해체

오늘날 경제성장의 결과들은 산업구조 변동 속에서 디지털 전환, 생태 전환, 소비와 환경의 관계, 나아가 적정 소비를 위한 적정생산 체계에 대해 질문을 던지고 있을 뿐만 아니라, 일상생활의 파편화와 개인화 속에서 생활양식과 인간관계, 가치관 등에 대해서도 질문을 던지고 있다. 기든스와 벡은 이것을 존재론적 불안이나 일상생활의 위험이라고 말한다. 공동체, 가족, 집단, 조직의 문화와 규칙에 종속되어 살아왔던 개인들이 공업화, 도시화, 민주화 등의 현대화 과정을 거치면서 자유가 늘어나고 탈-집단화, 탈-조직화하면서 자신들의 생애 동안 스스로 선택해야 할 삶의 목록들이 늘어났으며, 이에 따라 스스로 책임져야 할 일들도 늘어났다는 것이다. 이것이 바로 현대인들이 일상에서 불안과 위험을 감수하며 살아가야 하는 삶의 조건이다.

앞서 보았듯이 포스트 성장 사회에서 개인들은 한편으로는 사회의 분화와 다원화에 따라 개인적 삶의 궤적 속에서 다양한 선택의 자유를 누리게 되었지만, 다른 한편으로는 그 책임을 스스로 져야 하기에 자유로운 만큼의 불안과 혼란을 감수해야 한다. 이것은 기든스와 벡의 성찰적·재귀적 현대화와 위험사회 이론의 또 다른 주제이다.

벡은 노동시장과 사랑에서의 일상적 위험에 대해 말하고 있는데, '개인화된 피고용인 사회'와 평등한 남녀 간의 우연적 관계에 따른 '지극히 정상적인 혼란으로서의 사랑'은 사회관계의 개인화를 보여 주는 중요한 양상들이다. 공업 사회에서 경제성장, 완전고용, 사회보장 등을 추구하는 단순 현대화 과정이 핵가족화를 통해 전통적인 공동체와 친족 관계를 해체했다면, 위험사회에서 계급, 가족, 성 역할의 경계를 해체하는 재귀적 현대화 과정은 개인화를 통해 가족과 부부 관계마저도 개인들의 우연적 선택으로 만들어 놓았다. 성평등이 진전되면서 가족 구성원들의 삶도 개인적 이력에 따라 더욱 개별화되고 있고, 이혼과 재혼, 동거 등이 늘어나면서 친밀성과 일상생활의 개인화도 더욱 진전되어 온 것이다(벡, 1998: 6, 88, 96, 125; 정태석, 2002: 254~255). 이러한 변화들은 개인을 자유로운 만큼 더 불안하고 외롭게 하는 환경들이다. 지그문트 바우만(Zygmunt Bauman) 역시 오늘날의 사회를 '방황하는 개인들의 사회'라고 말한다(바우만, 2013). 다중적 사회관계 속에서 다중적 위치를 차지하며 살아가고 있는 개인들은, 복수의 정체성이 요구하는 가치관, 규범, 태도, 행동 양식들로 인해 혼란과 불안을 느끼며 살아간다는 것이다.

이처럼 개인들이 일생에서 점점 다양한 선택의 기로에 서게 되고, 또 자신의 선택에 책임을 지며 살아가야 하는 현실은, 무엇보다도 사회 체계가 다원화하고 파편화한 결과이다. 그리고 이 과정에서 개인들은 다중적 정체성을 형성하고 또 복합적 정체성에 따른 인식과 정서의 변화를 경험하게 된다. 파편 사회는 개인들에게 유동적인 정체성을 요구하고 있지만, 개인들은 늘 내적으로 일관된 안정적인 정체성과 정서 속에서 살아갈 수 있는 것은 아니다. 특히 사회적 교류와 이동이 늘어나고 있고 또 국제적인 교류도 활발해지는 다종족, 다문화 사회로의 전환은 훨씬 더 유연한 정체성과 정서를 요구한다. 파편화된 불안정한 사회에서 정체성이나 가치를 둘러싼 정서적·감정적 갈등은 사회적 대립을 극단화하기 쉬우며, 사회적 포용과 공존을 위한 방안들이 더욱 중요해지고 있는데, 이것은 포스트 성장 사회의 중요한 정치적 과제가 되고 있다.

포스트 성장 사회는 재귀적 현대화가 이루어지는 위험사회이자, 분화와 다원화가 심화하는 파편 사회이며, 개인화 속에서 이중적 자유로 인해 개인들이 불안정과 외로움 속에서 방황하며 살아가야 하는 사회이다. 전통적인 인간관계와 친밀성이 약화하면서 인간관계의 파편화가 심화하고 있으며, 개인들은 새로운 친밀성을 스스로 만들어 가야 하는 현실이다. 그런데 한국 사회에서는 도시형성 과정에서 아파트 중심의 고밀도 주거 공간이 만들어지면서 전통적 이웃 관계가 급속히 해체되는 현상을 경험하고 있다. 공업화 과정에서 농촌에서 도시로의 이동이 핵가족 중심으로 이루어진 데다 도시개발 과정에서 아파트와 같은 고립된 주거 공간에서 살아가는 가족이 점차 늘어나게 되면서, 주거 공간에서 인격적 관계를 맺는 마을 공동체 형성이 불가능하게 되었다. 이것은 개인화를 고립화로 만드는 부정적인 환경이 되었다. 일상적 생활공간인 주거 공간이 가족만의 단절적 공간이 되면서, 사람들 사이에서 일상적 소통을 통해 교류하고, 공감하고, 공동체성을 회복할 기회가 사라지게 되었고, 이런 일상생활에서의 인격적 파편화, 고립화는 경쟁과 감정적 대립의 극단화, 자살이나 범죄의 증가 등으로 나타나고 있다.

노인들의 고독사가 늘어나는 것도 역시 1인 가구의 증가와 같은 가족이나 인구 파편화의 산물이라고 할 수 있다. 전통적 가족 관계가 해체되고 또 고령화로 노후 생존기간이 길어지면서 노인 부부가 자녀들과 따로 사는 경우가 많이 늘어났고, 이혼이나 사별로 배우자 없이 홀로 살아가는 노인들도 늘어났다. 특히 한국 사회에서는 성평등 의식의 확산으로 전통적인 가부장적 부부 관계가 약화하면서 황혼 이혼의 사례도 늘어나고 있다. 또한 취약한 복지 제도와 연금제도로 인해 노인빈곤 문제도 점점 심각해지고 있다. 저소득층 독거노인들은 열악한 주거 환경, 가족 관계와 인간관계의 해체와 고립, 건강 문제 등으로 고독사나 자살로 생을 마감하는 사례도 늘어나고 있다.

한국 사회에서는 청소년들도 개인화와 파편화에 따른 인간관계의 해체를 경험하고 있다. 한 자녀 가족에서 살아가는 청소년들이 늘어나면서, 이들은 부모의 집중적인 사랑과 관심을 받으며 더 친밀한 가족 관계 속에서 살아가게 되었지만, 역설적으로 가족 밖에서는 친밀한 인간관계를 맺기가 어려운 환경 속에서 살아가고 있다. 교육 경쟁, 입시 경쟁이 심화하면서, 학교는 공동체와 협동보다는 개인과 경쟁을 우선시하는 문화가 지배하게 되었다. 부모의 기대에 부응하기 위해 학교는 입시 위주의 교육에 매달리고, 학생들은 일상적 성적 경쟁 속에서 살아가게 되면서, 학교에서 청소년들의 삶은 황폐화하고 있다. 이처럼 성적과 경쟁 스트레스 속에 살아가면서 청소년들은 일상적인 심리적 불안정을 겪고 있으며, 이러한 환경은 가정과 학교에서 청소년 폭력이 늘어나는 상황을 만들고 있다.

물론 선진국에서도 청소년, 청년들이 자신의 불안정한 처지에 대한 비관이나 고립감 등으로 우울증을 겪거나, 마약중독에 빠지고, 자살이나 범죄를 저지르는 사례들이 늘어나 정부의 적극적인 대응 정책이 시행되기도 했다. 그런데 한국 사회는 마약중독의 사례를 찾기는 어렵지만 성적 비관이나 가족 관계 및 친구 관계에서의 불화 등으로 자살하는 청소년 비율이 선진국들에 비해 매우 높은 편이다. 경쟁적인 환경은 개인들이 친구 관계를 비롯한 인간관계에서 심리적 위안이나 위로를 느끼기보다는 따돌림 등으로 소외나 고립감을 느끼도록 만든다. 친밀한 인간관계가 주는 공감이나 도덕적 통제력이 부재한 상황은 개인이 자살 등 일탈 행위를 좀 더 쉽게 선택하도록 만든다.

고등학교를 졸업한 청년들도 매년 70% 이상이 대학에 진학하면서 가족과 떨어져 1인 가구로 살아가는 경우가 늘어나고 있다. 그리고 개인화된 피고용인 사회에서 분산된 일자리에 취직하여 살아가게 되면서 일자리와 소득의 불안정으로 불안과 고립감 속에서 살아가는 청년들도 늘어나고 있다. 많은 청년들이 개인화되고 파편화된 삶을 살아가게 되면서, 공동생활과 소통 경험의 부족으로 인간관계 형성에서 큰 어려움을 겪고 있다. 게다가 정보-인터넷 기술의 발달 속에서 온라인 네트워크를 통한 소통이 일상화되면서, 네트워크상의 일상적 연결에도 불구하고 그 탈인격적 성격으로 인해 인격적 소통은 오히려 쇠퇴하는 역설적 상황에 놓여 있다. 온라인 네크워크에서의 파편화된 비대면적 연결이 사람들 사이에서 인격적·정서적 공감을 형성하기보다는 오히려 정서적 고립감을 느끼게 한다는 것이다. 실제로 다양한 온라인 플랫폼에서의 대화와 정보 소통은 그 탈인격성이나 익명성으로 인해 사람들 사이에서 정서적 공감과 이해를 확장하기보다는 '인터넷 부족주의'를 강화하여 가치와 감정의 대립을 강화하는 경향을 보여 준다. 특히 각종 SNS 플랫폼의 알고리즘은 사용자의 선호에 따라 특정 정보와 콘텐츠를 편중하여 노출함으로써 부족주의를 강화하는 역할을 하기도 한다. 특정한 선호, 정체성, 가치, 주장, 정서 등을 중심으로 강한 결속력을 지닌 온라인 모임을 형성하여 외부의 소수자들이나 특정 집단에 대해 적대와 혐오 감정을 표출하는 인터넷 부족주의(신부족주의)는 세대, 성별, 지역, 계층 등에 따른 정서적·감정적 대립을 극단화하는 모습도 보여 준다. 이러한 대립은 정치적 감정으로 이어져 정치적 상대방에 대해 비난과 혐오를 쏟아 내는 정치적 대립을 부추기고 있다.

개인화된 네트워크 사회는 포스트 성장 시대를 특징짓는 중요한 단면이다. 사회의 개인화와 인간관계의 파편화는 기본적으로 현대사회의 체계 분화와 파편화의 산물이라고 할 수 있는데, 그 체계의 중요한 한 축이 바로 정보화와 네트워크화라고 할 수 있다. 네트워크는 개인화에 이중적이고 모순적인 영향을 미치고 있다. 사람들을 서로 연결해 주어 소통과 공감을 확산하기도 하지만, 탈인격적·익명적 연결로 고립감이나 외로움을 느끼게 하기도 한다. 개인들은 더 많은 정서적·감정적 교류와 소통을 원하지만, 개인화된 네트워크 속에서 살아감에 따라 오히려 고립에서 편안함을 느끼기도 하는 양가적 감정을 지니고 있다. 개인들은 많은 탈인격적·익명적 네트워크 속에서 소통하며 살아가지만, 인격적인 단절과 고립감을 느끼며 살아간다. 그래서 온라인 플랫폼을 통해 전달되는 다양한 상품이나 문화 콘텐츠의 소비는 외로움 속에서 살아가는 자신에게 위로를 준다. 하지만 이것이 현실에서 인격적 소통과 공감을 통한 인간관계의 회복을 대신하지는 못한다. 그러므로 다양한 사회적 교류와 포용의 기회와 공간을 만드는 것이 새로운 과제가 되고 있다.

6. 포스트 성장과 사회전환 시대의 민주주의와 사회적 성찰의 과제

현대를 포스트 성장 시대라고 말하는 것은 경제성장의 효과들이 성장 시대의 사회 체계를 변화시켜 새로운 사회 체계를 만들어 내고 있음을 의미한다. 여기서 쟁점이 되는 것은, 포스트 성장 사회 체계가 경제성장을 지속할 수 있느냐 하는 것에 국한되지 않으며, 오히려 경제성장의 효과가 사회의 다양한 영역에서 어떤 변화들을 만들어 내고 있느냐 하는 것이다. 그리고 사회 전환은 성장 체계의 작동 과정에서 이루어진 양상이기도 하지만, 또 성장의 결과로 생겨난 포스트 성장 사회가 요구하는 것이기도 하다. 그래서 포스트 성장 시대에 관해 얘기하려면 무엇보다도 성장 사회가 포스트 성장 사회로 전환하는 데 영향을 미친 사회적 요인들과 그 변화된 양상들을 해명할 필요가 있다.

1) 포스트 성장 사회의 체계와 대인 관계

오늘날 포스트 성장 사회로의 전환을 추동해 온 힘은 어디에서 나온 것일까? 유물론적·과학적 시각에서 보면, 거기에는 인간의 의지로 어떻게 하기 힘든 자연적·물리적 전환의 양상들도 있지만, 또한 인간의 의지가 작동하여 이루어진 전환의 양상들도 있다. 물론 인간의 의지가 작동했다고 하더라도 그 의지가 의도된 변화를 만들어 냈을 수도 있고 그렇지 못했을 수도 있다. 다양한 인간들의 복잡한 의지들 또는 비-의지들의 결합은 우연적이어서, 자연적·사회적 조건들이 일정한 영향을 미치게 된다고 하더라도 그 방향이 미리 정해져 있는 것은 전혀 아니다. 그래서 사회변동 또는 사회 전환의 방향을 해명하려면 인간들의 의지 또는 비-의지를 만들어 내는 다양한 인식들과 정서들의 흐름을 포착해야 한다.

개인들은 사회 체계들 속에서 사회적 위치들을 차지하며 살아가는데, 그래서 각자가 처해 있는 현실에 따라 서로 다른 인식과 정서를 품고 살아가게 된다. 그리고 이러한 인식과 정서의 지형에 따라 다양하게 이루어지는 개인적·집합적 실천들이 바로 현실의 변화를 만들어 낸다. 결국 현실을 과학적·객관적으로 분석한다는 것은 개인들의 인식과 정서의 지형을 이해함으로써 그들의 실천이 어떤 변화로 이어졌는지를 설명하는 것이다.

개인들은 그들이 자리하며 살아가고 있는 사회 체계들의 성격에 의해 정해진 인식이나 정서를 지니며 살아가는 것이 아니며, 또 그들의 사회적 위치가 다양한 만큼 의식적일 수도 있고 무의식적일 수도 있는 다양한 인식이나 정서를 지닐 수 있다. 이처럼 사회적 위치의 차이로 인한 개인들의 다양한 이해관계와 가치 지향의 차이는 탈인격적 관계로 인식되는 사회 체계가 단순한 반복을 넘어서 조금씩 다른 방식으로 작동하도록 만들고 있다. 따라서 인간의 의지가 작동하여 사회 체계를 바꾸려면, 좀 더 영향력 있는 다수 개인의 의지를 결집하는 실천적 과정이 필요하다. 이런 맥락에서 사회관계들의 결합체로서 사회는 탈인격적 관계로서 체계(system) 양상을 지니는 동시에 체계를 구성하고 하면서 인식과 정서를 지닌 인격적 개인들의 대인 관계(inter-personal relationship) 양상도 지니고 있다. 말하자면 사회는 '체계와 대인 관계의 비대칭적이고 불균등한 결합체'로 볼 수 있는 것이다. 그러므로 포스트 성장 사회로의 전환의 성격을 해명하려면, 체계의 전환 과정을 추동한 개인들의 인식과 정서의 지형과 대인 관계의 성격을 포착해 내야 하는 것이다.

자본주의를 하나의 사회 체계로 이해한다면, 그것은 다양한 물질적 조건들 속에서 생산수단을 소유한 자본가들과 노동력을 제공하는 노동자들이 결합하여 가치를 지닌 상품을 생산하고, 이것을 시장에서 판매하여 이윤과 임금을 벌어들이는 탈인격적 생산 체계와 교환 체계로 설명할 수 있다. 이때 자본가들과 노동자들은 생산 체계와 교환 체계를 움직이는 탈인격적 존재처럼 취급된다. 그들은 자본이나 노동으로 이 사회 체계의 작동에 관여하지만, 자본주의는 그들의 인식이나 정서와 무관하게 객관적으로 작동하는 존재처럼 그려진다. 하지만 자본주의는 단지 사회 체계이기만 하고, 또 이에 관여하는 자본가들이나 노동자들은 사회 체계를 움직이는 탈인격적인 존재이기만 한 것이 전혀 아니다. 이들은 이 사회 체계 속에 각자의 사회적 위치를 차지하며 살아가는 인격적 존재로서 각자의 인식과 정서를 형성하고 또 변화시켜 간다. 이런 점에서 자본주의 사회 관계는 '체계들과 대인 관계(인식-정서)의 비대칭적 결합체'로 이해할 필요가 있으며, 자본주의 체계를 구성하는 개인들의 인식과 정서 지형들의 형성과 변화를 통해 그 변동을 설명할 수 있다.

이러한 관점이 필요한 이유는 단순히 체계의 법칙이나 원리 분석만으로 체계의 모순이나 위기를 밝히거나 그 모순과 위기를 해결할 수 있는 새로운 체계를 제시할 수 있다고 생각하는 이론주의적·관념론적 사고에서 벗어날 필요가 있기 때문이다. 체계 논리의 분석만으로는 사회 개혁이나 전환의 실천적·정치적 전략을 모색하고 또 실현하기가 불가능하다. 체계 분석은 대인 관계(인식-정서) 분석과 결합할 때 비로소 그 체계와 사회 전체의 현실적 작동을 구체적으로 설명할 수 있게 되며, 나아가 현실적으로 가능한 체계 전환이나 사회 전환의 구체적 전략을 모색할 수 있다. 이것은 체계와 대인 관계의 불균등한 비대칭적 결합에 주목해야 하는 이유이기도 하다.

체계와 대인 관계(인식-정서) 결합체의 관점에서 포스트 성장 시대를 이해하려면, 한편으로는 이전의 성장 체계와 포스트 성장 체계의 차이와, 이러한 사회변동을 만들어 낸 다양한 물질적·정신적 요인들을 설명하는 동시에, 이 과정에서 체계를 구성하고 있는 개인들의 인식과 정서의 변화와 이에 따른 대인 관계의 성격과 형태의 변화를 설명해야 한다. 앞에서 우리는 포스트 성장 사회로의 변동 과정을 생태-에너지, 경제/산업/노동/일자리, 소비/문화/일상생활/네트워크 등의 영역에서 이루어진 체계의 파편화와 개인화 양상을 중심으로 살펴보았다. 그런데 체계와 대인 관계의 변화 양상을 시간의 흐름에 따라 좀 더 구체적으로 이해하려면, 세대의 변화와 이로 인한 인구구성의 변화에 주목하면서 이들의 대인 관계와 인식 및 정서 지형의 변화에도 주목할 필요가 있다.

2) 포스트 성장 시대의 민주주의 정치와 사회적 성찰

민주주의 사회에서 정치 변화의 흐름을 이해하려면, 포스트 성장 사회로의 전환이 체계와 대인 관계(인식-정서)에서 어떤 변화를 만들어 내고 있는지를 먼저 이해해야 한다. 여기서 세대와 인구구성의 변화는 사회전환 과정에서 필연적으로 발생하는 변화이다. 특히 한국 사회는 저출산으로 젊은 층 인구가 줄고 있는 반면에, 고령화로 노인 인구의 비중이 커지고 있다. 이것은 노인 세대의 반공주의, 권위주의 정서가 정치적 영향력을 행사하면서 젊은 세대의 새로운 요구들을 억누를 가능성이 크다는 점을 말해 준다. 또한 젊은 층의 감소가 수요 감소로 이어져 내수 경제의 정체가 생기고 노인 부양비 부담으로 복지 제도를 둘러싼 갈등이 생겨날 가능성도 높다. 그러므로 포스트 성장 사회에서 이러한 변화가 체계와 대인 관계(인식-정서)의 성격을, 특히 세대 변화에 따라 시민사회에서 문화-이데올로기-가치 지형을 어떻게 변화시키고 있는지에 주목할 필요가 있다. 왜냐하면 시민사회의 문화-이데올로기-가치 지형은 한 사회의 정치 지형을 규정하고 있기 때문이다(정태석, 2018).

포스트 성장 사회에서는 불평등의 양상도 변화하고 있다. 자동화와 정보화에 따른 지식·정보·서비스 사회로의 전환 속에서 자본의 독과점화와 전문 지식·기술 중심 일자리들의 지배 현상이 심화하면서, 시민들 사이에서 소득과 자산의 격차가 심화하고 있다. 한국 사회에서는 전반적으로 고학력자들이 늘어나고 있음에도 좋은 일자리나 소득 기회가 줄어드는 반면에, 부동산이나 주식에 투자한 부유층이나 고소득층은 좀 더 쉽게 불로소득을 얻을 수 있게 되면서, 사회의 불평등과 불공정에 대한 불만이 높아지고 있다. 그래서 사회 전체적으로 시민들은 노동을 통한 자산 형성보다는 투자나 투기를 통한 시세 차익, 즉 불로소득에 더 많은 관심을 가지는 경향을 보인다.

특히 소득 격차와 소비 격차를 통해 열등감이나 좌절감을 더 민감하게 느끼게 되는 청년들은, 소득경쟁 규칙의 공정성에 더 많은 관심을 가지는 동시에 높은 시세 차익을 얻을 수 있는 각종 투기성 자산에 투자하여 고소득을 얻어 계층 상승을 이루려는 욕망을 강하게 가지게 된다. 청년들의 코인 투자 열기는 이러한 경향을 잘 보여 준다. 이처럼 소비사회에서 소비가 계급적 제도라고 하더라도, 개인들의 계급·계층 지위가 특정한 의식이나 가치관을 결정하지 못한다. 개인들이 불평등에 반응하는 양식들이 다양해지면서, 개인의 계급·계층 의식이나 공정에 대한 가치관도 복잡하게 분화하고 또 균열하고 있다.

한편, 인터넷 네트워크 체계는 다양한 정보들이 자유롭게 소통되는 환경을 열어 놓았지만, 현실에서는 오히려 편중된 정보와 편협한 소통으로 인터넷 부족주의 현상이 심화하는 경향도 만들어 놓았다. 그리하여 선택할 수 있는 정보와 콘텐츠들이 넘쳐날수록 다수가 공유하는 정보와 콘텐츠들은 줄어들고 개인들 사이의 인격적 공감과 소통은 어려워지는 상황에 놓이게 된 것이다. 가치관의 분화가 이루어지고 있는 현실 속에서 이러한 네트워크 체계는 차이와 다양성의 소통과 교류를 제약하면서 점차 인격적 대인 관계의 형성과 사람들 사이의 인격적 통합과 공존을 어렵게 만들고 있다.

사회화의 관점에서 본다면, 오늘날 개인화된 네트워크 시대의 사람들, 특히 아이들, 청소년들은 전통적인 지역공동체나 마을 공동체가 해체되면서, 부모, 친척, 이웃 등 가까운 위 세대나 또래 친구, 선배 등으로부터 관심을 받으며 일상적 행동과 사고의 규칙이나 기술을 배우고 또 소통과 교류의 문화나 규범을 배울 기회가 부족한 시대를 살아가고 있다. 자기만족을 추구하며 자기표현을 하는 데는 익숙하지만, 집단이나 공동체 속에서 서로 다른 사람들과 상호작용하고, 자아를 열어 놓고 소통하고, 또 서로 긴장과 갈등을 겪기도 하면서 인격적 관계를 형성하는 경험에는 익숙하지 않은 시대를 살아가는 것이다. 게다가 청소년기에 형성되는 폐쇄적인 또래 문화는 그들의 인식-정서 형성에 큰 영향을 미친다.

인터넷 정보-네트워크 시대는 청소년들의 또래문화 형성에 부정적인 영향을 미친다. 다양한 매체들과 대중문화의 발달은 생산된 수많은 문화 콘텐츠 가운데서 원하는 것을 자신의 취향과 선호에 따라 선택하여 즐길 수 있는 시대를 열어 놓았다. 그래서 이 시대에 태어나고 자라나는 청소년들은 자유로운 선택을 통해 자신이 원하는 정보를 편식하고, 자신과 인식, 정서, 가치관이 비슷한 사람들하고만 소통하고 교류할 수 있는 환경에 놓이게 되었다. 부모와 학교 교육의 환경 못지않게 또래, 친구들과의 관계가 중요한데, 청소년들이 일찍부터 한정된 친구 관계를 형성하고 각종 SNS에서도 한정된 소통을 통해 편중된 정보를 접하면서 고정관념을 형성할 가능성이 커진 사회가 된 것이다. 그리하여 청소년들은 한쪽에서는 입시경쟁 체계에서 파편화, 개인화되어 성적 스트레스로 자살로 내몰리고, 또 한쪽에서는 저항적 또래 문화의 형성 아래 편견에 빠진 편협한 인간으로 길러지고 있다.

포스트 성장 사회는 한편으로는 불평등의 양상을 다양화하면서, 다른 한편으로는 파편화, 개인화 속에서 개인들 간의 소통과 공감을 약화하고 있다. 이에 따라 점차 이해관계의 균열, 가치관과 이념에서 정서적·감정적 대립의 극단화 경향을 보여 준다. 이러한 사회문제들을 해결하려면 사회적 공감과 포용을 확대할 수 있는 정치적 해결책을 모색해야 한다. 민주주의 사회에서 이러한 길은 시민들의 다양한 목소리를 공평하게 대표하는 정치 세력들이 서로 소통하고 대화하면서 타협의 길을 찾아갈 수 있는 정치제도를 만들고, 또 시민사회에서 다양한 시민들이 서로를 인정하면서 공존을 추구하는 포용적 문화를 만들어야 한다.

민주주의 사회에서 정치가 얼마나 잘 작동하고 있는가는, 한편으로는 제도 정치가 시민들의 다양한 이해관계와 가치 지향을 얼마나 잘 대표하면서 타협을 끌어낼 수 있느냐에 달려 있으며(다양성의 정치적 대표 및 타협), 다른 한편으로는 정치 공동체를 구성하는 다양한 시민과 정치 세력들이 서로를 공존할 수 있는 경쟁자로 여기면서 함께 살아가려는 의지와 정서를 형성하고 유지할 수 있느냐(정치 공동체의 정서적 통합)에 달려 있다. 전자가 체계 차원의 제도적 통합과 타협의 문제라면, 후자는 대인관계 차원의 문화적·정서적 통합과 공존의 문제라고 할 수 있다.

포스트 성장 사회에서 제도 정치의 민주적 정당성은 다양하게 분화된 이해관계와 가치 지향을 지닌 시민들을 얼마나 잘 대표할 수 있느냐에 달려 있다. 자본주의적 민주주의 사회에서 이루어진 경제성장은 경제, 산업, 노동, 일자리 영역의 파편화와 개인화를 통해 시민들의 이해관계와 가치 지향을 분화하고 다양화했다. 노동자계급의 내적인 분화가 이루어지고 있을 뿐만 아니라 다양한 사회적 약자들이 차별과 불평등에 대항하여 사회적 자유와 평등, 인권의 확대를 요구하고 있고, 생태 환경과 생명, 건강에 관한 관심들도 확대되고 있다. 성평등, 성소수자 권리, 낙태권, 환경권, 건강권에 대한 요구들이 확대되고 있고, 동물권에 대한 요구도 생겨나고 있다.

여기서 주목할 점은 이러한 이해관계와 가치들의 분화와 다양화가 정치적 지지 구조를 바꾸고 있다는 사실이다. 특히 젊은 세대는 자신들이 지지하는 다양한 가치가 정치적으로 수렴될 수 있기를 요구한다. 이것은 다당제의 활성화를 통해 가능한데, 이에 따라 기존의 정치제도, 이익과 가치 대표체계에 대한 불만과 함께 그 제도에 대한 개혁 요구가 높아지고 있다(정태석, 2018). 그러므로 다양한 이해관계와 가치 지향을 지닌 시민들을 공정하게 대표하는 정치 세력들이 서로 대화와 타협을 통해 정책 결정을 할 수 있도록 하는 통치 형태가 필요한데, 이러한 연합 정치를 가능하게 하는 데는 대통령중심제보다 의원내각제가 좀 더 적합할 것이다. 물론 대립적인 관계에 놓인 다양한 이해 당사자들이 서로 갈등하고 경쟁하고 경합하는 것은 현실적으로 불가피하다. 중요한 점은 제도 정치가 시민사회의 개인화되고 파편화된 다양한 이해관계와 가치 지향들을 서로 조율하여 타협을 끌어내는 역할을 하는 것이다. 이를 위해 합리적인 이익 및 가치 대표체계를 만들고 또 대화와 소통을 통해 타협점을 찾아가는 거버넌스 장치를 만들어야 한다.

이것은 두 번째 과제의 해결 방안과도 맞닿아 있다. 다양한 이해관계와 가치 지향을 지닌 시민 구성원들이 모두 하나의 정치 공동체에 소속되어 있다는 인식과 정서를 지니게 될 때 비로소 정치 공동체의 통합이 가능하다. 이를 위해서는 서로 갈등하고 경합하는 시민들도 정서적·감정적으로 대립하고 극단적으로 분열되지 않도록 하는 것이 매우 중요하다. 또한 어떤 시민도 차별과 무시, 배제 등에 따라 사회로부터 소외되거나 격리되어 있다는 감정을 느끼지 않도록 하는 사회적 포용 체계가 형성되어야 한다. 한국 사회에서 높은 자살률과 저출산도 결국은 치열한 입시 경쟁, 가정불화, 사회적 가치들을 둘러싼 감정적 대립과 갈등, 빈곤과 상대적 박탈감, 친밀성의 쇠퇴와 외로움 등 다양한 사회적 위기 현상의 결과들이다.

그러므로 개인화, 파편화된 사회에서는 개인들 사이의 친밀성과 인간관계를 회복하는 방안을 마련할 필요가 있다. 특히 교육기관이나 시민사회에서 개인들이 다양한 사회적 교류와 소통의 경험을 가질 수 있게 하는 제도적·문화적 방안들을 모색해야 한다. 자라나는 미래의 시민들을 포함해 모든 시민이 정치 공동체의 평등한 구성원 의식을 지니며 소속감을 느낄 수 있어야, 상호 인정 속에서 정치적 대화와 타협을 이룰 수 있을 것이다.

포스트 성장 사회는 벡의 '재귀적 현대성(reflexive modernity)'이라 하든 기든스의 '고도 현대성(high-modernity)'이라 하든, 아니면 '탈-현대성(post-modernity)'이라 하든, 현대성의 발전이 만들어 놓은 다양한 분화와 개인화, 파편화의 양상들을 담고 있으며, 그 속에서 세대의 전환이 이루어지고 인구구성의 변화가 나타나면서 개인들의 인식과 정서가 변화해 온 사회이다. 그러므로 세계화와 인구의 국제 이동 속에서 경계가 약화하고 있는 국민국가라는 정치 공동체에서, 현대성의 결과들에 대한 사회적 성찰과 함께 민주주의 정치를 통해 복잡하게 얽혀 있는 사회문제들을 해결해 나가지 않으면 안 된다.

포스트 성장과 전환 시대가 사회와 그 시민들에게 던지는 질문은 복합적이다. 무엇보다도 중요한 질문은 자본주의적 경제성장이 낳은, 인간의 생존과 직결된 지구적 기후 위기와 생태 위기를 어떻게 극복할 수 있는가이다. 그리고 생산력 발전의 효과로서 경제성장의 혜택을 어떻게 특정 계급이나 집단에 편중되지 않게 사회적으로 골고루 나눌 수 있을까 하는 것이다. 포스트 성장 시대가 인간의 삶을 발전시켰다고 말하려면 생태-기후 위기와 사회 불평등 문제를 해결하지 않으면 안 되기 때문이다.

현실의 자본주의 성장 체계는 자본의 이윤 극대화 욕망이 소비자들의 새로운 소비욕망 자극과 확대로 이어지는 욕망의 순환 체계를 통해 작동하고 있다. 그리고 경제적 불평등은 소득 격차에 따른 과시 소비와 모방 소비를 불러일으켜 욕망의 억제를 어렵게 하고 있다. 그러므로 욕망을 억제하기 위해 소득 격차를 줄이고 시민들 모두가 짧은 노동시간과 높은 삶의 질을 누릴 수 있도록 하는 제도적·문화적 개혁을 이루어야 한다.

그런데 오늘날 개인주의 성향이 강한 젊은 세대의 성장과 함께 계급·계층 불평등, 노동자의 분화, 성 불평등, 세대 격차, 기후변화 등의 쟁점들이 서로 얽히면서 복잡한 정치적·이데올로기적 지형이 만들어지고 있다. 그동안 한국 사회는 국제적으로는 선진국으로 인정받을 정도로 경제성장을 이루어 국민의 전반적 소득수준이 상승했으며, 이에 따라 소비 양식이나 사회적 욕구도 크게 변해 왔다. 다양한 영역에서 파편화, 개인화가 이루어지면서, 서로의 이해관계나 가치의 차이를 조율하고 타협하기도 점점 어려워지고 있다. 그러므로 기존의 문법과 시각은 사회현상을 읽어 내는 데 한계에 봉착했으며, 좀 더 근본적인 성찰을 통해 시각의 전환을 이루어야 한다.

자본주의 성장 체계가 낳은 사회 위기와 사회문제들은 논리적 분석과 규범적 주장만으로는 해결되지 않는다. 체계 전환이든 사회 개혁이든 그 실천이 이루어지려면, 결국 시민들이 성찰을 통해 자신들의 인식과 정서를 변화시켜야 한다. 그리고 이를 통해 궁극적으로 정치적 선택과 실천이 이루어져야 한다. 특히 시민들이 모두 기후위기 극복과 생태 전환을 정치 공동체 전체의 과제로 받아들이고 실천 전략에 동의해야 한다.

생태-기후 위기를 해결하기 위해 경제성장을 멈춰야 한다면, 이를 위한 시나리오를 제시하면서 시민 대중을 설득해 실천에 나서도록 할 때 그 실현이 가능하다. 이것은 무엇보다도 시민들이 성장주의, 소비주의에 대한 성찰을 통해 스스로 소비 욕구를 적정한 수준으로 제한하여 절약적이고 생태-친화적인 삶을 추구하도록 하는 의식 전환과 가치관 전환을 이룰 때 가능하다.

이러한 전환의 필요성을 설득하려면 '경제성장 없는 단순재생산'을 통해 생존을 이어 갈 수 있는 대안적 경제 체계의 상을 제시해야 한다. 생산력 발전을 통해 사회 전체적인 노동시간 단축을 이루면서, 시민들에게 사회적으로 필요한 다양한 노동과 일자리를 합리적으로 배분하고, 그 사회적 생산물과 이득을 공평하게 나누는 방안을 제시해야 한다. 그래야만 시민들이 '경제성장 없는 삶'에 동의하고 성장주의와 소비주의에서 벗어날 수 있기 때문이다.

앞에서 우리는 민주주의 정치의 중요한 두 과제가 ① 다양성의 정치적 대표 및 타협, ② 정치 공동체의 정서적 통합이라는 점을 언급했다. 체계와 대인 관계(인식-정서)의 합리적 전환을 위해서는 개인화와 파편화 속에서 이해관계와 가치 지향이 다양한 시민들이 서로를 정치 공동체의 동등한 구성원으로 인정하는 공존 속에서 민주적 경쟁을 통해 타협을 이루어 가는 사회적 포용의 정치가 필요하다. 이것이 바로 포스트 성장 사회가 우리에게 던지고 있는 정치적·사회적 과제이다.

참고문헌

기든스, 앤서니(Anthony Giddens). 1981. 『자본주의와 현대사회이론』. 임영일·박노영 옮김. 한길사.
기든스, 앤서니. 1991. 『포스트모더니티』. 이윤희·이현희 옮김. 민영사.
기든스, 앤서니. 1997. 『현대성과 자아정체성』. 권기돈 옮김. 새물결.
기든스, 앤서니·벡, 울리히(Ulich Beck)·래쉬, 스콧(Scott Lash). 1998. 『성찰적 근대화』. 임현진·정일준 옮김. 한울.
김재현. 1987. 「이데올로기, 주체, 구조: 알뛰세를 중심으로」. ≪시대와 철학≫, 1: 47~73.
김재현. 1994. 「위르겐 하버마스」. ≪이론≫, 10: 61~92.
김종엽. 1997. 「자아 정체성과 정치」. ≪경제와사회≫, 제35호 가을호.
루만, 니클라스(Niklas Luhmann). 1991. 「체계이론의 최근 동향」. 최재현 엮음. 『현대 독일사회학의 흐름』. 형성사.
루만, 니클라스. 2001. 『복지국가의 정치이론』. 김종길 옮김. 일신사.
루만, 니클라스. 2002. 『현대 사회는 생태학적 위험에 대처할 수 있는가』. 이남복 옮김. 백의.
무페, 샹탈(Chantal Mouffe). 2003. 「시티즌십이란 무엇인가」. 백영현 옮김. ≪시민과 세계≫ 3: 379~388.
무페, 샹탈. 2007. 『정치적인 것의 귀환』. 이보경 옮김. 후마니타스.
바우만, 지그문트(Zygmunt Bauman). 2013. 『방황하는 개인들의 사회』. 홍지수 옮김. 봄아필.
박현준·정인관. 2021. 「20년간의 세대 간 사회이동의 변화: 30~49세 두 남성 코호트 비교 분석」. ≪한국사회학≫, 55(3), 159~191쪽.
백욱인. 1994. 「대중 소비생활구조의 변화」. ≪경제와사회≫, 제21호 봄호.
백욱인. 2008. 「한국 소비사회 형성과 정보사회의 성격에 관한 연구」. ≪경제와사회≫, 제77호 봄호.
벡, 울리히(Ulrich Beck). 1997. 『위험사회』. 홍성태 옮김. 새물결.
벡, 울리히. 1998. 『정치의 재발견』. 문순홍 옮김. 거름.
벡, 울리히. 1999. 『아름답고 새로운 노동세계』. 홍윤기 옮김. 생각의 나무.
벡, 울리히. 2000a. 『적이 사라진 민주주의』. 정일준 옮김. 새물결.
벡, 울리히. 2000b. 『지구화의 길』. 조만영 옮김. 거름.
벡, 울리히. 2003. '위험사회'. 아르민 퐁스(Armin Pongs) 엮음. 『당신은 어떤 세계에 살고 있는가? 1』. 김희봉·이홍균 옮김. 한울.
벡, 울리히·기든스, 앤서니·래쉬, 스코트(Lash Scott). 1998. 『성찰적 근대화』. 임현진·정일준 옮김. 한울.
벡, 울리히·벡-게른스하임, 엘리자베트(Elizabeth Beck-Gernshiem). 1999. 『사랑은 지독한 혼란』. 강수영·권기돈·배은경 옮김. 새물결.
부르디외, 피에르(Pierre Bourdieu). 2000. 『재생산-교육체계 이론을 위한 요소들』. 이상호 옮김. 동문선.
부르디외, 피에르. 2005. 『구별짓기(상)(하)』. 최종철 옮김. 새물결.
신광영. 2008. 「서비스사회의 계급과 계층구조」. 신광영·이병훈 외. 『서비스사회의 구조변동』. 한울아카데미.
이영희. 2011. 『과학기술과 민주주의』. 문학과지성사.
이영희. 2014. 「과학기술 시티즌십의 두 유형과 전문성의 정치」. ≪동향과전망≫, 92호, 174~211쪽.
정태석. 2002. 「벡의 재귀적 현대화 이론과 개인화의 딜레마」. ≪경제와사회≫, 제55호 가을호.
정태석. 2003. 「위험사회의 사회이론: 위험을 어떻게 이론화할 것인가?」 ≪문화과학≫, 제35호.
정태석. 2007. 『시민사회의 다원적 적대들과 민주주의』. 후마니타스.
정태석. 2015a. 「분산하는 사회운동과 접합의 정치: '사회적인 것'과 민주주의」. ≪경제와사회≫, 제105호 봄호.
정태석. 2015b. 「시민자격의 역사적 발달과 세계화 및 위험사회에서의 그 함의」. ≪지역사회학≫, 제16권 제1호.
정태석. 2020. 『한국인의 에너지, 평등주의』. 피어나.
정태석. 2021. 「능력주의와 공정의 딜레마: 경합하는 가치판단 기준들」. ≪경제와사회≫, 제132호, 12~46쪽.
정태석. 2021. 「다원화된 민주주의 사회와 지식인론의 성찰: 경합하는 공공적 지식인」. ≪지역과 세계≫, 제45권 1호, 71~106쪽.
정태석. 2022. 『기든스의 『제3의 길』 읽기』. 세창미디어.
정태석. 2022. 『파편사회의 사회학』. 한울아카데미.
정태석. 2023. 「한국 사회의 정의로운 생태 전환 논쟁과 생태 정치 전략의 성찰」. ≪경제와사회≫, 제137호, 42~79쪽.
조희연·정태석. 2001. 「한국 민주주의 변동에 대한 이론적 이해와 분석틀」. 조희연 엮음. 『한국 민주주의와 사회운동의 동학』. 나눔의 집.
주은우. 2008. 「서비스사회화의 경향과 일상생활의 변화」. 신광영·이병훈 외. 『서비스 사회의 구조 변동』. 한울아카데미.
하버마스, 위르겐(Jürgen Habermas). 1991. 「비판적 사회이론의 과제」. 최재현 엮음. 『현대 독일사회학의 흐름』. 형성사.
하버마스, 위르겐. 1994. 『현대성의 철학적 담론』. 이진우 옮김. 문예출판사.
홍덕화·이영희. 2014. 「한국의 에너지 운동과 에너지 시티즌십: 유형과 특징」. ≪ECO≫, 18(1): 7~44.
Beck, Ulrich. 1995. *Ecological Politics in an Age of Risk*. trans. by Amos Weisz. Polity Press.
Beck, Ulrich. 1996a. "Risk Society and the Provident State." S. Lash, B. Szerszynski, and B. Wynne(eds.). *Risk, Environment & Modernity*. SAGE Publication.
Beck, Ulrich. 1996b. "World Risk Society as Cosmopolitan Society?" *Theory, Culture & Society*, Vol.13(4).
Beck-Gernsheim, Elizabeth. 1996. "Life as a Planning Project." S. Lash, B. Szerszynski, and B. Wynne(eds.) *Risk, Environment & Modernity*. SAGE Publication.
Mouzelis, Nicos. 1995. *Sociological Theory: What Went Wrong?* Routledge.
Niklas, Luhmann. 1982. *The Differentiation of Society*, trans. by Stephen Holmes and Charles

Larmore. Columbia Univ. Press, New York.

Taeseok Jeong and Dong-Hoon Seol. 2022. "Theoretical Construction of a Fragmented Society: Fragmentations in Social System and in Interpersonal Relationships." *Journal of Asian Sociology*, Volume 51 Number 1, March.

Weber, Max. 1968b. *Economy and Society 1, 2, 3*. translated and edited by G. Roth and C. Wittich. Bedminster Press.

2부 국가, 정치, 이데올로기

3장 포스트 성장 균형 국가: 형태와 전략 _지주형

4장 성장의 위기와 민족주의 전환 _권오용

5장 글로벌 사우스의 포스트 성장과 포스트 발전:
발전 담론의 혼종적 공진화 _김태균

3 포스트 성장 균형 국가
형태와 전략

지주형

　기후 위기와 생태적 위협이 심각해지고 있는 오늘날, 국가의 역할과 형태에 대한 논의가 점차 중요해지고 있다. 그러나 현재까지 이루어진 국가론적 논의는 생태적 기능과 정책, 생태 민주주의, 대표성 등 특정 측면에 초점이 맞춰져 있거나 전략에 대한 고민보다는 당위론에 머무는 경우가 많으며, 기후위기 시대에 대응하는 국가의 종합적 역할에 대한 체계적인 분석은 부족한 실정이다(Eckersley, 2004; Dryzek, 2005; Dryzek et al., 2003; 조명래, 2002; 구도완, 2003; 문순홍, 2006; 김근세·조규진, 2015; 진상현, 2023). 이러한 맥락에서 이 글은 이념형적 분석이라는 한계를 지니고 있음에도 불구하고, 포스트 성장 시대에 적합한 포괄적인 국가 모델을 형태와 전략의 차원에서 제시하는 데 의미를 가진다. 특히 이 글은 국가론의 관점에서 현대사회와 자연의 복잡한 관계를 조명하며, 자본주의국가의 기후 생태적 한계를 극복할 포스트 성장 균형 국가의 모습을 시론적으로 탐색하고자 한다. 이를 위해 이 글은 먼저 자본주의국가가 기후생태위기에 어떻게 대응해 왔는지 살펴보고,

현대사회-자연 관계의 모순과 딜레마를 진단한다. 이어 균형 국가의 이론적·사상적 토대를 검토하고, 포스트 성장 균형 국가로의 이행 조건을 논의한다. 마지막으로는 국가의 여섯 가지 형태적·실질적 차원에서 균형국가체제를 상세히 분석할 것이다.

1. 기후생태위기에 대한 자본주의국가의 대응

지구온난화로 기후변화와 기후생태위기의 담론이 확산되면서 자본주의 국가들은 다양한 방식의 대응 전략을 전개해 왔다. 그러나 이러한 대응 전략은 그 근본에 있어 성장주의를 포기하지 않는다.

첫째, '지속가능한 성장(sustainable growth)', '그린 뉴딜', '그린 성장' 전략 등은 주류적 대응으로 부상했다. 이들은 대체로 환경의 금융화(financialization)와 자본화(capitalization)를 통해 새로운 그린 시장(green market)을 창출하는 데 중점을 둔다(cf. Wijburg and Waldron, 2025). 대표적으로 탄소 배출권 거래제(carbon emission trading system)가 그 사례이다. 이는 시장 논리를 도입하여 온실가스 감축을 유도하는 장치로, 유럽연합(EU)을 비롯해 중국, 한국 등지에서 실제로 시행되고 있다. 이러한 시장 기반의 정책은 기업 간 정보 비대칭 해소와 탄소 정보 투명성 제고 등 긍정적 결과를 낳기도 하지만, 탄소 거래가 실제 감축 효과보다 투기적 금융 상품으로서의 성격이 강화되고 있다는 비판도 동시에 존재한다(Gilbertson and Reyes, 2009; Böhm et al., 2012).

둘째, 국가 환경규제의 한계와 법 집행의 미흡성 역시 문제로 지적된다. 전 세계적으로 환경 규제가 과거에 비해 크게 늘었지만, 실제 규제의 강도와 이행력은 매우 취약하다(UN Environment, 2019). 제도적 미비 외에도 집행능력 부족, 정책 간 조정 실패, 정보 접근성 결여, 부패, 시민사회의 미약한 참여, 환경운동 억압 등이 규제 이행을 저해하고 있다. 나아가, 기후피해 발생이 예견 가능함에도 국가가 기업 및 시장 행위를 충분히 규제하길 꺼리거나 탄소감축 목표를 필요한 것보다 낮게 잡는 경우도 많다.

셋째, 서구 자본주의 국가들은 '제국적 생활양식(imperial mode of living)'을 누리기 위해 기후위기 대응 비용을 다수의 동아시아 수출 주도국 및 제3세계로 전가하고 있다. 이는 환경 파괴적 산업 및 오염 집약적 생산공정이 국제 가치사슬을 따라 외부화되는 것을 말한다(Brand and Wissen, 2021). 실제로 1980년대 이후 서구 선진국들은 오염 집약적 산업을 점차 '신흥 시장'과 개도국으로 이전했다(Grether and de Meloo, 2003). 중국, 인도, 베트남 등이 성장 과정에서 서구 못지않은 탄소배출국가로 부상했고, 아시아의 경제성장은 환경 파괴 및 불평등의 확장과 맞물리고 있다(Ahmed et al., 2022).

넷째, 저성장 및 경제 불확실성의 구조화 속에서 에너지 소모형 '불로소득 자본주의(rentier capitalism)'가 급속히 확산되고 있다. 특히 암호화폐 및 비트코인 등의 디지털 자산 채굴은 막대한 에너지를 소비하며 심각한 환경오염과 탄소 배출을 초래하고 있다. 2020년 기준, 전 세계 비트코인 채굴로 인한 연간 전력소비는 70TWh에 달하며, 이는 네덜란드의 연간 전력소비(111Twh)와 비교 가능한 수준이다. 또한 비트코인 1건의 거래는 약 402kg의 탄소를 배출하며, 이는 네덜란드 일반 가정의 월간 배출량의 약 3분의 2에 달한다(Trespalacios and Dijk, 2021). 게다가 최근에는 생성형 인공지능 개발 경쟁이 치열해지면서 더욱더 막대한 에너지가 소모되고 있다. MIT에 따르면 GPT-3 훈련에만 1,287MWh의 전력(미국 평균가정 120채의 1년 소비량)이 필요하고 552톤의 CO_2가 배출된다(Zewe, 2025).

이상의 대응 양상은 공통적으로 '성장'을 최우선 가치로 두거나, 생태적·사회적 가치들을 부차화함으로써 가치의 균형을 심하게 왜곡한다. '그린 뉴딜'과 같은 신자유주의적 전략은 시장과 기술에 의존한 해법을 강조하며, 실질적인 시스템 전환 또는 삶의 질 향상보다는 기존 성장체계 유지에 방점을 찍는 경향이 강하다. 이와 같이 자본주의국가는 현상 유지적이고 외부적인 기제로 기후 위기를 관리하려고 하고 있지만, 이러한 전략은 환경 위기에 대한 효과적 대안이 되기 어렵다. 성장, 시장, 기술에 치우쳐 있는 현 국가 체제에 대한 근본적인 대안이 필요하다.

2. 현대사회의 패러독스와 균형의 필요성

대안적 국가 패러다임은 자연과 인간 사회 간의 관계에서 내재하는 다층적이고 복합적인 패러독스 및 그에 대한 자본주의적 해결책이 내포하는 모순과 딜레마를 인식하고, 지속가능한 새로운 삶의 조건을 구축하는 것을 목표로 해야 한다. 현대는 자연과 사회를 구별하면서도 둘의 상호작용에 기초하고 있다는 점에서 근본적인 모순과 딜레마를 내포하고 있다. 현대의 자본주의국가는 이러한 모순과 딜레마를 특정한 방식으로 관리해 왔는데, 심화되는 기후 위기, 경제 위기, 정치 위기에서 보이듯 더 이상 이러한 모순과 딜레마를 효과적으로 다루지 못한다. 따라서 이러한 모순과 딜레마를 새롭게 관리하는 새로운 유형의 국가가 필요하다. 특히 현대 자본주의국가가 모순과 딜레마의 한 축(인간, 지배, 교환가치 등)에 지나치게 편향되어 있기 때문에 다른 축(자연, 공생, 생태적 가치 등)으로 균형을 이동시키는 것이 필요하다. 보다 구체적으로는 현대 국가와 자연의 관계에 존재하는 세 가지 패러독스 모두에서 국가의 재균형화가 필요하다.

1) 부분-전체 패러독스(Part-Whole Paradox)[1]

현대는 사회와 자연을 엄격히 구분하는 경향이 있지만, 사회는 자연 세계의 한 부분으로 존재하는 동시에 자연을 '사회화'하는 독특한 과정을 수행한다는 점에서 자연과 복잡하게 얽혀 있다. 사회는 자연을 지배하지만 자연을 포함한 전체 세계 없이는 존재할 수 없다. 이는 현대사회가 직면한 하나의 패러독스 또는 딜레마를 가리킨다. 그것은 사회가 자연과 분리된 독자적 논리로만 움직일 경우 기후변화, 생물 다양성 손실 등 자연환경 파괴가 심화되는 결과를 초래하는 반면, 그렇다고 반대로 자연 중심 정책만 고집할 수도 없다는 이중의 패러독스이다. 왜냐하면 그 또한 인류의 생활 조건과 문화적 발전을 위협할 것이기 때문이다. 간단히 말해 사회가 단지 자연의 '부분'임을 망각하면 지속가능성은 불가능하며, 자연의 무조건적 우위를 내세우면 사회적 존속 자체가 위태로워진다. 생태학적 한계 속에서 사회가 자원을 지속가능하게 사용하려면 부분인 사회의 관리와 전체인 자연 시스템 간의 조율이 긴밀히 이루어져야 한다.

---

[1] 이 개념은 밥 제솝(Bob Jessop)의 '부분-전체 패러독스' 개념에서 착안해 자연과 사회의 관계에 적용한 것이다(Jessop, 2016). 제솝은 국가가 사회의 일부분이지만 사회 전체를 관리하는 역할을 요구받는 난처한 상황에 있다고 보는데, 사회 또한 자연에 의존하는 한 사회의 존속을 위해서도 자연에 대한 그러한 역할을 회피할 수 없다고 볼 수 있다.

2) 착근-탈착근 패러독스[2]

인간 사회는 자연을 지배하고 착취함으로써 문명을 만들고 물질적 풍요를 이루어냈지만, 그 지배 또는 착취가 자연 파괴와 생태계 붕괴를 초래해 결국 인간 자신을 위협하는 패러독스에 이르렀다. 특히 현대의 자기 조정적 시장경제는 자연을 '허구적 상품'으로 만들고 돈벌이의 수단으로 취급하지만, 시장 기제를 통해서는 자연이 재생산될 수 없다. 결과적으로 자연의 재생산이 위기에 빠지면서 그 일부인 인간의 재생산도 위기에 빠지게 된다. 이러한 자연의 역습을 막고 자연의 회복력을 유지하기 위해서는 지배와 착취의 제한과 자연에 대한 (재)착근(natural embeddedness)이 필요하다(cf. Polanyi, 1957). 지속가능한 자연의 이용은 자연의 자발적 회복과 건강한 생태계 피드백의 유지 없이는 불가능하다. 자연은 인간과 분리된 단순한 정복 대상이 아니라, 인간과 긴밀히 연결된 생태계이다. 따라서 국가가 해야 할 최소한의 역할 중 하나는 자연을 경영하는 동시에 그 기초 생태적 기능을 유지하는 것이다.

---

2 이 개념은 칼 폴라니(Karl Polanyi)의 '이중 운동(double movement)'와 '(재)착근(re)embedding)' 개념에서 착안한 것이다. 우리는 경제의 사회적 (재)착근뿐만 아니라 사회의 자연적 착근의 필연성에 대해서도 인식해야 한다.

3) 경제가치-생태 가치 패러독스[3]

자본주의 산업 경제가 중시하는 교환가치(exchange value)와 사용가치(use value)의 극대화는 인간 중심의 가치로서 자연의 자원과 생태계를 착취하고 고갈시키는 문제를 일으킨다. 이는 체제의 지속가능성을 위협한다. 하지만 반대로 생태 가치(ecological value)의 일방적인 강조는 기존에 존재하는 자본주의 시장경제의 작동을 교란함으로써 단기적인 비용과 생활수준의 후퇴, 그리고 정치적 불만을 초래하는 또 다른 문제로 이어진다. 이러한 패러독스로 인해 구조화된 경제적 저성장과 자연이 부과하는 성장의 한계에도 불구하고 정치경제적으로 완전한 탈성장(degrowth) 전략으로 전환하는 것은 적어도 단기적으로는 어렵다. 포스트 성장 시대의 국가는 성장과 생태 보전 사이의 지속적 긴장에 직면하며, 끊임없이 양자 간의 조정과 균형을 위해 노력해야 한다. 이를 위해 경제적 효용과 생태적 지속가능성 간의 '가치 전환'을 통해 가치를 재구성해야 한다. 성장에 대한 대안으로서 포스트 성장은 생태계 서비스의 비가시적 가치들을 경제 체계 내에 내재화시켜 교환가치와 사용가치를 생태적 맥락 속에서 재정립하는 작업이다.

요약하면 기후생태위기 시대의 국가는 자연과 사회 간에 내재하는 세 가지 패러독스를 단순한 기술적 문제가 아니라 피할 수 없는 근본적 문제로 인식해야 한다. 부분과 전체, 착근과 탈착근, 경제적 가치와 생태적 가치 사

---

[3] 이 개념은 클라우스 오페(Claus Offe)와 제솝의 개념에 착안한 것이다(Offe, 1984; Jessop, 2002). 오페는 복지국가가 자본축적 지원과 정치적 정당화 사이의 딜레마에 빠져 있고 이러한 상황이 '위기관리의 위기'를 초래한다고 주장한다. 이와 유사하게 제솝도 자본주의국가가 교환가치와 사용가치의 모순에서 나오는 딜레마를 해결해야 한다고 주장한다. 여기서는 이를 자연과 사회에 적용해 이와 비슷한 경제적 가치와 생태 가치 간의 딜레마가 있다는 점을 지적한다.

이의 적정한 균형은 선택이 아니라 필수이다. 그러나 현재의 자본주의 경제 시스템과 국가는 부분, 지배, 교환가치와 사용가치에 과도하게 기운 결과 기후생태위기를 심화시키고 있다. 하지만 그렇다고 정반대로 앞의 측면을 완전히 억압하고 급격하게 무조건적으로 전체, 착근, 생태 가치 또는 '탈성장'을 추구하는 것은 현재 상황에서 정치적으로 쉽지 않다. 더구나 가능하더라도 앞에서 본 것처럼 또 다른 불균형의 문제들을 일으킬 수 있다. 따라서 '탈성장'으로 돌입하기 이전에 불균형의 시정이 일차적인 목표가 되어야 하고, 여기서 선도적인 역할을 하는 새로운 유형의 국가가 필요하다. 그것은 자연과 사회의 상호 의존적 복합체계 내에서 적정한 균형을 진단하고 재구축하는 것과 새로운 대안적 성장의 개념을 정립하는 것을 목표로 해야 한다.

3. 균형 국가론

기후생태위기에 대한 신자유주의적·자본주의적 해법은 현대사회에 내재하는 사회-자연의 모순과 딜레마에 대한 해결책이 될 수 없고 생태학적 재앙을 심화시킬 것이다. 필자는 자본주의국가에 대한 대안이자, 기후생태위기 시대가 요구하는 포스트 성장 국가의 이념형으로서 '균형 국가'의 개념을 제시하고자 한다. 가장 일반적 수준에서 이 개념은 현대 자본주의에 의해 과도하게 왜곡·분절된 각종 가치(예: 성장·효율 우선, 자연의 수단화 등) 사이의 불균형을 시정하는 국가를 가리킨다. 즉, 그것은 단순한 현상 유지적 조정이나 기계적 중간이 아니라 인간과 사회, 자연의 다양한 차원에서의 구조적 불균형을 적극적으로 해소하는 것을 목표로 한다. 특히 이 글의 맥락에서 초점은 지나치게 인간으로 기울어진 인간과 자연의 균형을 재설정하는 포스트 성장 균형 국가이다.

1) 균형 국가의 철학적 토대: 고전적 '중용'과 공동체 사상

균형 국가는 정치사상사적으로 고대 동서양의 '중용(中庸, Golden Mean)'의 개념과 긴밀한 연결 고리를 갖는다. 아리스토텔레스의 '중용'으로서의 덕 개념은 인간의 탁월한 행위와 성품 형성에서 '과도'와 '부족'의 극단을 피하고, 상황과 맥락에 적합한 지점을 추구한다. 여기서 탁월함이란 절대적 기준이 아니라 개별 행위자의 합리적 판단과 실천적 지혜(phronesis)에 의해 결정된다(Aristotle, 1999). 유교에서도 '중용' 개념이 핵심이다. 공자(1989)는 『논어』에서 "지나친 것은 모자라는 것과 같다(過猶不及)"(先進, 15), "나는 이들과 다르다. 반드시 그렇게 해야 한다는 것도 아니고 그렇게 해서는 안 된다는 것도 아닌 중도의 뜻을 좇겠다(我卽而於是 無可無不可)"(微子, 8)면서 중용의 덕목을 강조한다. 아리스토텔레스가 탁월한 덕목으로서 중용의 윤리를 주장했다면, 공자는 현실에서의 불가피한 선택으로서 중용을 주장했다는 점에서 더 현실주의적인 면모를 보이나, 둘 다 기계적인 중간이 아닌 주어진 상황과 조건에서의 중용을 주장했다는 점에서는 공통된다.

한편 장 자크 루소(Jean-Jacques Rousseau)와 게오르크 헤겔(Georg Hegel)로 대표되는 근대 공동체 사상 역시 균형 국가론의 사상적 바탕이다. 루소는 사적 소유와 노동 분업이 사회적 불평등과 인간성의 왜곡을 초래한다고 진단하며, 적절한 교육과 제도를 통해 시민 모두가 '공공선'을 추구하는 상태(일반의지)를 옹호했다(Rousseau, 2003, 2018). 헤겔은 국가와 시민사회의 구분 위에서, 진정한 자유와 도덕의 실현은 개별의 이해와 전체적 합리성(이성)의 조화에 달려 있다고 보았다. 사회 각 부문(가족, 시민사회, 국가)이 유기적으로 연계된 '윤리적 삶(Sittlichkeit)'이야말로 자유와 정의의 실질적 보루임을 제시한다(Hegel, 2008).

2) 균형 국가의 정의론과 균형론

균형 국가론이 지향하는 핵심 목표는 바로 사회·경제·생태 전반의 '불균형 시정'이다. 여기서 불균형 해소란 단순히 분배적 정의(distributive justice, 능력·노력·자격 등에 따른 분배)만을 의미하지 않는다. 시정적 정의(rectificatory justice)는 구조적·비구조적 불이익, 불평등에 대한 보정적 배려를 요구하며, 기여적 정의(contributive justice)는 개인이나 집단의 사회적 기여 또는 참여의 기회가 편향되지 않도록 공정한 배분을 강조한다. 특히 기여적 정의는 단순히 결과적 평등이 아니라, 각자가 잠재력을 실현하고 공동체를 함께 만들어 갈 수 있는 조건의 평등, 즉 '참여의 평등'까지 고려한다(Sayer, 2009). 기여, 과정 및 결과의 공정함을 포괄적으로 실현하는 것이 균형 국가론의 정의관이며, 이는 자본주의적인 '결과의 최적화'와 구별되는 전 과정에 걸친 정의의 중시를 특징으로 한다.

균형 국가론은 불균형 시정의 대상을 세 가지 축에서 구체화한다. 첫째, 인간 삶의 내적 균형, 즉 정신-육체, 일-여가, 개성-공동체, 감정-이성, 자유-책임 간의 조화와 상호 보완을 추구한다. 이는 자기실현의 총체적 조건이다. 현대 심리학·철학 연구에서도 일-여가 균형, 정서적 안정, 사회적 관계의 조화로운 발전이 삶의 질 향상에 핵심임이 강조된다(Ryan and Deci, 2001; Machisi, 2022). 둘째, 사회 각 부문 간 균형, 즉 정치, 경제, 사회, 문화, 지역 등 주요 분야의 상호 연계성과 불평등 완화를 추구한다. 예컨대, 신자유주의 대두와 글로벌 경제위기 이후 사회적 안전망 구축, 지방분권, 문화 다양성 존중 등이 중요한 정책 과제로 대두되어 왔다. 셋째, 인간/사회-자연/생태 균형을 추구한다. 즉, 자연을 단순한 자원이나 착취의 대상이 아닌 '공동체의 일원'으로 인정하는 관계적 전환이 요구된다. 인류세와 인간 중심주의를 비판하는 현대 생태철학은 '인간-자연의 상호 의존성'과 '삶의 활력의 지속'을 균형의 관점에서 조명한다(Kashima et al., 2023).

특기할 것은 균형 국가의 '균형'이란 중용 개념과 마찬가지로 기계적·수치적 균형이 아니라 주어진 잠재력에 비춘 '적정성(appropriateness)'을 가리킨다는 점이다. 즉, 각 개인·집단·자연이 각자의 잠재력과 역할에 과하지도, 부족하지도 않은 상태를 지향하는 것을 말한다. 기후생태위기와 포스트 성장이라는 맥락에서 균형 국가는 성장-효율성 일변도의 불균형한 근대 국가모델이 갖는 폐해(불평등, 자연 파괴, 사회적 분절화 등)에 대한 대안적 이념형이 될 수 있다. 그것은 기후 위기라는 전 지구적 도전에 대응하기 위해 삶의 다원적 가치, 인간·자연·사회 간의 전면적 조화, 정의의 전면 확장을 적극적으로 모색한다. 이는 신자유주의 성장 국가와 달리, 생태적·사회적 가치, 공정한 참여, 전방위적 균형을 중시하는 새로운 국가 패러다임이라 할 수 있다.

4. 포스트 성장 사회로의 전환을 위한 조건

현대사회는 현실적으로 국가와 자본이라는 두 축을 중심으로 자연과의 관계를 형성하고 조절해 왔으며, 이러한 관계 설정의 결과 중 하나가 오늘날 심각해진 기후생태위기이다. 기후생태위기는 단순한 환경문제를 넘어서 사회·경제 시스템과 인간의 생활양식 전반에 대해 근본적인 재고와 재균형화를 요구한다. 따라서 포스트 성장 사회로의 전환은 기존 성장주의 체제와 그것이 만들어 낸 가치 체계, 사회구조 전반을 변화시키는 급진적 과정임을 인식할 필요가 있다. 이러한 전환을 촉진하고 가능케 할 주요 조건들은 다음과 같다.

1) 국제적 조건의 전환: 지역 계획경제와 세계 경제의 재전환

기후생태위기는 지역별·계급별로 불균등하게 나타나지만 본질적으로 전 지구적인 현상이다. 따라서 일국의 대응만으로는 해결할 수 없다. 그러나 무임승차 또는 집합행동의 문제로 인해 여러 나라가 동시에 대응하기도 쉽지 않다. 북미와 유럽의 선진 자본주의 국가는 탈산업화를 겪거나 서비스 산업으로 이동하면서 탄소 배출을 감소시켰지만, 그들의 물질적 소비가 줄어든 것은 아니다. 오히려 물질적 생산을 아시아 등 다른 지역에 외주를 줌으로써 그들의 상대적인 탈탄소화가 가능해진 것이다. 이는 서구의 '제국적 생활양식'(Brand and Wissen, 2021)을 뒷받침하고 글로벌 불균형을 심화시킨다. 예를 들면 한국의 수출 주도 성장 모델은 서구 선진국의 무분별한 소비 문화와 긴밀히 결합되어 있으며, 이로 인해 한국에서는 환경 파괴적 산업과 탄소 집약적 생산이 이루어지고 있는 것이다. 따라서 기후생태위기에 대한 대응은 각국의 일국적인 정책 변화의 합만으로는 불가능하며, 국제적 차원의 조건 전환이 필요하다.

칼 폴라니는 토지(자연)를 사회로부터 분리시켜 허구적으로 상품화하는 자기 조정적 시장경제라는 '사탄의 맷돌'에 대한 대안으로 '지역적 계획경제(regional planning)'를 제안한 바 있다(Polanyi, 2022). 이는 전 지구적인 자기 조정 경제의 파괴적 효과를 완화하고 경제가 사회 생태적 요구에 봉사하도록 지역적·사회적·계획적 제약을 두는 복합적 체계이다. 오늘날 이 개념은 탈세계화, 지역순환경제(circular local economy), 경제민주주의 등 다양한 현대적 대안경제 구상과 연계될 수 있다(양준호, 2023; 류동민·이명헌, 2017). 세계경제의 탈성장과 분권화, 무역의 환경·사회적 책임 강화, 그리고 국가 간 불평등 완화를 위한 글로벌 차원에서의 경제적·정치적·생태적 거버넌스의 재구성은 필수적이다.

2) 성장주의 이데올로기와 헤게모니 블록의 해체

성장주의는 현대사회를 지배하는 이념적·구조적 힘이며, 이는 개인에 깊게 내면화되어 '성장 중독'을 일으킨다. 그러나 물질적 소비주의와 경제성장 신화는 개인 행복과 자아실현을 부차화시키며, 무한성장 요구는 자원과 환경 한계와 충돌한다(Schmelzer, 2016; Dael, 2019).

이를 해체하기 위한 조건은 다음과 같다. 첫째, 성장주의 이데올로기를 비판하는 탈성장 또는 포스트 성장 담론을 사회 전반에 확산해야 한다. 특히 소비주의에 대한 사회문화적 대안 이데올로기와 '단순한 삶'과 '질적 성장'을 중심으로 한 가치 전환이 요구된다. 소비주의로부터의 이데올로기적 탈구는 자본주의적 가치법칙이 몸/무의식의 내적 한계와 자연의 외적 한계에 부딪칠 때 일어날 수 있다(서영표, 2022). 둘째, 공공복지 확대와 사회 안전망 강화로 개인의 기본욕구와 삶의 질에 대한 만족도를 높여 물질과 화폐에 대한 욕구를 감소시켜야 한다. 즉, 경제적 행위자들이 '무한 성장'에서 벗어나 지속가능한 삶의 방식을 모색하도록 도와야 한다. 성장중독 해소의 열쇠는 대안적인 행복과 공동체 기반의 삶을 모색하는 데 있다(cf. Wilkinson and Picket, 2012). 셋째, 경제 부처, 대기업, 성장 옹호 언론 등 성장주의 거점 세력에 대한 제도적 통제와 권력 재배분이 필수적이다.

3) 생태주의 헤게모니의 형성

국가와 자본에 대한 견제와 조정은 생태적 가치를 지향하는 강력한 시민사회(교육, 미디어, 공동체 조직 등) 없이는 불가능하다. 특히 생태적 전환의 동력이 되는 국민적·대중적 의지의 형성은 포스트 성장 시대 시민사회의 핵심 역할이다. 시민사회는 단순한 경제적 이익 대변의 장이 아니라, 새로운 사회적 상상력과 비전을 생산하고, 생태 가치를 중심으로 한 대안적인 윤리적·정치적 리더십을 발전시켜야 한다(cf. Gramsci, 1971). 이러한 생태주의 헤게모니와 국민적·대중적 의지의 형성에는 정치적으로 영향력 있는 생태주의 집단의 형성과 함께 이들의 이익을 다수가 받아들일 수 있는 보편적 이익으로 번역하는 유기적 지식인의 역할이 중요하다. 지식인과 운동가, 정치 지도자들은 생태적 가치와 윤리를 대중화하고, 권위적 지식과 권력으로부터 독립된 도덕적 리더십을 발휘해야 한다. 이 과정에서 생태 철학, 환경 윤리, 사회운동이론의 발전도 필요하다.

4) 국가 체제의 재구성과 성격 변화: 포스트 성장 균형 국가

끝으로 이러한 국제적·사회적 조건을 바탕으로 포스트 성장 사회로의 전환을 위한 국가의 재구성이 이루어져야 한다. 국가의 재구성이 거꾸로 국제적·사회적·경제적 조건의 변화를 이끌어 낼 수도 있다. 그러므로 포스트 성장 균형 국가는 단순히 정책 조정에 그치지 않고, 근본적인 수준에서 국가의 구조적·제도적 재편과 전략적 재성찰을 필요로 한다. 국가 체제의 전환

없이는 포스트 성장의 이상은 실현되기 어렵다. 이러한 국가 체제의 전환은 제숍(Jessop, 2016, 2024)이 제시하는 국가의 여섯 가지 측면, 즉 접합, 대표, 개입이라는 형태적 측면과 사회적 기반, 국가 프로젝트, 헤게모니적 비전이라는 실질적·전략적 측면에서 이루어져야 한다.

첫째, 포스트 성장 균형 국가는 접합 양식 또는 제도적 아키텍처 측면에서 기존의 성장 중심적 관료 체계와 산업 정책을 탈피해, 생태적·사회적 목표를 통합하는 새로운 법·제도 체계를 구축해야 한다. 이는 탄소 중립, 환경권 보장, 사회적 기여와 분배적 정의 실현과 같이 복합적인 정책 목표를 제도적으로 연계하는 것을 뜻한다. 둘째, 균형 국가는 다양한 사회집단과 이익을 적절히 대표하고 사회적 의지를 형성하는 역할을 해야 한다. 포스트 성장 균형 국가에서는 그동안 제대로 대표되지 않았던 환경 피해자, 미래 세대, 자연 대변집단 등의 대표성을 제도화하고 정치 과정에 참여시켜야 한다. 셋째, 균형 국가의 통치 방식은 성장논리 우선에서 벗어나 사회적 재생산과 생태계 유지에 초점을 맞춘 적극적 개입이 중심이 되어야 한다. 이는 자원 배분, 산업 혁신, 노동, 사회복지 등 다양한 정책 영역에서 생태적인 전략적 계획과 실천을 요구한다. 이러한 포괄적 변화는 국가의 사회·경제·생태적 역할과 책임을 재정의한다. 넷째, 균형 국가는 생태 친화적인 국가 형태의 변화를 이끌어 낼 수 있는 새로운 국가 프로젝트와 헤게모니적 비전을 통한 사회적 기반의 창출을 요구한다.

요약하면 포스트 성장 사회로의 전환은 ① 국제적 협력과 지역 중심의 경제 재조정, ② 성장주의 해체와 내면화 극복, ③ 시민사회의 생태적 열망 형성, 그리고 ④ 국가 체제의 전면적 재구성이라는 네 축의 총체적 변화를 전제로 한다. 이 조건들이 충족되어야만 지속가능하고 정의로운 새 사회질서가 실현되며, 기후 위기라는 복합적 도전 앞에서 사회와 자연을 조화롭게 재균형하는 국가 모델이 탄생할 수 있다. 이제 포스트 성장 균형 국가의 대략적인 모습을 그려 보자.

5) 포스트 성장 균형 국가 체제

포스트 성장 균형 국가는 국가 형태의 전환을 통해 기존 성장·경제 중심 국가의 한계를 극복하고, 생태적 지속가능성과 사회적 정의를 실현하는 새로운 국가 모델이다. 이는 그 동안 누적되어 온 사회와 자연의 불균형을 시정한다는 점에서는 불가피하게 '막대를 반대로 구부릴' 수밖에 없으나 그럼에도 사회와 자연 사이의 적정한 균형을 탐색하는 국가이다. 이러한 국가 모델이 취해야 할 방향을 국가의 형태적 차원과 실질적·전략적 차원에서 상세히 살펴보자.

(1) 국가의 형태적 차원

① 접합 양식

접합 양식이란 국가기관들의 제도적 아키텍처로서 국가 장치 간의 권력 배분과 위계적 구조를 가리킨다. 기후위기 대응과 포스트 성장 목표를 달성하기 위해서는 다음과 같이 국가 내부의 권력관계와 역할 배분에 근본적 재편이 요구된다.

첫째, 환경부처의 위상 격상과 권한 강화가 필요하다. 포스트 성장 균형 국가에서 환경문제는 단순한 정책 과제가 아니라 국가 전체의 전략적 핵심 사안으로 고려되어야 한다. 이를 위해 환경부처는 단순한 부처 수준을 넘어 그 위상이 최고 수준으로 격상되어야 한다. 예를 들면 행정부 내에서 부총리급의 독립성과 권한을 부여할 수 있다. 이는 환경 정책이 경제·산업 정책과 동등하거나 우위에 설 수 있는 행정적 기반을 제공한다.

둘째, 경제부처 권한의 제한과 재구성이 필요하다. 일반적으로 선진 자본주의 국가에서는 경제적 교환가치를 중심으로 사고하는 재무부 등의 경제부처가 행정부 내에서 성장주의 헤게모니를 공고히 하는 역할을 해 왔다. 한국의 경우는 기획재정부가 국가 예산과 경제정책을 독점하는 구조가 성장주의 헤게모니를 공고히 하는 한 축으로 작용해 왔다(지주형, 2021). 포스트 성장 균형 국가에서는 경제 부처의 행정부 내 권한과 위상을 약화시키고 정책 합리성을 사회적 가치와 생태환경 가치 친화적인 방향으로 전환시켜야 한다. 이를 위해 정책 간 협업과 조정에서 환경적 목표가 중심에 서도록 만드는 제도적 기반을 만드는 것이 필요하다. 즉, 환경, 기후 위기, 재생 에너지 담당 부처와 재무 부처의 역학 관계를 역전시킬 필요가 있다.

한국의 경우에는 기획재정부의 예산권과 정책조정 권한을 축소하거나 분리하고, 환경 부총리의 지휘를 받도록 하는 방안을 생각해 볼 수 있다. 환경 부처의 위상 격상은 단순한 조직적 변화가 아니라 국가정책 우선순위 변화의 제도적 상징이며, 이를 통해 환경 목표가 경제 목표와 긴밀히 통합될 수 있다. 하지만 만약 이러한 개혁이 사회가 받아들이기에 너무 급진적이라면 적어도 당분간은 기후위기 대응을 위해 경제, 환경, 산업 부처의 전통적 분리를 극복하면서 기후, 에너지, 녹색산업 정책을 총괄하는 '기후경제부'의 설립을 구상해 볼 수 있다(이유진, 2025; cf. Latour, 2018, 2021).

셋째, 국가조직 개편은 국가 환경기능의 확대를 동반해야 한다. 국가 전반에 걸친 환경 조직의 복원력 강화, 지방정부 및 공공기관의 환경책임 강화, 환경 모니터링과 평가 시스템의 혁신, 지속가능성 책임 강화 입법 등이 병행되어야 한다. 또한 재생 에너지 산업과 '생태 도시', '녹색 인프라'와 같은 공간적·제도적 지원이 확대될 뿐만 아니라 환경생태교육이 강화되어야 할 것이다. 여기서 중요한 것은 전통적으로 비환경적 업무로 여겨졌던 부분에서도 생태 환경적 관점이 적용되어야 한다는 것이다. 예를 들면 경제와 산업 외에 보건, 의료, 사회복지 등에도 생태 환경적 고려가 있어야 하고 부처별로 관련 공직이 설치되어야 한다. 이러한 국가조직의 개편은 환경 관련 규제와 법 집행의 미흡함을 해소하고 효율성을 제고하는 데 기여할 수 있다.

② 대표 양식

포스트 성장 균형 국가는 생태 중심 정치의 대표성 확대 없이는 성립할 수 없다. 의회주의, 지역주의, 다원주의, 노사정 삼자 조합주의, 후견주의, 국가이성 등과 같은 전통적인 대표 양식은 인간 중심주의적으로 성장과 개발 논리에 편중되어 환경 이슈와 미래 세대의 권리를 충분히 반영하지 못하고 있기 때문이다. 따라서 그 대표 양식은 국가의 의사결정 과정 내에서 환경과 생태, 미래 세대의 권리를 대변하는 메커니즘을 갖추고 있어야 한다. 특히 환경 생태적 가치와 이해관계가 반영할 수 있는 의회 제도, 대화 기구, 거버넌스 메커니즘의 수립이 핵심이다.

첫째, 인간의 의회를 넘어선 '사물의 의회(Parliament of Things)'가 구성되어야 한다. 라투르(Latour, 2004)는 '사물의 의회'라는, 자연과 비인간 행위자가 사회 정치체 내에서 권리를 갖고 의사 결정에 참여하는 혁신적 제도를 제안한다. 즉, 대표성의 범위를 더 이상 인간 시민에게만 국한하지 않고 자연과 비인간 행위자까지 확장하는 것이다. 예를 들면 강, 생태계, 동물 종과 같은 비인간 존재들도 정치적 지위를 부여받게 된다. 이러한 대표성은 과학자, 활동가, 지역 주민 등 인간 대리인 또는 대변인을 통해 실현되며, 이들은 자연과 비인간의 이익과 신호를 정치과정에 번역하고 대변하는 역할을 맡는다. 보다 구체적인 대안으로는 의회를 인간 중심 '하원'과 비인간을 대표하는 '상원'으로 이원화하는 방안, 정부 부처에 비인간 대변인(정책 보좌관)을 공식 배치하는 방안, 입법과 정책에 대해 비인간을 대표하는 과학자, 활동가, 예술가의 자문을 강화하는 방안 등이 있다.

둘째, 의회 제도 외에도 자연과 비인간을 대표할 수 있는 대화 기구를 통한 조합주의적 정책결정 구조를 구상할 수 있다(cf. Dryzek et al., 2003). 이 경우 노동, 사용자, 정부로 구성된 기존의 노사정 3자 협의체는 환경·생태 단체와 시민사회, 과학자 및 미래세대 대변 그룹을 포함하는 '환경·생태 조합주의' 체제로 확장된다. 이는 비단 전통적인 노동과 경제 영역뿐만 아니라 환경에 대한 함의를 가진 모든 정책에 관해 토론하고 의사 결정하는 장으로서 기능해야 한다.

셋째, 국민국가적 수준뿐만 아니라 지구적·지역적·지방적 수준에서도 환경 친화적인 거버넌스 메커니즘을 구상할 수 있다. 의사결정 과정에 시민사회와 다양한 이해 당사자(예: 지방정부, 주민, 시민단체, 기업, 과학자)가 협력적으로 참여하고, 숙의하고, 환경 정의를 실현하는 수평적·포괄적 참여 민주주의 모델 구축이 필요하다(녹색 공론에 대해서는 Dryzek, 2005 참조).

③ 개입 양식

포스트 성장 균형 국가의 개입 양식은 경제·사회·생태의 종합적 전환을 위한 국가 통치와 정책의 세부 내용을 포함한다. 그러나 여기서 가장 중요한 것은 개별 정책들이 아니라 통치 합리성의 변화이다. 교환가치 또는 축적을 중심으로 하는 자본의 계산 방식, 사용가치 중심적인 기술적 사고방식에서 벗어나 사회적 가치와 생태적 가치를 전자의 가치들과 동등하거나 더 중요한 가치로 평가하는 합리성이 제도적으로 확립되어야 한다. 예를 들면 정책의 경제적 성과(economic performance)를 단순히 경제성장이나 일자리 창출 등으로 평가하는 것이 아니라, 사회적·생태적 성과(socio-ecological performance)를 포함해 평가하는 행정적·조직적 혁신이 필요하다. 이를 위해서는 사회 생태적 회계를 통해 사회적·생태적 가치와 경제적 가치와의 공정한 전환 비율을 정립할 필요가 있다(cf. 구본우, 2019). 이를 통해 '성장'의 개념을 국내총생산(GDP)이나 경제성장률과 같은 단순한 금전적·물질적 성장에 국한시키지 않고 사회적·생태적·정신적 성장을 포함하는 것으로 재개념화할 수 있다(예: Stiglitz et al., 2018). 이러한 합리성의 변화를 전제로 포스트 성장 균형 국가의 경제정책, 사회정책, 공간 정책, 거버넌스를 설명하면 다음과 같다.

첫째, 균형 국가는 경제정책의 패러다임을 포스트 성장과 친환경 방향으로 전환한다. 가장 먼저 필요한 것은 환경의 금융화와 자본화를 통한 불로소득 자본주의를 지양하고 경제적 버블과 과잉생산 공황을 초래하는 과도한 통화공급을 제한하는 것이다. 환경 파괴가 큰 일부 분야에서는 처음부터 탈성장적 정책을 추진하는 것도 필요하다. 반면에 환경 생태적 가치와 혁신을 위한 재정지출은 확대해야 한다. 이러한 지출에는 '녹색 인센티브'를 통한 친환경 산업과 재생 에너지, 에너지 효율화, 지속가능한 농업에 대한 적극적인 육성과 기존 산업의 친환경 전환에 대한 지원이 포함된다.

둘째, 사회정책의 측면에서 균형 국가는 노동력 재생산과 사회적 응집성 확보 중심의 전통적 정책 패러다임을 인간이 활용하는 사회화된 자연의 재생산과 인간-자연의 응집성 확보 패러다임으로 확장해야 한다. 이를 위해 환경 지출을 확대해 자연을 복원하기 위한 투자와 환경 서비스 제공을 늘려야 한다. 또한 사회복지 모델도 환경 친화적으로 전환해야 한다. 예컨대, 공공녹지 확충, 도시 농업, 생태적 의료 복지 등이 포함된다. 그 밖에 노동시간 단축, 공정 노동조건 보장, 생태적 돌봄노동 인정 등 노동환경의 생태적 재구성과 노동자의 생태 친화적 삶의 촉진이 필수적이다. 이는 자연과 인간 복지의 상호 보완성을 극대화하는 방향이다.

셋째, 균형 국가는 신자유주의 국가에 의해 지구화된 공간 분업과 '제국적 생활양식'을 지양하고 폴라니의 지역적 계획경제 구상을 로컬화된 생산 및 유통을 통해 실현하려고 노력해야 한다. 즉, 공간적 분업에서 글로벌 대규모 생산·교환보다 지역 밀착형 생산과 소비를 강화함으로써 에너지 소모와 탄소 배출을 줄이고, 지역 경제의 탄력성을 높이는 정책을 추진해야 한다. 그리고 이는 지역자원 활용과 커뮤니티 강화를 포함하는 지역순환경제의 건설을 목표로 해야 한다(양준호, 2023). 한국의 경우 이는 탄소 배출을 심화하는 수출 주도 성장에서 지역 기반과 내수시장 주도의 포스트 성장으로의 전환을 수반한다.

넷째, 국가는 포스트 성장 시대를 위한 국가 재균형화라는 목적에 적합한 거버넌스 체제를 만들어 내야 한다. 이는 단지 다양한 환경 이해관계자의 협치 체계를 구축하는 데 그치지 않는다. 필요하다면 국가의 위계적 명령 체계를 이용할 수도 있고, 때로는 사회생태기업을 활용할 수도 있다. 중요한 것은 어떤 거버넌스 메커니즘도 실패하기 때문에 사안별로 적절한 거버넌스 메커니즘을 찾거나 시장, 국가, 협치 사이의 최적의 조합을 계속적으로 탐색해 나가는 것이다(cf. Dryzek, 2013).

(2) 국가의 실질적·전략적 차원

포스트 성장 균형 국가의 형태가 형성되고 작동하기 위해서는 이를 뒷받침하는 사회적 기반, 국가 프로젝트, 헤게모니적 비전이 필요하다. 사회적 지지 기반이 없다면, 애초에 그러한 국가 형태가 형성될 계기가 존재하지 않는 것이고, 본래 통일성 없는 국가 장치들을 제도적으로 통합시킬 수 있는 적합한 국가 프로젝트가 없다면 균형 국가를 건설하려는 시도는 성장주의적 기관들의 저항이나 분열로 실패할 것이다. 또한 사회적 동의와 지지를 창출하는 헤게모니적 비전이 없다면, 균형 국가는 그것에 필요한 사회적 기반과 제도적 통합성 모두를 안정화할 수 없을 것이다.

① 국가 프로젝트

포스트 성장 균형 국가의 국가 프로젝트는 자연과 사회의 조화와 균형을 도모하는 국가 전반의 목표를 설정하고 이를 달성하기 위해 국가 장치를 제도적으로 통합하는 역할을 해야 한다. 생태적 균형 국가가 일정한 방향성을 갖고 원활하게 작동하기 위해서는 다양한 부처와 기관들이 전략적인 생태 의제(ecological agenda)를 중심으로 일관성 있게 협력·통합하는 체제를 구축해야 한다. 이를 위해서는 다음과 같은 요소가 중요하다.

첫째, 국가 체제에 생태적 비전이 명문화되고 법제화되어야 한다(녹색 헌법에 관해서는 Eckersley, 2004 참조). 국가를 통한 권력의 행사 또는 특정한 국가 효과의 생산을 위해서는 먼저 국가 장치들에 특정한 생태적 전략들이 기입되고 코드화되어야 하기 때문이다(cf. Foucault, 1978). 포스트 성장 균형 국가의 경우 국가 차원에서 '생태 문명' 또는 '지속가능사회'를 지향하는 비전과 목표를 분명히 하고, 그것을 국가발전계획과 구속력을 가진 법률에 반영해야 한다.

둘째, 포스트 성장 시대에 맞는 부문 간 종합 계획의 수립이 필요하다. 분리된 환경, 경제, 사회 정책을 유기적으로 결합하는 종합적 계획과 실행 체계를 마련하여 부처 간 정책 충돌과 분산을 극복해야 한다. 예를 들면 기후 위기나 팬데믹과 같이 인간과 비인간, 자연과 사회의 이슈가 혼종된 영역에서 인문사회과학자, 자연과학자, 공학자, 활동가, 농민, 일반인들이 모이는 일종의 하이브리드 포럼을 조직할 수 있다(cf. Callon et al., 2009).

셋째, 정치 지도자는 비전 제시, 법률 제정, 종합 계획의 수립에 머물지 말고 국가기관들이 실제로 생태적인 국가 목표를 중심으로 국가기관들이 정렬되도록 리더십을 발휘해야 한다. 또한 중앙정부, 지방정부, 공공기관, 민간 부문이 함께 협력하는 네트워크 구축을 통해 지역 단위까지 생태적 정책 실행력과 자율성을 높여야 한다.

② 헤게모니적 비전

앞에서 언급했듯이 포스트 성장 사회 전환에는 기존 성장주의 헤게모니를 대체할 수 있는 새로운 '생태적 헤게모니' 구축이 필수적이다. 이는 정치적·사회적 차원에서 생태적 이익과 가치가 국민적·대중적 의지로 확산되는 과정을 뜻한다. 이를 위해서는 사회에 대한 생태적인 헤게모니적 비전의 제시와 실행이 이루어져야 한다.

첫째, 단순히 기후생태위기의 위험성을 경고하거나 성장주의 이데올로기를 거부하는 데 그치지 않고 '녹색 경제'를 포함해 사회·생태적 가치에 기반한 새로운 이익을 제시하는 혁신적인 정치적 상상력이 필요하다. 이를 위해서는 우선순위에서 밀리기 십상인 단순한 홍보 캠페인을 넘어서, 사회·생태적 가치를 국민적·대중적 수준의 보다 보편적인 가치로 전환하고 번역하는 방법을 찾아내야 한다. 이러한 작업은 비단 정치적·경제적 이익에 대한 계산뿐만 아니라 일상생활의 미학과 정동에 대한 깊이 있는 분석을 토대로 해야 하지만 구체적인 방법을 제시하는 것은 필자의 역량을 벗어난다. 그럼에도 이러한 작업 없이 생태적 균형 국가에 대한 사회 전반의 동의를 얻는 것은 불가능하다는 것을 명심해야 한다.

둘째, 이러한 정치적 상상력은 일차적인 정치적 균열을 자본-노동의 대립에서 생태주의 연합과 기후생태위기를 부인하는 엘리트의 대립으로 치환하고, 성장주의 담론을 생태적인 상호 의존과 미학의 담론으로 교체하는 헤게모니적 비전을 수반한다. 또한 자연이 사회와 분리된 착취 대상이라는 인식 또한 불식시킬 필요가 있다.

셋째, 생태환경운동이 다른 사회운동에 대해 지적·도덕적 리더십을 발휘해야 한다. 이러한 리더십은 앞에서 언급한 정치적 상상력에 바탕해야 한다. 이는 새로운 지적·도덕적 비전을 포함한다. 생태환경운동이 지적 리더십을 얻기 위해서는 노동운동, 여성운동, 성소수자 운동, 장애인 운동 등 다양한 운동들과 접속함과 동시에 그들을 견인하는 것이 필요하다. 도덕적 리더십은 생태적 가치를 대중의 상식적·도덕적 언어로 전환시키는 것을 필요로 한다. 끝으로 생태환경운동이 헤게모니적 지위를 얻기 위해서는 비헤게모니 집단에 대한 물질적·상징적 양보가 필요하다. 이는 생태환경운동이 신념의 윤리를 고집하지 않고 균형 국가의 관점에서 책임의 윤리를 선택해야 된다는 것을 뜻한다.

③ 사회적 기반

포스트 성장 균형 국가의 건설과 안정적인 작동을 위해서는 그것을 뒷받침하는 강력하고 자발적인 사회적 기반이 필요하다. 헤게모니적 비전의 성공적 실현을 통해 형성되는 생태주의적 균형 국가의 사회적 기반은 생태적 권력 블록과 헤게모니 블록을 특징으로 한다.

이상적으로는 생태주의적 정치 세력 또는 '녹색 계급'이 핵심이 되는 사회·생태적 가치 중심의 대안적 권력 블록을 형성해야 한다(cf. Latour and Schultz, 2024). 또한 이들과 동맹하고 이들을 지지하는 (특히 재생산수단에 대한 접근권과 기후생태위기에 취약한) 노동자, 생산자, 시민사회, 환경 단체, 학계, 청년 세대 등 다양한 사회 세력, 그리고 동물, 강, 숲, 기후 시스템 등 비인간 행위자들의 대리자들이 함께하는 생태주의적 헤게모니 블록도 만들어져야 한다.

그러나 이윤 지향적인 자본주의 시장경제체제가 지배적이고 국민국가들 사이에 집합행동의 문제가 발생하는 한 이러한 대안적 권력 블록의 형성은 매우 어렵거나 불가능하다. 기존의 권력 블록과 헤게모니 블록이 행사하는 권력, 성장에 중독된 사회적 실천의 관성과 제도의 경로 의존성, 환경생태 운동의 체제 내 흡수 등이 균형 국가에 필요한 사회적 기반의 형성을 가로막는다. 그렇다면 대안적으로 '생태 친화적 자본'이 헤게모니를 갖거나, 아니면 생태주의 정치 세력이 헤게모니를 갖고 자본 일반이 비헤게모니적인 하위 파트너로 참여하는 권력 블록이나 헤게모니 블록의 형성에 대해 고민해 볼 수 있다. 이것 또한 쉽지 않겠지만, 적어도 이러한 권력 블록과 헤게모니 블록이 형성되지 않는다면, 국가와 경제의 생태적 재균형화는 불가능할 것이다.

생태주의적 권력 블록과 헤게모니 블록의 형성에서 또 다른 문제는 과연 라투르가 비인간 행위자의 대리인 또는 대변인으로 상정하는 과학적 도구와 그 해석자들(과학자, 활동가, 농부 등)이 얼마나 제대로 그 역할을 할 수 있느냐는 것이다. 인간의 편견과 그들 자신의 이해관계가 반영되지 않겠냐는 비판이다. 이러한 비판은 충분히 일리 있으며, 균형 국가도 결국 인간적 관점에서 자연과 사회의 균형을 찾으려 한다는 점을 끊임없이 성찰하는 수밖에는 없을 것이다.

6. 맺음말

이 글이 제시한 포스트 성장 균형 국가의 특징은 표 3-1과 같이 요약될 수 있다.

이러한 모델은 탈성장이 아니라 균형을 지향한다는 점에서 입장에 따라 매우 불만족스럽고 타협적인 것으로 보일 수도 있다. 그러나 현대의 사회와 자연 사이에 존재하는 모순과 딜레마를 고려할 때 인간과 자연 사이에 어느 정도의 균형은 필요할 수밖에 없다. 또한 균형이란 기계적 중립이나 수리적

표 3-1 포스트 성장 시대 균형 국가의 특징

구분	주요 차원	특징 및 내용 요약
국가의 형태적 차원	접합 양식 (제도적 아키텍처)	- 환경부 위상 격상 및 권한 강화 (부총리급 독립성 등) - 경제부처 권한 제한 및 협업 체계 재구성 - 환경기능 확대, 생태 모니터링·평가 강화, 생태교육 확대
	대표 양식	- '사물의 의회'를 포함한 비인간 대표성 강화 - 환경·생태 조합주의 도입으로 노사정 협력 확장 - 지구·지역·지방 차원의 환경 친화적 거버넌스 구축
	개입 양식	- 경제정책을 포스트 성장·친환경 중심으로 전환 - 사회정책을 생태 친화적 노동·복지 방향으로 확대 - 지역순환경제 강화, 수출 주도형 성장 지양 - 다양한 거버넌스 메커니즘의 유연한 조합 탐색
국가의 실질적·전략적 차원	국가 프로젝트	- 생태적 비전의 명문화·법제화 및 일관된 부처 간 협력체계 구축 - 부문 간 종합 계획과 하이브리드 포럼 구성 - 정치 지도자의 생태국가목표 리더십 및 협력 네트워크 마련
	헤게모니적 비전	- 생태적 가치 기반 새로운 사회·정치 이익 제시와 대중적 확산 - 성장주의 담론을 생태주의 상호의존담론으로 전환 - 생태 운동의 지적·도덕적 리더십과 다양한 사회운동과의 연대 강화
	사회적 기반	- 생태주의 권력 블록 및 헤게모니 블록 형성 - 생태 친화적 자본과 정치 세력의 동맹구조 필요 - 비인간 행위자를 대변할 대표자 역할의 한계와 성찰 필요

중간을 의미하지 않기 때문에 정세와 세력균형에 따라 포스트 성장 시대 균형 국가의 모델은 보수적인 것에서 급진적인 것까지 다양한 하위 형태를 취할 수 있다.

사실 더 큰 문제는 '탈성장'이 아닌 이러한 포스트 성장 균형 국가의 모델조차도 기후 위기와 사회적 불평등이 극심한 오늘날의 현실에서 보면 너무 이상적이고 비현실적인 것처럼 여겨질 수 있다는 점이다. 현재의 글로벌 및 국내 권력구조, 경제 체계, 그리고 사회적 이해관계의 복잡성을 고려할 때, 이렇게 순화된 국가 모델조차 당장 현실에서 완전히 실현되기는 어렵다. 특히 앞에서도 언급했듯이 성장주의와 경제적 헤게모니가 깊게 내면화되어 있고, 성장 중심 정책에 기반을 두고 있는 기존 제도들이 강력한 저항을 형성하고 있기 때문이다.

그러나 이러한 모델은 단순히 실현 불가능한 환상이 아니라, 전략적 실천을 통해 장기적으로 실현 가능한 또는 근접할 수 있는 지향점으로서의 이념형(ideal type)으로 이해되어야 한다. 그것은 현실 세계에서 완벽하게 실현되기보다 정책과 사회변동의 나침반 역할을 하며, 다양한 현실 조건과 교차하는 다원적 조정과 변용을 통해 점진적으로 구체화될 수 있다(Weber, 2011; Jessop, 2016).

포스트 성장 균형 국가는 단지 정책이나 제도 변경에만 국한되지 않는다. 그것은 사회적 상상력과 문화적 전환, 그리고 무엇보다도 지속가능한 삶의 가치를 실현하려는 실천적 의지의 총체적 결합을 의미한다. 이와 같은 이념형이나 모델들은 기후 위기가 야기하는 긴박한 상황, 전략적 도전과 가치 갈등 속에서 전략적 방향성을 제공하는 중요한 '정신적 나침반'의 역할을 할 수 있을 것이다.

기후 위기에 대한 대처가 이미 '늦었다'고 하는 비관적 견해에도 불구하고, '급할수록 돌아가라'는 속담처럼 포기하지 않고 조금씩이라도 앞으로 전진하는 노력을 하는 것이 중요하다. 급격하고 일방적인 체제 전환이 불가능하다면, 많이 미흡하더라도 가능한 현실적 조건에서부터 차근차근 지속가능한 방향으로 정책과 사회적 합의를 넓히고, 점진적이나마 생태적·사회적 균형을 맞추는 노력을 해야 한다. 이는 혁신적 발전과 기존 제도 간의 전략적 융합, 시민사회의 역량 강화, 그리고 정책조정 과정에서의 유연성과 인내를 요구한다. 다른 한편으로는 기후 위기의 심각성이 가시화될수록 예상보다 더욱더 급진적인 변화가 불가피하게 사회적으로 수용될 가능성도 커진다.

참고문헌

공자(孔子). 1989. 『논어』. 황병국 옮김. 서울: 범우사.
구도완. 2003. 「발전국가에서 녹색국가로」. ≪시민과세계≫, 3: 274~293.
구본우. 2019. "가치평가 양식으로서의 사회적 회계: 미국에서 자본회계와 사회적 회계의 역사적 변화를 중심으로." ≪한국사회학≫, 53(2): 167~212.
김근세·조규진. 2015. 「녹색국가의 유형과 국가기능에 관한 비교연구」. ≪행정논총≫, 53(1): 35~69.
라투르, 브뤼노(Bruno Latour)·슐츠, 니콜라이(Nikolaj Schultz). 2024. 『녹색 계급의 출현』. 이규현 옮김. 서울: 이음.
루소, 장자크(Jean-Jacques Rousseau). 2003. 『인간 불평등 기원론』. 주경복·고봉만 옮김. 서울: 책세상.
루소, 장자크. 2018. 『사회계약론』. 김영욱 옮김. 서울: 후마니타스.
류동민·이명헌. 2017. "경제민주주의: 기원과 역사적 맥락." ≪민족문화연구≫, 75: 167~194.
문순홍(편). 2006. 『녹색국가의 탐색』. 아르케.
베버, 막스(Max Weber). 2011. 『막스 베버 사회과학 방법론 선집』. 전성우 옮김. 파주: 나남.
서영표. 2022. 「소비주의적 주체의 경쟁 게임: 무한경쟁의 신체적 한계와 자본주의 가치법칙」. ≪경제와사회≫, 134: 68~99.
양준호. 2023. 「진보적 대안으로서의 '지역순환경제': 독점자본의 공간 전략에 대한 시민적 저항, 통제, 계획」. ≪마르크스주의 연구≫, 20(2): 10~35.
윌킨슨, 리처드(Richard G. Wilkinson)·피킷, 케이트(Kate Pickett). 2012. 『평등이 답이다: 왜 평등한 사회는 늘 바람직한가?』. 전재웅 옮김. 이후.
이유진. 2025. "기후경제부의 신설." 피렌체의 식탁, 5월 12일.
   http://www.firenzedt.com/news/articleView.html?idxno=31354
제솝, 밥(Bob Jessop). 2024. 『국가론: 국가의 형성에서 미래의 추세까지』. 지주형 옮김. 파주: 여문책.
조명래. 2002. 「국가론의 녹색화를 위한 시론」. ≪한국정치학회보≫, 36(2): 47~68.
지주형. 2021. 「한국의 성장주의: 기원, 궤적, 구조」. ≪인문논총≫, 56: 193~229.
진상현. 2023. 「기후위기 시대 국가의 녹색화: 국민 영토 주권을 중심으로」. ≪환경정책≫, 31(4): 31~64.
폴라니, 칼(Karl Polanyi). 2022. 『전 세계적 자본주의인가 지역적 계획경제인가 외』. 홍기빈 옮김. 서울: 책세상.
헤겔, 프리드리히(Georg Wilhelm Friedrich Hegel). 2008. 『법철학』. 임석진 옮김. 파주: 한울.
Ahmed, Fayyaz, Ijaz Ali, Shujaat Kousar, and Shafiq Ahmed. 2022. "The Environmental Impact of Industrialization and Foreign Direct Investment: Empirical Evidence from Asia-Pacific Region." *Environmental Science and Pollution Research International*, 29(20): 29778~29792.
Aristotle. 1999. *Nicomachean Ethics*. Trans. by W. D. Ros. Kitchener: Batoche Books.
Böhm, Steffen, Maria Ceci Misoczky, and Sandra Moog. 2012. "Greening Capitalism? A Marxist

Critique of Carbon Markets." *Organization Studies*, 33(11): 1617~1638.
Brand, Ulrich and Markus Wissen. 2021. *The Imperial Mode of Living: Everyday Life and the Ecological Crisis of Capitalism*. London: Verso.
Callon, Michel, Pierre Lascoumes and Yannick Barthe. 2009. *Acting in an Uncertain World: An Essay on Technical Democracy*. Trans. Graham Burchell. Cambridge, MA: The MIT Press.
Dale, Gareth. 2019. "Economic Growth: A Short History of a Controversial Idea." *OpenDemocracy*, June 14.
https://www.opendemocracy.net/en/oureconomy/economic-growth-short-history-controversial-idea/
Dryzek, John Stuart. 2005. "Designs for Environmental Discourse Revisited: A Greener Administrative State?" pp.97~114 in *Managing Leviathan: Environmental Politics and the Administrative State*, 2nd ed., edited by Robert Paehlke and Douglas Torgerson. Peterborough: Broadview Press.
Dryzek, John Stuart. 2013. *The Politics of the Earth: Environmental Discourses*, 3rd ed. Oxford: Oxford University Press.
Dryzek, John Stuart, David Downes, Christian Hunold, David Schlosberg, and Hans-Kristian Hernes. 2003. *Green States and Social Movements*. Oxford: Oxford University Press.
Eckersley, Robyn. 2004. *The Green State: Rethinking Democracy and Sovereignty*. Cambridge, MA: MIT Press.
Foucault, Michel. 1978. *The History of Sexuality, Vol. 1: An Introduction-The Will to Knowledge*. Trans. by R. Hurley. Harmondsworth: Penguin Books.
Gilbertson, Tamara and Oscar Reyes. 2009. "Carbon Trading: How It Works and Why It Fails." *Critical Currents*, No. 7. Uppsala: Dag Hammarskjöld Foundation.
Gramsci, Antonio. 1971. *Selections from the Prison Notebooks*. edited by Quintin Hoare and Geoffrey Nowell Smith. New York: International Publishers.
Grether, Jean-Marie and Jaime de Melo. 2003. "Globalization and Dirty Industries: Do Pollution Havens matter?" *NBER Working Paper* 9776. Cambridge, MA: National Bureau of Economic Research.
Jessop, Bob. 2016. *The State: Past, Present, Future*. Cambridge: Polity Press.
Jewe, Adam. 2025. "Explained: Generative AI's environmental impact." *MIT News*, January 17.
https://news.mit.edu/2025/explained-generative-ai-environmental-impact-0117
Jha, Ravi, Rajesh Jha, and Mahmudul Islam. 2025. "Forecasting US Data Center CO_2 Emissions using AI Models: Emissions Reduction Strategies and Policy Recommendations." Frontiers in Sustainability 5. https://doi.org/10.3389/frsus.2024.1507030
Kashima, Yoshihisa, Don K. Sewell, and Yang Li. 2023. "Sustainability, Collective Self-Regulation, and Human-Nature Interdependence." *Topics in Cognitive Science*, 15(3): 388~412.
Latour, Bruno. 2004. *Politics of Nature: How to Bring the Sciences into Democracy*. Cambridge,

MA: Harvard University Press.
Latour, Bruno. 2018. *Down to Earth: Politics in the New Climate Regime*. Cambridge: Polity Press.
Latour, Bruno. 2021. *After Lockdown: A Metamorphosis*. Cambridge: Polity Press.
Machisi, Armando. 2022. "The Logic of Self-Realization in Hegel's Philosophy of Right." *Studia Hegeliana*, 8: 211~222.
Offe, Claus. 1984. *Contradictions of the Welfare State*. Cambridge, MA: MIT Press.
Polanyi, Karl. 1957(1944). *The Great Transformation: The Political and Economic Origins of Our Time*. Boston: Beacon Press.
Ryan, Richard M. and Edward L. Deci. 2001. "On Happiness and Human Potentials: A Review of Research on Hedonic and Eudaimonic Well-Being." *Annual Review of Psychology*, 52: 141~166.
Sayer, Andrew. 2009. "Contributive Justice and Meaningful Work." *Res Publica*, 15(1): 1~16.
Schmelzer, Matthias. 2016. *The Hegemony of Growth: The OECD and the Making of the Economic Growth Paradigm*. Cambridge: Cambridge University Press.
Stiglitz, Joseph E, Jean-Paul Fitoussi, Martine Durand. 2018. *Beyond GDP: Measuring What Counts for Economic and Social Performance*. Paris: OECD.
Trespalacios, Juan Pablo and Jan Dijk. 2021. *The Carbon Footprint of Bitcoin*. Amsterdam: De Nederlandsche Bank.
UN Environment. 2019. *Environmental Rule of Law: First Global Report*. Nairobi: United Nations Environment Programme.
Wijburg, Gertjan and Richard Waldron. 2025. "Green De-financialization: Toward a Sustainable World Economy?" *Finance and Society*, 2025: 1~21.

4 성장의 위기와 민족주의 전환

권오용

1. 국가 주권의 담지자로서 민족 개념

　인간은 집단적 생활을 하는 생물이며, 이 집단적 생활의 형태는 다양한 방식으로 나타날 수 있지만, 역사적으로 보았을 때 가장 오래되었으며 현재까지 지속되는 것은 바로 '국가'이다. 국가는 사람들이 모여 사는 물리적인 공간으로서 영토와 그 영토에 살아가는 사람들로 구성된다. 개인의 다양성을 생각해 볼 때, 우리는 이 공동생활이 항상 조화롭고 협력적으로 이루어지는 것만은 아니라는 것을 쉽게 알 수 있다. 국가는 다양한 이해관계의 차이에서 비롯되는 갈등과 투쟁의 장이기도 하다. 집단생활 속에서의 갈등은 소속집단에 활력을 불어넣을 수도 있지만 심할 경우 집단 자체가 와해될 수 있는 계기로 작용하기도 한다. 그러므로 다양한 사람들의 이해관계와 그로 인한 갈등과 싸움을 중재하고 집단을 유지하고 성장 및 발전시키기 위한 활동이 필요하다. 이 정치, 또는 통치라고 부르는 활동이 원활하게 이루어지기 위해서는 이 활동의 주체가 다른 사람들보다 높은 권위를 가지고 있어야 하며, 통치의 권리로서 '주권(主權)'은 신성성을 갖는다.

유사 이래로 주권은 대부분 남들보다 뛰어난 물리적·정신적 역량을 가진 사람에게 주어지는 경우가 대부분이었다. 비록 '제후국', '왕국', '제국' 등 영토의 크기나 피통치자의 종류 등을 기준으로 여러 국가 형태가 나타났지만, 이들은 모두 개인에게 주권이 귀속되었다는 공통점을 갖는다. 고대 그리스와 로마에서 국가의 주민들이 스스로를 통치하는 형태도 있었으나, 이 '공화정'은 그다지 오래 지속되지 않았으며 일부 지역에 국한되었다.

주권이 개인에게 귀속되는 현상이 아무런 갈등 없이 지속된 것은 아니다. 흔히 성군으로 부르는 뛰어난 사람이 주권자 역할을 맡게 되면, 국가는 안정과 번영을 이룩할 수 있다. 그러나 주권이 혈연으로 전승되면서 후계자가 선왕에 비해 능력이 부족하거나 탐욕적일 수도 있으며, 이러한 '암군'의 시대가 지속될 경우 국가는 혼란과 기아에 빠지게 된다. 지속적인 혼란과 기아에 처한 사람들이 도저히 참을 수 없게 되면 주권자에 대한 저항이 일어나는데, 성공적인 저항은 주권자를 권좌에서 끌어내린다. 이러한 '민란', 또는 '반란'의 사례는 수도 없이 많으며, 지역과 시대의 차이 없이 인간의 역사에서 쉽게 발견된다. 흥미로운 점은 주권자가 끌어내려진 후 들어서는 새로운 국가 역시 앞서 언급된 '개인에게 주권이 귀속된' 형태를 가졌다는 점이다. 이 새로운 국가는 주권자의 세대교체가 지속되면서 이전과 같은 부흥 및 쇠퇴기를 겪게 되고, 내부의 민란이나 반란, 외부의 침공 등으로 주권자가 사라진 자리에는 또 다른 주권자에 의한 통치가 시작된다.

오랜 시간 반복되어 온 국가 형태의 '순환론적' 양상은 18세기 말엽에 들어 더 이상 당연시되지 않게 되었다. 1789년의 프랑스 대혁명은 지금까지 통치의 대상으로 여겨지던 인민이 국가의 주권을 보유한 주권자로서 등장하는 대표적인 사건으로, 최초의 혁명 직후 발표된 '인간과 시민의 권리선언'(1789.8.26) 제3조에 "모든 주권의 원리는 본질적으로 민족에게 있다. 어떠한 단체나 어떠한 개인도 민족으로부터 명시적으로 유래하지 않는 권리를 행사할 수 없다"는 형태로 명문화되었다. 여기서 중요한 것은 왕이나 개인이 아닌 '집단적 주권자'로서 민족(Nation)이란 존재이다. 민족이란 무엇인가?

이상의 '인권선언'에서 민족은 주권자 행세를 하며 사람들 위에 군림함으로써 착취를 일삼는 개인 및 집단에 의해 고통받는 사람들을 의미한다. 국가의 주인이 다름 아닌 그 영토 내에 살고 있는 사람들이라는 인권선언의 주장은 고대 그리스의 민주정에서 볼 수 있었던 'demos', 곧 보통 사람(common people), 또는 인민이 주권자임을 천명하는 것이다. 특정한 영토에서 살고 있는 정치적 집단으로서 '민족'의 개념은 전제 군주로부터 주권을 빼앗아 피지배자들이 나누어 갖는 의미를 갖게 되었다.

이러한 민족의 개념은 프랑스의 이웃 나라들로 퍼져 나갔다. 프랑스와 유사하게 전제군주의 지배 아래 고통받는 사람들은 자신의 군주들이 롤모델로 삼았던 프랑스의 전제군주제가 속절없이 무너져 내리는 과정을 지켜보며 군주의 주권은 신이 내린 계시나 자연법칙과 같은 것이 아니라, 인간들이 스스로 바꾸어 낼 수 있는 것임을 깨닫게 되었으며, 권력자의 극렬한 탄압에도 불구하고 인민이 주권을 갖는 국가를 이룩하기 위한 여러 종류의 운동들이 전 유럽에 퍼지게 되었다. 머지 않아 전 유럽은 그 어떤 왕이나 제후가 아닌 '민족'이 주권을 갖는 민족국가의 형태가 아니고서는 인민들의 지지를 받을 수 없는 상태에 놓이게 된다. 19세기에 볼 수 있는 유럽 지역의 민족국가 수립의 흐름은 바로 이러한 과정을 극적으로 보여 주는 사건이었다.

그러나 모든 유럽 지역에서 민족이 프랑스에서와 같은 의미는 아니었다. 특히 독일의 경우 공화국을 수립하려는 여러 차례의 혁명 시도가 실패로 돌아가면서 민족은 전제군주에 저항하는 정치적 집단으로서의 의미를 갖지 못하게 되었다. 전제군주의 폭정에 착취당하는 존재로서의 집단적 정체성이 발현되지 못했던 것이다. 이런 상황에서 집단적 정체성은 'demos'와는 다른 'ethnos'의 의미를 갖게 되었다. 그리스어 ethnos는 공동의 생활양식과 언어 및 역사를 공유하는 집단으로서, 그리스-페르시아 전쟁을 통해 확립된 개념이다. ethnos의 의미가 강조된 민족 개념은 문화적 동질성을 주요한 구분 기준으로 삼고 있다. 독일의 민족 개념이 정치적 성격이 아닌 문화적 성격을 지녔다는 사실은 독일인을 뜻하는 'Deutsche'라는 단어가 독일어 'Deutsch'에서 유래했으며, 19세기 내내 여러 공국과 왕국, 장원령 등으로 갈라져 있던 지역이 1871년에야 통일된 독일 민족국가로 변모할 수 있었다는 점에서 확인된다.

ethnos가 강조된 민족 개념에서 중요한 점은 개인이 특정 민족에 소속되어 있다는 정체성이 유동적이며 애매모호한 문화적 성질에 기대고 있다는 것이다. 그에 따라 문화적 민족 정체성은 '우리 민족'과 '다른 민족'을 구분하고자 하는 경향을 특히 강화하게 된다. 우리 집단과 타 집단의 이질성이 강조될수록 우리 집단의 동질성이 확인되기 때문이다. 그리고 우리와 타 집단의 이질성은 적대적 관계에서 가장 확실히 대비된다. 독일의 민족주의 운동에서는 수백년 동안 사회 구성원으로서 함께 유대인을 일종의 사회 내부의 적으로 지목하여 자신들의 정체성을 확보하는 과정이 지속되었다(Claussen, 2005). 유대인에게는 공직에 복무할 수 있는 자격이 주어지지 않았으며 과세와 투표권에서 불리한 위치가 주어졌다. 이 '제도'로서의 반유대주의는 프랑스와 같이 전제군주에 대한 저항이 조직화되지 못한 유럽 지역의 근대 민족주의가 발생하는 과정에서 형성되었다. 이 근대적 반유대주의는 유대인을 개인이 아닌 하나의 집단으로 규정하고 사회 계급적 의미를 부여했다는 점에서 중세까지 존재했던 '유대인 증오(Judenhass)'와는 질적으로 구분된다. 중세의 유대인 증오는 예수 그리스도를 십자가에 못 박았다는 종교적 이유에 의해서 개인적·산발적으로, 그리고 특정한 종교적 절기 기간에 한정적으로 등장한 것이지만, 근대적 반유대주의 아래 유대인의 지위가 제도화되면서 유대인은 집단적이며 영속적인 '문화적 범주'가 되었다. 근대적 의미의 반유대주의는 19세기 유럽의 여러 근대국가 수립 과정에서 국가 구성원들을 '유대인이 아닌' 하나의 집단으로 묶어 내는 기능을 했다고 볼 수 있다.

절대 권력에 저항하는 정치적 주체로서 민족과 문화적 생존 공동체로서의 민족이라는 두 가지 의미의 민족 개념이 자리 잡으면서 민족주의는 다양한 사회적 상황에 적용 가능한 집단성을 갖게 되었고, 국가를 구성하는 중심 원리의 위상을 갖게 되었다.

2. 민족주의적 국가 형태의 일반화

20세기에 접어들면서 전 세계는 민족주의적 정치 질서로 재편되기 시작했다. 이 과정에는 당시 전 세계적으로 지배적인 통치 형태가 제국주의적인 식민지로 구성되어 있었다는 상황이 큰 역할을 했다. 제국주의는 흔히 서구 문명의 타 종족에 대한 인종주의적 지배로 오해되지만, 실제로는 근대적인 자본주의 경제체제의 발전 과정과 깊이 연관되어 있는 사회적 과정이었다. 자본주의적 생산양식은 모두가 시장에 참여할 수 있는 '자유시장'에서 시장 참여자의 자유로운 활동을 전제로 한다. 여기서 시장 참여자는 다양한 방식으로 수익을 추구하지만, 그중 대표적인 방식은 상품을 생산, 판매하는 과정에서 이윤을 축적하는 것이다. 이윤의 극대화를 위해 상품 생산은 최소의 비용으로 최대한의 생산량을 뽑아내야 하는데, 이 경향은 '생산성'이나 '효율성' 같은 용어로 표현된다. 생산과 관련된 비용을 줄이는 과정은 원료와 생산수단 및 임금 등에 적용되는데, 여기서 문제는 생산과정에서 지불되는 노동자의 임금이 이후 소비시장에서 소비자의 소비 여력으로 작동한다는 것이다. 즉, 상품의 생산과정에서 임금은 최소화되어야 하지만, 생산된 상품을 판매하여 이윤을 확보하기 위해서는 풍부한 소비 여력이 필수적인 것이다. 실제로 각 생산자는 최대한의 효율적 생산에 매진하여 상품 수의 기하급수적 증가를 가져오지만, 효율적 생산과정에서 절약된 임금은 시장에서의 불충분한 소비 여력으로 남게 된다. 이러한 모순은 자본주의적 생산과정이 지속되면서 생산된 상품이 시장에서 미처 다 소비되지 못하고 악성 재고화하는 경향으로 나타난다. 시장에서 판매되지 못한 상품은 생산자의 입장에서 비용에 불과하며, 이것이 누적되면 생산자는 파산의 상황에 놓일 수 있다. 생산자의 파산은 노동자의 수입과 그로 인한 소비생활을 급격히 위축시키며, 이러한 경제 불황이 산업 전반에 퍼지면 심지어 시장 자체가 작동을 멈추는 공황 상태가 도래하게 된다. 그리고 이 상태는 적체된 재고가 모두 소비되는 시점에서 종료되며, 다시 생산과 판매가 활기를 띠는 호황에 접어들게 된다.

자본주의적 생산양식의 발달로 사회 구성원 대부분이 자본주의적 생산양식 안에서 생계를 유지하게 되면서 이러한 정기적인 호황과 불황을 야기하는 경기순환은 단순한 경제적 차원의 문제를 뛰어넘게 되었다. 특히 생산력이 크게 증가한 상황에서 오는 불황은 대다수 사회 구성원들의 생계 활동에 치명적인 악영향을 끼쳐 그로 인한 정치 및 사회 질서의 붕괴까지 유발할 수 있는 국가 차원의 문제로 그 중요성이 확대되었다. 나날이 성장하는 기업의 위기는 국가 경제의 위기를 한층 더 크게 만들며, 이는 곧 국가적 차원의 위기를 불러올 수 있다는 사실이 점점 더 확실해지는 상황에서 국가는 초기 자본주의의 시장 불개입 원칙을 벗어나 적극적으로 '국가 경제발전'을 위해 기업의 이윤 확보를 지원하게 되었다. 자본주의적 기업의 수익은 안정적인 원료의 공급과 판매 시장의 확보를 통해 얻어지며, 이에 따라 각국은 원료의 공급처이자 판매 시장으로 기능할 수 있는 지역에 대한 경제적 독점권을 점유하는 방식으로 안정적인 이윤 확보를 추구했다. 이러한 '제국주의'적 세계 질서는 영토의 완전 편입이나 직접 통치를 추구하는 과거의 전근대적 '제국'과는 구별되지만, 경제적 활동의 독점과 그를 위한 폭력의 동원이라는 점에서는 제국적 경제 질서를 확립하기 위한 국가적 활동으로서의 면모를 가진 것이었다. 안정적인 자본축적은 더 이상 사기업의 노력뿐만 아니라 국가의 정치적 활동을 요구하는 것이었으며, 국가와 자본의 이해관계는 결합되었다. 레닌이 '자본주의의 최종 단계'로서 제국주의를 지목한 것은 바로 이러한 점을 파악했기 때문이다.

러시아 혁명 이후 적백 내전과 타국과의 갈등으로 어려움을 겪던 소비에트 연방은 제국주의의 힘을 빼기 위해 국제적인 반제국주의 전선을 구축하고자 했다. 제국주의적 착취 구조에서 고통받는 피식민주민들이 제국주의적 지배에 대항한다면 여러 열강의 경제적 기초에 타격이 될 것이고, 제국주의적 착취에 기반하고 있는 자본주의 자체가 작동 불능에 빠질 것으로 보았던 것이다.

'억압받는 민중이 스스로 권력을 틀어쥐려는 움직임'의 일환으로서 러시아 혁명은 전 세계의 피억압 주민, 특히 그 절대다수를 차지하고 있던 피식민 주민들에게 저항 의식을 불러온 사건으로서, 세계 곳곳의 독립운동 출현에 큰 역할을 했다. 러시아 혁명의 폭발력은 제1차 세계대전 이데올로기적으로 정반대편에 위치한 제국주의 진영에서도 대응책 마련을 요구했으며,

미국 대통령 우드로 윌슨의 주도로 공표된 민족자결주의는 바로 러시아 혁명에 대한 이념적 대응물이라 할 수 있다.

　민족주의가 국가의 구성 원칙으로 일반화되자, 현실과 원칙의 모순은 더욱 극명하게 드러났다. 당시 전 세계 인구의 대부분을 지배하던 제국주의 체제는 비민족주의적이었으며, 이에 올바르지 않다고 인식되었던 것이다. 이렇듯 모순으로 인식된 현실은 더 이상 모순적이지 않은 현실로의 변화를 추동했으며, 제국주의적 통치가 이루어지는 세계 각지에서 다양한 탈식민화 운동이 벌어지게 되었다. 사람들을 더 이상 제국주의적 방식으로 통치할 수 없다는 사실은 날이 갈수록 명확해졌으며, 소위 '열강'들의 군사적 우위가 약화되자 이들이 통치하던 전 세계의 식민지는 민족주의적 국민국가로 독립하는 탈식민화 과정이 확산되었다. 그 결과 1946년 51개의 회원국으로 시작된 국제연합(UN)은 현재 193개의 회원국으로 그 규모가 4배 가까이 증가했다. 이는 제2차 세계대전 이후 과거 열강의 식민지였던 지역에서 새로이 독립국가들의 수립이 꾸준히 이어져 왔기 때문이다. 그리고 새로이 수립된 국가들은 사우디아라비아나 부탄 등과 같은 명백한 전제군주제를 표방한 소수의 사례를 제외하면 대부분 민족주의적으로 해석된 국체와 주권을 내세우는 민족국가의 형태를 보였다. 1919년 민족자결주의의 제안자인 미국 대통령 윌슨이 제안한 국제연합의 전신 국제연맹(League of Nations, 1919~1946)의 최대 가입국 수가 63개국이었음을 상기한다면, 국제정치적으로 보았을 때 지난 20세기는 가히 전 세계가 민족국가의 설립 물결 속에 놓여 있었던 '민족주의의 시대'라고 해도 과언이 아니다.

3. 민족주의 시대에서 성장의 의미

'민족주의 시대'는 경제 발전과 국제정치적 이익의 확보를 추구하는 복수의 민족국가들의 경쟁으로 채워진 시기였다. 이러한 국제적인 집단 경쟁은 대체로 경제적 풍요와 인구 증가, 영토의 안정과 확장 등 여러 의미에서의 '성장'을 전제로 했으며, 이에 따라 민족의 문제는 외국의 영향력을 제거하여 자주적 국가관리를 확보하기 위한 탈식민화 과정과 깊이 연관되어 있다. 제2차 세계대전 후 설립된 신생국들은 자신의 독자적인 이해관계를 달성하기 위해 국제사회에서 상호 결합을 이루었고, 자본주의 열강으로 구성된 제1세계, 현실 사회주의 진영의 국가들인 제2세계와 구별되는 제3세계라는 용어의 등장도 이 탈식민화를 위한 신생국들 공통의 이해관계에 기인한다.

새롭게 들어선 국민국가는 내부적인 갈등을 정리하여 사회 통합을 이루어야 하는 과제를 안게 되었다. 20세기에 국민국가가 들어선 대부분의 지역에서 국민국가라는 형태의 정치적 지배는 이전에 존재하지 않았다. 그러므로 제국주의적 지배나 왕국, 부족사회 등 과거의 지배 체제에서 등장한 계급 구조를 국민국가적인 방식으로 재구성하지 못할 경우 기득권, 또는 주도권을 둘러싼 극심한 사회 투쟁에 휘말릴 가능성이 높았다. 20세기의 국가 만들기는 배제보다 통합에 방점을 찍고 있었다. 이러한 통합은 '포용'을 통한 '도덕성의 실현'에 가까운 위상을 갖게 되었다. 20세기의 대표적인 사회학자 중 하나인 하버마스에 따르면, "차이란 실은 제대로 이해된 보편주의에 의해서만 타당성을 얻는 법이다 … 각 개인에 대한 동등한 존중은 동종인들에 대해서가 아니라 이종적 타자 또는 타자들의 인격에 대해 적용되는 것이다. 그리고 우리 중 한 사람으로서의 타자에 대한 연대적 옹호는 모든 실체적 고착물에 대해 저항하고 열린 문호를 가진 경계선을 점차 더 멀리

넓혀 가는 공동체의 유연한 '우리'와 관련되는 것이다. 이 도덕적 사회는 오로지 차별과 위화감의 철폐 및 배제된 사람들을 상호적 고려 속으로 집어넣는 포용의 이념을 통해서만 구성된다"(하버마스, 2000: 9~10).

실제로 국가는 경제와 정치가 결합되는 과정에서 시작된 국가에 의한 경제관리, 국가의 집중적 투자로 인한 기업의 대형화, 관료제의 확장 등을 통해 사회의 개별 구성요소들 전반에 대한 총체적인 관리 주체로서 모든 사회 구성원들의 일상생활에 개입할 수 있는 힘을 가지고 있었다. 그리고 국가의 경제성장은 곧 국가의 주권을 가진 '민족'의 경제적 수준의 향상을 의미했고, 이는 다시 개별 사회 구성원의 경제적 형편의 향상과 이어질 수 있었기 때문에 민족국가는 좌우익의 정치적 신념이나 경제적 지위 고하를 막론하고 분열된 사회의 통합적 구심점의 역할을 할 수 있었다.

배타적인 민족주의는 특정 집단의 사회적 우열을 따지는 방식으로 사용되기 때문에 사회 내부의 갈등과 억압의 진원지가 될 가능성이 높지만, 경제적·인구적·영토적인 '성장'이 안정적으로 이루어진다면 이러한 민족주의적 위험성은 관리 가능한 수준에서 조절될 수 있었다.

이러한 성장의 의미가 가장 극적으로 드러나는 사례 중 하나는 '민족주의의 시대' 한복판에 국가를 건설한 한반도일 것이다. 1948년 남한과 북한 두 국가는 무력을 통한 1민족-1국가 체제 수립 시도였던 한국전쟁이 영구 분단으로 정지된 시점부터 '경제'와 '군사력' 두 측면에서의 성장을 놓고 극심한 체제 경쟁을 벌이게 되었다. 그 속에서 남북한은 모두 국가의 직접적인 개입을 통한 산업 근대화를 추진했다. 투입 가능한 자본과 기술이 부족한 상태에서 급속하고 광범위한 근대화를 추진하기 위해 한반도의 근대화는 노동력의 집중적 투입을 요구했으며, 한반도의 양국은 모두 강력한 대중동원 체제를 구성하게 되었는데, 이는 국가가 주장하고 관변 단체를 통해 지속된 사회운동으로 나타났다. "사회주의 건설을 힘 있게 밀고 나가게 하는 공산주의적 전진운동"(Kim, 1956)으로 주창한 천리마 운동(1959~)이래로 북한에서는 3대 혁명 붉은 기 쟁취운동(1975~), 만리마 운동(2016~) 등 지배자의 교체에 따라 새로운 대중동원운동이 주창 및 활용되고 있다. 남한에서는 반공연맹(1954~)(1989년부터 자유총연맹), 재건국민운동(1961~1972), 새마을 운동(1972~), 사회정화운동(1980~)(1989년부터 바르게 살기 운동) 등이 수립 및 시행되었고, 민주화 이후에도 신한국창조 의식개혁운동(1993~1997), 제2건국운동(1998~2003) 등이 뒤를 이었다. 특히 민주화 이후 제정된 시민단체지원법(2000)을 통해 3대 관변단체로 불리는 자유총연맹, 새마을운동중앙회, 바르게살기국민운동본부 등에 대한 재정 지원이 '법률'로 규정되면서, 3대 관변단체에 지원되는 재정 지원은 2008~2012년 동안 49억 원에서 147억 8천만 원으로 300% 이상 증가했다(시사저널, 2012.6.27).

위와 같은 관변 단체를 중심으로 한 대중운동에서 민족주의는 국가 주도 근대화 사업과 연계된 지속적 동원을 뒷받침하는 도구로 사용되었다. 북한 지배체제는 대중동원 과정에서 근대화에 임하는 개인의 정신적 태도를 문제로 제기했으며, 국가에서 제기하는 과업에 미흡하거나 전심전력을 대하지 않는 정신적 "결함"을 '반민족적'인 것으로 규정했다. 실제로 자본주의, 종파주의, 봉건주의, 식민주의 등 다양한 표현이 사용되기는 하지만, 북한에서 '반혁명적 태도'는 반민족적인 의미를 일관되게 갖고 있다. 북한 지배체제의 핵심인 조선노동당의 정책만이 남북한의 통일을 통한 민족적 완결을 달성하는 올바른 길로서 선전된 이래, 당의 활동을 방해하는 모든 행위는 반민족 행위자들의 책략으로 낙인찍힐 수 있었다. 예를 들어, 누군가 한반도의 새로운 침략을 기다리고 있는 것으로 주장되는 미 제국주의자들이나 북한의 '민주 기지'를 전복하려는 국내외의 반혁명 분자들에게 조금이라도 유리한 일을 한다면, '진정한 민족 통일'을 방해하는 민족적 반역에 해당되는 것이다(Kim, 1953, 1954).

비슷한 시기 남한에서도 지배 체제의 근대화 정책을 정당화하는 데 있어 민족주의가 사용되었다. 민주적으로 선출된 정부를 무력으로 뒤엎고 집권한 독재자 박정희는 자신의 지배 체제가 직면한 정당성 문제를 전면적인 '조국 근대화 정책'을 통해 극복하고자 했다. 박정희는 제1차 경제개발 5개년 계획을 공표 후 전국적으로 제작, 배포한 『우리 민족의 나아갈 길』이라는 책에서 개인은 "살아도 같이 살고 죽어도 같이 죽는다는 옛말처럼 우리 민족을 모든 구성원이 운명을 공유하는 유일한 혈족으로 인식해야"(박정희 1962: 8)한다고 주장했다. 이를 통해 박정희가 추구한 바는 개인의 생존을 지배 체제와 직접적으로 결속시키는 것이었다. 대한민국의 모든 개인에게 국가의 근대화 정책을 민족의 생존을 위한 것으로 받아들여 무조건적인 복종, 즉 "스스로를 채찍질"(앞의 책)하듯이 적극적으로 참여할 것을 요구했던 것이다. 이러한 요구는 '공산주의의 위협'으로부터 민족을 지켜내는 보루로서 대한민국의 국체를 상정함으로써 정당화되었다(박정희, 1971).

남북한 지배 체제 모두에서 드러나는 민족주의적 대중 동원을 거치면서 일제강점기 시절 갖고 있었던 한국 민족주의의 저항적 성격과 해방적 잠재력은 지배 체제의 관리 아래 놓이게 되었다. 남북한의 각 지배 체제가 제시하는 '올바른 민족주의'란 결국 어디에 복종하는가, 즉 '어느 편에 속해 있는가'를 명확하게 밝히라는 사회적 정언명령이었으며 이는 한국전쟁을 거치면서 엄혹한 사회적 사실로 실현되었다. 전쟁이 만들어 낸 사회적 기반 위에서 남북의 정권은 큰 저항 없이 국가의 이름으로 민족주의적 선동을 이어갈 수 있었으며 민족주의적 언사를 이용해 그들의 권위주의적 권력을 정당화하려 시도했다.

남북한의 두 사회에서 모두 지배 체제가 허용하는 '우리 집단'에서 —각각 '빨갱이'와 '반동분자'로 지칭된— '내부의 적'의 추적과 배제가 지속적으로 이루어졌다는 사실은 언뜻 보면 냉전적 세계 질서의 단순한 반복처럼 보일 수도 있다. 미국의 매카시즘과 스탈린 시기 소련의 대숙청은 모두 우리 집단의 반대편에 있는 사람들의 폭력적 억압을 의미했으며, 이 억압을 위해 반대자들의 위협은 과장되기 일쑤였다. 그러나 정치적 슬로건으로서 한반도의 두 국가에서 우리와 타자의 관계는 이와는 다른 면을 포함했다. 남북한 지배 체제에 의해 제기된 각각의 '우리'는 안정된 집단적 주체를 형성하려는 과정이라기보다는 오히려 국가적 목표로 제기된 성장을 적극적으로 뒷받침하는 '태도'에 가까웠다. 통치자가 언급하는 '우리'는 현재 상태를 지칭하는 것이 아니라, 통치자가 만들고 싶어 하는 '미래의 우리'였으며, 한반도의 두 지배 체제는 이를 위해 현재의 '잘못된 우리'를 훈육하면서 체제 반대자, 의심자, 그리고 지배 체제가 정한 요구 사항을 충족하지 못한 모든 사람을 타자의 구성원으로 낙인찍어 배제시켰다. 이 과정은 한반도 민족문제의 원흉으로 지목되는 '외부의 적'(소련, 중국, 미 제국주의 등)보다는 여러 종류의 '내부의 적'에 가해지는 것으로, 그 구분의 경계는 지배 체제의 자의적 선택에 기반했으므로 유동적이었다.

그 결과 한반도의 두 국가에서는 국민의 끊임없는 분류와 배제 메커니즘이 시행되었으며, 개인에게 지배에의 복종 또는 사회에서의 배제라는 두 가지 선택지를 강요했다. 특정 인물이나, 일반적인 전통 및 관행 외에도 개인이 가진 특정한 태도나 관점에 이르기까지 모든 것이 '올바른 우리 집단'에서 배제될 수 있었고, 이 공식적인 결정은 국가의 선전을 통해 극적으로 정당화되었다. 이로써 남북한의 지배 체제는 정권이 세운 올바른 민족의 이상을 인민에게 교육하여 그들을 우리 민족, 북한에서는 북조선 인민, 남한에서는 대한민국 국민으로 만들기 위한 "영원한 투쟁"(송도영, 1997: 128)의 연속으로 정당화했다.

한국전쟁의 상호학살 경험은 일반적인 민족주의적 원칙인 1민족-1국가와 괴리되는 사회적 상황을 야기했다. 한국전쟁의 살인자와 피해자 모두 한민족의 정당한 구성원이기 때문에 남북한의 민족주의는 일반적이고 포괄적인 민족적 감정에 호소할 수 없었으며, 주민들은 국가의 통치 시스템이 억압적이고 민족적 정당성이 부족하다는 것을 알고 있었으나 보호를 약속하는 구속력 있는 주체를 정당화하는 데 민족주의가 이용되는 것을 용인하게 된 것이다. 남북한의 근대화는 강력한 국가에 의한 개인의 전면적인 통제와 이에 따른 개인의 무력함으로 실현되었으며, 개인은 '민족 반역자'라는 집단적 범주로 구분되어 왔다. 이러한 사회적 사실은 한국전쟁의 경험을 통해 집단성을 획득했다. 그러나 급속한 근대화 과정에서 이 삶의 불투명성은 오직 부정적인 결과만을 야기하지는 않았다. 지배 체제의 인정을 받게 되면 개인의 삶은 드라마틱한 성공으로 이어질 수 있었기 때문이다. 이 경우 체제에 대한 충실성이 주요 선택기준으로 작용했다. 남북한 지배 체제의 근대화 정책은 공적 논의를 거쳐 투명하게 수립, 시행되었다기보다는 권력자들의 비밀 협의를 거치는 경우가 대부분이었다. 이 과정에서 보통의 시민들에게는 지배 체제 내부의 은밀한 결정 과정에 관심을 기울이는 경향이 등장했으며, 정치적 영향력이 있는 집단 구성원들과 좋은 관계를 맺을 수 있느냐는 개인 삶의 과정을 결정할 수도 있는 중요한 사안으로 인식되었다고 할 수 있다.

4. 포스트 성장 시대 국가의 위기와 민족주의 전환

배타적 민족의식의 기반인 민족적 정체성은 무력한 개인에게 출생과 동시에 자연스럽고 당연한 것처럼 보이는 집단에 소속될 수 있다고 약속하는 것과 같다. 그리고 이 민족이라는 집단은 실제로 존재하면서도 동시에 허구적인 양가적 성격을 갖는다. 민족주의가 사실인 이유는 민족적 경계를 중심으로 자리한 국가 시스템이 개인을 규정하고 규제하는 현실이 자리하고 있기 때문이며, 허구인 이유는 민족 개념의 기반인 집단적 통일성이 사회적으로 존재하지 않기 때문이다. 다시 말해 "민족이라는 집단은 마치 소속된 개인들이 통일적인 것 같은 인상을 보이지만, 실제 이 사람들이 소속된 사회는 분열되어 있기 때문이다"(Claussen, 2000: 39). 이러한 모순을 해결하고 통일된 민족의 외견을 세우기 위해서는 특정한 사람들을 이 민족에 속하지 않은 것으로 지목하여 '우리'에서 배제해야만 한다. 배타적 민족의식은 그러나 사실에 근거하고 있지 않다. 근대화 이후 다른 집단과의 인적 교류가 증가하면서 민족 정체성의 기반인 집단적인 통일성을 갖는 집단은 더 이상 존재하지 않게 되었기 때문이다. 이러한 점에서 민족적 동일성에 대한 인식의 강화는 민족이라는 집단의 허구적 요소가 증가함으로써 민족주의가 타인에 대한 배타적 성향을 정당화한 것으로써, 심리적·정치적 도구로 이용될 수 있는 가능성을 높인다. 인간과 사회에 대한 정신적 구조물이 현실과의 접점이 끊어질수록 이것은 어떠한 사건도 정당화할 수 있는 도구가 되는데, 인종적 편견이나 국가사회주의 사례에서도 볼 수 있듯이 특히 정치적 박해나 물리적 폭력, 심지어는 집단적인 학살과 같이 정당화하기 극도로 어려운 행위들도 여기에 포함된다. 그러므로 생활수준이 실제로 향상되는 성장의 효과를 더 이상 확신할 수 없을 때, 민족주의는 여러 사회적 혼란과 극단적 행위의 진원지가 될 수 있다.

　실제로 경제적 성장의 신화가 침식되고 인구의 노령화와 감소 추세, 그리고 국가의 경계 확장의 지리적 제한이 일반화된 21세기에 민족은 더 이상 안정적인 성장을 기대할 수 없는 상황에 처했다. 신자유주의적 경제 변화는 개인의 불안을 증폭시키는 현상을 가져왔다. 본래 불안은 인간 실존과 분리시킬 수 없는 삶의 본원적 속성으로 현대의 문제만은 아니다. 인간의 불안은 죽음에 대한 두려움이나 생의 무의미성에 대한 자각, 의지하며 살아갈 수 있는 타인의 부재나 관계 상실에 의한 실의, 또는 자아 정체성 형성이나 자아실현 과정에서의 난관이나 좌절의 과정에서 등장하는 감정으로, 삶의 과정에서 생각보다 자주 마주하게 되는 상태이다. 그러나 현대의 포스트 성장이라는 사회적 환경은 사회적 개인의 불안을 더욱 깊게 만든다. 우선 사회에서 자기 삶에 대한 스스로의 책임이 가중되는 개인화(individualization) (Beck, 2002) 현상은 경제적 성장이 지체되는 상황에서 개인의 물질적 생존에 대한 불안의 원인을 개인의 능력이나 운, 노력 등으로 지목했다. 경제적 불안의 원인이 개인적인 것이 되면, 그에 대한 대책도 개인적인 것이 될 수밖에 없으므로 사람들은 점점 제도적·사회구조적 차원의 대안보다는 개인적 노력의 투입량을 늘려 '능력'을 상승시키려 하게 된다. 그러나 일반적인 사회 구성원은 자신이 투입하는 노력이 과연 경제적 불안을 해소 내지 경감시킬 수 있을 것이라고 확신할 수 없다. 시장에서 자신의 가치가 구매될 수 있을 것인가, 또는 어느 정도로 평가될 것인가의 여부는 개인의 열과 성의, 노력 등으로 결정되지 않는다. 결국 포스트 성장 사회에서 개인화된 대응 방안은 실제로 개인의 경제적 지위를 개선시켜 줄 수 없으며, 그 결과 개인의 불안은 더욱 심화될 수밖에 없다.

　또한 포스트 성장 사회에서 일반화된 세계화 과정은 사회 구성원 개인의 일상에서 시공간 감각의 불일치를 강화한다. 사람들이 개인화된 미디어를 통해 전 세계에서 일어나는 일을 실시간으로 접하게 되면서 서로 경험하는 사건의 공간적·시간적 차이가 확대되는 것이다. 어떤 사람은 미국에서 일어나는 경제적 상황에 관심을 갖고 그곳에서 일어나는 사건을 주로 접하게 된다면, 다른 이는 서아시아 지역의 정치적 분쟁과 관련된 일들에 주목하게 된다. 이러한 상황은 사회 구성원들의 사회적 경험을 다양화한다는 장점도 있지만, 실제로는 사회 구성원들의 경험 세계를 파편화시켜 서로 다른 시공간 속에 놓이게 한다. 직접적인 경험은 아니지만, 간접적인 차원에서라도 누군가는 미국에서 일어난 사건을 주로 경험하고 또 다른 누군가는 중앙아시아에서 일어난 사건을 주로 경험하게 된다면, 이 두 사람은 서로 다른 간접경험의 세계에 놓이고 상호 간의 소통 가능성은 상당히 제한적이 될 것이다. 세계화 이전 소수의 언론을 통해 필터링된 사건들을 함께 경험하고 그에 대한 대화와 소통을 통해 동일한 사회 경험적 시공간을 공유했던 사회 구성원들의 동일성이 깨져 나가고 있는 것이다.

사회적 간접경험의 파편화는 인터넷으로 대변되는 정보화 과정에서 더욱 가속화된다. 서로 다른 시공간에서 사회적 경험이 이루어지는 물리적 시간이 무한대에 가까울 정도로 확장된 것이다. 새로운 미디어에서 유통되는 정보는 과거에 비할 수 없을 정도로 급증했고, 이제 사회 구성원들은 자신의 취향과 이해관계에 최적화된 개별 미디어 기기를 통해 주어진 모든 시간을 소비할 수 있는 시대에 살고 있다. 이러한 사회적 현실은 공동의 경험과 그와 관련된 의사소통의 기회를 축소시켜 공동의 경험과 화제에 기반한 사회 구성원들 간의 동일성을 한층 더 빠른 속도로 약화시킨다.

서로 다른 시공간 속에 다양한 경험이 이루어지는 사회적 현실은 사회 구성원들 간의 복잡성을 한층 더 증가시킨다. 세계화와 함께 확대된 인적·물적 교류는 과거에는 보기 힘들었던 외부인들을 일상적으로 목격하고 경험할 수 있도록 했고, 서로 다른 문화 내지 생활양식을 가진 사람들과 직접적인 접촉이 일상적으로 이루어지게 되었다. 이렇듯 사회적 복잡성의 증가는 계급이나 이익집단 등에 기초한 소규모의 집단적 정체성을 유동화한다. 일터에서 함께 일하는 동료들은 각자 다른 취향과 경험을 가지고 있고, 서로 다른 문화와 생활양식을 가지고 있으며, 주거지에 모여 사는 이웃들도 점점 상호 간의 이해가 자동적으로 주어지지 않는 '다른' 사람들로 구성된다. 사회의 복잡성 증가는 이익집단 내부의 이해관계도 다양화시켜 구성원들의 소속감 약화로 이어지게 된다.

포스트 성장이라는 사회적 상황은 이러한 일상적 불안을 극대화하는 요소로 기능한다. 최고의 경제 분야 엘리트들이 모여 있는 월스트리트조차 2008년 금융 위기를 예측할 수 없었다는 점을 상기한다면, 경제 위기는 점점 더 예측할 수 없는 원인으로 발생하고 있다는 점을 알 수 있다. 여기에 지속적인 경제 저성장 경향은 경제적 불안을 상시적인 것으로 만들고 위기에 대한 구체적이고 장기적인 대책 수립을 어렵게 만든다.

문제는 이러한 사회적 변화가 국가로 하여금 사회 구성원들의 불안을 해결할 수 있는 역량을 구조적으로 상실토록 했다는 데 있다. 지속적으로 낮은 경제성장은 국가의 세수 감소를 초래하며, 이는 국가의 정책적 활동 범위를 제약 또는 축소시키고 있으며, '이해할 수 없는 방식'으로 닥쳐온 위기에 있어 국가의 대책도 근본적으로 수립 내지 시행되기 어렵다. 게다가 사회 구성원들의 경험이 다양화되면서 이해관계도 복잡하게 분화되어 국가정책에 대한 전폭적 신뢰를 확보하기가 과거보다 더 어려워졌다. 이는 국가정책적 행위가 사회 구성원들에게 만족감을 선사하지 못해 다시금 국가 제도에 대한 신뢰를 약화시키고, 차후 또 다른 정책적 시도의 실패 가능성을 높이는 악순환으로 현실화된다.

국가 제도에 대한 불신은 사회 구성원들로 하여금 자신이 겪고 있는 일상적 개인화 과정을 '벗어날 수 없는' 필연성으로 강화시키는 데 기여한다. 이는 비단 개인이 믿고 의지할 수 있는 경제적·규범적·제도적 안전판이 유실되고 있다는 사실만을 보여 주는 것은 아니다. 개별 사회 구성원들이 인생을 설계할 때 적용될 수 있는 표준적 삶의 지침이 도전받는 상황이 도래했다. 이러한 상황에서 불안은 현대사회의 전형적인 심리 상태가 되었다. 구체적으로 불안은 개인적 수준에서 세계 내에 던져진 자기 존재나 존재적 위상이 모호해지는 존재론적 불확실성, 어떤 행동을 택해야 하는지 판단하기 힘든 인지적 불확실성, 선과 악의 구분에 대한 도덕적 평가 기준이 흔들리는 규범적 불확실성, 아름답고 추한 것에 대한 경계가 모호해지는 심미적 불확실성 등 다양한 측면에서 불확실성을 증가시킨다.

이런 상황에서 개인은 주변 상황의 증가하는 불확실성을 소속집단의 확실성을 통해 보상받고자 하는 경향을 보여 주게 된다. 직업적·지역적·사회적 정체성이 약화된 시대에도 개인에게 확실한 소속감을 제공하는 집단은 바로 '가족'이 된다. 여기서 혈연과 함께 가족이 가진 집단성의 특성인 '생활양식을 공유하는 생존 공동체'의 의미는 앞서 제시된 'ethnos'로서의 민족 개념과 결합되어 문화적 공동체로서의 민족 개념이 점차 사회적인 주류로 올라서게 된다. 전 세계적으로 발흥하고 있는 극우주의와 그 바탕이 되는 배제적 민족주의는 바로 이 종족적 속성이 강조된 종족 민족주의로서의 의미를 갖는다. 여기서 민족은 소속집단 이익의 확장이나 집단 전반의 발전이라는 '장밋빛 미래'가 아니라 현재 누리고 있는 것을 강탈당할지 모른다는 '두려움'의 발현지가 되며, 민족주의는 더 이상 사회 통합의 구심점이 아닌, 복잡해진 현대사회에서 문화적인 기준으로 경계를 긋고 내부 집단을 외부 집단으로부터 보호하고자 하는 방어적 성격을 갖게 되었다. 현재 전 세계의 정치적 스펙트럼을 지배하고 있는 극우주의적 흐름은, 국내·국제 차원에서 다양한 사회적 갈등과 분열, 억압을 정당화하는 데 민족주의가 이용되고 있다는 사실을 보여 준다. 프랑스의 국민연합(구 국민전선)은 신자유주의적 사회 변화에 의해 주변부로 밀려난 노동자들의 박탈감과 이슬람 이민자들에 대한 증오를 바탕으로 급격한 성장을 이룩했다. 영국독립당은 유럽 통합에 대한 거부감을 바탕으로 유럽연합 탈퇴를 2010년대 초반부터 당 정책의 전면에 내세우면서 결국 브렉시트를 영국 정치의 주요 의제로 바꾸는 데 성공했다(주디스, 2017). 서유럽 지역뿐만 아니라, 미국-멕시코 국경 장벽 건설을 둘러싼 갈등이나, 일본의 혐한 분위기 등에서도 알 수 있듯이 그 영향력이 전 세계적으로 확산되고 있다.

 이러한 사실을 포퓰리즘의 확산으로 보고, 기성 정당들에 의해 대변되지 않은 사회적 요구들을 포착하고 정치적으로 그것에 민첩히 응답하는 새로운 정치 세력의 등장으로 평가하는 경우(김주호, 2019; Mudde and Kaltwasser, 2017)도 있지만, 포퓰리즘은 기본적으로 정치적 책임성, 즉 특정한 전망을 가지고 정책을 생산하며 그에 대한 책임을 지는 태도와는 거리가 있다. 또한 이러한 정치적 현상은 최근에 등장한 것처럼 보이지만, 사실 우리는 1930년대에 이미 이와 비슷한 과정의 정치 운동이 등장하여 성공을 거두었음을 알고 있다. 이탈리아의 파시스트 운동과 독일의 국가사회주의 운동이 바로 그것이다. 이 두 운동이 인류 문명에 끼친 엄청난 피해를 기억한다면, 라클라우(Laclau, 2005)와 무페(Mouffe, 2019)의 주장과 같이 포퓰리즘을 정치적인 것의 본질이자 민주주의를 더 민주적으로 만드는 추동력의 일종으로 수용하는 것은 포퓰리즘에 대한 올바른 접근법이라고 하기 어려울 것이다. 그리고 이탈리아와 독일의 사례에서 보듯이 포퓰리즘은 그 발현 양식 속에서 사회 내 소수집단, 즉 특정 약자에 대한 증오가 중요한 의미를 갖게 되므로 좌파와 포퓰리즘은 엄밀하게 말해 연결되기 어렵다. 그러므로 그리스의 시리자, 스페인의 포데모스의 예에서 이른바 '좌파 포퓰리즘'이 거론되기는 하지만, 포퓰리즘의 발현 양식 속에서 포퓰리즘의 문제는 주로 우익 포퓰리즘, 그리고 포퓰리즘의 전투적 언사 속에서 그 우익적 요소가 급진화하여 극우의 모습을 보이는 사실에 기인한다.

21세기에 접어들어 초국적 기관들에 의한 국내문제 개입이 증가하고 자유무역 기조로 인한 국제 교류가 확대되는 이른바 '세계화' 과정에서 민족국가는 이미 낡은 개념이 되어 가는 듯한 인상을 주었고, 이에 민족적 공동체의 한계를 뛰어넘어 자율적 개인에 의한 새로운 공동체 건설을 기대하기도 했지만(바우만, 2009; 하버마스, 2001), 우리가 마주한 2025년의 현실은 극우 포퓰리즘적 정치와 그에 대한 정당화로서 종족적 민족주의의 전 세계적 유행이다. 그리고 이 현상의 근간은 빈곤과 탈락자, 사회적 지위 추락에의 공포를 양산하는 경제체제와 여전히 세계 어느 곳에서도 진정한 민주주의가 실현된 적 없는 정치체제의 한계라는 사회적 조건이다.

이상의 전 세계적 흐름은 한반도의 두 국가에서도 분열적인 양상으로 현실화되고 있다. 현재 대한민국에서는 탈북자, 이주 노동자, 결혼 이민자, 국제결혼가정 자녀, 조선족, 북한 주민 등 주요 외부 출신 주민들에 대한 거리감이 지속적으로 상승하고 있으며, 한국인에 대한 규정에서 대한민국의 국적, 정치제도 및 법의 순응, 한국어의 사용, 역사와 전통의 수용 등과 같은 문화적인 종족적 지표의 중요성이 강조되고 있다(강원택, 2020). 이는 기존의 혈통보다는 문화적 종족성을 중요하게 생각하는 경향이 커졌음을 보여주며, 그에 따라 한국인의 집단 정체성에서 한민족 전체를 아우르는 방식이 아닌, '대한민국'이라는 정치체 안으로 한정하는 경향이 점점 더 강화되고 있음을 유추해볼 수 있다.

　북한에서도 민족주의는 통합과 거리가 먼 방향으로 나아가고 있다. 2021년 1월 개최된 8차 당대회에서 개정된 북조선노동당 규약을 살펴보면 기존의 "조선노동당의 당면목적은 공화국 북반부에서 사회주의 강성국가를 건설하며 전국적 범위에서 민족해방 민주주의의 과업을 수행하는 데 있다"는 내용이 "전국적 범위에서 사회의 자주적이며 민주주의적인 발전을 실현한다"는 구절로 대체되었으며, "우리민족끼리"라는 표현이 삭제되고 "남한 인민의 투쟁을 지지한다"는 내용도 사라졌다(BBC News 코리아, 2021.6.3). 이후 2023년 12월 노동당 중앙위 8기 9차 전원회의에서 김정은 조선노동당 총비서는 남북 관계가 "더이상 동족관계, 동질관계가 아닌 적대적인 두 국가 관계, 전쟁 중에 있는 두 교전국 관계로 완전히 고착됐"음을 주장했다(한겨레, 2024.1.1). 여기서 우리는 남북한 모두에서 소속 국가만을 한민족을 올바르게 대표하는 정치체로, 즉 '진정한 민족의 대표자'로 규정하는 경향이 강화되고 있음을 볼 수 있다. 이 '대한민국, 또는 조선민주주의인민공화국만의 민족주의' 강화는 1민족-1국가론에 기초한 서구식 민족주의 정의에도 배치될뿐더러 한국의 진보 사학이나 통일 운동에서 주장하는 전근대 시기부터 존속해 온 원 민족과 그의 근대적 발현으로서 민족주의 주장과도 거리가 있다. 오히려 남북한의 민족주의는 '생활양식'상의 구분으로서 '자유민주주의'와 '공산주의'를 기준으로 '민족의 적'을 구분하는 문화적인 '종족주의적 성향을 보인다.

　종족적으로 강조된 민족주의적 정체성은 현실적인 사회 변화와 유리되어 강화되고 있는 것으로 보인다. 특히 선진국을 중심으로 외부 출신 체류 인구의 지속적 증가로 다문화 사회로의 진입이 확인되고 있으며, 내국인의 낮은 출산율은 국가적 재생산 위기로 지목될 만큼 중요한 사회문제가 되고 있다. 이렇듯 민족적 동일성의 실제적 기반이 상실되어 가는 과정 속에서 민족 정체성이 강화되는 현상은 특정 이념과 이 이념의 실재적 기반의 괴리 속에서 이념의 극단화로 이어지기 쉬우며, 이 경우 민족주의의 근본적 속성인 집단적 배제가 노골적으로 드러나면서 여러 사회 갈등과 억압이 될 가능성이 높다. 이를 전환시키기 위해서라도 우리는 포스트 성장 사회에서 민족적 관념과 민족주의에 대한 관점을 변화시켜야 할 필요가 있다.

그러나 우리는 민족적 정체성 자체가 아무 쓸모도 없는 허구이고 민족적 실체가 존재하지 않기 때문에 민족주의를 버려야 하며, 그러지 못하는 사람을 지적 능력이 부족하다고 매도해서는 안 된다. 하나의 사회가 상호 간의 구별되는 집단으로 구성되는 것은 엄연한 현실이며, 각각의 개별 집단이 여러 개념으로 정의될 수 있다면 민족도 그중 하나로서 존재한다고 볼 수 있기 때문이다. 그러므로 중요한 것은 민족주의가 배제와 억압의 방식으로 작동하지 않도록 하는 것이다. 그렇게 되기 위해서는 무엇보다 특정 집단의 동일성을 강조할수록 그 속에 나타나는 '비동일적 존재들'에 대한 배제와 탄압이 나타날 수밖에 없다는 사실에 주목할 필요가 있다. 현실적으로 여러 집단이 하나의 사회를 구성해 가는 현재 사회적 상황 속에서 생활을 영위하는 사람들에게 민족적 정체성은 어느 날 한순간 쉽게 버려질 수 있는 '관념'이 아니라 실제 구체적 삶이 이루어지는 '범주'이다. 그리고 단순히 생각을 달리하면 그만인 관념의 변화에 비해, 구체적 범주의 변화는 지난한 현실적 과정을 요구한다.

그러므로 민족주의적 정치 선동을 단순 선전선동 기술에 불과한 것으로 '무시'하는 전략은 실패할 수밖에 없다. 실제 이 전략으로 일관했던 1930년대 독일 사회는 나치가 집권함으로써 파멸의 길에 접어들었던 것이다. 오히려 우리는 현실적이며 구체적으로 접근할 필요가 있으며, 여기에 아도르노

(Theodor W. Adorno)의 1969년 새로운 극우주의에 대한 강연(Adorno, 2019) 은 몇 가지 아이디어를 제공해 준다. 민족주의적 선동을 활용하는 정치적 극우주의에 조응하는 인간형은 편견에 사로잡혀 있고 권위주의적이며 억압적인 성격을 가진 정치-경제적 관점에서 반동적인 인간형이다. 이들이 자신의 명확한 이해관계가 얽혀 있는 영역에서는 완전히 반대로 행동한다는 사회심리학적 관점을 활용하면, 배타적 민족주의자의 대부분을 차지하는 권위주의적 인성을 분석하여 지성적 대항을 도모할 수 있다.

이 대항의 구체적인 모습은 그 대상에 따라 다르게 그려진다. 우선 잠재적 극우주의 지지자에게는 극우주의적 선동의 결과를 경고하는 것이 중요해진다. 극우주의 정치가 자신의 지지자들을 악으로 이끌었고, 이 악은 처음부터 기획된 것이었으며, 규율, 복종, 질서 정연함, 군사적 성격 등 극우주의의 매력을 불러일으키는 모든 것들이 철저한 이해관계의 산물임을 미리 알리는 것이다

극우주의가 주장하는 모든 것이 허위는 아니다. 그러나 극우주의의 문제는 여러 진실들이 하나의 거짓 이데올로기에 복무하는 과정에서 등장한다. 그러므로 새로운 극우주의에 대항하기 위해서는 진실이 거짓을 위해 악용되는 사례들을 찾아내어 그것에 반박해야 한다(Adorno, 2019: 39)고 아도르노는 주장한다. 이와 함께 '암시'와 같은 극우주의의 선동 기법 등에 대한 철저한 연구와 대항 수단의 개발(Adorno, 2019: 35~36)을 통해 이 기술들을 확실하게, 손에 잡히도록(tangible) 구체화하고, 이들에 끔찍한 이름을 붙여 자세히 묘사하고, 대중이 극우주의의 심리학적 트릭을 알아채고 거부할 수 있도록 도와야 한다(Adorno, 2019: 54)고 역설했다.

이러한 지성적 저항의 가능성에 대해 회의적인 시각을 보일 수도 있다. 극우주의의 문제는 심리학적·이데올로기적 문제가 아니라, 현실적·정치적

문제이다. 그러나 극우주의의 틀린 사실, 허구는 극우주의로 하여금 이데올로기적(실제로는 프로파간다적) 전술을 사용하도록 한다(Adorno, 2019: 54). 그러므로 극우주의에 대한 올바른 대항은 "진짜 비이데올로기적 진실을 가지고 이성의 관통력"(Adorno, 2019: 55)을 통해, 즉 지성주의적인 방법으로 가능할 수 있다.

아도르노의 극우주의에 대한 인식과 대응 양식의 제안에서 우리는 비판적인 종족 민족주의 연구의 밑그림을 다음과 같이 그려볼 수 있다. 첫째, 종족 민족주의와 이를 활용하는 극우주의적 선동에 대한 올바른 인식에 도달하기 위해서는 그 자체의 내적 논리만을 다루지 않고, 그것이 발현된 사회적·역사적 뿌리를 탐구할 필요가 있다. 이와 같은 접근 방식은 변증법적 인식론에 기반하고 있다. 즉, 주체의 인식은 구성적으로 진행되고, 인식의 대상은 그 자체로 독립적으로 존재하는 것이 아니라 항상 주체의 인식 속에서 매개된다. 이 변증법적 관계에서는 주체도 또한 대상을 통해 주어진 상황에 의해 매개되기 때문에 어떤 주체도 자신이 처한 경험적 조건들에서 벗어날 수 없게 된다. 이미 아도르노는 편견과 권위주의적 인성에 대한 연구(Adorno, Frenkel-Brunswik, Levinson and Sanford, 1950)에서 이러한 복합적인 변증법적 인식에 기초한 사회관계 분석을 시도한 바 있다. 가족이라는 범주에 의해 개인에게 전체 사회의 권위주의적 경향이 매개되며, 또한 사회의 권위주의적 경향이 권위주의적 인성 형성에 끼치는 영향을 분석하면서, 역으로 이 권위주의적 인성은 체제 순응적이기 때문에 사회적으로 제재를 받지 않는다는 것을 밝힘으로써 개인의 일상 문제가 전체 사회와 매개된 형태로 연결되어 있음을 밝혔던 것이다. 이러한 관점에서 중요한 점은, 우리가 민족주의를 연구할 때 그 이념적 구성물이 일상적인 것에 대한 분석으로 확장되어야 하며, 동시에 일상에 대한 분석을 통해 민족주의에 대한 분석에 도달할 수 있다는 것이다. 민족주의적 대중 동원은 단지 특정 인물과 집단의 권력 획득을 위한 도구로 이용될 뿐이지만, 이러한 이용이 사회적으로 성공하려면 사람들 내부의 무언가가 이를 지지하는 행동을 이끌어 내야 한다. 이러한 사회적 뿌리는 경제 위기와 같은 단순한 사회경제적 상황으로 환원될 수 없으며, 실제로 사람들이 어떠한 경험을 했는지 이 경험을 어떠한 방식으로 조직화해 내는지를 세심하게 살펴야 확인될 수 있는 것이다.

둘째, 연구의 진행에 있어서 종족 민족주의 및 그 선동의 핵심 특성과 그로 인해 드러나는 구체적 발현 양식을 파악하고, 이어서 그것에 대한 효과적인 대응을 고민하는 것이다. 1930년대 이탈리아와 독일의 상황에서도 알 수 있듯이, 종족 민족주의는 오늘날 갑자기 등장한 현상이 아니며, 나름대로의 역사적 성격을 가지고 있다. 이러한 관점은 우익 포퓰리즘이 예전의 파시즘과 동일하다는 주장을 하려는 것이 아니라, 현재 우리는 정치제도의 측면에서 여전히 20세기의 모델을 유지하고 있다는 점에서 과거와 현재의 공통점을 파악하면서도 역사적 과정에 의해 나타난 변화를 함께 살피는 태도와 관련이 깊다. 1960년대 등장한 이른바 '신극우주의'를 분석하면서, 아도르노는 그것이 단순히 특정 집단의 권력 획득을 위한 도구로 이용됨으로써 반지성주의적 성격을 가지고 있음을 포착했다. 그러나 이 극우주의가 바로 그 실체적 준거 없이 단순한 도구로 이용됨으로써 다양한 상황에 유연하게 대처할 수 있음을 보이고 있다. 종족 민족주의의 경우에도 우리는 그것이 우리가 살아가는 사회적 현실에 맞지 않는 상황을 어렵지 않게 접할 수 있다. 이 경우 우리는 종족 민족주의를 일종의 '사이비 세계관'으로 쉽게 무시해 버릴 수도 있다. 그러나 이 '한심한' 논리는 우리가 살아가는 세계에 '실재적' 위협을 가하고 있고, 그 위협을 증대시키고 있다. 그러므로 우리는 종족 민족주의를 심리학적·이데올로기적 문제가 아니라, 현실적·정치적 문제로 인식하고, 현실적인 대응 방안을 강구해야 한다. 아도르노가 제안한 지성적 대응 양식은 비판 대상의 내적 모순, 종족 민족주의의 경우에는 그 논리와 그것이 달성되었을 때 실현되는 실제 결과의 모순을 드러내어 그 설득력을 무너뜨리는 '내재적 비판'의 모습을 하고 있다. 이 과정에서 우리는 이데올로기와 행위 양식의 역사성과 전체 사회와 개인 심리의 변증법, 그리고 사회심리학적인 범주들에 주목할 필요가 있다. 내재적 비판은 무엇보다 비판 대상에 대한 철저한 인식과 그것이 실현되는 과정 및 결과에 대한 세심하고 심도 깊은 인식을 기반으로 하기 때문이다.

이상의 비판적 종족 민족주의 연구 방식은 종족 민족주의에 대한 끊임없는 진지한 태도를 견지하는 데 도움을 준다. 우리는 종족 민족주의적 선동이 "(대의제) 민주주의 그 자체에 의해 드리워진 그림자"(Canovan, 1999: 3)의 특성을 가지고 있음을 알고 있다. 그러나 우리는 종족 민족주의를 일종의 "자연재해"(Adorno, 2019: 55)의 일종으로, 즉 무언가 '자연스러운' 것으로 받아들여서는 안 될 것이다. 왜냐하면 이러한 태도에는 일종의 '단념'이 숨어 있으며, 이 단념을 통해 인간은 스스로를 정치적 주체에서 배제시키기 때문이다. 종족 민족주의는 그 준거의 현실성이 존재하지 않는 허구에 불과하지만, 그것이 제기하는 문제는 다분히 실체적이다. 현실의 문제는 복잡한 이해관계와 사회심리학적 연관으로 얽혀 있으므로, 이들을 단번에 해결하는 '만병통치약'이나 '마법'같은 것은 존재할 수 없다. 그러므로 우리는 이제까지 등장한, 그리고 어쩌면 앞으로도 지속적으로 등장할 종족 민족주의에 대해 쉽게 지치지 않고 끊임없이 대항할 수 있어야 하며, 이 과정에서 종족 민족주의의 내적 논리와 사회, 경제, 사회심리학적 뿌리를 탐구하고 그 역사적 변화 과정에 주목하는 비판 이론적 태도는 지속적인 분석과 비판을 통해 종족 민족주의에 대한 '패배주의적'인 태도를 극복하는 데 기여할 수 있을 것이다.

이와 관련하여 종족 민족주의에 대한 비판 중 한 가지 예시로서 '민족문화'에 대한 인식 변화를 들 수 있다. 현재 여러 극우주의적 선동의 재료로 사용되는 종족 민족주의에서 각 민족들 간의 구분은 '문화'를 중심으로 집단적 차이를 주장하고 있다. 민족주의에서 볼 수 있는 '우리'와 '너희들'을 구분하는 차이의 지속적 강조는 향후 '다른 집단'에 대한 어떠한 행위도 정당화할 수 있는 극단화의 위험성을 가지고 있다. 우리는 나와 다른 타 집단에 대한 무제한적 지배를 약속하는 인종주의적·민족주의적 유혹과 탄압받은 자들에 의한 복수에 대한 두려움이 집단적으로 발현되었을 때 어떠한 끔찍한 일이 일어날 수 있는지 역사를 통해 끊임없이 확인해 왔다. 민족적 동일성의 강조에서 주로 이용되는 언어, 식문화, 예의범절 등의 문화적 범주들의 순수성을 강조하는 것도 이러한 우려를 실체화하는 데 기여한다.

여기서 우리는 문화를 특정 집단의 독점적 소유물의 위치에서 탈각시키는 데 노력을 기울 필요가 있다. 특정 문화를 특정 집단이 독점하고 있는 것으로 주장되면 될수록 이 문화는 사람들의 집단적 구별을 더욱 쉽게 만들어주는 지표로서 작용하게 된다. 그러나 특정 문화는 특정 집단만의 것이 될 수 없다. 왜냐하면 각각의 문화는 본질적으로 —새뮤얼 헌팅턴 류의 '문명의 충돌' 주장과 같이— 독립적인 고유성을 가진 것이 아니라, 여러 교차점을 거쳐 혼합되는 과정에서 '만들어지는 것'이기 때문이다. 오히려 특정 민족문화는 여러 방언과 상이한 생활양식 등 여러 문화적 이질성을 포괄하면서 탄생하며 이 과정은 앞으로도 지속될 것이다. 그러므로 민족의 문화적 동질성은 일종의 허구인 것이다. 세계가 근대화의 길에 접어든 이래로 문화적·종족적으로 동질적인 민족 집단은 더 이상 존재하지 않는다는 사실을 인정하고 받아들이는 작업은 필자 자신부터 쉽지 않은 일이 될 것이다. 그러나 현실적으로 평화롭고 살기 좋은 사회를 달성하기 위한 실천은 그 달성 가능성에 따라 이루어지는 것이 아니라 그러한 사회를 실현하기 위한 의지의 영역이며, 민족적 교류가 확산되는 현실에 입각한 모두의 도전 과제일 것이다.

참고문헌

강원택. 2020. 『한국인의 국가 정체성과 민족 정체성: 15년의 변화』. 동아시아연구원.
김주호. 2019. 「포퓰리즘 부상의 배경으로서 민주주의의 응답성 결여 : 2010년대 독일을 사례로」. ≪현상과 인식≫, 43(2): 103~134.
무페, 샹탈(Chantal Mouffe). 2019. 『좌파 포퓰리즘을 위하여』. 이승원 옮김. 서울: 문학세계사.
바우만, 지그문트(Zygmunt Bauman). 2009. 『액체근대』. 이일수 옮김. 서울: 강.
박정희. 1962. 『우리민족의 나아갈 길』. 서울: 동아출판사.
박정희. 1971. 『민족의 저력』. 서울: 광명출판사.
송도영. 1997. 「북한 문화정책에서의 탈식민 담론과 전형성」. ≪한국문화인류학≫, 30(2): 119~149.
주디스, 존(John B. Judis). 2017. 『포퓰리즘의 세계화』. 오공훈 옮김. 서울: 메디치.
하버마스, 위르겐(Jürgen Habermas). 2000. 『이질성과 포용: 정치이론 연구』. 황태연 옮김. 서울: 나남.
하버마스, 위르겐. 2001. 『공론장의 구조변동』. 한승완 옮김. 서울: 나남.
Adorno, Theodor W., Else Frenkel-Brunswik, Daniel Levinson, Nevitt Sanford. 1950. *The Authoritarian Personality*. New York: Harper & Brothers.
Adorno, Theodor W. 2019. *Aspekte des neuen Rechtsradikalismus*. Frankfurt/Main: Suhrkamp.
Beck, Ulrich. 2002. *Individualization: Institutionalized Individualism and its Social and Political Consequences*. SAGE Publications.
Canovan, Margaret. 1999. "Trust the People! Populism and the Two Faces of Democracy." *Political Studies*, 47.
Claussen, Detlev. 2000. "Vergangenheit mit Zukunft. Über die Entstehung einer neuen deutschen Ideologie." *Hannoversche Schriften 2. Kritik des Ethnonationalismus*. Frankfurt am Main: Neue Kritik, pp.30~55
Kim, Il-Sung. 1953. "Alles für den Wiederaufbau und die Entwicklung der Volkswirtschaft nach dem Krieg." *(1981) Werke. Bd.8. August 1953-Juni 1954*. Pjöngjang: Verlag für fremdsprachige Literatur, pp.11~66.
Kim, Il-Sung. 1954. "Das Eisenhüttenwerk Hwanghä ist die 〈Höhe 1211〉 beim Aufbau der Wirtschaft nach dem Krieg." *(1981): Werke. Bd 8. August 1953-Juni 1954*. Pjöngjang: Verlag für fremdsprachige Literatur, pp.443~449
Laclau, Ernesto. 2005. *On Populist Reason*. London; New York: Verso.
Mudde, Cas/Kaltwasser. 2017. *Christobal Rovira, Populism: A Very Short Introduction*. Oxford: Oxford University Press

• 언론기사
시사저널. 2012.6.27. "MB정부, 보수 단체에 보조금 몰아줬다", 제1184호.
한겨레. 2024.1.1. "김정은 '북남 관계는 동족 아니라 교전국으로 고착'".
BBC News 코리아. 2021.6.3. "북한, 통일 지향 포기? 노동당 규약 개정의 의미".

5 글로벌 사우스의 포스트 성장과 포스트 발전
발전 담론의 혼종적 공진화

김태균

> 유토피아가 없는 세계 지도는 흘끗 볼 가치도 없다. 인류가 항상 도착하는 나라가 빠져 있기 때문이다. 인류가 그곳에 도착하면, 바깥을 내다보고 더 나은 나라를 발견하며 항해를 시작한다. 진보는 유토피아의 실현이다(Wilde, 2001).

1. 들어가며: 누구를 위한 포스트 성장인가?

'포스트 성장(Post-Growth)'의 담론은 경제가 더 이상 무한히 성장하지 않는 미래를 상정한다. '탈성장(Degrowth)'은 그러한 미래에 도달하기 위한 여러 경로 중 하나로, 유한한 자원의 사용을 줄여서 생태적 한계에 부합하는 삶의 방식을 모색하고, 무한대의 경제성장이 필연적으로 낳게 되는 사회적 불평등을 해결하고 사회정의를 지향하는 것을 목표로 한다. 이는 단지 기후 위기에서 발생하는 지속가능한 기후 정의를 실현하기 위한 목적을 넘어 보다 확장된 의미의 생태 위기와 글로벌 수준에서의 불평등, 그리고 인류세(Anthropocene)로 대표되는 자연과 인간의 관계 등 자본주의 사회가 천착한 지난 성장과 발전 문제를 성찰하는 지속가능성의 근본적인 복원 의제로 귀결된다(임운택, 2024; Jackson, 2021; 김소연, 2020). 따라서, 포스트 성장의 논의는 기존 자본주의 성장 사회를 독점해 온 '글로벌 노스(Global North)'에는 물론, 저개발 국가 그룹인 '글로벌 사우스(Global South)' 맥락에도 적용되어야 하는 총체적인 글로벌 단위의 사회학적 성찰이 필요하다(Rinaldi, 2022; Escobar, 2017).[1]

---

[1] 글로벌 사우스(Global South)와 글로벌 노스(Global North)의 이분법적인 개념은 제2차 세계대전 이후 과거 제국주의와 식민주의에서 해방된 아시아, 아프리카, 라틴아메리카 등의 신생 독립국을 통칭했던 '제3세계(Third World)'가 탈냉전 이후 글로벌 사우스라는 메타범주 개념으로 진화되는 과정에서 형성되었다고 평가할 수 있다(김태균, 2023). 지리적으로 저개발 국가들이 주로 남반구에 위치하고 선진국들은 북반구에 위치해 있다는 간편한 경제적 이분법으로 글로벌 사우스와 글로벌 노스를 구분할 수 있으나, 경제적 지표만이 아닌 지정학적 영향력 등을 포함해 다양한 지표를 활용하여 글로벌 사우스에 대한 메타적 개념을 제시하는 연구가 늘어나고 있다(Haug et al., 2021). 제3세계론은 1955년 인도네시아 반둥에서 개최된 '아시아-아프리카 회의(Asian-African Conference)'가 역사적인 계기가 되어 그 이후 1964년 77그룹(G77)과 유엔무역개발회의(UNCTAD)를 통해 그 영향력이 확장되었고, 1970년대에는 '신국제경제질서(NIEO)'를 유엔회의에서 통과시킴으로써 제3세계의 국제 연대를 강화했다. 1980년 빌리 브란트(Willy Brandt)가 세계은행의 지원을 받아 주로 남반구에 위치한 개발도상국 그룹을 '사우스(South)'로, 북반구에 위치한 선진국 그룹을 '노스(North)'로 명명하는 이른바 '브란트 보고서(Brandt Report)'를 출간했다. 1990년대 초 소련의 붕괴와 탈냉전의 도래로 미국 중심의 일극 체제가 국제정치질서로 구조화되고 '신자유주의적 세계화(neoliberal globalization)'가 새로운 국제경제질서의 핵심 사조로 강요됨에 따라 제3세계의 연대체는 점차 소멸되고 신자유주의 경제 질서에 생존하기 위해 제3세계 국가들은 현실주의적 실용주의 전략을 채택하게 된다. 따라서, 비동맹주의(non-aligned movement)로 대표되었던 제3세계의 외교 전략은 탈냉전 이후 필요에 따라 전략적으로 소환되기는 하지만 글로벌 사우스가 하나의 정체성으로 조직되는 데 더 이상 필요조건으로 요구되지 않는다. 결론적으로, 글로벌 사우스는 느슨한 형

그러나 포스트 성장이 글로벌 노스와 글로벌 사우스에 공히 적용되는 인류 보편적인 문제로 거론된다 하더라도, 이미 경제성장 단계를 넘어선 글로벌 노스와 같은 수준에서 포스트 성장에 대한 논의를 글로벌 사우스에 요구하는 것은 글로벌 사우스가 또 다른 방식의 포스트 식민주의적(post-colonial) 불평등과 차별성을 조우하게 만든다. 포스트 성장과 탈성장 담론은 지금까지 자본주의 시장경제체제에서 경제성장을 추진하면서 글로벌 수준의 생태 위기와 불평등을 조장해 온 글로벌 노스 고소득(high-income) 국가들의 독점적 신자유주의에서 기인한다(Lang, 2024; Escobar, 1995). 근대 산업사회를 주도하고 이를 제국주의와 연결하는 과정에서 식민지 종주국들은 엄청난 규모의 화석연료를 비롯한 에너지와 글로벌 사우스의 사회·경제적 물적 토대를 소비하면서 성장해 온 사실을 부인할 수 없다. 따라서 산업화의 후발 주자이자 아직 탈식민화 과정을 완료하지 못한 글로벌 사우스에게 포스트 성장 사회로의 전격적인 이행을 기대하는 것은 결국 경제성장의 차이에서 발생하는 기존의 불평등 관계가 포스트 성장이란 새로운 이슈에 의해 확대 재생산되고 이른바 '사다리 걷어차기'가 지속되는 결과를 초래하게 된다(Chang, 2003).

그렇다면 우리는 글로벌 자본주의의 성장 지상주의를 반대하는 포스트 성장이 과연 누구를 위한 프로젝트로 기획되었는가라는 근본적인 질문에 천착해야 한다. 우리가 글로벌 사우스의 입장을 대변한다면, 포스트 성장의

대의 저개발 국가 중심의 상상 공동체(imagined community)로서 공동의 이익을 위해서는 유엔 등의 다자 기구에서 연대를 통해 한목소리를 내지만, 개별 국가로서 국익을 위해서는 비동맹 중심의 남남 협력(South-South Cooperation) 등 전통적인 협력 방식을 넘어서 글로벌 노스와 언제든지 전략적으로 협력할 수 있는 실용주의 또는 다중 동맹(multi-aligned)으로 진화해 왔다.

적극 수용은 아직 성장사회단계에 진입하지 못한 글로벌 사우스에게 시기상조이거나 불가능한 요구이기 때문에 포스트 성장 사회로 전환의 문제는 글로벌 노스에만 한정적으로 적용해야 된다는 주장을 제기할 수 있다(Lang, 2024). 탈식민주의(decolonization), 종속 이론(dependency theory), 세계 체제론(world-systems theory) 등 사우스 중심의 비판 이론은 근대성과 식민성의 가치 위에 세워진 북반구의 개발 담론과 그 부작용을 '저발전의 발전(development of underdevelopment)'이라는 부정적 개념으로 박제시켜 버리기도 한다(Frank, 1966). 이는 곧 포스트 성장의 담론 자체가 성장 사회의 임계점에 도달한 글로벌 노스에 해당되며, 북반구의 사회정의와 기후 정의를 위한 책임과 노력을 남반구과 의도적으로 공유하려는 시도에 글로벌 사우스의 집단적 도전이 파생될 가능성도 배제할 수 없다.

한편, 글로벌 사우스가 오히려 적극적으로 포스트 성장의 필요성을 강조하고 글로벌 노스의 선진국들에게 탈성장을 선제적으로 요구함으로써 포스트 성장의 담론이 글로벌 사우스에게도 성장의 기회를 제공한다는 점에서 남북의 공동 프로젝트라는 주장이 있다(Gabriel, 2022; Rinaldi, 2022).[2] 특히, 포스트 성장 담론은 현재의 기후 위기와 사회 불평등이 지구온난화와 노사 갈등을 넘어 '지속가능한(sustainable)' 사회의 생존을 위협하는 수준에 도달했다는 인식에 기반을 두기 때문에 기후 정의와 사회정의가 특정 국가와 사회를 넘어 인류 보편적인 목표로 접근되어야 한다는 취지를 가진다. 다시

---

2 대표적인 사례로, 2022년 9월 초, 콜롬비아의 광업·에너지부(Ministry of Mines and Energy) 장관 이레네 베레스(Irene Vélez)는 기후변화가 사회에 미치는 영향을 완화하기 위해 선진국들이 경제적 '탈성장'을 해야 할 필요가 있다고 주장한 바 있다. 이 발언은 기업 및 정치 지도자들로부터 거센 비판을 받았지만, 라틴아메리카에서 반드시 필요한 논의를 촉발한 획기적인 계기가 되었다(Gabriel, 2022).

말해, 포스트 성장 논의에 있어 글로벌 사우스가 수동적인 입장이 아닌 포스트 성장의 미래를 선도하고 담론의 방향을 이끌어야 한다는 주장과 맥을 같이한다. 포스트 성장으로의 전환을 위한 글로벌 사우스와 글로벌 노스 간의 새로운 관계 맺기는 기존 글로벌 노스 산업사회의 탈성장과 동시에 성장을 원하는 글로벌 사우스의 개발 담론 간에 발생하는 격차를 어떻게 줄일 수 있는가에 달려 있다. 이는 글로벌 사우스 내부에 혼재되어 있는 포스트 성장과 성장주의가 아직 산업화의 궤도에 오르지 못한 개발도상국의 발전 담론을 구성하고 있다는 혼종적인 정체성을 의미한다(Demaria and Kothari, 2017).

이러한 맥락에서 이 연구는 글로벌 사우스 내의 발전 담론이 혼종적으로 포스트 성장과 경제성장 사이에서 공진하고 있다는 점을 인식하고, 포스트 성장과 성장 담론이 사우스 국가가 처한 환경에 맞게 치열하게 경합하는 과정을 거쳐 이른바 '포스트 발전(post-development)'의 중간 지대로 절충되는 현상을 추적한다. 포스트 발전은 에스코바(Escobar, 1995, 2015, 2017)에 의해 본격적으로 체계화되었는데, 서구식 성장주의와 근대화 이론의 일차원적인 해법에 도전하는 '다중 세계(pluriverse)'라는 다양한 문화적·인식적 관점이 공존하는 세계를 설명하는 개념이 이론적 토대가 된다. 포스트 발전은 다중 우주의 개념에 맞게 글로벌 사우스가 처한 다양한 현실에 발전의 가능성과 경로를 설정하기 때문에 사우스 국가와 사회의 다양한 발전 조건에 따라 포스트 성장과 탈성장이 수용될 수 있는 가능성이 차별화되지만 원천적으로 배제되지는 않는다. 이러한 글로벌 사우스 맥락에서 포스트 성장과 성장주의의 혼종적 공존에 대한 논의는 포스트 성장 지향의 국제 관계와 글로벌 거버넌스가 서구 중심의 성장과 개발(발전)주의에서 지역의 자율성과 생태 정의의 존중, 그리고 지속가능성과 생태적 복원력을 중시하는 다원적이고 분권화된 글로벌 사우스와 글로벌 노스의 파트너십으로 전환하면서 중간지대의 포스트 발전이 이 전환 과정에서 주류적 담론으로 작동할 수 있도록 이론적·경험적 토대가 필요하다.

2. 글로벌 사우스 맥락에서의 포스트 성장 사회

글로벌 노스의 포스트 성장이 글로벌 사우스를 위한 경제성장의 공간을 열어 줄 것이라는 긍정적인 주장과 글로벌 사우스의 성장사회 진입을 위해서 글로벌 노스가 포스트 성장을 적용하려는 시도는 새로운 방식의 포스트 식민주의에 해당한다는 부정적인 주장에 각각 내재하는 한계점을 분석함으로써 글로벌 사우스 맥락에서 포스트 성장 사회가 어떤 의미를 갖고 있는지 이해하는 것이 중요하다. 이를 위해 제2차 세계대전 이후 이른바 브레턴우즈(Bretton Woods) 체제 형성 그리고 자본주의 근대화 이론 및 신자유주의적 세계화까지 서구의 주류 경제학에서 강조해 온 경제성장론을 비판적으로 검토하고, 이를 토대로 발현하게 된 포스트 성장 담론이 글로벌 사우스 맥락에서 어떻게 투영되고 있는지를 분석한다.

1) 글로벌 사우스를 위한 경제성장의 무용론

발전/개발(development)은 1949년 트루먼 대통령의 취임연설 이후 발전에 대한 서구식 사고에 글로벌 사우스의 비판적 도전이 역사적으로 진화해 왔다.[3] 트루먼 연설에서 '저발전(underdeveloped)'이라는 용어가 최초로 등장하며 패권적인 경제성장의 서구식 담론이 공식화되어 이른바 제1세계의 제3세계에 대한 경제원조가 시작되었다(Riddell, 2007).[4] 포스트 식민주의 (postcolonial) 및 탈식민주의(decolonial) 학자들은 서구의 발전담론 지배가 지정학적 구조, 인간 사회-자연계 관계, 그리고 발전을 형성하는 인식의 틀에 미친 획일적인 영향을 비판적으로 객관화하기 위해 서구식 발전의 실패, 모순, 그리고 타자화 경향에 대해 폭넓게 서술해 왔다(Saunders, 2002). 서구식 발전 담론에 대한 초기 비판은 구조주의(structuralism)와 종속 이론에서 출발했으며, 중심과 주변 간 격차 확대와 불평등 심화를 조명하고 이를 해소할 필요성을 제기했다(Cardoso, 1977; Furtado, 1964). 이후 포스트 구조주의(post-structrualism)의 푸코적(Foucauldian) 분석은 발전이라는 개념 자체를 해체하며, 서구식 경제성장 중심의 근대화 처방이 보유한 지식의 권력화 현

---

3 'Development'에 대한 국문 번역은 통상적으로 발전 또는 개발 등으로 이루어져 왔다. 이 연구는 이를 구분하여 기술적인 측면과 섹터 분야에 국한된 좁은 의미의 진보는 '개발'이란 표현에 가까운 반면, 기술과 분야의 개선이 사회구조적인 개혁과 총체적인 제도적 개혁과 연결되는 넓은 의미의 진보는 '발전'이라는 표현과 호응성이 크다는 입장을 취한다. 예를 들어, 공적개발원조(official development assistance: ODA)는 공여국 정부의 예산 일부가 수원국의 특정 섹터 개선에 지원을 해 주는 기술적인 의미가 크기 때문에 개발이란 단어를 주로 사용하게 되지만, 발전 국가론(developmental state)의 경우 특정 국가의 경제성장과 사회개발 패러다임의 변화를 통해 구조적으로 국가의 역할을 정의하고 이에 맞게 제도화하는 일련의 과정을 다룬다는 측면에서 개발보다는 발전이란 표현을 선호하게 된다. 다만, 이 연구에서는 이러한 구분이 필요하지 않은 경우에 두 표현을 병기하는 방식을 취한다.

4 제3세계라는 개념은 프랑스 인구학자인 알프레드 소비(Alfred Sauvy)가 1952년 프랑스 잡지 *L'Observateur*에 기고한 글에서 처음 사용한 이후 냉전 체제에서 미국과 서방 중심의 자유민주주의 진영을 제1세계로, 소련과 공산주의 진영을 제2세계로, 여기에 속하지 않는 개발도상국 그룹을 제3세계로 명명해 왔다. 특히, 소비의 제3세계는 프랑스 혁명기의 제3신분(Third Estate), 즉 귀족(제1신분)과 성직자(제2신분)에 속하지 않은 평민들을 비유한 것으로 알려져 있다.

상에 도전하고 주변부의 맥락에서 형성되는 발전 담론과의 변증법적 관계성을 구체화했다(Escobar, 1995). 제3세계 학자들은 서구식 개념의 발전 처방이 가져올 위기가 명백하다고 주장하며, 서구의 일방적인 발전 담론은 더 이상 작동하지 않는 사실상 사망 선고를 받았기 때문에 이제는 다양한 발전의 궤적이 상호 인정되는 포스트 발전(post-development) 의제가 필요하다고 역설했다(Rahnema and Bawtree, 1997).

특히, 서구의 주류 경제학은 경제성장이 글로벌 사우스의 빈곤 감소를 위한 강력하고 근본적인 처방이라고 강조해 왔다(Kuznets, 1955; Solow, 1956; Ahmad et al., 1990; Dollar and Kraay, 2002). 주류 경제학은 1950년대 쿠즈네츠부터 현대에 이르기까지 공통적으로 경제성장은 노동 수요와 임금을 증가시키고, 이는 결과적으로 빈곤 감소로 이어진다고 강조하면서, 분배는 충분한 성장 이후에 따라오는 정책으로 판단하고 있다. 그러나 분배 중심의 경제학이 성장 중심의 주류 경제학에 도전하기 시작했고, 경제성장으로 인한 빈곤 감소의 정도는 경제성장과 함께 소득분배가 어떻게 변화하는지, 그리고 초기 소득 불평등이 어떤 수준이었는지에 달려 있다는 분석을 내놓게 된다. 이는 만약 소득 불평등이 심화된다면, 경제성장은 유의미한 빈곤 감소로 이어지지 않는다는 주장으로 연결되며 소득 재분배가 경제성장보다 중요한 정책 요소로 강조되게 된다(Fosu, 2008; Lang, 2024). GDP 성장, 특히 1인당 GDP 성장은 평균치에 불과하며, 한 국가의 모든 주민이 실제로 더 많은 물질적 자원을 사용할 수 있게 되었다는 의미로 오역될 위험이 크다. 따라서, GDP 중심의 경제성장지표가 발전의 척도로 용인되는 주류 학문에 도전하는 연구들이 경제학 분야에서 나오고 있다(Stiglitz et al., 2010). 특히, 저개발 국가로 구성된 글로벌 사우스에서는 GDP 중심의 경제성장이 아니라 소득 재분배라는 불평등 구조를 개선하는 제도적 노력의 수반이 필요조건이다. 이는 곧 단순히 GDP 중심의 경제성장만으로는 글로벌 사우스가 목표로 하는 빈곤 감소와 경제 발전이 반드시 해결된다는 결론에 도달하지 못한다는 의미이며 최종적으로 서구식 경제성장의 무용론으로 귀결된다.

라틴아메리카 종속 이론은 일찍이 서구식 경제성장이 곧 제3세계의 경제 발전으로 이어진다는 약속이 사기임을 폭로했다. 이는 식민지적·제국주의적 과거에 뿌리를 둔 불공정한 국제적 노동·자연·기술 분업이 불평등한 교환 관계를 초래했음을 보여 주었다. 생태 경제학의 최근 연구에 따르면, 식민지 시기를 특징지었던 일반적인 착취 양식은 오늘날까지 지속되었을 뿐 아니라 오히려 확대되었으며, 세계경제의 구조적 변화와 무관하게 식민성(coloniality)의 관계를 유지하고 있다. 국제무역의 가격 차이는 한때 식민지 경제를 노골적으로 규정했던 착취 패턴을 유지하는 '효과적인 수단'으로 작동하며, '저발전'에 대한 책임을 피해자에게 전가하는 것을 가능하게 한다.

2) 글로벌 노스의 포스트 성장론

글로벌 사우스에서 서구 중심 경제성장론의 무용론이 확대되는 가운데, 글로벌 노스에서도 동일한 맥락은 아니지만 성장사회 이후의 포스트 성장 담론을 주류화하기 위해 '성장 없는 번영(prosperity without growth)'의 주창을 비롯하여 생태 경제학과 생태지리학 등이 중심이 되어 정통 경제학 사고와 신자유주의적 정책에 도전장을 내밀었다(Jackson, 2017, 2021; Raworth, 2017). 탈성장 및 포스트 성장 담론은 완전한 성장주의 탈피부터 경제성장의 최소화 내지 일정 정도의 통제를 요구하는 이른바 '적을수록 풍요롭다(Less Is More)'라는 의제까지 다양한 스펙트럼을 보이고 있지만, 글로벌 노스의 포스트 성장론은 크게 두 가지의 상반된 동기에서 촉발된 것으로 평가

된다(Hickel, 2020). 첫 번째 동기는 성장의 물리적 한계와 자원 부족 및 생태적 필연성이 경제의 공간적 조직에 미칠 부정적 영향에 대한 성찰적 인식의 확장에서 찾을 수 있다. 두 번째는 새로운 포스트 성장의 실천들이 장소와 공간 패턴을 변화시키고, 경제적 교환, 지식 창출, 부의 생산이라는 새로운 공간을 창출할 수 있다는 희망적인 관찰이다. 따라서 글로벌 노스의 포스트 성장 담론은 기존의 주류 경제학과 글로벌 사우스의 비판 이론이 고수해 온 개념적 전제들과 방법론적 실천들을 재고해야 되는 임계점에 도달했음을 시사한다(Dietz and O'Neill, 2013; Schulz, 2025). 다시 말해, 신자유주의 세계화가 초래한 대침체를 극복하기 위한 글로벌 자본주의의 집착은 오히려 생태 위기와 고용 불안정의 심화로 인한 글로벌 불평등을 가중시킴에 따라 포스트 성장 논의가 글로벌 노스에만 국한되는 것이 아니라 글로벌 격차의 구조적 고착으로 인한 글로벌 사우스에게도 사회경제적 대안 패러다임이 중요한 문제로 부상하게 되는 것이다(임운택, 2024).

현재까지 글로벌 노스에서 논의되는 포스트 성장 및 탈성장의 개념은 생태 위기뿐만 아니라 다차원적 복합 위기에 대응하기 위한 생태 사회적(eco-social) 전환을 구상하는 포괄적 담론과 사회운동의 실천 영역으로 확장되고 있다. 포스트 성장 논의의 초기 단계는 1972년 로마클럽의 '성장의 한계(Limits to Growth)' 보고서에서 비롯되었는데 지구 생태계 한계 속에서 성장의 지속 불가능성을 경고하면서 포스트 성장 담론의 기점을 마련했다(Meadows et al., 1972). 이어서 경제성장을 생태 위기의 근본 원인으로 지적하는 탈성장 담론으로 발전했고(Latouche, 2009; Kallis, 2018), 웰빙을 GDP가 아닌 역량(capabilities)으로 평가할 것을 제안하며 성장을 단순한 수단의 하나로 격하시킨 역량 접근법과 사회정의가 대두되면서 시민 참여·숙의 민주주의를 강조하여 성장주의적 정책결정 구조를 넘어서는 새로운 거버넌스 추구를 강조하게 된다(Sen, 1999). 앞서도 언급했듯이, 글로벌 노스가 주장하는 포스트 성장 담론의 핵심 주장은 GDP 중심주의를 비판하고 오히려 경제성장은 불평등과 생태 위기를 악화시킨다는 불편한 진실로 수렴되면서, 노동시간 단축과 보편적 기본 소득의 도입(Standing, 2017), 순환 경제와 녹색 전환 등 성장을 목표로 상정하지 않는 새로운 정책 모델(Jackson, 2017), 사회참여와 사회운동을 장려하는 민주주의를 통한 시스템 전환(Sen, 1999), 성장 위주의 소비주의와 결별하고 다양한 삶의 방식이 공존하는 문화적 전환(Latourche, 2009) 등의 정책 대안이 적극적으로 제안되었다. 또한, 생태 사회주의(eco-socialism)는 정치 스펙트럼 중 좌파에 해당하는 녹색당 및 환경운동가들의 주요 사상으로 자리 잡았으며 생태적 위기를 가져오는 자본주의의 무분별한 산업화에 대한 반대와 생태 보존을 주창함으로써, 기본적으로 사회주의, 대안 세계화를 포함하고 경제 발전과 생태의 조화를 중시하며 자유주의적이면서 사회주의적인 정책을 제시하고 있다.

3) 글로벌 사우스와 포스트 성장론

그러나 포스트 성장론은 주로 유럽과 북미 등 글로벌 노스에서 출발했으며, 포스트 성장의 지지자들은 이를 보편적 전환 공식으로 인식하지 않고, 오히려 글로벌 노스의 고소득 국가에서 탈성장 실현이 우선적으로 진행되기를 피력하고 있다(Muraca and Schmelzer, 2017; Kallis et al., 2020). 이는 글로벌 사우스에게 지금까지 글로벌 노스에 의해 통제되어 왔던 생태적 공간(ecological space)과 개념적 공간(conceptual space)을 해방하여 자본주의 세계 체제 주변부 국가들이 스스로 정의하는 '좋은 삶(the good life)'의 경로를 탐색할 수 있도록 지원하기 위함이다(Auguelovski, 2015: 34; Okereke, 2024).

동시에 글로벌 사우스의 저개발 국가들은 주민의 기본적 필요(basic needs) 충족을 위해, 그리고 지금까지의 글로벌 노스와 발전 격차를 줄이기 위해 성장이 필요하다는 논거를 아직도 글로벌 사우스의 전통적인 종속 이론 등을 토대로 강조하고 있다(Rodríguez-Labajos et al., 2019). 따라서, 문제의 핵심은 포스트 성장 사회를 심각하게 고민해야 하는 글로벌 노스가 아직 성장 사회에 진입하지 못한 글로벌 사우스에게 포스트 성장 담론을 주입하거나 탈성장 정책을 보편적으로 강요하는 것이 불평등 구조를 고착화하는 결과를 초래할 것이라는 점이다.

한편, 글로벌 사우스의 발전이 글로벌 노스의 중심부가 지배하고 있는 세계 체제에 종속되어 있다는 인식에 대응하여, 포스트 성장의 이론과 실천은 사우스 국가들이 처한 다양한 맥락 속에서 탈성장의 속도와 방향을 다변화해야 한다고 주장한다(Hollender, 2018). 지속가능발전(sustainable development), 성장 한계론(limits to growth), 대안 세계화(alter-globalization) 등과 같은 글로벌 노스의 개혁적인 시도는 성장의 한계성을 상정하고 지속가능성 의제를 촉진하는 포스트 성장의 중요한 도구로 작동했다는 점을 부인하기 어렵다. 그러나 이러한 개혁적인 접근만으로는 경제성장이 핵심 규칙으로 내재되어 있는 세계 체제의 구조적인 문제를 해결하고 글로벌 사우스의 종속성을 소멸시킬 수 없다. 또한 이러한 개혁 조치는 글로벌 사우스 사회에서의 빈곤, 불평등, 환경 문제의 역사적·공간적 복합성을 간과하는 경우가 많아, 그 결과 포스트 성장 접근법이 글로벌 사우스에 부적절하거나 실행 불가능한 경우가 빈번하게 된다.

이러한 한계로 인해 글로벌 사우스의 포스트 성장 이론은 장기적으로 세계 체제의 구조 개혁을 도모하기 위해 사우스의 고유한 상황을 반영하는 다양한 대안을 제기하는 선택으로 전환하게 된다. 비록 글로벌 사우스의 대안들이 세계 체제에 대한 개념화에서 차이를 보일 수는 있지만 변화의 정치와 과정에 있어서는 대체로 수렴하며, 개방성(open-endedness), 다중 세계(pluriversality), 문화적 전환(cultural transformation)과 같은 급진적 민주주의 실천을 통해 대안을 구성하는 것을 지향한다(Escobar, 2015). 따라서 반(反)체제적 변혁을 향한 글로벌 사우스의 노력을 이해하기 위해 우리는 서로 다른 급진적 포스트 성장 이론이 경제성장의 우위를 유지시키는 지배 체제를 어떻게 식별하고 이해하는가, 사우스의 맥락과 우려를 어떻게 반영하는가, 그리고 반체제적 대안을 구축하는 과정을 어떻게 구상하는가에 주목해야 한다.

따라서, 글로벌 사우스가 포스트 성장 담론을 이해하고 스스로의 포스트 성장을 제안하는 방식은 이른바 '포스트 발전' 논의로 수렴된다(Escobar, 1995, 2015, 2017). 즉, 글로벌 사우스의 빈곤 국가가 기본적 필요를 충족하기 위해서 경제성장이 필수라는 통념은 성장주의가 형성한 세계 체제의 전제이며, 이를 사우스만의 탈성장 관점에서 재검토해야 한다. 이는 북반구와 남반구 간의 상이한 발전 경로를 전제한 이분법적 사고를 비판하며, 글로벌 사우스 역시 무조건적인 경제성장이 아닌 포스트 성장 논의의 직접적인 적용이 가능하다고 주장한다. 글로벌 노스에는 탈성장이, 글로벌 사우스에는 급속한 성장이 필요하다는 이분법적 사고가 불평등 구조를 고착화할 수 있음을 경고한다. 이러한 이분법적 접근은 글로벌 사우스 권역 내에서 또 다른 불평등 구조를 생산할 수 있는데, 브릭스(BRICS)로 통용되는 사우스의 고소득 국가들이 사우스의 빈곤 국가를 성장 담론으로 압도하며 경제와 무역, 그리고 문화적 기반을 훼손하여 사우스 내 성장의 이익이 국가들 간에 고르게 분배되지 않고 오히려 사회 생태적 비용을 외부로 전가하는 구조를 강화할 수 있음을 성찰한다. 이러한 포스트 발전 논의는 서구의 포스트 성장을 인정하되 글로벌 사우스의 개별 구성 인자들이 보유한 맥락과 조건에 맞게 성장과 포스트 성장을 형성하는 다중 세계에 대한 인정 승인이 필요하며 이는 곧 세계 체제에서 고착화된 불평등 구조를 대안적 발전 전략에 의해 재분배의 선순환으로 대응하는 글로벌 사우스의 자생적 개방성을 강조한다.

3. 글로벌 사우스 발전 담론의 이중성: 포스트 성장과 포스트 발전의 혼종적 공진화

이로써, 글로벌 사우스의 발전 담론은 서구의 포스트 성장과 사우스 스스로의 포스트 발전이 상호 교차하여 대항과 공존을 반복하는 이중성을 보이게 된다. 글로벌 사우스가 처한 이중적인 발전 담론은 포스트 성장을 완전히 부인하지 않고 그 필요성을 인정하되 성장의 지양 방식과 성장 이후의 사회·제도적 비전을 글로벌 사우스가 자생적으로 구축해 나가고 이에 대한 독자성을 인정하는 과정이 중요한 것이다. 글로벌 사우스의 이중적인 발전 담론과 여기서 발생하는 포스트 성장과 포스트 발전의 혼종적인 공존을 이해하기 위해 먼저 글로벌 사우스의 포스트 발전 담론을 보다 구체적으로 탐색하고 포스트 성장과 포스트 발전의 공진화를 대항적 공존의 개념으로 재해석한다.

1) 글로벌 사우스의 포스트 발전

에스코바가 주창하는 포스트 발전론의 핵심은 근대적 발전 개념이 서구의 근대성과 자본주의적 성장주의를 전제로 이루어진다는 비판적 해석에 근간을 두고 있다. 글로벌 노스의 발전 담론이 보편적 진보 모델을 강요하며, 글로벌 사우스의 다양한 삶의 방식과 지식을 주변화하고 '저발전'이라는 낙인을 찍는 과정으로 작동했다는 비판적 사고에 입각한 포스트 발전 담론은 글로벌 노스 중심의 성장과 발전에 대한 대안을 제시하는 것이 아니라 이를 넘어서는 다양한 대안적 사고를 모색한다(Escobar, 1995). 이를 토대로 다중 세계의 개념이 포스트 발전의 핵심적인 이론적 자원으로 강조된다. 다중 세계는 '하나의 세계에 복수의 다양한 세계들이 공존한다'라는 사파티스타(Zapatista) 민족해방운동의 구호에서 비롯된 개념이다(Escobar, 2017). 이는 서구적 단일 근대성과 획일적 발전 모델을 거부하고, 다양한 존재론적 세계관과 삶의 양식을 동등하게 인정하여 궁극적으로는 세계 체제에 배태된 식민성을 극복하려는 사고틀이다. 다중 세계는 단순한 문화적 다양성(multiculturalism)을 넘어, 서로 다른 존재 방식·지식 체계·가치체계가 대등하게 공존하는 다중적 세계 질서를 지향한다.

포스트 발전이 글로벌 노스의 성장 중심 발전/개발이라는 단일한 서사를 해체하고 다중 세계를 토대로 다양한 삶의 방식을 인정한다는 중요한 사례로 라틴아메리카 안데스 지역의 부엔비비르(Buen Vivir, 좋은 삶), 아프리카의 우분투(Ubuntu), 토착적인 로컬리티 중심 공동체인 코먼즈(commons)와 같은 대안적 가치 체계들이 각각 작동하는 다중 세계의 다원적 공존을 강조한다. 즉, 다중 세계는 포스트 발전의 규범적 기초로서, 단일한 글로벌 발전 모델을 대체할 다원적 가능성들을 제도화하고 보호하는 개념이다. 에스코바(2017)는 이를 통해 근대/식민/자본주의 세계 체제에 맞서 다중 세계적 전환(pluriversal transition)을 제안하고, 포스트 발전은 '발전 없는 발전', 즉 서구식 근대화 모델을 벗어나 다양한 지역적·문화적 대안을 인정하는 논리로 서구의 발전 담론을 근대적·식민주의적 지식 체계로 이해하는 푸코적 분석으로 환원된다. 신자유주의적 세계화의 위기와 전 지구적인 사회 생태적 상호 의존성에 대한 증거가 축적되면서, 근대 서구문명 모델과의 단절을 주장하는 '전환 담론'이 등장했고, 포스트 발전은 '세계 속의 다중 세계'라는 정치철학적 기초 위에서 지속가능성과 정의로운 삶을 위한 대안적 실천들을 정당화하고 있다.

포스트 성장이 강조하는 물질적 생산·소비의 축소를 통한 생태·사회적 전환이 강조되면서 포스트 발전 논의는 글로벌 노스의 전환 담론과 조우하게 된다(Kallis, 2018). 글로벌 사우스의 전역에서 자생하는 사회 생태적 전환의 다원성을 강조하는 포스트 발전 담론은 포스트 성장의 전환 담론과 차이점이 존재하지만, 새로운 문명 전환이라는 거대한 과제를 도모한다는 목표가 공유된다는 점을 고려할 때 상호 대화는 필수적이고 상호 승인이 가능한 지점들이 포착된다. 글로벌 사우스 내의 포스트 발전론은 글로벌 노스 중심의 포스트 성장론과 혼종적인 동거를 이미 시작했으며, 글로벌 사우스와 글로벌 노스 간의 시너지 가능성을 모색하기 위해 인식 방식의 진정한 대화를 수반하는 전환의 중요성이 부각된다(Rinaldi, 2022). 상호 승인의 정도와 수준은 글로벌 사우스에 존재하는 다양한 국가와 사회가 다중 세계라는 인식론적 기준을 통해 맥락화를 어떻게 진행하는가에 달려 있다.

2) 글로벌 사우스의 포스트 성장과 포스트 발전: 대항적 공존

글로벌 사우스에 공존하는 포스트 성장과 포스트 발전은 상호 승인하지만 결코 긍정적인 관계성만 존재하는 것이 아니라 대항적인 관계성도 상존하는 혼종적(hybrid) 공진화 과정을 거치게 된다. 이 과정을 이해하기 위해 먼저 포스트 성장과 포스트 발전 담론 간의 유사점과 차이점을 비교 검토할 필요가 있다. 두 담론은 모두 성장주의를 비판하고 분배의 새로운 방식을 지향한다. 두 담론 모두 GDP 중심의 발전·성장 패러다임을 문제시하는데, 경제성장이 반드시 복지나 정의로 이어지지 않으며, 오히려 불평등·생태 위기를 초래한다고 지적한다. 이를 극복하기 위해 물질적 성장 대신 웰빙, 사회정의, 생태적 지속가능성 등을 지향하는 대안적 가치를 추구한다. 동시에 자율성, 민주주의, 공동체, 다양성 같은 비경제적 가치를 중시하고 현재 성장 중심의 체제를 전환하려는 전환 담론을 지속적으로 생산하며, 이는 단순한 개혁이 아니라 새로운 사회정의를 위한 근본적 전환을 추구한다는 점에서 포스트 성장과 포스트 발전은 모두 공명성과 시너지 효과를 확대할 수 있다.

반면, 글로벌 사우스의 많은 국가들은 서구의 근대성과 식민성에서 체계화된 발전 담론과 세계 체제에 의해 역사적으로 불평등 구조의 피해자라는 점에서 아직까지 성장 사회로의 진입이 완성되지 못한 상태에서 탈성장의 요구가 글로벌 노스로부터 확대되고 있다는 오래된 탈식민주의적 갈등의 장벽이 있다. 포스트 성장은 성장 없는 경제·사회 체제를 고민하는 담론으로, 주로 생태적 지속가능성과 사회정의를 강조하는 데 반해, 포스트 개발은 서구의 발전담론 자체를 해체하고, 다양한 지역적 삶의 방식인 다중 세계를 인정하며, 이를 통해 궁극적으로 식민성과 근대성을 넘어서는 것을 목표로 한다. 글로벌 사우스 맥락에서 포스트 성장 사회를 인식하는 방식과 이를 사우스 맥락에 맞게 절충하려는 입장이 주류화된다면 포스트 성장과 포스트 발전 간의 긍정적인 관계가 구현될 가능성이 크지만, 포스트 성장론을 글로벌 노스가 권력화하여 글로벌 사우스 행위자들에게 강요할 경우 이를 대항하거나 거부하는 갈등 국면이 확장될 것이다(김태균, 2024). 탈성장 담론을 포함하여 포스트 성장과 포스트 발전의 관계성을 비교할 경우 표 5-1과 같이 세분화하여 정리할 수 있으며, 이는 결론적으로 상호 혼종적인 관

표 5-1 글로벌 사우스와 성장 담론: 포스트 성장 vs. 포스트 발전

	탈성장 (Degrowth)	포스트 성장 (Post-Growth)	포스트 발전 (Post-Development)
담론의 중심 지역	글로벌 노스	글로벌 노스	글로벌 사우스
성장에 대한 태도	명시적 축소	성장에 대한 탈중심화	서구식 근대화 모델 강요 비판
경제 전략	축소, 억제	전환, 재분배, 다양성 확대	대안적 개발의 자율성
정의 개념	생태정의 중심	사회정의와 생태 정의 통합	경제 시스템을 넘어서 지식·문화·권력 비판
적용성	글로벌 노스 중심에 대한 비판	다양한 맥락에서 적용 가능	지역적·다원적 삶의 방식(Pluriverse)

자료: Kallis(2018); Fioramonti et al.(2022); Fioramonti(2024); 이병천(2022).

계이지만 긍정적인 시너지를 창출할 수 있는 개념적 공간 확보를 가능하게 한다.

무엇보다, 포스트 성장, 탈성장, 포스트 발전 담론은 공통적으로 기존 경제 패러다임의 한계를 지적하고 있다는 점에서 혼종적인 공존이지만 새로운 전환 담론을 공통적으로 도모할 수 있는 제반 조건을 가지고 있다. 탈성장은 글로벌 노스를 중심으로 무한한 경제성장이 불가능하다는 점을 강조하며 성장의 명시적 축소를 주장하는 데 반해, 포스트 성장은 성장 중심의 사고로부터 탈중심화를 도모하면서 분배와 전환을 중시한다. 반면, 포스트 발전은 글로벌 사우스에서 서구식 근대화 모델 강요 자체를 비판하며, 개발 담론의 해체와 새로운 대안적 삶의 방식을 강조한다. 이러한 차이는 담론이 등장한 역사적·지리적 맥락과 긴밀하게 연관되어 있다. 포스트 성장 문헌은 대체로 포스트 성장 전략이 글로벌 노스에서 비롯되었으며 글로벌 노스 스스로를 위한 것이라는 점을 명시하고 있다(Fioramonti, 2024; Lang, 2024).

한편, 주류 경제담론에서는 글로벌 사우스가 개발을 달성하려면 여전히 성장이 필요하다고 주장하지만, 탈성장론자들은 글로벌 노스가 물질 및 에너지 소비량을 줄여야만 글로벌 사우스가 생태 사회적 전환을 위한 고유 경로를 모색할 수 있는 생태적·개념적 공간을 확보할 수 있을 것이라고 본다. 따라서 글로벌 노스는 글로벌 사우스가 포스트 성장 사회로 진입할 수 있도록 사우스의 고유한 경로, 즉 다중 세계를 인정하고 생태 사회적 전환을 원활하게 할 수 있도록 역량 강화 및 지원을 체계화할 수 있다.

그러나, 발전 전략과 정의의 개념에서 차이가 드러나고 궁극적인 전환의 종착점이 다르다는 점에서 세 담론의 혼종적 공진화 과정에서 대항적인 관계가 형성될 수 있다(김태균, 2018). 탈성장은 축소와 억제를 통해 생태적 지속가능성을 우선시하며, 정의를 생태적 정의에 국한하여 이해한다. 포스트 성장은 전환, 재분배, 다양성 확대를 통해 사회정의와 생태 정의를 통합적으로 모색한다는 점에서 탈성장보다 포용적으로 글로벌 사우스의 다양한 포스트 발전 전략을 수용할 공간을 제공할 수 있다. 포스트 발전은 경제 시스템의 한계를 넘어, 지식·문화·권력 구조에 대한 비판을 포함하며 정의를 보다 폭넓게 규정하기 때문에 포스트 발전은 탈성장과 포스트 성장에 비해 정치적·문화적 권력관계에 더 민감한 이론적 지형을 갖는다. 글로벌 사우스 권역 내 국가들도 정치적인 지향, 경제 발전의 수준, 역사적 근대화 궤적 등에 따라 하나의 통일된 정체성을 가지고 있지 않고 다양한 맥락과 경험을 토대로 포스트 성장 및 탈성장을 이해하고 조율하려는 차별성을 보이게 된다(김태균, 2023). 따라서 성장의 과정이 절실히 필요한 빈곤 국가의 경우 포스트 성장을 본격적으로 논의하는 것은 시기상조이며, 글로벌 노스의 개발원조를 제공받아 경제 발전을 지속하는 것이 국가의 최대 목표일 가능성이 크기 때문에 포스트 발전의 문화적 권력 대항에 동참하는 것보다 다중 세계의 일환으로 고유의 발전 경로를 우대받기를 희망하는 수준에서 포스트 성장과의 타협점을 찾을 가능성을 배제할 수 없다. 한편, 브릭스와 같은 정치력과 경제력을 보유한 글로벌 사우스 핵심 국가들은 글로벌 노스의 포스트 성장 및 탈성장에 도전하며 포스트 성장론의 지식 권력화 문제에 대항하여 글로벌 사우스만의 독특하고도 대안적인 세계경제 시스템 구현 및 포스트 발전을 주도하는 대항 담론을 도모할 가능성이 크다.

요컨대, 세 담론은 성장주의를 비판한다는 공통의 토대를 지니면서도, 탈성장은 생태적 한계에 기반한 축소 전략, 포스트 성장은 사회·생태 정의를 포괄하는 제도적 전환, 포스트 발전은 식민성과 근대성을 넘어서는 다중 세계적 실천에 각각 방점을 두고 있다. 이 비교를 통해 탈성장, 포스트 성장과 포스트 발전 담론이 갖는 상호 보완성과 지역적 맥락의 중요성을 인식할 수 있으며, 글로벌 사우스가 포스트 성장과 탈성장을 수용할 수 있는 기회 공간은 글로벌 노스가 어떠한 포용적인 접근을 시도할 것인가, 동시에 글로벌 사우스의 다양한 국가들이 자국이 처한 상황에 맞게 서구 근대성의 보편적 서사에 저항하고 지역적 지식과 실천을 독자적 대안으로 견인하는가에 따라 차등적으로 열릴 것이다. 따라서, 글로벌 노스의 포스트 성장과 글로벌 사우스의 포스트 발전이 혼종적으로 교차하는 지점에서 상호 인정과 시너지 창출의 기회를 확대하는 노력이 필요하며, 이러한 지점에 실제로 글로벌 노스가 제공할 수 있는 공적개발원조 등의 개발원조, 시민운동의 교류·협력, 생태 정의와 사회정의의 공동 대응, 불평등 구조 개혁 등이 보다 적극적으로 투입되어야 한다.

3) 포스트 성장과 포스트 발전의 대항적 관계: 환경 정의와 탈성장

갈등과 협력이 혼종적으로 공존하는 글로벌 사우스에서의 포스트 성장과 포스트 발전의 공진화 과정은 환경정의(environmental justice)운동과 탈성장 운동이 교차하는 영역에서 전형적인 대항적 관계를 찾아볼 수 있다 (Rodríguez-Labajos et al., 2019). 두 사회운동은 모두 성장 중심 경제정책의 물리적 규모 확대를 경고한다는 공통점을 가지고 있다. 두 운동은 글로벌 노스의 채굴주의(extractivism)와 글로벌 사우스의 부채 의존형 경제, 그리고 환경·사회적 비용을 전혀 반영하지 않는 무제한적 이윤 추구를 반대한다. 그러나 의도하지는 않았어도 글로벌 노스는 환경보호 또는 녹색 전환의 명분 아래 기존의 식민주의적 권력관계나 착취 구조가 재현되는 이른바 '녹색 식민주의(green colonialism)'의 함정에 빠질 수 있다(Lang et al., 2024). 이는 환경·기후 위기 대응과정에서 이루어지는 정책, 자원 개발, 또는 에너지 전환이 글로벌 사우스 또는 소수자·토착민 공동체의 권리와 자원을 침해하거나, 기존의 불평등 구조를 심화시키는 것을 의미한다.

또한 두 운동 모두 권력 구조에 도전함으로써 대안적인 학문 연구의 방향과 성과를 선도해 온 실천적인 사회운동에 기반하고 있다. 이러한 이유로, 일부에서는 글로벌 사우스에서 탈성장과 환경정의운동 간에 명백한 연대 가능성이 존재한다고 주장하지만, 실제로 글로벌 사우스의 환경정의운동 활동가들은 양 운동 간 연대의 실현 가능성에 대해 우려를 표하며, 본격적인 연대 이전에 글로벌 노스의 탈성장 운동가들이 궁극적으로 달성하고자 하는 성장의 축소에 대한 견해 차이를 검토하고 조정해야 하는 문제를 제기한다. 탈성장 운동이 글로벌 사우스가 당면한 고유의 발전 경로를 이해하지 못한 경우, 그리고 사우스의 발전 과정에서 형성된 환경정의운동의 특징을 충분히 고려하지 못할 경우에 두 운동 간의 괴리 현상은 갈등 관계로 전환될 수 있다. 다시 말해, 성장의 효과가 세계 체제에서 글로벌 사우스의 한 국가와 사회가 차지하는 위치성(positionality)에 의해 강한 영향을 받는다는 사우스의 현실을 주목하지 않고 환경 정의라는 당위성 때문에 탈성장을 당연시할 경우 글로벌 노스와의 갈등 국면이 확대되는 오류가 발생할 수 있다.

한편, 앞서도 강조했듯이, 포스트 성장 및 탈성장 담론의 대부분은 글로벌 노스, 즉 선진국 중심으로 발전되었기 때문에 개발도상국의 환경 정의와 성장 간의 시너지 효과를 창출하는 고유한 맥락이나 새로운 접근 방식이 간과되는 경우가 빈번하다(Gabriel et al., 2019). 하지만 실제로 글로벌 사우스는 경제성장 중심이 아닌 스스로 만들어 낸 대안적 비즈니스 모델의 보고이기도 하다. 특히 민주적으로 운영되는 중소기업 또는 풀뿌리 조직 등에서 이러한 모델을 많이 찾아볼 수 있다. 글로벌 사우스 지역은 생태적·사회적 위기를 불균형적으로 겪고 있기에, 오히려 성장 기반의 성공 지표를 탈피하는 전환을 주도할 독특한 위치에 있다. 대표적으로 재생 에너지로의 전환은 글로벌 사우스에서 포스트 성장 미래를 실현하는 데 핵심 역할을 하는 반면, 글로벌 노스의 투자자 및 개발 기구는 여전히 성장 중심의 주요 성과지표를 강요하고 있다. 따라서 이러한 글로벌 노스의 접근은 지역적 맥락의 도전 과제를 경시하게 되고, 대안적이고 지역 고유의 환경 운동과 탈성장의 시너지 공식을 배제하는 결과를 초래한다. 이에 따라 글로벌 사우스에서 활동하는 환경정의운동 단체들의 활동 범위와 탈성장 운동의 주요 명제 간의 긴장과 유사성을 체계적으로 평가하는 것이 중요하다.

4) 포스트 성장과 포스트 발전의 공존적 관계: UNFCCC의 '차별적 공동 책임' 원칙

포스트 발전과 포스트 성장 간의 긴장 관계를 보이는 환경 정의와 탈성장 사례와 달리, 글로벌 노스와 글로벌 사우스 간의 공존을 위한 협력의 노력은 1992년 리우데자네이루에서 열린 지구정상회의(Earth Summit, 리우정상회의)의 유엔기후변화기본협약(United Nations Framework Convention on Climate Change: UNFCCC)을 통해 공식화된 이른바 '차별적 공동 책임(Common But Different Responsibility: CBDR)' 원칙에서 찾아볼 수 있다(United Nations, 1992). UNFCCC는 지구온난화와 기후변화에 대응하기 위해, 대기 중 온실가스 농도의 안정화를 목표로 기후변화를 '인류 공동의 과제'로 규정하고 글로벌 사우스와 글로벌 노스의 모든 국가의 참여를 촉구했다. UNFCCC의 주요 원칙 가운데 글로벌 사우스의 입장이 반영된 내용은 CBDR과 지속가능발전권(Right to Sustainable Development)으로 수렴되며, 글로벌 사우스의 포스트 발전이 인류 공동의 문제인 기후변화의 공동 책임을 강조하는 포스트 성장과 획일적으로 연계되는 것을 지양하고 사우스의 입장이 반영된 공존적 측면이 강조된 사례이다. CBDR은 UNFCCC에 가입한 모든 국가가 기후변화로 인한 환경 파괴에 대응해야 하는 공동의 의무를 인정하지만 역사적 배출 책임과 경제·기술적 능력에 따라 그 역할은 차별화된다는 원칙이다(Rajamani, 2000). 지속가능발전권은 환경 정의와 경제성장은 조화를 이루어야 하며, 특히 이와 관련하여 개발도상국의 발전권을 보장해야 한다는 원칙이다. 이러한 주요 원칙들은 글로벌 노스가 강조하는 포스트 성장에 해당하는 환경 정의와 탈성장이 글로벌 사우스의 발전권 보장과 다중 세계에 해당하는 포스트 발전 논의를 충분히 고려한 혼종적 공존의 결과로 인식되어야 한다.

 이는 상호 대항적 관계보다 공존을 위한 절충안을 모색하는 포스트 성장과 포스트 발전 간의 상호 인정의 결과로 볼 수 있다. 무엇보다 리우정상회의에서 참여 국가들은 선진국과 개발도상국 간의 경제발전 불균형을 인정했다. 산업화는 개발도상국보다 선진국에서 빨리 진행되었으며, CBDR은 산업화와 기후변화 사이의 관계를 기반으로 산업화된 국가일수록 기후변화에 기여했을 가능성이 크다는 전제에 동의함으로써 선진국이 환경 파괴에 더 많이 기여했고 개발도상국보다 기후변화 완화에 더 큰 책임을 져야 한다는 합의에 도달했다. 이에 따라 CBDR 원칙은 기후변화에 대한 역사적 책임과 기후변화에 대응하는 각각의 능력이 환경보호를 위한 책임의 척도가 되는 한편, 글로벌 사우스도 고유의 발전 경로에 맞게 기후환경 완화을 위한 일정 수준의 책임을 지고 포스트 성장에 부합하도록 성장 중심의 발전 전략을 수정하게 되는 것이다.

 따라서 CBDR 원칙은 단순히 국제법적 선언에 머무는 것이 아니라, 글로벌 노스와 글로벌 사우스가 서로의 역사적 경험과 현재의 상황을 이해하고 절충점을 찾아낸 중요한 협력과 공존의 산물로 해석될 수 있다. 선진국은 자신들의 산업화 과정에서 발생한 환경 파괴와 온실가스 배출에 대한 역사적 책임을 인정함으로써 더 큰 부담을 지는 대신, 개발도상국은 기후변화 대응이라는 공동 목표를 공유하면서도 경제성장과 빈곤 퇴치라는 당면 과제를 고려할 수 있는 여지를 확보했다. 이는 국제 질서 속에서 단일한 책임 규범을 강요하기보다는, 각 국가의 발전 단계와 역량 차이를 존중하는 포용적 접근 방식이다. 또한 CBDR은 글로벌 사우스에게는 기후 정의의 관점에서 자신들의 취약성과 개발 권리를 국제적으로 인정받는 계기가 되었으며, 글로벌 노스에게는 기후위기 대응에서 지도적 역할을 수행하는 명분을 제공했다. 이런 점에서 CBDR은 환경 정의와 탈성장이 때로 긴장 관계를 드러내는 사례와 달리, 글로벌 노스와 글로벌 사우스가 서로의 요구와 한계를 존중하면서 협력할 수 있는 최소한의 공통 기반을 마련한 제도적 성취로 평가할 수 있다(Okereke, 2010).

이와 같은 맥락에서 최근 국제사회에서 주목받고 있는 '손실과 피해 기금(Loss and Damage Fund: LDF)' 역시 글로벌 노스와 글로벌 사우스 간의 협력과 절충을 보여 주는 대표적인 사례로 평가할 수 있다. LDF는 기후변화로 인한 피해가 이미 발생했거나 불가피하게 발생할 수밖에 없는 상황에서, 특히 기후 취약성이 높은 개발도상국들이 입는 손실과 피해를 보상·지원하기 위해 2022년 제27차 UNFCCC 당사국 총회(COP27)에서 합의된 기금이다(McDonnell, 2023). 이는 단순히 기후변화 대응을 위한 온실가스 감축(mitigation)이나 적응(adaptation) 차원을 넘어, 이미 발생한 피해에 대한 재정적·정치적 책임을 묻는다는 점에서 역사적으로 중요한 의미를 갖는다. 특히 글로벌 사우스 국가들은 오랫동안 선진국이 산업화 과정에서 누적적으로 기후 위기를 심화시킨 데 대한 책임을 강조하며, 자신들이 겪는 해수면 상승, 사막화, 기후 재난으로 인한 생존 위협에 대한 보상을 강력히 요구해 왔다.[5]

반면 글로벌 노스 국가들은 재정적 부담과 책임 인정에 대해 신중한 태도를 보여 왔으나, CBDR 원칙과 마찬가지로 LDF의 설립 과정에서 일정 부분 절충을 선택하게 되었다. 서구의 선진국들은 개발도상국의 기후 피해를 지원하기 위한 기금 출연에 동의함으로써 역사적 책임을 부분적으로 수용했고, 글로벌 사우스의 개발도상국들은 글로벌 협력 틀 속에서 지원을 받으며

---

5 https://www.carbonbrief.org/cop27-key-outcomes-agreed-at-the-un-climate-talks-in-sharm-el-sheikh/(검색일 2025.8.11)

동시에 국제적 파트너십을 유지하는 길을 선택한 것이다. 이 기금은 아직 기여 규모나 운영 방식에서 논쟁이 이어지고 있지만, 그 자체로 선진국과 개도국 간의 입장 차이를 좁히고 기후 정의를 제도화하는 중요한 발걸음이라는 점에서 의미가 크다.[6] 따라서 LDF는 글로벌 사우스의 기후정의 요구와 글로벌 노스의 역사적 책임 인식이 절충된 결과물이며, 기후위기 시대의 국제 협력구조가 어떻게 공존의 원칙을 만들어 가는지 보여 주는 사례로 이해할 수 있다.

결론적으로, 포스트 성장과 포스트 발전이 교차하는 지점에서 긍정적인 협력의 공존을 모색하는 전제 조건으로 글로벌 사우스가 포스트 성장 정책을 선택하고 동의하기 위한 반대급부를 글로벌 노스가 일정 수준 제공해야 하며, 글로벌 사우스는 고유의 발전 경로에 배태된 다중 세계가 노스의 탈성장 및 포스트 성장과 중첩되는 공유 공간을 최대한 확보하려는 노력이 필요하다. 이러한 공유 공간의 확보는 대안적 발전 연대로 연결되는 전략적 기획을 필요로 하며, 대안적 발전 연대의 형성은 글로벌 사우스에게 포스트 발전의 주류화로, 글로벌 노스에게는 포스트 성장이 사우스와 함께 공유할 수 있는 보편적 담론으로 자리 잡을 수 있는 정치적 기회 공간을 확장한다. 그럼에도 불구하고, 포스트 성장과 포스트 발전은 지속적으로 경합하며 혼종적으로 공존하는 대항적 공존의 양상을 띠게 된다.

---

[6] https://www.reuters.com/sustainability/cop/countries-deadlocked-loss-damage-fund-un-climate-summit-nears-2023-10-23/(검색일 2025.8.11)

4. 포스트 발전의 주류화: 역량 접근 중심의 대안적 발전 연대

포스트 성장은 글로벌 노스의 담론이며 글로벌 사우스의 포스트 발전과 접목되는 동시에 갈등 관계를 보일 수 있다. 포스트 발전은 발전 자체가 단순히 경제성장이나 기술 진보를 의미하지 않으며, 서구가 비서구 사회를 규정하고 지배하기 위한 권력·지식 체계라는 점을 비판한다. 따라서, 궁극적으로 서구식 성장론을 해체하고 고유의 다중 세계에 입각한 대안적인 발전을 위한 문화적 전환을 급진적으로 모색한다. 포스트 발전의 주류화를 위해서 새로운 방식의 글로벌 사우스와 글로벌 노스의 대안적 발전 연대가 필요하며, 발전 연대의 이론적 토대로 아마르티아 센(Amartya Sen)이 주창한 '역량 접근(Capability Approach)'을 적용하여 글로벌 노스와 글로벌 사우스 간의 불균등한 발전 관계를 개선하고 지속가능발전과 생태적 복원력이 공존하는 포스트 발전의 확장 가능성을 타진한다(한상진, 2024).

기본적으로 센(1999)의 역량 접근은 발전을 경제성장의 산출이 아니라, 개인이 가치 있는 삶을 살 수 있는 실질적 자유와 선택 기회를 확대하는 과정으로 이해한다. 이는 근대화 담론이 전제한 '발전=경제성장'의 등식을 비판하며, 다원적이고 맥락적인 삶의 방식을 존중하는 포스트 발전의 문제의식과 교차한다(Escobar, 2015). 따라서 글로벌 노스가 글로벌 사우스를 지원하는 핵심 과제는 단순한 원조와 성장 중심적 투자가 아니라, 사우스 사회가 자율적으로 대안적 발전 경로를 설계할 수 있는 역량(capabilities)을 증진시키는 것이다. 이는 기존 발전담론에서 '수혜자'로 전락했던 사우스가 주체적인 행위자(agent)로 자리매김할 수 있도록 제도적·사회적 전환을 촉진한다는 점에서 중요하다. 글로벌 사우스의 포스트 발전 담론이 대안적 발전 연대의 근간으로 작동하기 위해 역량 접근의 전략을 다음과 같이 세 가지

방안으로 제시한다.

첫째, 글로벌 노스는 사우스가 국제 제도와 정책 과정에서 민주적 참여 역량을 확보할 수 있도록 지원해야 한다. 이는 단순한 재정적 원조를 넘어, 사우스 사회가 스스로 정책을 형성하고 국제 협상에 참여할 수 있는 제도적 힘을 갖게 하는 것을 의미한다. 역량 접근은 자유와 참여를 핵심 가치로 보며, 이는 사회정책과 민주주의를 강화하는 원동력이 된다(Sen, 2002). 예컨대, UNFCCC과 유엔의 지속가능발전목표 이행 과정에서 사우스 국가들의 발언권을 확대하고, 지역 시민사회단체가 직접 협상 과정에 개입할 수 있는 구조를 제도화하는 것이 필요하다(Okereke, 2010). 이를 통해 포스트 발전의 다원적 전환은 국제 차원에서 제도적 정당성을 얻게 되고, 글로벌 노스의 포스트 성장과 적극적으로 호응할 수 있는 공유 공간이 확장하게 된다.

둘째, 글로벌 노스는 글로벌 사우스의 교육과 지식생산 역량을 장기적으로 확장시켜야 한다. 센(1999)은 교육, 건강, 지식이 인간역량 형성의 핵심이라고 강조했는데, 이는 포스트 발전의 맥락에서도 동일하게 적용된다. 글로벌 사우스의 지역공동체가 생태적 전환과 문화적 다양성에 기반한 삶의 방식을 유지하려면, 단순한 '기술이전'이 아니라 '지식의 공동 생산(co-production of knowledge)'이 필요하다(Escobar, 2018). 글로벌 노스의 대학, 연구 기관, 시민사회는 사우스의 토착 지식과 생태적 지혜를 존중하고 이를 과학적·정책적 언어로 확장할 수 있는 파트너십을 구축해야 한다. 이는 교육과 연구를 통한 역량의 사회적 내재화를 가능하게 하며, 글로벌 사우스의 대안 담론이 포스트 성장론의 학문과 정책 공간에서 영향력을 가질 수 있도록 지원하게 된다.

셋째, 글로벌 노스는 역사적으로 누적된 경제적 불평등과 구조적 종속을 해소하는 조치를 취해야 한다. 역량 접근은 단순한 소득 증대가 아니라, 경제적 자원이 실질적 자유로 전환되는 과정에 주목한다(Sen, 1999). 따라서 공정 무역, 부채 경감, 기술적 자립 지원, 그리고 기후정의 실현을 위한 재정적 기여 확대는 사우스의 역량을 증진시키는 핵심 수단이 된다. 예컨대, 기후변화로 인한 피해가 집중되는 사우스 국가들에 대해 노스가 LDF를 주도적으로 조성하는 것은 단순한 원조가 아니라 역사적 책임에 기반한 역량 확대를 가능하게 한다(Okereke, 2010). 이를 통해 사우스는 빈곤 해소, 사회적 안전망 확충, 생태적 전환에 필요한 자원을 확보할 수 있으며, 포스트 발전적 경로를 현실화할 수 있다.

마지막으로, 글로벌 노스는 사우스와의 관계를 지배와 원조의 위계적 틀에서 벗어나 수평적이고 연대적인 협력 구조로 재구성해야 한다. 이는 사우스의 자율성과 다양성을 존중하면서도, 기후 위기, 불평등, 생태 파괴 등 지구적 차원의 문제에 공동 대응하는 새로운 협력 방식이다. 역량 접근은 인간의 존엄성과 자유를 보편적 가치로 전제하기 때문에, 포스트 발전이 국제 질서에서 주류 담론으로 자리매김하기 위해서는 글로벌 노스의 제도적·재정적 지원과 윤리적 책임이 함께 결합되어야 한다. 이는 사우스를 단순히 발전의 대상으로 보는 관점을 넘어, 글로벌 전환의 주체적 행위자로 인정하는 것이다. 결과적으로 이러한 연대는 포스트 발전의 비전을 국제기구와 글로벌 거버넌스 틀 속에서 제도화하고, 글로벌 사우스의 경험과 지혜가 세계적 차원의 정책과 담론을 이끄는 주류적 위치를 확보하도록 할 것이다. 이는 단순한 학문적 이론을 넘어, 인류가 직면한 위기에 대응하기 위한 새로운 대안적 세계 질서의 기초가 될 수 있다.

5. 맺으며

포스트 발전과 포스트 성장은 모두 근대적 발전 패러다임이 가진 한계를 비판하면서, 이를 넘어서는 새로운 사회적·경제적 전환을 모색한다는 점에서 공통된 문제의식을 공유한다. 그러나 두 담론은 서로 다른 역사적 맥락과 구체적 전략을 통해 전개된다. 포스트 발전은 발전이라는 개념 자체가 서구적 지식과 권력의 산물로서 글로벌 사우스를 종속시키는 담론이었다는 점을 비판하며, 지역적 삶의 방식과 토착 지식을 중심으로 대안적 사회질서를 모색한다. 이때 발전은 단순히 실패한 정책이 아니라, 특정한 권력관계를 재생산하는 장치로 간주된다. 반면 포스트 성장은 무한한 경제성장이 불러온 환경 파괴와 사회적 불평등을 직시하면서, 성장 자체를 줄이고 삶의 질적 향상과 생태적 균형을 목표로 한다(Jackson, 2017). 두 담론은 모두 기존 성장주의를 넘어서는 전환을 요구하지만, 포스트 발전은 패러다임 해체에, 포스트 성장은 패러다임 수정에 더 가깝다고 할 수 있다. 이러한 차이는 글로벌 사우스가 식민주의와 불평등한 세계 체제를 경험한 역사적 맥락과, 글로벌 노스가 과잉 소비와 생태적 한계를 경험하는 현재의 상황에서 비롯된다.

이러한 차이에도 불구하고 두 담론의 상호작용은 갈등을 넘어 협력의 가능성을 담고 있다. 포스트 발전이 강조하는 다원성과 지역적 자율성은 글로벌 사우스의 역사적 맥락에 맞는 실천을 강조하는데, 이는 포스트 성장이 지적하는 생태적 한계와 상호 보완될 수 있다. 예컨대, 사우스의 토착 공동체가 지닌 생태적 지혜와 공동체적 가치들은 노스가 직면한 탈성장의 요구와 결합될 때, 보다 보편적이고 현실적인 전환 모델을 제시할 수 있다. 여기서 센의 역량 접근은 두 흐름을 연결하는 중요한 다리 역할을 한다. 역량 접근은 경제성장 자체가 목적이 아니라, 인간이 가치 있는 삶을 영위할 수 있는 실질적 자유를 확장하는 과정에 불과하다고 본다. 이는 글로벌 사우스의 맥락에서는 탈식민적 자율성과 사회적 정의를 정당화하고, 글로벌 노스의 맥락에서는 생태적 절제와 삶의 질 중심의 사회 전환을 정당화한다. 따라서 역량 접근은 포스트 발전과 포스트 성장이 상호 간 이해와 연대를 도모할 수 있는 공통 언어를 제공하며, 이는 양자의 차이를 인정하면서도 협력을 가능하게 하는 중요한 지적 토대가 된다.

셋째, 국제제도 차원에서 포스트 발전과 포스트 성장의 접합은 매우 중요한 현실적 함의를 가진다. 2015년 유엔에서 합의된 지속가능발전목표(SDGs)는 이러한 절충의 대표적인 사례로 볼 수 있다. SDGs는 보편적 차원에서 빈곤, 불평등, 기후 위기 등 인류가 직면한 공동 과제를 설정하면서도, 각국의 사회·경제적 맥락에 따라 다양한 방식으로 접근할 수 있는 유연성을 허용한다(Sachs et al., 2016). 이는 글로벌 노스가 주장하는 생태적 한계 담론과 글로벌 사우스가 강조하는 사회적 정의 담론이 제도적 수준에서 절충된 결과이다. 다시 말해, SDGs는 경제성장 중심의 단일한 발전 경로를 강요하지 않으면서도, 공동의 목표를 통해 협력을 촉진하는 다층적 프레임워크를 형성한다. 이러한 구조는 포스트 발전과 포스트 성장이 상호 배타적인 것이 아니라, 글로벌 거버넌스 안에서 공존할 수 있음을 보여 준다. 특히 국제기구는 이러한 절충적 협력을 가능케 하는 제도적 장치로 기능하며, 이는 향후 기후위기 대응과 불평등 해소에 있어 더욱 중요한 역할을 할 수 있다.

마지막으로, 포스트 발전과 포스트 성장의 공존은 단순히 학문적 논쟁을 넘어 인류의 생존 조건과 직결되는 과제이다. 기후 위기의 심화, 글로벌 불평등의 확대, 민주주의와 사회적 연대의 위기 속에서 두 담론은 서로 다른 지향점을 지니지만, 궁극적으로는 삶의 존엄성과 생태적 지속가능성을 재구성하려는 공통의 목표를 갖는다. 따라서 양자는 차이를 부정하거나 통합하려 하기보다, 서로의 맥락과 역사적 경험을 존중하면서 협력적이고 보완적인 관계를 구축해야 한다. 이러한 협력은 단순히 국가 간 차원의 정책 조율을 넘어서, 국제기구, 지역공동체, 시민사회, 학계 등 다양한 행위자가 함께 얽히는 다층적 과정 속에서 이루어진다. 궁극적으로 포스트 발전과 포스트 성장은 인류가 단일한 근대적 세계관에 갇히는 것이 아니라, 다양한 세계들(pluriverse)이 공존할 수 있는 새로운 질서를 모색하는 데 기여한다. 이는 지구적 차원의 정의롭고 생태적인 전환을 위한 핵심적인 비전이자, 앞으로 국제사회의 협력이 지향해야 할 방향일 것이다.

참고문헌

김소연. 2020. 「공생을 위한 인류세 시대의 개발협력」. ≪국제개발협력연구≫, 제12권 4호.
김태균. 2018. 『대항적 공존: 글로벌 책무성의 아시아적 재생산』. 서울: 서울대학교출판문화원.
김태균. 2023. 『반둥 이후: 글로벌 사우스의 국제정치사회학』. 과천: 진인진.
이병천. 2022. 「기후정의와 사회정의, 어떤 전환전략인가? 탈성장 접근과 포스트 성장 접근」. ≪시민과 세계≫, 제41호.
임운택. 2024. 「포스트 성장 사회의 도전: 생태위기와 노동의 미래」. ≪경제와사회≫, 제144호.
한상진. 2024. 「포스트 성장을 향한 사회투자 담론 비판과 역량 접근의 검토」. ≪경제와사회≫, 제144호.
Ahmad, S. Ehtisham-Uddin, Robert L. Ayres, Gary S. Fields, Helena G. Ribe, Lyn Squire, Mark Suridberg, Dominique Van De Walle, Jacques Van Der Gaag, and Michael Walton. 1990. *World Development Report 1990: Poverty*. Washington, DC : World Bank Group.
Alexander, John M. 2008. *Capabilities and Social Justice: The Political Philosophy of Amartya Sen and Martha Nussbaum*. Aldershot: Ashagate.
Auguelovski, Isabelle. 2015. "Environmental Justice." in Giacomo D'Alisa, Federico Demaria, and Giorgos Kallis(eds.). *Degrowth: Vocabulary for a New Era*. Abingdon: Routledge.
Cardoso, Fernando H. 1977. "The Originality of a Copy: CEPAL and the Idea of Development." *Revista del CEPAL*, 2.
Chang, Ha-Joon. 2003. *Kicking Away the Ladder: Development Strategy in Historical Perspective*. London: Anthem Press.
Demaria, Federico and Ashish Kothari. 2017. "The Post-Development Dictionary Agenda: Paths to the Pluriverse." *Third World Quarterly*, 38.
Dietz, Rob and Dan O'Neill. 2013. *Enough Is Enough: Building a Sustainable Economy in a World of Finite Resources*. New York: Routledge.
Dollar, David and Aart Kraay. 2002. "Growth is Good for the Poor." *Journal of Economic Growth*, 7(3).
Escobar, Arturo. 1995. *Encountering Development: The Making and Unmaking of the Third World*. Princeton: Princeton University Press.
Escobar, Arturo. 2015. "Degrowth, postdevelopment, and transitions: A preliminary conversation." *Sustainability Science*, 10.
Escobar, Arturo. 2017. *Designs for the Pluriverse: Radical Interdependence, Autonomy, and the Making of Worlds*. Durham: Duke University Press.
Fioramonti, Lorenzo. 2024. "Post-growth Theories in a Global World: A Comparative Analysis." *Review of International Studies*, 50(5).
Fioramonti, Lorenzo, Luca Coscieme, Robert Costanza, Ida Kubiszewski, Katherine Trebeck, Stewart Wallis, Debra Roberts, Lars F. Mortensen, Kate E. Pickett, Richard Wilkinson, Kristín

Vala Ragnarsdottír, Jacqueline McGlade, Hunter Lovins, and Roberto De Vogli. 2022. "Wellbeing Economy: An Effective Paradigm to Mainstream Post-growth Policies?" *Ecological Economics*, 192.

Fosu, Augustin Kwasi. 2008. "Inequality and the Impact of Growth on Poverty: Comparative Evidence for Sub-Saharan Africa." *UNU-WIDER Research Paper* No. 2008/107, December.

Frank, Andre Gunder. 1966. "The Development of Underdevelopment." *Monthly Review*, 18(4).

Furtado, Celso. 1964. *Development and Underdevelopment*. Berkeley: University of California Press.

Gabriel, Cle-Anne, Samira Nazar, Danfeng Zhu, and Jodyanne Kirkwood. 2019. "Performance Beyond Economic Growth: Alternatives from Growth-Averse Enterprises in the Global South." *Alternatives: Global, Local, Political*, 44(2-4).

Gabriel, Cle-Anne. 2022. "How the Global South Can Lead the Way to a Post-Growth Future." *Resilience*, 21 January.

Haug, Sebastian, Jacqueline Braveboy-Wagner, and Günther Maihold. 2021. "The 'Global South' in the Study of World Politics: Examining a Meta Category." *Third World Quarterly*, 42(9).

Hickel, Jason. 2020. *Less Is More: How Degrowth Will Save the World*. London: William Heinemann.

Hollender, Rebecca 2018. "Anti, Alternative, and Post: A Review of Post-Growth." *American Review of Political Economy*, 12(1).

Jackson, Tim. 2017. *Prosperity Without Growth: Foundations for the Economy of Tomorrow*. Abingdon: Routledge.

Jackson, Tim. 2021. *Post Growth: Life After Capitalism*. Cambridge: Polity Press.

Kallis, Giorgos. 2018. *Degrowth*. Newcastle upon Tyne: Agenda Publishing.

Kallis, Giorgos, Susan Paulson, Giacomo D'Alisa, and Federico Demaria. 202. *The Case for Degrowth*. Cambridge: Polity Press.

Koch, Max. 2020. "The State in the Transformation to a Sustainable Postgrowth Economy." *Environmental Politics*, 29(1).

Kuznets, Simon. 1955. "Economic Growth and Income Inequality." *American Economic Review*, 45(1).

Lang, Miriam. 2024. "Degrowth, Global Asymmetries, and Ecosocial Justice: Decolonial Perspectives from Latin America." *Review of International Studies*, 50(5).

Lang, Miriam Lang, Mary Ann Manahan, and Breno Bringel(eds.). 2024. *The Geopolitics of Green Colonialism: Global Justice and Ecosocial Transitions*. London: Pluto Press.

Latouche, Serge. 2009. *Farewell to Growth*. Cambridge: Polity Press.

McDonnell, Siobhan. 2023. "The COP27 Decision and Future Directions for Loss and Damage Finance: Addressing Vulnerability and Non-economic Loss and Damage." *Review of European, Comparative & International Environment Law*, 32(3).

Meadows, Donella H., Dennis L. Meadows, Jørgen Randers, and William W. Behrens III. 1972.

The Limits to Growth. New York: Universe Books.

Muraca, Barbara and Matthias Schmelzer. 2017. "Sustainable Degrowth: Historical Roots of the Search for Alternatives to Growth in Three Regions." in Iris Borowy and Matthias Schmelzer (eds.) *History of the Future of Economic Growth: Historical Roots of Current Debates on Sustainable Degrowth*. London: Routledge.

Okereke, Chukwumerije. 2010. "Climate Justice and the International Regime." *WIREs: Climate Change*, 1(3).

Okereke, Chukwumerije. 2024. "Degrowth, Green Growth, and Climate Justice for Africa." *Review of International Studies*, 50(5).

Rahnema, Majid and Victoria Bawtree. 1997. *The Post-Development Reader*. London: Zed Books.

Rajamani, Lavanya. 2000. "The Principle of Common But Differentiated Responsibility and the Balance of Commitments under the Climate Regime." *Review of European Community & International Environmental Law*, 9(2).

Raworth, Kate. 2017. *Doughnut Economics: Seven Ways to Think Like a 21st Century Economist*. White River Junction: Chelsea Green Publishing.

Riddell, Roger C. 2007. *Does Foreign Aid Really Work?* Oxford: Oxford University Press.

Rinaldi, Parisa Nourani. 2022. "The Age of Transition: Postdevelopment and North-South Synergies." *Latin American Perspectives*, 49(1).

Rodríguez-Labajos, Beatriz, Ivonne Yánez, Patrick Bond, Lucie Greyl, Serah Munguti, Godwin Uyi Ojo, and Winfridus Overbeek. 2019. "Not So Natural an Alliance? Degrowth and Environmental Justice Movements in the Global South." *Ecological Economics*, 157.

Sachs, Jeffrey, Guido Schmidt-Traub, Christian Kroll, David Durand-Delacre, and Katerina Teksoz. 2016. *SDG Index and Dashboards: A Global Report*. New York: Bertelsmann Stiftung and Sustainable Development Solutions Network(SDSN).

Saunders, Kriemild(ed.). 2002. *Feminist Post-Development Thought: Rethinking Modernity, Post-Colonialism and Representation*. London: Zed Books.

Schulz, Christian. 2025. "Economic Geographies of Post-Growth." in Johannes Glückler, Matthias Garschagen, and Robert Panitz(eds.). *Placing the Future*. Cham: Springer.

Sen, Amartya. 1999. *Development as Freedom*. Oxford: Oxford University Press.

Sen, Amartya. 2002. *Rationality and Freedom*. Cambridge: Harvard University Press.

Solow, Robert M. 1956. "Contribution to the Theory of Economic Growth." *Quarterly Journal of Economics*, 70(1).

Spash, Clive L. 2015. "The Future Post-Growth Society." *Development and Change*, 46(2).

Standing, Guy. 2017. *Basic Income: And How We Can Make It Happen*. London: Penguin.

Stiglitz, Joseph E., Amartya Sen, and Jean-Paul Fitoussi. 2010. *Mis-measuring Our Lives: Why GDP Doesn't Add Up*. New York: New Press.

United Nations. 1992. *United Nations Framework Convention on Climate Change(UNFCCC)*. Rio de Janeiro: United Nations.

Wilde, Oscar. 2001. *The Soul of Man Under Socialism and Selected Critical Prose*. London: Penguin.

3부 발전, 노동, 기술

6장 포스트-추출주의를 위한 발전주의 역사의 재해석:

영풍석포제련소 사례로 본 한국 추출주의의 역사와 전환의 가능성

_백영경

7장 포스트 성장 시대, 노동의 재구성을 위하여:

사회 통합과 사회적 노동 _김주환

8장 포스트 성장 사회로의 전환과 인간의 활동적 삶:

한나 아렌트의 개념을 중심으로 _김연철

6. 포스트-추출주의를 위한 발전주의 역사의 재해석
영풍석포제련소 사례로 본 한국 추출주의의 역사와 전환의 가능성

백영경

1. 서론: 추출주의와 한국 사회기술적 상상

1) 추출주의 개념의 확장과 한국적 적용

추출주의(extractivism)는 본래 라틴아메리카와 아프리카 지역을 중심으로 천연자원과 원료의 대규모 채굴 및 수출 과정에서 나타난 자원 고갈, 환경 파괴, 사회적 불평등 문제를 비판하는 이론으로 발전했다. 에두아르도 구디나스(Eduardo Gudynas)가 제시한 고전적 정의에 따르면, 추출주의는 "대량의 자연 자원을 제거하여 가공하지 않거나 최소한의 가공만을 거쳐 주로 중심부 국가들로 수출하는 활동"을 의미한다. 그러나 최근 이 개념은 인간의 노동력, 생명, 지식, 문화적 자원을 포괄하는 방식으로 그 적용 범위를 확대해 왔다.

한국 사회에서 추출주의는 여전히 낯선 개념으로 받아들여지고 있다. 이

는 주로 두 가지 이유 때문이다. 첫째, 추출주의가 남반구 지역의 원자재 수출 경제를 설명하는 이론으로 여겨져 왔으며, 공업화에 성공한 한국에는 적용하기 어려운 개념으로 인식되어 왔다. 둘째, 한국의 과학기술학계에서 추출주의를 다룰 때도 몸, 인체 유래물, 인공지능 등의 새로운 형태의 추출주의에 주목하면서 개념을 확장하는 데 관심을 두어 왔지만, 정작 전통적 의미의 자원 추출주의는 충분히 다루어지지 않았다(이두갑 편, 2022).

이 연구는 한국의 지배적 사회기술적 상상(socio-technical imaginaries)을 논하는 과정에서 추출주의를 빼고 바라보기 어렵다는 전제에서 출발한다. 사회기술적 상상 개념은 특정 사회가 과학기술을 통해 달성 가능하다고 여기는 집합적 비전을 의미한다(Jasanoff and Kim, 2015). 한국 사회의 발전주의는 바로 이러한 추출주의적 사회기술적 상상에 기반하여 형성되었다. 이는 자연 자원의 채굴과 가공뿐만 아니라, 인간의 노동력, 지역의 환경 용량, 심지어 미래 세대의 생태적 기반까지를 현재의 경제성장을 위해 동원하고 소진하는 총체적 과정으로 이해되어야 한다.

한국의 추출주의는 서구나 라틴아메리카와는 구별되는 독특한 특징을 갖는다. 압축적 근대화의 맥락에서 형성된 한국의 추출주의는 그 기원에서는 일제강점기 식민지 수탈로 거슬러 올라가며, 해방 후 국가 주도의 압축적 산업화 과정에서 더욱 강화되었다. 개발독재의 정치적 맥락과 결합된 추출주의는 1960년대부터 1980년대까지 "조국 근대화"라는 내셔널리즘적 담론과 결합되어 지역의 희생을 국가 전체의 이익으로 정당화하는 강력한 이데올로기적 장치로 작용했다. 또한 기술 종속의 지속이라는 특성을 보인다. 일제강점기에 형성된 일본에 대한 기술 종속은 해방 후에도 지속되었고, 특히 공해산업의 경우 일본에서 환경 규제로 퇴출된 기술과 설비가 한국으로 이전되는 패턴이 반복되었다.

2) 영풍석포제련소 사례의 이론적 의미

1970년 경북 봉화군 석포면에 설립된 영풍석포제련소는 한국 추출주의의 축소판이자 상징이라 할 수 있다. 낙동강 발원지에서 불과 20km 하류에 위치한 이 시설은 연간 아연괴 40만 톤을 생산하며 국내 아연시장의 36%를 점유하고 있다. 그러나 이 '경제적 성공'의 이면에는 50년 넘게 지속된 환경 파괴와 주민 피해가 자리 잡고 있다.

영풍석포제련소가 중요한 이론적 의미를 갖는 이유는 이것이 단순한 환경오염 사례가 아니라, 한국의 '희생지대(sacrifice zone)' 형성 과정을 압축적으로 보여 주는 사례이기 때문이다. 희생지대 개념은 환경오염과 건강 피해가 집중된 지역을 의미하지만, 더 근본적으로는 정치경제적 권력관계에 의해 체계적으로 희생당하는 공간을 지칭한다(Lerner, 2010; Juskus, 2023).

희생지대의 형성은 체계적이고 구조적인 과정을 거친다. 선택적 입지 과정에서 오염 시설은 정치적 저항력이 약한 지역, 즉 경제적으로 취약하고 정치적 발언권이 제한된 지역에 우선적으로 배치된다. 담론적 정당화 과정에서는 '개발', '고용 창출', '지역 경제 활성화' 등의 담론을 통해 희생지대 형성이 정당화된다. 구조적 고착화 과정에서는 일단 형성된 희생지대가 경제적 의존성, 정치적 무력감, 환경적 낙인 등을 통해 자기 재생산되는 구조를 갖게 된다.

영풍석포제련소 사례는 이러한 희생지대 형성의 전 과정을 90년에 걸쳐 보여 준다. 1935년 일제강점기 연화광산 발견으로 시작된 이 지역의 추출주의 역사는 해방 후 국가 주도의 중화학공업화 정책과 결합되어 1970년 제련소 설립으로 이어졌다. 이후 50년 넘게 지속된 환경오염과 사회적 갈등은 한국 사회가 어떻게 특정 지역과 주민을 체계적으로 희생시켜 왔는지를 보여 주는 증거이자, 동시에 이러한 구조를 변화시킬 가능성과 한계를 탐구할 수 있는 중요한 사례이다.

3) 발전주의 비판과 포스트-추출주의적 전망

한국의 발전주의(developmentalism)는 경제성장을 최우선 목표로 설정하고, 이를 위해 모든 사회적 자원을 동원하는 이데올로기이자 실천 체계이다(김종태, 2014). 이러한 발전주의는 표면적으로는 국가와 국민 전체의 이익을 추구하는 것처럼 보이지만, 실제로는 특정 지역과 계층의 희생을 전제로 한 불평등 구조를 내포하고 있다. 추출주의적 관점에서 볼 때, 한국의 발전주의는 지역 간, 계층 간, 세대 간 자원과 비용의 불평등한 배분을 통해 작동해 왔다.

현재 기후위기 시대를 맞아 전 세계적으로 탈탄소 전환이 추진되고 있지만, 이 과정에서도 새로운 형태의 '녹색 추출주의'가 나타나고 있다. 리튬, 희토류, 코발트 등 청정에너지 전환에 필요한 광물의 채굴이 또 다른 환경 파괴와 사회적 갈등을 야기하고 있는 것이다. 한국도 2022년 핵심광물안보 파트너십(Minerals Security Partnership: MSP) 회원국으로 참여하며 광물 확보에 나서고 있어, 추출주의에 대한 비판적 성찰이 더욱 절실한 시점이다.

이러한 맥락에서 이 연구는 포스트-추출주의적 관점의 필요성을 제기한다. 포스트-추출주의는 단순히 추출 산업을 없애는 것이 아니라, 자연과 인간의 관계를 근본적으로 재구성하는 것을 의미한다. 이는 성장 중심의 경제 패러다임에서 벗어나 생태적 한계 내에서의 지속가능한 발전을 추구하고, 환경 정의와 사회적 형평성을 중시하며, 지역공동체의 자율성과 참여를 보장하는 새로운 사회 생태적 상상을 구성하는 것이다.

이 연구는 한국 사회가 이러한 새로운 사회 생태적 전망을 수립하기 위해서는 추출주의의 물질적 기반과 구체적 과정에 대한 비판적 이해가 필수라는 점을 강조한다. 영풍석포제련소 사례를 통해 한국 추출주의의 역사적 형성 과정과 현재적 양상을 분석함으로써, 추출주의를 넘어선 대안적 발전 모델의 가능성과 조건을 탐구하고자 한다.

2. 식민지 추출주의에서 발전주의 추출주의로의 전환

1) 조선광업령과 식민지 수탈 체계의 구축

한국 추출주의의 역사적 기원을 탐구하기 위해서는 1915년 조선광업령 제정부터 시작해야 한다. 이 법령은 단순히 광업을 규제하는 법률이 아니라, 조선의 지하자원을 체계적으로 수탈하기 위한 제도적 장치였다. 특히 제8조 "광업권자는 일본인 또는 일본법인이어야 한다"는 조항은 조선인의 광업권 취득을 원천 봉쇄함으로써, 전통적으로 소규모 채광에 종사해 온 조선인들을 광업에서 완전히 배제하는 식민지적 배제의 메커니즘을 법적으로 공고화했다(양지혜, 2021).

이러한 법적 토대 위에서 일본 자본은 조선의 지하자원을 체계적으로 장악해 나갔다. 1920년 조선 내 광산 2,247개소 중 일본인 소유가 1,894개소(84.3%)에 달했으며, 특히 대규모 광산일수록 일본인 소유 비율이 높았다. 이는 추출주의가 단순한 경제적 관계가 아니라 식민지적 지배와 피지배의 정치적 관계 속에서 구성된다는 사실을 보여 준다.

봉화 지역에서 근대적 추출주의의 시작은 1935년 연화광산의 발견으로 거슬러 올라간다. 일본인 탐광 기술자들에 의해 발견된 이 광산은 납, 아연, 은을 주요 광종으로 하는 대규모 금속 광산으로, 아연 매장량만 200만 톤이 넘는 것으로 추산되었다. 개발의 실질적 주체였던 미쓰비시광업은 1936년 조선총독부로부터 연화광산 일대 480만 평에 대한 광업권을 획득했으며, 이를 "조선 내 최우수 광산"으로 평가하며 대규모 투자에 나섰다(김혜나, 2020).

연화광산 개발 과정에서 나타난 공간적 분리와 위계질서는 식민지 추출주의의 특성을 압축적으로 보여 준다. 미쓰비시는 일본인 기술자와 관리자를 위한 근대적 주택단지, 학교, 병원, 상점가를 건설했지만, 조선인 광부들은 산비탈 움막에서 생활해야 했다. 같은 광산에서 일하면서도 민족에 따라 완전히 다른 삶의 조건을 강요받았던 것이다. 이러한 식민지 추출주의는 단순히 자원을 채취하는 것을 넘어서 지역사회의 전면적 재편을 수반했다. 전통적인 농업 중심의 지역 경제는 광업 중심으로 재편되었고, 기존의 사회적 관계와 문화적 질서는 식민지적 위계질서로 대체되었다. 이는 추출주의가 단순한 경제활동이 아니라 사회 공간적 변혁을 수반하는 총체적 과정임을 보여 준다.

2) 전시 체제와 수탈의 극대화

1937년 중일전쟁 발발과 함께 연화광산의 수탈 강도는 더욱 가혹해졌다. 일본은 1938년 국가총동원법을 조선에도 적용하여 광산 노동력을 강제로 확보했으며, 전시체제하에서 아연은 "군수 광물"로 지정되어 최우선 채굴 대상이 되었다. 강제 동원된 조선인 노동자들은 대부분 농촌에서 끌려온 청년들이었다. 전시체제하의 강제 동원은 추출주의의 폭력성을 극명하게 드러낸다. 장시간의 지하 노동, 부족한 안전 장비, 아연 분진과 각종 유독가스에의 노출은 수많은 진폐증과 중금속 중독 환자를 양산했다. 이러한 강제 노동을 통해 채굴된 아연 정광은 모두 일본으로 반출되어 군수공장에 공급되었다. 이 시기의 추출주의는 환경 파괴의 시작이기도 했다. 대규모 채굴로 인한 주변 산림의 황폐화, 광미와 폐수의 하천 유입으로 인한 생태계 오염이 시작되었다. 그러나 전시체제하에서 이는 "군기누설"로 간주되어 언론 보도가 금지되었으며, 이는 추출주의가 정보의 통제와 은폐를 통해 작동한다는 특성을 보여 준다.

3) 해방 후 연속성과 단절: 국유화에서 민영화로

1945년 해방과 함께 연화광산은 국유화되었으나, 해방 직후의 혼란 속에서 광산 운영은 사실상 중단 상태였다. 기술 인력의 부족, 설비의 노후화와 파괴, 자본의 부족 등이 복합적으로 작용했기 때문이다. 일제강점기 동안 핵심 기술을 독점하고 있던 일본인들의 철수는 기술적 공백을 초래했고, 이는 추출주의 구조에서 기술 종속의 문제가 얼마나 심각한지를 보여 준다.

1953년 광업법 제정과 함께 추진된 민영화 정책은 추출주의 구조의 연속성을 보여 주는 중요한 사례이다. 이 과정에서 영풍광업의 창업주 장경호가 연화광산 경영권을 인수하게 되었지만, 핵심 기술은 여전히 일본에 의존해야 했다. 1958년 영풍이 일본의 미쓰비시금속(구 미쓰비시광업)과 기술제휴 협정을 체결한 것은 식민지 시기 수탈 구조가 다른 형태로 지속되고 있음을 보여 주는 상징적 사건이었다.

이러한 기술제휴는 진정한 기술이전이 아닌 기술 종속의 성격을 띠었다. 핵심 기술은 일본이 계속 보유하면서 한국에는 단순한 운영 기술만 제공했고, 주요 설비와 부품은 모두 일본에서 수입해야 했으며, 매년 상당한 금액의 기술료를 일본에 지급해야 했다. 이는 해방 후에도 식민지적 기술종속구조가 새로운 형태로 재생산되고 있음을 보여 준다.

4) 1970년 석포제련소 설립: 공해기술의 이전과 발전주의 추출주의의 확립

1960년대 후반 한국의 중화학공업화 정책은 추출주의의 새로운 국면을 열었다. 1967년 제2차 경제개발 5개년 계획에서 정부가 비철금속을 중화학공업의 핵심 분야로 설정한 것은 추출주의가 국가발전전략의 중심에 위치하게 되었음을 의미한다. 이러한 정책적 배경 아래 영풍의 아연제련소 건설 계획이 추진되었다.

영풍의 제련소 건설은 일본의 공해산업 이전과 밀접한 관련이 있었다. 1960년대 말 일본은 미나마타병, 이타이이타이병, 욧카이치 천식 등 심각한 공해 문제에 직면했으며, 특히 이타이이타이병의 원인이 아연제련소에서 배출된 카드뮴이라는 것이 밝혀지면서 제련 업계는 극심한 압박을 받고 있었다. 이에 따라 일본 정부와 기업들은 오염 산업의 해외 이전을 적극 추진했고, 한국은 주요 대상지역 중 하나였다.

1969년 3월 영풍이 일본의 도호아연과 합작으로 연간 5만 톤 규모의 아연제련소 건설을 발표한 것은 이러한 '공해 수출'의 구체적 사례였다. 제련소 입지로 선정된 석포면은 연화광산과의 근접성, 낙동강 최상류라는 수자원 접근성, 저렴한 토지와 노동력, 그리고 무엇보다 정치적 저항의 부재라는 조건을 갖추고 있었다.

1970년 10월 12일 영풍석포제련소 준공식은 한국 발전주의 추출주의의 상징적 출발점이 되었다. 정부와 언론은 이를 '국가 발전'의 상징으로 치켜세웠으며, 박정희 대통령은 축전을 통해 "조국 근대화의 새로운 이정표"라고 치하했다. 그러나 제련소 건설 당시에 환경 영향에 대한 충분한 검토는 이루어지지 않았다. 환경영향평가제도는 1977년에야 도입되었고, 그마저도 형식적인 수준에 머물렀다.

이는 발전주의 추출주의의 핵심적 특성을 보여 준다. 경제성장이 최우선 과제인 상황에서 환경문제는 부차적인 것으로 취급되었고, '개발'이라는 명분하에 모든 사회적 비용이 정당화되었다. 특히 낙동강 최상류라는 입지의 위험성이 전혀 고려되지 않은 것은 발전주의가 얼마나 근시안적이고 비지속가능한 관점에 기반하고 있는지를 보여 준다.

5) 1979년 일본인 기술자문 구속 사건과 공해기술 이전의 실상

1979년 5월 29일 ≪동아일보≫가 보도한 "오염공해 사람, 물고기, 나는 새까지 非常(비상)"이라는 기사는 한국의 추출주의가 어떤 성격을 띠고 있는지 극명하게 드러내는 사건을 다루었다. 낙동강 일부에서 카드뮴이 기준치의 5배까지 검출되었으며, 이와 관련하여 일본인 기술자문이 구속되는 사건이 발생한 것이다. 이 사건은 여러 차원에서 중요한 의미를 갖는다. 우선, 1970년대부터 이미 일본 공해기술 이전의 문제점이 수사기관에 의해 파악되고 있었다는 점이다. 일본에서 이타이이타이병을 일으킨 카드뮴 오염 기술이 그대로 한국으로 이전되었고, 이에 관여한 일본인 기술자들이 구속되기까지 했다는 사실은 제련소 설립 과정의 문제점을 드러낸다.

결국 이 사건은 한국의 환경오염이 단순한 산업화의 부작용이 아니라 의도적인 공해기술 이전의 결과였음을 시사한다. 일본에서 환경문제로 사용하기 어려워진 기술이 한국으로 이전된 것은 우연이 아니라 체계적인 계획의 결과였다. 이는 식민지 시기부터 이어진 기술종속구조가 해방 후에도 새로운 형태로 지속되고 있음을 보여 준다. 한편 이 사건은 당시 한국의 환경 거버넌스 체계의 한계를 드러낸 사건이기도 했다. 환경문제가 이미 심각한 수준에 이르렀음에도 불구하고 이에 대한 체계적인 대응책은 마련되지 않았다. 오히려 경제성장을 우선시하는 정책 기조하에서 환경문제는 여전히 부차적인 것으로 취급되었다.

1979년 사건은 한국 추출주의의 이중적 성격을 보여 준다. 표면적으로는 '국가 발전'과 '기술 자립'을 내세웠지만, 실제로는 선진국의 공해 기술을 수입하여 환경 비용을 국내에서 부담하는 구조였다. 이는 추출주의가 단순히 자원을 채취하는 것이 아니라, 환경 비용과 사회적 위험을 특정 지역과 집단에 전가하는 메커니즘임을 보여 준다.

3. 희생지대의 형성과 고착화 과정(1970~2000)

1) 환경오염의 광역화와 추출주의의 공간적 확산

석포제련소 가동 이후 환경 영향은 점진적으로 광역화되는 양상을 보였다. 1979년 4월 3일 ≪동아일보≫의 "重金屬(중금속) 낙동강 放流(방류) 日人 顧問(일인고문) 등 구속" 보도는 이러한 공간적 확산의 초기 징후를 보여 준다. 앞서 2절에서 살펴본 바와 같이, 이 사건은 일본의 공해기술 이전 문제를 수면 위로 드러낸 중요한 계기였으며, 동시에 "重金屬(중금속) 오염 첫 生態系(생태계) 파괴 현상"이 나타나기 시작했음을 보여 주었다. 낙동강 상류 지역에서 카드뮴이 기준치의 5배까지 검출되는 심각한 상황이 발생했으며, 이는 제련소의 환경 영향이 이미 광역화되고 있음을 시사했다.

더욱 주목할 만한 것은 1979년 6월 18일 ≪동아일보≫의 "安東(안동) 댐 상류 洛東江(낙동강)「공해」가 흐른다"라는 후속 보도였다. 이 기사는 "우리나라 산업용수 젖줄의 하나인 낙동강 상류가 석탄가루와 제련소 폐기물에 크게 오염되어 죽어 가고 있다"는 상황을 생생하게 전달했다. 특히 주목할 점은 제련소뿐만 아니라 티타늄 공장까지 석포면에 들어서면서 오염이 가중되었다는 사실이다. 이는 한번 '희생지대'로 낙인찍힌 지역에 계속해서 오염 산업이 진입하는 추출주의의 전형적 패턴을 보여 준다.

희생지대는 단일한 사건이나 시설에 의해 형성되는 것이 아니라, 지속적이고 누적적인 과정을 통해 공고화된다. 석포 지역의 경우, 제련소 설립 이후 불과 10년도 되지 않아 이미 여러 오염 산업이 집중되는 산업 단지로 변모했다. 이러한 변화는 지역의 토지이용 패턴과 사회경제적 구조를 근본적으로 재편했으며, 농업 중심의 전통적 생활양식을 파괴하고 공업 중심의 새로운 질서를 강요했다.

1980년 5월 19일 ≪동아일보≫가 보도한 "重金屬(중금속) 오염 첫 生態系(생태계) 파괴 현상"은 환경오염이 이미 생태계 전체를 위협하는 수준에 이르렀음을 보여 준다. 기사에 따르면 "환경청은 19일 우리나라 최대 아연공장인 江原(강원) 奉化(봉화)군 石浦(석포)제련소에서 중금속 중독으로 인한 생태계 파괴 현상이 나타나고 있음을 밝혔다"고 했다. 이는 한국 환경사에서 중금속 오염으로 인한 최초의 생태계 파괴 사례로 기록되는 사건이었다.

이 시기 환경오염의 가장 충격적인 사례는 1980년 7월 15일 고수골에서 발생한 대규모 중금속 오염 사건이었다. 제련소 폐수 처리장에서 대량의 중금속 폐수가 유출되면서 하천 생태계가 순식간에 파괴되었으며, 환경부 조사 결과 유출된 폐수에는 카드뮴, 납, 아연이 환경 기준치를 수십 배에서 수백 배 초과하는 수준으로 포함되어 있었다. 하천 바닥이 검붉게 변하고 물고기가 떼죽음을 당하는 장면은 지역 주민들에게 깊은 충격을 주었으며, 이는 제련소의 위험성을 실감하게 하는 결정적 사건이었다.

그러나 고수골 사건의 진정한 충격은 환경 파괴의 규모보다도 사회적 반응의 부재에 있었다. 전두환 군사정권 출범 직후의 언론통제 상황에서 이 사건은 단신으로만 보도되었고, 체계적인 후속 조치나 사회적 논의는 이루어지지 않았다. 이는 희생지대가 단순히 환경 파괴에 의해서만 형성되는 것이 아니라, 정치적 억압과 정보 통제를 통해 사회적 가시성을 차단당함으로써 공고화된다는 사실을 보여 준다.

이러한 환경오염의 광역화는 추출주의의 공간적 확산 메커니즘을 명확히 보여 준다. 로컬한 추출 활동이 어떻게 광역적 환경 부정의를 야기하는지, 그리고 이 과정에서 어떻게 특정 지역과 주민들이 체계적으로 희생당하는지를 생생하게 드러낸다. 더욱 중요한 것은 이러한 과정이 자연 발생적인 것이 아니라, 정치적 권력관계와 경제적 이해관계에 의해 구조화된다는 사실이다.

2) 제3공장 확장과 환경 범죄의 체계화

1985년 영풍의 제3공장 건설은 추출주의의 확대재생산을 보여 주는 중요한 사례이다. 기존 연간 5만 톤이던 아연 생산능력을 10만 톤으로 2배 확대하는 이 대규모 투자는 1980년대 중반 아연 국제가격 상승과 국내 중화학공업 발전에 따른 수요 증가에 대응한 것이었다. 정부는 이를 '국가 경쟁력 강화'를 위한 필수적 투자로 적극 지원했으며, 각종 세제 혜택과 금융 지원을 제공했다. 그러나 생산능력 확대는 환경오염의 급격한 증가를 의미했고, 이미 한계에 달한 지역 환경에 더욱 큰 부담을 가중시켰다.

제3공장 건설 과정에서 영풍은 환경영향평가를 대폭 축소하거나 생략하는 편법을 사용했다. 1985년 당시 환경영향평가법은 시설 확장에 대해서는 간소화된 절차를 허용했는데, 영풍은 이러한 법적 허점을 적극적으로 악용했다. 새로운 공장을 건설하는 것이 아니라 '기존 시설의 확장'이라는 명목으로 환경 검토를 회피했으며, 실제로는 완전히 새로운 공정과 설비를 도입하면서도 이에 대한 환경영향평가는 실시하지 않았다. 이는 추출주의가 법적·제도적 허점을 활용하여 환경 비용을 외부화하는 방식으로 작동한다는 사실을 보여 준다.

더욱 문제적인 것은 제3공장에서 도입된 기술이 일본에서 환경문제로 사용이 제한된 구형 기술이었다는 점이다. 1980년대 중반 일본은 환경 규제가 강화되면서 많은 제련소들이 설비를 교체하거나 공정을 개선해야 했는데, 이때 퇴출된 구형 설비와 기술이 한국으로 이전되었다. 영풍의 제3공장은 이러한 '공해기술 이전'의 대표적 사례였으며, 이는 식민지 시기부터 이어진 기술종속구조가 새로운 형태로 재생산되고 있음을 보여 준다.

제3공장 가동이 시작된 1987년부터 환경법 위반이 체계적이고 지속적으로 이루어지기 시작했다. 1990년부터 1999년까지 10년간 영풍이 적발된 환경법 위반은 총 47건에 달했으며, 이는 연평균 4.7건에 해당하는 높은 빈도였다. 더욱 심각한 것은 위반 행위가 점점 더 은밀하고 조직적으로 이루어졌다는 점이다. 1994년부터는 야간과 주말에 몰래 고농도 폐수를 방류하는 일이 빈번해졌으며, 이는 환경감시요원이 없는 시간을 노려 의도적으로 법을 위반한 것이었다.

이 시기 환경 범죄의 특징은 단순한 기준 초과가 아니라 체계적인 조작과 은폐가 일상화되었다는 점이다. 측정 장비의 인위적 조작, 가짜 시료 제출, 무허가 배출구 설치 등 악질적인 위반 행위가 반복되었다. 특히 1996년부터는 컴퓨터를 이용한 자동 측정 시스템을 도입하면서도 이를 조작하여 실제보다 낮은 수치를 기록하는 등 기술적 발전을 오히려 환경 범죄에 악용하는 양상을 보였다.

이러한 환경 범죄의 체계화는 추출주의의 중요한 특성을 보여 준다. 추출주의는 단순히 자원을 채취하는 경제활동이 아니라, 환경 비용과 사회적 위험을 외부화하기 위해 법적·제도적 체계를 우회하거나 무력화하는 정치적 과정이기도 하다. 영풍의 사례는 이러한 정치적 과정이 어떻게 일상화되고 체계화되는지를 보여 주며, 개별 기업의 일탈이 아니라 추출주의 시스템 자체의 구조적 특성임을 드러낸다.

또한 이 시기에는 환경 범죄에 대한 처벌이 극히 미약했다. 47건의 위반에 대한 총 과징금은 8억 원에 불과했으며, 이는 제3공장 건설 비용의 1%도 되지 않는 수준이었다. 이러한 미약한 처벌은 환경 범죄를 사실상 '비용'으로 계산하게 만들었으며, 법을 지키는 것보다 위반하고 과징금을 내는 것이 경제적으로 더 유리한 구조를 만들어 냈다. 이는 추출주의가 어떻게 자기 재생산에 제도적 허점을 이용하는지 보여 준다.

3) 추출주의의 자기 재생산 메커니즘

석포지역 사례는 추출주의의 자기 재생산 메커니즘을 보여 주는 전형적 사례이다. 일단 형성된 희생지대는 경제적·정치적·문화적 메커니즘을 통해 지속적으로 재생산되는 구조를 갖게 된다. 이러한 자기 재생산 메커니즘은 세 가지 차원에서 작동하며, 각각이 서로 강화하면서 추출주의 구조를 공고화한다.

경제적 차원에서는 의존성의 심화가 핵심이다. 제련소가 지역 경제의 중심이 되면서 주민들은 점점 더 제련소에 의존하게 되었고, 이는 제련소에 대한 비판을 어렵게 만들었다. 특히 농업의 쇠퇴와 다른 산업의 부재는 제련소 외에는 대안이 없다는 인식을 강화했다. 1990년대 후반 농업 소득이 제조업 소득의 3분의 1 수준으로 떨어지면서, 농업에서 벗어나 제련소 관련 업종으로 전환하는 가구가 급증했다. 이는 추출주의가 단순히 자원을 채취하는 것이 아니라, 지역 경제를 특정한 방식으로 재편함으로써 자신의 존속 조건을 만들어 내는 과정임을 보여 준다.

이러한 경제적 의존성은 단순히 고용 관계에 한정되지 않았다. 제련소 관련 인프라(도로, 전력, 급수 시설 등)가 지역 전체의 기반 시설로 기능하면서, 제련소의 존재가 지역사회 전체의 물리적 토대가 되었다. 또한 제련소 노동자들의 소비 활동이 지역 상권을 지탱하는 주요 동력이 되면서, 제련소와 직접적 관련이 없는 주민들도 간접적으로 제련소에 의존하게 되었다. 이는 제련소 반대 목소리를 내는 것이 곧 자신의 경제적 기반을 위협하는 행위라고 인식하게 만드는 구조적 딜레마를 만들어 냈다.

정치적 차원에서는 무력감의 확산이 중요한 메커니즘으로 작용했다. 30년 넘게 지속된 환경오염에도 불구하고 근본적인 변화가 없었다는 경험은 주민들에게 깊은 무력감을 심어 주었다. "어차피 바뀌지 않을 것"이라는 체념적 인식이 지배적이 되었고, 이는 정치적 참여와 저항 의지를 약화시켰다. 또한 지역의 정치적 영향력이 제한적이라는 인식도 이러한 무력감을 강화했다. 소규모 농촌 지역으로서 정치적 발언권이 매우 제한적이었으며, 이는 정치인들이 석포 주민들의 목소리에 귀 기울일 유인을 약화시켰다. 더욱이 제련소가 지역의 주요 세수원이자 고용 창출원이라는 점에서, 지방 정치인들도 제련소를 적극적으로 지지하는 입장을 취할 수밖에 없었다.

이러한 정치적 무력감은 주민들로 하여금 '적응'과 '순응'을 최선의 전략으로 인식하게 만들었다. 저항보다는 보상을 요구하고, 근본적 변화보다는 점진적 개선을 추구하는 것이 현실적이라는 인식이 확산되었다. 이는 추출주의 구조를 근본적으로 변화시킬 수 있는 정치적 동력을 약화시키는 결과를 낳았다.

문화적 차원에서는 "희생의 정당화" 담론이 내재화되었다. "국가 발전을 위한 희생", "지역경제를 위한 어쩔 수 없는 선택", "후손들을 위한 숭고한 헌신" 등의 담론이 주민들의 의식 속에 깊이 뿌리내렸다. 이러한 담론은 현재의 고통을 미래의 이익을 위한 투자로 해석하게 만들었고, 환경권과 건강권보다는 경제적 실익을 우선시하는 가치관을 확산시켰다.

특히 주목할 만한 것은 이 담론이 종종 도덕적·윤리적 언어로 포장되었다는 점이다. 환경문제를 제기하는 것은 "이기적"이고 "근시안적"인 행위로, 경제적 실익을 추구하는 것은 "현실적"이고 "책임감 있는" 행위로 프레이밍되었다. 이는 환경 정의를 추구하는 주민들을 도덕적으로 고립시키는 효과를 가져왔으며, 주민 공동체 내부의 분열을 야기했다.

또한 이 시기에는 "전문성" 담론도 중요한 역할을 했다. 환경문제는 "전문가들이 판단할 일"이며, "일반 주민은 잘 모르는 복잡한 문제"라는 인식이 확산되었다. 이는 주민들의 체험적 지식과 생활 세계의 경험을 평가절하하고, 전문가와 기업의 권위에 의존하게 만드는 효과를 가져왔다. 제련소 측에서 정기적으로 개최하는 "환경 설명회"에서는 항상 "과학적 근거"와 "객관적 데이터"가 강조되었으며, 주민들의 건강피해 호소는 "주관적 느낌"이나 "근거 없는 추측"으로 폄하되었다.

이러한 자기 재생산 메커니즘은 추출주의의 지속성을 설명해 준다. 추출주의는 단순히 외부적 강제에 의해서만 유지되는 것이 아니라, 복잡한 내부적 동의와 체념의 메커니즘을 통해 재생산된다. 경제적 의존성, 정치적 무력감, 문화적 내재화가 서로 맞물리면서 추출주의를 지탱하는 강력한 구조적 힘을 만들어 낸다. 이는 추출주의를 극복하기 위해서는 단순히 제도적 변화나 기술적 해결책만으로는 부족하며, 이러한 자기 재생산 구조 자체를 해체할 수 있는 총체적 접근이 필요함을 시사한다.

4. 환경 부정의의 심화와 저항의 등장(2000~2024)

1) 2013년 부산 수돗물 사건과 추출주의의 공간적 확장

2013년 8월 부산 지역 수돗물에서 카드뮴이 기준치를 초과하여 검출되는 사건은 영풍석포제련소 문제가 지역적 차원을 넘어선 전국적 환경 위기임을 각인시키는 결정적 계기가 되었다. 환경부의 역추적 조사 결과 오염원이 350km 상류의 영풍석포제련소임이 밝혀졌으며, 이는 추출주의가 공간적으로 어떻게 확장되며 로컬한 추출 활동이 광역적 환경 부정의를 야기하는지 보여 주는 전형적 사례였다.

부산시의 즉각적인 취수원 변경과 비상급수체계 가동, 낙동강 연안 도시들의 일제 상수원 점검은 추출주의의 파급 효과가 얼마나 광범위한지를 보여 주었다. 특히 충격적인 것은 석포제련소에서 배출된 카드뮴이 지하수를 통해 봉화천으로 유입되고, 이것이 낙동강을 따라 350km를 흘러 부산까지 도달했다는 사실이었다. 이러한 오염이 수십 년간 지속되어 온 결과라는 점은 추출주의의 누적적 특성을 명확히 보여 준다.

2013년 사건을 계기로 석포제련소 문제는 새로운 국면에 접어들었다. 더이상 지역의 문제가 아니라 전 국민의 관심사가 되었고, 이는 영풍에 대한 사회적 압력을 크게 증가시켰다. 동시에 지역 주민들의 의식에도 변화가 나타나기 시작했으며, 그동안 내재화되어 있던 "희생의 정당화" 담론에 균열이 생기기 시작했다.

2) 지속되는 환경 범죄와 구조적 처벌 회피

2000년대 이후에도 석포제련소의 안전사고와 환경법 위반은 계속되었으며, 오히려 그 양상이 더욱 악질적이고 조직적으로 변화했다. 2002년 7월 29일 발생한 침전 저류조 폭발 사고는 4명이 사망하고 1명이 중상을 입는 대형 참사였으며, 이는 추출주의가 인간의 생명과 안전을 어떻게 경시하는지 보여 주는 극명한 사례였다.

2001년에는 직접적인 중금속 중독 사망 사례도 발생했다. 제련소에서 21년간 근무한 최재환씨가 카드뮴 중독으로 사망한 사건은 2002년 대구 지방노동청 국정감사에서 공식적으로 확인되었으며, 이는 카드뮴의 치명성과 제련소의 안전관리 부실을 동시에 보여 주는 상징적 사건이었다.

이 시기부터 영풍의 환경법 위반이 더욱 체계적이고 은밀해졌다. 특히 2008년 발생한 '지하수 오염 은닉 사건'은 영풍의 환경 범죄가 어느 수준에 이르렀는지를 보여 주는 대표적 사례였다. 환경부 특별 조사단의 2013년 조사 결과, 영풍 부지 내 지하수에서 카드뮴 농도가 기준치를 대폭 초과하는 극심한 오염이 확인되었으며, 영풍은 이 사실을 수년간 은닉해 왔던 것으로 드러났다. 이는 추출주의가 단순히 환경을 파괴하는 것이 아니라, 그 파괴의 실상을 은폐하고 조작하는 체계적 범죄행위를 포함한다는 사실을 보여 준다.

3) 주민 저항의 성장과 환경정의 의식의 각성

석포 지역의 환경정의운동은 전국적인 환경 운동과는 구별되는 독특한 양상을 보인다(구도완, 1996). 대부분의 환경 갈등이 외부 세력의 진입에 대한 지역 주민의 저항으로 나타나는 반면, 석포의 경우 50년간 지속된 오염에 대한 지연된 각성과 내부적 분열이 핵심적 특징이다. 2000년대 들어 정보 접근성의 향상과 함께 상황이 서서히 변화하기 시작했다. 결정적 계기는 2013년 부산 수돗물 카드뮴 검출 사건이었으며, 이를 계기로 외부 환경단체와 시민사회가 석포 문제에 본격적으로 개입하기 시작했다.

2017년 건강영향조사 결과 발표는 주민 의식의 결정적 전환점이 되었다. 질병관리본부와 환경부가 공동으로 실시한 이 조사는 석포면 주민들의 건강 상태를 인근 대조군과 비교 분석한 최초의 과학적 연구였다. 조사 결과 석포면 주민들의 혈중 중금속 농도가 전국 평균을 크게 상회하는 것으로 나타났으며, 특히 장기간 거주한 주민들과 어린이들에서 더욱 높은 수치를 보였다. 2018년 결성된 '석포면 아이들 건강 지키기 모임'은 새로운 형태의 주민운동을 보여 주었다. 이 모임의 특징은 어머니들이 중심이 되어 "아이들의 미래"를 전면에 내세웠다는 점이다. 기존의 환경 운동이 주로 남성 중심이었던 반면, 이 운동은 돌봄과 재생산의 관점에서 환경문제를 재정의했다. 또한 과학적 근거에 기반한 운동을 전개했으며, 광역적 연대를 통해 운동의 범위를 확장했다.

그러나 주민운동은 여전히 내부적 분열에 직면하고 있다. 제련소 폐쇄를 주장하는 '건강권 우선' 그룹과 일자리 보호를 내세우는 '생존권 우선' 그룹 사이의 갈등이 심화되고 있다. 이러한 분열은 50년간 형성된 제련소 의존적 경제구조가 쉽게 변화하기 어렵다는 현실을 보여 주며, 동시에 추출주의가 만들어 낸 구조적 딜레마의 표현이기도 하다.

4) 최근 동향: 조업 정지, 과징금, 그리고 중대재해처벌법의 적용

2013년 부산 수돗물 사건 이후 지속된 사회적 압력으로 인해 2019년 5월 환경부는 영풍석포제련소에 대해 20일간의 조업정지 처분을 내렸다. 이는 1970년 가동 이후 49년 만에 처음으로 내려진 조업정지 처분이었으며, 추출주의 구조에 대한 제도적 제재가 가능함을 보여 주는 상징적 사건이었다.

2021년 11월 환경부가 영풍석포제련소에 과징금 약 281억 원을 부과한 것은 환경 범죄에 대한 처벌 수준이 크게 강화되었음을 보여 주는 중요한 전환점이었다. 이는 2020년 11월 시행된 「환경 범죄 등의 단속 및 가중처벌에 관한 법률」의 첫 번째 본격적 적용 사례였으며, 당시까지 환경 분야에서 부과된 과징금 중 최대 규모였다.

2022년 8월 환경부의 대규모 정밀 조사는 더욱 충격적인 결과를 보여 주었다. 형광물질을 활용한 추적자 시험 조사 결과, 공장 내부의 오염 물질이 지속적으로 외부로 유출되고 있다는 명확한 증거가 확인되었다. 더욱 심각한 것은 이 조사를 통해 제련소 운영 50년 동안 토양과 지하수에 축적된 오염의 규모가 처음으로 정확히 파악되었다는 점이다.

가장 최근의 중요한 변화는 중대재해처벌법의 적용이다. 2023년과 2024년 연이어 발생한 노동자 사망 사고로 인해 2024년 8월 29일 영풍 경영진이 중대재해처벌법 위반 등의 혐의로 구속되었다. 특히 2024년 초 3개월 동안 영풍석포제련소에서는 충격적인 산업재해가 연이어 발생했다. 2023년 12월 6일 설비교체작업 중 맹독성 가스(아르신) 중독으로 60대 하청업체 노동자가 사망했고, 2024년 3월 8일에는 냉각탑 석고 제거 작업 중 50대 임시직 노동자가 떨어진 석고에 맞아 사망했다. 3월 18일에는 또 다른 하청업체 노동자가 아연 쇳물에 두 다리가 빠져 중상을 입는 사고가 발생했다.

이러한 산업재해의 빈발은 영풍석포제련소의 구조적 안전관리 부실을 보여 준다. 안동환경운동연합과 환경보건시민센터의 기록에 따르면 1997년부터 2024년 3월까지 영풍석포제련소에서는 간질환, 황산 탱크로리 전복 사고, 카드뮴 중독, 추락사, 침전물 처리 작업 중 빠짐 등으로 총 14명의 노동자가 목숨을 잃었다. 이는 2년에 1명꼴로 사망한 것으로, 추출주의 산업 현장에서 노동자의 생명과 안전이 얼마나 경시되는지를 극명하게 보여 준다.

이에 따라 2024년 1월 9일 대구 지방 고용노동청은 영풍법인과 대표이사, 제련소장과 하청업체 대표 등을 중대재해처벌법 위반과 산업안전보건법 위반 혐의로 입건했다. 이는 추출주의에 대한 형사적 책임 추궁이 강화되고 있음을 보여 준다.

그러나 이러한 제도적 변화에도 불구하고 환경 위반은 계속되고 있다. 2024년 9월에도 석포제련소에서 기준치를 초과하는 카드뮴이 대기 중으로 배출된 사실이 적발되었으며, 이는 추출주의의 구조적 문제가 개별적 처벌이나 규제 강화만으로는 해결되기 어렵다는 한계를 보여 준다.

5) 희생지대의 반복: 새로운 추출주의의 등장

최근 봉화를 포함한 태백시 일대는 또다시 새로운 추출주의의 표적이 되고 있다. 봉화 지역은 희토류 광산 개발이, 태백시 일대는 티타늄 광산 개발이 추진되고 있다. 이미 환경오염으로 가동이 중단된 시설들이 있었지만, 이제는 더 큰 규모의 광산 개발이 태백산맥 일대에서 추진되고 있다. 이는 한번 '희생지대'로 낙인찍힌 지역이 계속해서 추출주의의 대상이 되는 전형적인 사례이다.

특히 주목할 만한 것은 이러한 현상이 봉화에만 국한되지 않는다는 점이다. 강원도 영월군 상동읍에서는 1994년 폐광된 텅스텐 광산이 30년 만에 다시 문을 열었다. 1950년대 한국 수출의 절반 이상을 차지했던 상동광산은 값싼 중국산 텅스텐에 밀려 문을 닫았지만, 최근 인공지능과 반도체 산업의 성장으로 텅스텐 가격이 치솟으면서 재개발되고 있다. 텅스텐 10kg당 가격이 최근 5년 새 188달러에서 319달러로 70% 상승한 것이 직접적 계기였다.

경북 울진군의 쌍전광산도 마찬가지이다. 1983년 문을 닫았던 이 광산은 2024년부터 다시 텅스텐 채굴을 시작할 예정이다. 이는 상대적으로 낙후된 지역들이 새로운 추출주의의 표적이 되는 전국적 현상임을 보여 준다. 영월 상동읍은 전국에서 가장 인구가 적은 읍으로, 1970년대 '강원도의 명동'이라 불리며 3만여 명이 북적였던 것과는 대조적으로 지금은 노인 등 1천여 명만이 농사를 짓고 살고 있다.

제련소로 인한 오염이 아직 해결되지 않은 상황에서 새로운 채굴 사업이 추진되는 것은 이 지역이 여전히 '희생 가능한 공간'으로 인식되고 있음을 보여 준다. 희토류는 현재 첨단산업과 국방 산업에서 필수적인 소재로 각광받고 있으며, 특히 반도체, 항공 우주, 의료 기기 등에서 수요가 급증하고 있어 "21세기의 철"이라고 불린다. 텅스텐 역시 다이아몬드만큼 단단하고 3400도 초고온을 견딜 수 있는 특성 때문에 반도체와 로켓 등 첨단산업의 필수 재료가 되고 있다.

그러나 희토류와 티타늄, 텅스텐 채굴 및 가공 과정에서도 심각한 환경문제가 발생할 수 있다는 점이 간과되고 있다. 희토류 정제 과정에서는 강산과 각종 화학물질이 대량으로 사용되며, 특히 방사성 물질인 토륨과 우라늄이 부산물로 발생하여 대기오염과 수질오염을 야기할 수 있다. 티타늄과 텅스텐 채굴 과정에서도 중금속 오염과 산성 광산 배수 문제가 발생할 수 있으며, 중국 내몽골의 바오터우 지역에서는 희토류 채굴로 인한 환경 파괴가 심각한 사회문제가 되고 있다.

태백산맥 일대 주민들은 제련소 문제도 해결되지 않은 상황에서 새로운 광산 개발에 복잡한 반응을 보이고 있다. 영월 상동읍의 경우 '상동광산 개발을 환영합니다. 파이팅!' 현수막이 마을 곳곳에 걸렸고, 주민들은 30년간의 침체를 벗어날 기회로 인식하고 있다. 알몬티 인더스트리즈가 1천억 원을 투자하여 1,800여 개의 일자리를 창출한다는 계획에 대한 기대감이 크다.

그러나 정부와 기업이 내세우는 "국가전략광물 확보"와 "첨단산업 육성"이라는 명분은 50년 전 제련소 건설 당시와 동일한 논리 구조를 보여 준다. 이러한 반복성은 추출주의가 갖는 구조적 특성을 명확히 보여 준다. 추출주의는 특정 지역을 '희생지대'로 만들어 내고, 일단 그러한 지역이 형성되면 계속해서 새로운 추출 프로젝트의 대상이 된다. "이미 오염된 지역이니까 조금 더 오염되어도 상관없다", "어차피 낙후된 지역이니까 개발이 필요하다"는 논리가 암묵적으로 작동하며, 이는 희생지대를 더욱 공고화하는 악순환을 만들어 낸다.

더욱 문제적인 것은 이러한 새로운 추출주의가 '녹색 전환'과 '4차 산업혁명'이라는 명분으로 포장되고 있다는 점이다. 희토류는 재생 에너지 설비와 전기차 제조에, 티타늄은 항공우주산업과 의료 기기에, 텅스텐은 반도체와 로켓 등 첨단산업의 필수 재료가 되고 있어 이들의 개발이 마치 환경을 위한 것이고 미래 산업을 위한 것처럼 포장되고 있다. 그러나 이는 전형적인 '녹색 추출주의'의 사례로, 기후변화 대응이라는 명분하에 새로운 형태의 환경 파괴와 사회적 희생을 정당화하는 것이다.

이는 진정한 생태 전환이 단순히 에너지원을 바꾸거나 새로운 기술을 도입하는 것이 아니라, 추출주의 자체를 넘어서는 근본적 변화를 요구한다는 사실을 보여 준다. 녹색 전환의 이름으로 또 다른 희생지대를 만들어 내는 것은 결코 지속가능한 해결책이 될 수 없으며, 이는 포스트-추출주의적 접근의 필요성을 더욱 절실하게 만든다.

5. 포스트-추출주의 전환을 향한 과제와 전망

1) 추출주의 구조의 지속성과 균열의 발현

영풍석포제련소에 대한 90년에 걸친 역사적 분석은 한국 추출주의가 갖는 놀라운 구조적 연속성과 동시에 최근 나타나고 있는 변화의 징후를 명확히 보여 준다. 이러한 지속성은 단순한 경제적 관성이 아니라, 깊이 뿌리내린 제도적·문화적·정치적 메커니즘의 복합적 작용에 기인한다.

첫째, 기술적 종속성의 지속은 추출주의 구조 재생산의 가장 근본적 동력이다. 일제강점기부터 현재까지 이어진 기술종속구조는 해방, 산업화, 민주화 등 정치사회적 대변동에도 불구하고 본질적 특성을 유지해 왔다. 앞서 2절에서 살펴본 1979년 일본인 기술자문 구속 사건이 상징적으로 보여 주듯이, 일본의 공해기술 이전에서 시작된 이러한 종속 관계는 현재까지도 핵심 기술과 설비에서 지속되고 있다. 이는 추출주의가 단순히 자원을 채취하는 경제활동이 아니라, 불평등한 국제분업구조를 재생산하는 정치경제적 메커니즘임을 시사한다.

둘째, 공간적 위계 구조의 고착화는 추출주의의 또 다른 핵심적 특성이다. 자원 산지인 석포 지역은 90년간 원료 공급과 1차 가공에만 특화되어 왔으며, 고부가가치 활동은 수도권과 주요 공업지역에 집중되는 구조가 지속되었다. 이러한 공간적 분업은 단순한 경제적 효율성의 결과가 아니라, 중심부와 주변부 간의 권력관계가 공간적으로 구현된 것이다. 지역은 환경 비용과 사회적 위험을 부담하지만, 경제적 이익은 중심부로 이전되는 구조가 제도적으로 고착화되어 있다.

셋째, 담론적 정당화의 진화는 추출주의의 이데올로기적 재생산 메커니즘을 보여 준다. 일제강점기 "대동아공영권 건설"에서 개발독재시대 "조국 근대화", 신자유주의 시대 "글로벌 경쟁력 강화", 그리고 최근의 "국가전략 광물 확보"와 "탄소중립 실현"에 이르기까지, 표현은 시대에 따라 변화했지만 지역의 희생을 국가 전체의 이익으로 정당화하는 논리 구조는 일관되게 유지되었다. 이는 추출주의가 물질적 착취뿐만 아니라 상징적·이데올로기적 차원에서도 작동한다는 사실을 보여 준다.

그러나 이러한 구조적 연속성과 동시에 변화의 조짐도 뚜렷하게 나타나고 있다. 환경 규제의 강화는 가장 중요한 변화 동력 중 하나이다. 2020년 환경범죄단속법 시행과 2021년 281억 원의 과징금 부과는 과거와는 차원이 다른 수준의 처벌이며, 2024년 중대재해처벌법 적용으로 경영진이 구속된 것은 추출주의에 대한 형사적 책임 추궁이 현실화되었음을 의미한다. 이는 환경 범죄의 경제적 유인 구조를 근본적으로 변화시킬 수 있는 전환점이 될 가능성을 제시한다.

시민사회의 감시역량 강화와 지역 주민들의 의식 변화도 중요한 변화 동력이다. 2013년 부산 수돗물 사건 이후 전국적 관심이 집중되면서 영풍은 더 이상 지역적 차원에서만 문제를 해결할 수 없게 되었다. 특히 젊은 세대를 중심으로 환경권과 건강권을 경제적 이익보다 우선시하는 인식이 확산되고 있으며, 이는 세대교체가 진행될수록 추출주의에 대한 사회적 지지 기반을 약화시킬 것으로 예상된다.

2) 희생지대에서 환경 정의로의 전환 조건과 가능성

석포 지역이 90년 넘게 지속된 희생지대에서 벗어나 환경 정의가 실현되는 공간으로 전환하기 위해서는 여러 핵심적 조건들이 충족되어야 한다. 이러한 조건들은 단순히 기술적·정책적 차원을 넘어서 사회구조적 변화를 요구한다.

여기서 가장 긴급한 과제는 경제적 대안의 마련이다. 제련소에 의존적인 지역경제 구조를 근본적으로 변화시킬 수 있는 지속가능한 발전 모델의 구축이 필요하다. 이는 단순히 다른 산업을 유치하는 것이 아니라, 지역의 생태적 특성과 사회적 요구를 반영한 내생적 발전 모델이어야 한다. 생태 관광이나 유기농업, 재생 에너지 산업 등이 대안으로 제시되고 있으나, 지역의 인구가 감소하고 고령화하는 상황에서 실질적인 대안이 될 수 있는지는 여전히 불분명하다.

대안적 전망이 불분명할수록, 거버넌스의 민주화를 환경정의 실현을 위한 필수적 조건으로 생각할 필요가 있다. 90년간 지역 주민의 의견이 배제된 채 진행된 개발의 역사를 극복하기 위해서는 의사결정 과정의 민주화가 필수적이며, 이는 단순한 참여의 확대를 넘어서 실질적인 권력의 재배분을 의미한다. 환경적으로 민감한 지역에서의 개발 프로젝트는 주민의 사전 동의 없이는 추진할 수 없도록 하는 제도적 장치의 마련이 필요하다. 또한 환경영향평가 과정에서 주민 참여를 의무화하고, 평가 결과에 대한 주민의 거부권을 보장하는 등의 제도적 개선이 요구된다.

최근 들어 환경 정의에 대한 관심이 높아지고 있지만 법적·제도적으로 보장하는 포괄적 시스템을 구축하기 위해서는 아직도 갈 길이 멀다(박재묵, 2006; 윤순진, 2003). 환경 정의는 단순히 환경보호의 문제가 아니라 사회적 형평성과 인권의 문제이다. 모든 시민이 안전하고 건강한 환경에서 살 권리를 보장하고, 환경 위험이 사회적으로 공정하게 분배되도록 하는 법적·제도적 틀의 구축이 필요하다. 이는 미국의 환경정의법이나 유럽연합의 환경정의지침과 같은 선진 사례를 참고하여 한국적 맥락에 맞는 환경정의법제의 도입으로 이어질 필요가 있다.

3) 한국 사회의 생태적 전환을 위한 구조적 함의

영풍석포제련소 사례가 한국사회 전체에 제기하는 함의는 단순히 하나의 지역적 환경문제를 넘어서 한국의 발전 모델과 사회구조에 대한 근본적 성찰을 요구한다는 점에서 그 의미가 크다. 영포석포제련소의 사례는 무엇보다 성장 중심 발전모델의 근본적 한계와 대안적 발전 패러다임의 필요성을 제기한다. 90년간의 경제적 이익이 환경 파괴와 사회적 비용으로 상쇄되었다는 사실은 GDP 중심의 성장 지표가 갖는 본질적 한계를 분명히 보여 준다. 환경부 조사에서 확인된 극심한 지하수 오염과 이로 인한 막대한 복구 비용을 고려할 때, 과연 석포제련소가 경제적으로 '성공한' 사례인지에 대한 근본적 의문이 제기된다. 진정한 발전은 경제적 성장과 환경적 지속가능성, 사회적 형평성이 조화를 이루는 통합적 발전이어야 하며, 이는 유엔의 지속가능발전목표(SDGs)가 지향하는 방향이기도 하다.

이러한 변화가 지역 간 불평등 구조의 해소와 균형 발전 없이는 이루어질 수 없다는 사실도 기억할 필요가 있다. 석포 지역이 희생지대가 된 것은 중앙-지방, 도시-농촌 간의 권력관계 불균형과 밀접한 관련이 있다. 수도권 중심의 발전 전략은 필연적으로 지방의 희생을 수반하며, 이는 지역 간 갈등과 사회적 통합 저해로 이어진다. 현재 수도권이 전체 인구의 50%, GDP의 52%를 차지하는 극도의 집중 현상은 지속가능하지 않으며, 진정한 균형 발전을 위한 근본적 정책 전환이 필요하다.

환경 정의의 관점에서 모든 시민은 깨끗하고 안전한 환경에서 살 권리가 있으며, 환경 위험은 사회적으로 공정하게 분배되어야 한다. 그러나 현실에서는 경제적으로 취약한 지역과 계층에 환경 위험이 집중되는 경향이 있다. 이를 해결하기 위해서는 환경 정의를 법적·제도적으로 보장하는 장치가 필요하며, 환경권을 기본권으로 명시하는 헌법 개정도 검토할 수 있을 것이다. 더불어 기업의 사회적 책임에 대한 새로운 기준과 실효성 있는 제재 체계를 구축할 필요가 있다. 기업은 단순히 경제적 이익 창출만이 아니라, 환경과 사회에 미치는 영향에 대해서도 책임을 져야 한다. 특히 환경 위험이 높은 산업의 경우 더욱 엄격한 기준이 적용되어야 하며, 이는 단순한 규제 준수를 넘어서는 사회적 책임의 개념이다. ESG(환경·사회·지배 구조) 경영의 확산과 함께 기업의 환경 사회적 책임을 실질적으로 담보할 수 있는 법적·제도적 장치의 강화가 필요하다.

4) 포스트-추출주의 사회로의 전환 전략과 실천 과제

궁극적으로 영풍석포제련소 문제의 근본적 해결은 포스트-추출주의 사회로의 전환을 요구한다. 이는 단순히 추출 산업을 없애는 것이 아니라, 자연과 인간의 관계를 근본적으로 재구성하고 사회경제 시스템을 지속가능한 방향으로 전환하는 것을 의미한다. 이러한 전환은 다차원적이고 장기적인 과정이며, 체계적인 전략과 구체적인 실천 과제가 필요하다. 희생지대에서 환경 정의로의 전환은 장기적 과정이며, 이 과정에서 주민들의 생계와 건강을 보장할 수 있는 포괄적 지원 체계가 필요하다. 이는 단순한 경제적 보상을 넘어서 순환 경제로의 모델이나 지역기반 경제의 활성화를 통한 분산형 발전 모델의 구축 등이 필요할 것이다. 이를 위해 일회적 소비와 폐기를 기반으로 한 선형 경제에서 벗어나 자원의 재사용과 재활용을 극대화하고, 제련업의 경우 폐금속 재활용을 통해 신규 채굴의 필요성을 줄이고 환경 부담을 최소화할 수 있는 기술적·제도적 기반의 구축도 필요하다. 이 과정에서 민주적 거버넌스의 구축은 필수적이다. 소수의 엘리트가 결정하고 다수가 그 결과를 감수하는 구조에서 벗어나, 모든 이해관계자가 참여하는 민주적 의사결정 구조를 만들어야 한다. 특히 환경 영향이 큰 프로젝트의 경우 주민 참여와 동의 없이는 추진할 수 없도록 하는 제도적 장치가 필요하며, 이는 환경 민주주의의 실현을 위한 핵심적 요소이다.

그러나 포스트-추출주의의 문제의식이 우리에게 요청하는 성찰은 더욱 근본적이다. 단순히 제련소를 폐쇄하거나 다른 산업으로 대체하는 것만으로는 추출주의의 구조적 문제를 해결할 수 없다. 순환 경제든 생태 관광이든, 새로운 형태의 개발 역시 자연과 지역을 대상화하고 착취하는 또 다른 추출주의가 될 위험을 내포한다. 지역 불균형 문제 역시 단순한 산업 재배치나 보상으로 해결될 수 없는, 권력관계와 가치 체계의 근본적 재편을 요구하는 과제이다. 영풍석포제련소 사례가 보여 주듯이, 90년간 지속된 추출주의는 단지 경제적 구조가 아니라 우리의 사고방식과 삶의 양식 전체에 깊이 각인되어 있다. 더 중요한 것은, 우리 모두의 일상적 삶이 이미 '제국적 생활양식'에 깊숙이 편입되어 있다는 사실이다. 우리가 당연하게 여기는 편리함과 풍요는 석포와 같은 희생지대의 존재를 전제로 하며, 글로벌 남반구의 자원 추출과 노동 착취 위에 성립한다.

이러한 구조적 현실을 직시할 때, 단순한 대체 산업이나 기술적 해법은 진정한 대안이 될 수 없다. 지역에 또 다른 형태의 '친환경' 산업을 유치하는 것이 과연 추출주의를 극복하는 길인가? 폐광 지역을 관광지로 개발하는 것이 진정한 전환인가? 이러한 질문들은 우리가 제시하는 대안이 실제로는 추출주의의 변형에 불과할 수 있음을 경고한다. 따라서 진정한 포스트-추출주의로의 전환은 이러한 구조적 연관성을 인식하고, 표면적 해법이 아닌 근본적 변화를 추구하는 데서 시작된다. 당장 석포 주민들의 건강권 보장과 환경 복구라는 긴급한 과제와 함께, 우리는 추출주의적 구조 자체를 변화시킬 수 있는 진짜 대안을 모색해야 한다. 이는 쉽지 않은 과제이며, 기존의 발전 패러다임과 삶의 방식에 대한 근본적 성찰과 집단적 상상력을 요구한다. 그러나 석포의 90년 역사가 보여 주듯이, 진정한 대안이 없다면 희생지대는 계속해서 재생산될 뿐이다.

참고문헌

• 1차 사료 및 정부 자료

경제기획원. 1962.『제1차 경제개발 5개년 계획』.
미군정청. 1946.『적산관리법』. 미군정법령 제33호.
조선총독부 지질조사소. 1937.『조선의 광물자원』.
조선총독부. 1915.『조선광업령』. 조선총독부관보 제1080호.
환경부 보도자료. 2019.5.23. "영풍석포제련소 조업정지 처분".
환경부 보도자료. 2021.11.23. "영풍석포제련소 과징금 281억원 부과".
환경부. 2014.『낙동강 중금속 오염원 조사보고서』.
_____. 1953.8.3.『광업법』. 법률 제319호.

• 신문 및 언론 자료

≪동아일보≫. 1979.4.3. "重金屬(중금속) 낙동강放流(방류) 日人顧問(일인고문)등 구속".
≪동아일보≫. 1979.5.29. "오염공해 사람 물고기·나는 새까지 非常".
≪동아일보≫. 1979.6.18. "安東댐 상류 洛東江 「공해」가 흐른다".
≪동아일보≫. 1980.5.19. "重金屬(중금속) 오염 첫 生態系(생태계) 파괴 현상".
≪동아일보≫. 1980.7.17. "제련소 폐수 누출로 물고기 폐사".
≪시사IN≫. 2024.4.15. "제련소 폐쇄를 이들이 주장하는 이유", 제865호.
연합뉴스. 2024.8.29. "'중대재해처벌법 첫 구속' 아리셀·영풍, 법원 '범죄 중대'".
≪조선일보≫. 2024.8.23. "30년 만에 텅스텐 광산 가동 … 부활하는 '강원도의 명동'".
SBS「그것이 알고 싶다」. 2014.3.15. "낙동강을 죽이는 자들".

• 단행본

구도완. 1996.『한국 환경운동의 사회학』. 문학과지성사.
노진철. 2001.『위험사회와 생태적 시민권』. 환경과생명.
윤순진. 2003.『환경정의론과 한국의 환경 문제』. 한울
이두갑 엮음. 2022.『과학기술과 사회』3호 추출주의(extractivism). 알렙.

• 학술논문

김창수. 2021.「영풍석포제련소를 둘러싼 딜레마와 정책대응: 기회손실, 지역의존성, 그리고 상징적 대응」. ≪정부학연구≫, 27(1): 159~187.
김혜나. 2020.「일제강점기 식민지 광업개발과 지역사회 변화: 봉화 연화광산을 중심으로」. ≪지역과 역사≫, 46: 321~356.
박재묵. 2006.「환경정의론과 한국의 환경불평등」. ≪환경사회학연구 ECO≫, 10(1): 7~29.
Bernauer, Warren. 2019. "The limits to extraction: mining and colonialism in Nunavut." *Canadian Journal of Development Studies*, 40(3): 404~422.

Bullard, Robert D. 2000. *Dumping in Dixie: Race, Class, and Environmental Quality*, 3rd ed. Boulder: Westview Press.

Chagnon, Christopher W. et al. 2022. "From extractivism to global extractivism: the evolution of an organizing concept." *The Journal of Peasant Studies*, 49(4): 760~792.

Gudynas, Eduardo. 2016. "Extractivisms: Ecology, Economy and Politics of a Mode of Understanding Development and Nature." Fabio de Castro et al.(eds.) *Environmental Politics in Latin America*. Cheltenham: Edward Elgar, pp.61~76.

Jasanoff, Sheila and Sang-Hyun Kim(eds.). 2015. *Dreamscapes of Modernity: Sociotechnical Imaginaries and the Fabrication of Power*. Chicago: University of Chicago Press.

Juskus, Ryan. 2023. "Sacrifice Zones: A Genealogy and Analysis of an Environmental Justice Concept." *Environmental Humanities*, 15(1): 3~24.

Lerner, Steve. 2010. *Sacrifice Zones: The Front Lines of Toxic Chemical Exposure in the United States*. Cambridge: MIT Press.

• 기타 자료

안동환경운동연합 영풍석포제련소 관련 자료실(https://ad.ekfem.or.kr/boards/education-archive)
영풍기업 웹사이트(http://www.youngpoong.co.kr)
한국광해관리공단(https://www.mireco.or.kr)
환경부 환경통계포털(http://stat.me.go.kr)

7 포스트 성장 시대, 노동의 재구성을 위하여*
사회 통합과 사회적 노동

김주환

사회 통합(integration of society)은 사회를 조직하는 두 가지 방식, 즉 도덕 규범적 차원의 사회적 통합(social integration)과 익명적인 사물들의 사실적 작동 메커니즘으로서의 체계 통합(system integration)으로 구분해 볼 수 있다. 두 사회 통합 방식은 사회를 어떻게 조직할 것인지에 대한 상이한 원리로서 서로 긴장과 갈등 관계에 있다. 특히 사회적 노동은 두 가지 사회 통합 방식(사회조직화 방식)이 교차하는 영역으로서 한 사회가 조직되는 양상과 그 건강함 내지 위기를 드러내는 중요한 지점이다. 오늘날 자본주의 환경에서 사회적 노동은 사회적 연대가 이루어지고 사람들을 통합하는 영역이 되기보다는 다수의 사람들을 배제, 축출하고 경쟁을 통해 연대의 토대를 침식시키는 양상으로 조직되고 있다. 이는 사회적 통합 원리가 크게 훼손된 상

---

* 이 글은 ≪사회이론≫ 67호(2025년 5월)에 게재된 논문 「포스트성장 시대, 노동의 재구성을 위하여: 사회 통합과 사회적 노동」을 수정한 것이다.

태에서 체계 통합 메커니즘을 통해 사회가 유지되는 병리적 상태에 우리 사회가 빠져 있음을 시사한다. 따라서 사회적 통합 메커니즘의 강화가 요구된다. 이 글은 이를 위한 하나의 방안으로 기존의 임금노동체제를 넘어 인정 이론적 관점에서 사회적으로 기여하는 모든 인간 활동에 대해 정당한 가치 평가를 하고 그에 따른 보상이 주어짐으로써 각자의 활동과 존재에 대한 사회적 인정이 이루어질 필요가 있음을 주장한다. 이는 체계 통합의 지배에 맞서 사회적 통합의 역량을 강화하는 것으로서 익명적 사물 작동 메커니즘으로서의 자본주의 원리를 민주주의 원리를 통해 통제하는 것을 의미한다. 사회 통합에 있어서 신자유주의의 한계가 명백해졌지만 그렇다고 과거의 포디즘적 노동 체제에 기반한 복지국가로 회귀할 수도 없는 오늘날의 상황에서, 이는 포스트 사회적인 것을 어떻게 보다 민주적인 방식으로 재조직할 것인가에 대한 하나의 제안이라고 할 수 있다.

1. 들어가며

한 시대, 한 사회의 질서를 조직하는 지배적 원리가 심각한 위기에 빠져들면 그 조직 원리에 대한 비판과 정당성의 철회가 나타나고 대안적 사회조직화의 원리에 대한 상상들이 분출하기 마련이다. 현대사회 성립 이후 각 시대와 사회는 형식적으로나마 각종 구속과 제약에서 자유로워진 개인들을 어떻게 다시 한 사회 안으로 통합할 것인가의 문제와 씨름해 왔다. 최소한 현대사회의 출현 이후, 사회적 차원에서는 개인들의 협력적 공존과 공생의 사회적 양식을 마련하고, 개인적 차원에서는 그 안에서 개개인들이 자기 결정으로서의 자유와 자기실현을 통한 행복을 도모할 수 있는 조건을 만드는 것이 사회조직화의 규범적·이념적 지향을 이루어 왔다고 봐도 무리는 없을 것이다. 사회의 발전과 개인의 발전의 양립이라는 이상이야말로 모든 사회의 규제적 이념임은 이론의 여지가 없을 것이기 때문이다. 사회의 질서를 조직한다는 것은 사회적 공존의 규칙과 자유로운 개인들의 자기실현 욕구 사이의 긴장이라는 함수를 풀어 가는 방식이라고 할 수 있다. 물론 그 함수를 어떻게 풀어 가느냐에 따라 사회질서를 조직하는 지배적 양식은 다양한 형태를 취하게 된다. 한 사회의 질서를 성공적으로 조직할 수 있다고 주장하는 원리들의 경쟁 속에서 보다 높은 정당성을 지닌 지배적 사회질서 조직화의 원리가 되려면 그 원리는 개인들을 사회에 통합적으로 결합시킬 수 있는 능력을 증명해야 한다.

현대사회의 등장과 함께 나타나 사회적 삶의 양상을 결정하고 있는 양대 축인 민주주의와 자본주의(산업사회)는 사회 통합의 능력을 나름대로 성공적으로 증명해 왔으며 사회질서 조직화의 지배적 원리로 기능해 왔다. 우선 민주주의는 앞서 말한 사회적 공존의 규칙과 자유로운 개인들의 자율적 자기실현 욕구의 긴장 관계에 대처하는 원리라고 할 수 있다. 어떤 사회질서의 조직화 원리든 개인들의 공존과 공생의 양식을 실현하기 위한 규칙을 제시하게 되어 있는데, 이 규칙은 자유로운 개인들에게는 언제나 강제로 체험되기 마련이다. 하지만 근본적인 의미에서 민주주의는 그 규칙이 적용될 대상과 그 규칙 제작자의 일치라는 이념, 즉 자신들이 만든 규칙을 스스로에게 부과하는 자율적 자기 결정의 이념이라고 할 수 있다. 그런 점에서 민주주의 원리로 조직화되는 사회의 질서는 그것이 자율적 자기 결정인 이상 강제가 아니라는 전제가 깔려 있다.

한편 자본주의는 중세적 신분 질서에 따른 재화(지위, 권력, 부 등)의 배분 대신 신분이 무엇인지에 대해 무관심한 시장에서 자유롭게 활동하는 개인들 각자의 노력과 성취에 따른 재화의 배분을 새로운 사회 조직화의 원리로 제시했다. 이때 사회적 노동은 개인들이 자신의 재능과 노력을 통해 생존을 도모할 수 있는 활동임은 물론 사회적으로 유익한 공적 효과를 창출하면서 사회에 참여하여 자신을 실현할 수 있는 사회적 삶의 대표적인 양식이 되었다. 물론 마르크스가 통렬하게 지적했듯이, 자본주의의 사회적 노동의 현실적인 모습은 임노동으로서, 그것은 사실상 자신의 노동력 외에는 팔 것이 없는 노동자들의 입장에서 임노동 관계 안으로 들어가는 것 외에는 선택의 여지가 없는 강제된 노예노동에 다름 아니다. 하지만 노동자들은 노동운동과 정치 운동을 통해 노동과정에의 결정권과 주체적 참여의 공간을 확장하며 작업장 내부의 민주주의를 확장해 왔고 또한 노동을 통해 생계를 유지하고 소비 능력을 높여 가면서, 완벽하지는 않을지라도, 자기실현의 일정한 물적 조건을 획득해 왔다.

자본주의의 물적 토대는 민주주의를 심화하는 사회적 조건을 만들었고, 자유주의 법질서나 민주적 국민국가 등 민주주의를 통한 사회조직화의 산물들은 자본주의가 안정적인 방식으로 작동할 수 있는 사회적·정치적 토대를 마련해 줬다(Lipset, 1960; 무어, 1990; 애쓰모글루·로빈슨, 2012). 그런 점에서 비록 민주주의와 자본주의는 서로 충돌하기도 했지만 많은 부분 서로를 보완하고 의존하면서 한동안 성공적으로 현대인들을 한 사회에 통합적으로 결합하는 사회질서 조직화의 대표적인 양대 원리가 되어 왔다(슈트렉, 2015: 94~95). 이때 노동 영역은 사회적 삶의 대표적 영역으로서 상이한 작동 원리를 가지는 자본주의 체계 원리와 민주주의의 규범적 원리가 만나고 삼투하면서 사회 통합이 이루어지는 중요한 통로가 되어 왔다. 가령 제2차 세계대전 이후 유럽 국가들은 삶의 안정성, 노동의 권리라는 노동의 민주적·규범적 기대를 반영하기 위해 공공투자와 재정지출 확대 같은 재정 정책 및 통화안정 정책을 활용했고 사회보장제도를 강화했다. 그리고 이를 경제의 안정, 수요의 창출 등을 통한 불확실성 감소, 장기적 투자와 성장 환경의 조성으로 이어지는 선순환 구조를 만들었다. 노동 통합(개개인의 노동 참여와 이를 통한 안정적인 삶의 유지 가능성 조건 확보)을 통해 자본주의 체계 통합과 인민들의 민주적이고 규범적인 사회적 통합이 균형을 이루어 사회 통합이 가능해지는 환경을 조성했다. 하지만 오늘날 저성장이 새로운 표준이 되고 노동 영역은 물론 인간 삶의 전 영역에 걸친 신자유주의적 사회 재조직화가 진행되면서 기존의 노동 통합을 통한 사회 통합의 사회조직화에 커다란 변화가 야기되고 있다.

오늘날 우리가 직면하고 있는 많은 문제적 현상들, 예를 들면 특히 청년들 사이에서 이야기되었던 '탈조선', '노오~력', '잉여' 담론 등의 문화 현상부터, 프레카리아트화 문제, 불평등의 심화, 괜찮은 일자리의 부족, 금융 투기에의 몰입, 이른바 지방 소멸이라는 자극적 언어의 유행, 우익 포퓰리즘의 전 지구적 득세, 분노 정념의 공격적 표출 형태로 나타나는 여러 정치적·사회·문화적 현상들 같은 문제들은 생존에 필요 불가결한 노동 영역에서 벌어지는 사회 통합의 위기와 무관하지 않을 것이다. 오늘날 자본주의적 사회조직화 원리가 작동함에 있어서 점차 상대적으로 (공식)노동의 중요성이 감소하고,[1] 그로 인해 자본주의 체계가 안정적인 일자리 창출 능력을 보여 주어 (노동 통합) 자신의 정당성을 확보하고자 하는 의지가 약해지고 있다. 이는

---

[1] 이는 노동이 더 이상 자본주의에 중요하지 않게 되었음을 말하고자 하는 것이 아니라, 시장 경쟁 속에서 기업들이 기술혁신 등을 통한 생산성 향상과 이를 통한 특별잉여가치의 생산에 골몰하는 경향이 강해지고 있다는 점, 그리고 그 과정에서 김철식(2025)이 '노동의 탈경계화'라는 표현으로 지칭하는 기존의 공식적 임노동 형태에 포함되기는 애매한 형태의 활동들이 크게 늘어나고 그러한 활동들에 대한 의존성이 커지는 점을 가리킨다.

사회 구성원들의 안정적 생계 보장, 노동을 통한 자기실현, 협력적 공존과 연대 같은 현대사회의 전형적인 규범적 기대와 구속으로부터 자본주의가 벗어나고 있다는 점, 이로 인해 자본주의에 대한 민주적 통제의 가능성이 심각하게 약화되고 있다는 것을 함의한다.[2] 노동 영역에서 한 사회의 민주주의적 조직 원리와 자본주의적 조직 원리의 분리가 강화되면서 자본은 성장하지만 노동자들은 자기실현은 언감생심, 빈곤, 실업의 고통을 겪고 많은 사람들이 노동 영역에서 축출당하거나 거기에 들어가지도 못하고 있으며 구성원 상호 간 연대와 협력의 사회적 지반은 그만큼 훼손되고 있다. 한 사회를 통합적으로 결합시키지도 못하는 자본주의라면 그것은 무능하고 정당성 없는 사회조직 원리일 수밖에 없다. 그렇기에 더 이상 그것이 한 사회의 조직화 원리로서 전제 권력을 휘두르도록 방치하는 것은 합당치 않을 것이다. 이 글은 오늘날의 상황에서 현재의 사회조직화 방식이 사회의 통합적 결합에 있어서 병리적 위기를 야기하고 있다고 보는 문제의식 아래, 특히 사회적 노동 영역에 주목하여 사회 통합이 어떤 병리적 양상으로 진행되고 있는지 분석하고, 오늘날의 조건에서 사회 통합의 새로운 사회조직화 원리에 대한 상상의 전망을 고민해 보고자 한다. 이는 기존의 발전 국가 내지 성장 체제의 역량이 고갈되고 한계에 직면하고 있는 포스트 성장 시대에 사회적인 것을 어떻게 재발명할 것인가에 대한 질문이기도 할 것이다.

---

[2] 그런 점에서 이른바 '규제 완화' 또는 '탈규제'라는 기업의 요구란 시장에 대한 민주적 통제로부터의 자유 요구라고 할 수 있다.

2. 사회 통합과 사회적 노동

1960~1970년대 네오 마르크스주의자들을 괴롭혔던 중요한 질문 중 하나는 '어째서 발전된 서구 선진 자본주의 국가들에서 혁명이 발생하지 않는가?'하는 것이었다. 영국의 네오 마르크스주의자 락우드(Lockwood)는 이 질문에 대한 답을 찾는 과정에서 한 사회체제가 유지되거나 갈등적 투쟁에 빠지게 되는 문제, 즉 사회 통합의 문제가 단지 자본주의 생산양식 내부 체계(system)의 모순에 의해서만 결정되는 것이 아니라는 인식에 이른다. 그에 따르면 사회 통합은 해당 사회의 물적 질서 체계의 문제만이 아니라, 뒤르켐(2012)이 강조했듯이 사회 구성원들이 자신들이 집합적으로 공유하는 도덕적 규범에 얼마나 통합되어 있느냐의 문제와 깊이 연관되어 있다. 마치 파슨스(Parsons, 1937)가 사회를 가능하게 만드는 두 가지 사회질서를 '사실적 질서(factual order)'와 '규범적 질서(normative order)'로 유형화한 것과 유사하게, 락우드는 '사회 통합'이 부분 체계들 간의 기능적 질서 메커니즘으로서 '체계 통합'과 구성원 간의 도덕규범적 질서 메커니즘으로서 '사회적 통합'이라는 두 가지 통합 양식을 통해 설명되어야 한다고 주장한다(Lockwood, 1964, 1992).[3]

사회 통합을 체계 통합과 사회적 통합으로 구분하여 접근하는 것은 사회

---

[3] 이처럼 사회 통합을 사실적 사태로서 유사 사물들의 결합관계 양상(체계 통합)과 도덕규범적 질서를 통한 구성원들의 결합(사회적 통합)으로 나누어 보는 관점은 이후 기든스(Giddens, 1984), 무젤리스(Mouzelis, 1997), 아처(archer, 1996), 하버마스(2006, 2007), 호네트(2011, 2015, 2016, 2017) 등에 의해 다양한 방식으로 논의되어 왔다. 특히 사회를 체계와 생활 세계로 구분하는 하버마스의 이원적 사회론은 사회 통합을 체계 통합과 사회적 통합으로 나누어 접근하는 락우드의 관점을 가져와 발전시킨 것이다.

가 조직화되는 양상들을 보다 분석적으로 살필 수 있게 해 주는 동시에 특정 사회적 삶의 영역에서 두 가지 통합 양상, 즉 두 사회조직화 원리가 어떠한 접점 속에서 긴장 관계 또는 의존 관계를 맺으며 작동하는지 파악할 수 있게 해 준다. 현대적 삶의 조건에서 사회적 노동 영역은, 한편으로는 사회의 부분 체계들의 안정적 작동과 통합적 결합이 이루어지고, 다른 한편으로는 개개인들이 그 사회에 규범적으로 통합되도록 하는 영역이다. 또한 그 두 통합의 차원(체계 통합 원리와 사회적 통합 원리)이 통과할 수밖에 없기에 서로 교차 및 매개, 투쟁이 이루어지는 통로이다(호네트, 2009a: 414). 말하자면, 사회적 노동 영역은 사회 통합의 두 가지 메커니즘인 체계 통합과 사회적 통합이 만나는 접점이고 그 둘이 매개되며 그 매개의 주도권을 둘러싼 투쟁이 이루어지는 싸움터이다.[4]

가령 화폐나 권력 같은 체계 통합 원리가 사회 구성원들의 구체적 삶의 영역에 뿌리내려 사회적 통합의 도덕규범적 기대 지평에 접합되기 위해서는 개인들의 삶이 조직되는 핵심 영역인 사회적 노동 영역을 통과해야만 한다. 예를 들어 신자유주의 시장 체계의 명령을 작동시키기 위해서 신자유주의는 그동안 사회적 통합의 규범적 기대 지평에서 이야기되었던 자유, 자기실현, 주체성 등의 가치들을 낚아채고 이를 '새로운 자본주의 정신'(Boltanski and Chiapello, 2005) 같은 시장의 언어로 변환 및 포섭한 후 노동 영역을 재조직함으로써 자본축적으로 귀결시켰다.

다른 한편, 생계 해결을 비롯해 자유, 자기실현, 상호 인정을 통한 공존과

---

[4] 근대 초 자본의 체계 통합적 요구와 노동의 규범적 사회적 통합의 요구가 갈등하고 투쟁하며 전개된 프랑스 혁명기 및 그 이후 프랑스 공화국의 역사에 대한 빼어난 설명으로는 다나카(2014)를 참조하라.

공생의 사회질서에의 편입 같은 사회적 통합 차원의 규범적 기대와 요구가 단순히 공허한 외침으로 끝나지 않고 구체적 현실 속에서 실현되기 위해서는, 화폐와 권력 같은 체계 통합 매체들의 현실적 작동 메커니즘과 접합되어야 하고, 이 접합 과정에서 사회적 노동의 영역을 통과하지 않을 수 없다. 일례로 노동은 자유, 자기실현, 공존의 연대와 같은 사회적 통합 영역의 규범적 기대들을 혁명적 방식으로 해결하는 길을 택하는 대신, 자본주의 체계의 유지 요구와 타협함으로써 노동조합을 통합 집단적 자율성의 확장, 더 많은 임금과 더 짧은 노동시간, 더 좋은 노동환경의 확보, 사회권 및 사회복지국가의 구축을 통한 일정한 시장 통제 및 시장 수요의 창출능력 증명 등을 통해 실현하고자 해 왔다.

그렇기에 한 사회를 통합적으로 조직하고자 하는 모종의 원리들은 나름의 방식으로 사회적 노동의 영역을 어떻게 조직할지에 대한 방안들을 제시하기 마련이다. 가령 어떻게 한 사회의 구성원들이 자신의 역량을 발휘하고 생계를 해결할 일자리를 창출할 것인지, 어떤 노력과 활동을 사회적으로 유익한 것으로 정의하고 그 활동의 성취를 어떻게 평가할 것인지, 공동으로 생산한 부를 어떠한 방식으로 배분할 것인지, 사회적 노동의 영역에 불가피하게 들어오지 못하는 사람들 및 산재나 은퇴 등 여러 이유로 사회적 노동 과정에서 원하지 않게 배제될 위기에 처한 사람들을 어떻게 사회 안으로 재통합할 것인지, 노동이 조직되는 양상들을 어떻게 자본주의 축적 논리와 연계시킬 수 있을 것인지 또는 자유의 확장과 연결시킬 수 있을 것인지 등등에 대한 방안이 고려된다.

그런 점에서 사회적 노동 영역이 어떻게 조직되고 있고 어떠한 변화를 겪고 있는지 그 와중에 어떠한 긴장과 투쟁 양상이 벌어지고 있는지를 살피는 것은 한 사회를 조직하는데 있어서 체계 통합의 익명적 사물 메커니즘의 명령과 사회적 통합의 규범적이고 민주적인 요구, 달리 말해 자본주의적 사회 조직화 원리와 민주주의의 사회조직화 원리 중 어느 것이 주도권을 가지고 양자가 결합되고 있는지를 살필 수 있게 해 준다(하버마스, 2006: 532). 이는 우선 사회적 노동이라는 말에서 '사회적'의 의미가 사실상 '체계 통합으로서의 사회적인 것'으로 규정되는지 아니면 '사회적 통합으로서의 사회적인 것'으로 의미화되는지의 문제라고 할 수 있다. 나아가 이를 통해 우리는 두 사회 통합 원리 간에 또는 두 사회조직화 원리 간에 어떠한 긴장과 충돌이 벌어지고 있으며 사회 통합에 있어서 어떤 위기가 벌어지고 있고 대안적 전망을 어떻게 그릴지 살필 수도 있을 것이다. 그런 점에서 이는 또한 오늘날 '포스트 사회적인 것'의 재구성 방향을 어떻게 설정해야 하는가라는 질문과 결부된 문제이기도 하다.

그렇다면 오늘날 사회적 노동의 영역에서 사회 통합의 두 구성 요소인 체계 통합과 사회적 통합은 각각 어떤 양상으로 전개되며 두 통합 방식은 어떠한 관계 속에서 작동할까? 사회적 노동 영역에서 작동하는 오늘날의 사회조직화 양상은 과연 사회 통합의 능력을 보여 주고 있으며 정당성을 인정받을 만한가?

3. 사회적 노동의 조직화 양상 1: 사회적 노동의 성과 평가

개인이 사회에 통합되기 위해서는 해당 사회가 공유하는 상호적 인정 관계 안에 들어와야 한다(호네트, 2011). 사회적 노동의 영역에서 이는 개인이 자유롭게 선택한 직업을 통해 자신의 능력을 발휘하고 그 성과의 유익한 기여 정도에 대한 사회적 평가의 인정 체계에 따라 정당하게 재화를 배분받으며 이를 통해 자기실현을 도모하는 방식으로 이루어진다(호네트, 2009a, 2009b). 문제는 이 사회적 평가의 방식이 무엇이냐 하는 것이다.

사회국가의 포디즘적 노동 체제에서 사회적 노동은 노동의 표준화를 통한 계획과 실행의 분리를 특징으로 했다(브레이버맨, 1998). 여기서 계획 능력은 노동자들의 것이 아니기 때문에 노동은 자율성 및 자기실현의 통로가 되기 힘들었다. 오히려 노동은 생계 유지를 위해 어쩔 수 없이 담당해야 하는 고달픈 짐이고 희생이었다. 따라서 여기서 노동의 성과에 대한 사회적 가치 인정의 평가는 한 사회의 발전 및 유익함을 위해 고된 노동을 견디는 희생에 대한 사회적 보상이라는 관점에서 이루어졌다(Rosa and Recwutz, 2023: 147; Taylor, 1985). 따라서 이 시기의 노동 통합을 통한 사회 통합은 완전고용의 이상, 평생직장이라는 표현이 담고 있는 장기 고용과 비교적 높은 소득을 통한 노동 안정성의 확보, 노동조건의 향상, 복지 혜택의 확대, 사회적 권리의 보장이라는 형태로 이루어졌다(임운택, 2015; Sennett, 2007). 개별 기업들은 여전히 시장 경쟁을 통해 수익을 창출하여 생존할 수 있는 능력을 증명하는 방식으로 경영 성과에 대한 평가가 이루어졌지만 이러한 경쟁의 압박은 아직은 기업의 내부노동시장(internal labor market) 안으로 침투해 들어오기 힘들었다(Doeringer and Michael, 1971). 포디즘적 생산방식에서 노동하는 노동자들의 성과 평가가 타율적 명령에 의한 고된 노동의 대가라는 형태로 이루어진 탓에 기업 내부 노동자들의 성과 평가를 경쟁 원리로 조직할 수 없었던 것이다. 그런 점에서 기업 내부 노동시장은 기업 바깥의 시장 경쟁으로부터 보호받았고 그것이 기업에게 요구되는 규범적 기대였다. 이와 같은 포디즘적 노동성과 평가 체제는 당시의 조건에서 타협 가능한 방식으로 사회적 통합의 규범적 기대와 그 인정 질서를 제도화하는 하나의 방식이었다.

하지만 신자유주의는 포디즘적 노동성과 평가 체제의 약점인 자율, 자기실현, 창의성의 공백을 예리하게 포착하고 이러한 사회적 통합의 규범적 기대 가치들을 탈취해 갔다. 신자유주의는 억압적 강제의 방식으로 노동자들에게 노동을 강요하는 것이 아니라, 그들의 자율적 선택과 판단, 능동적 참여라는 레토릭을 동원해 사회적 노동 영역을 재조직화했다. 우선 신자유주의는 그동안 상대적으로 보호받고 있던 기업의 내부 노동시장에 시장 경쟁의 원리를 도입하여 기업 내부를 경쟁 체제로 재편했다(스탠딩, 2014; 세넷, 2002; 배진한, 2018). 그로 인해 노동은 이제 더 이상 타율적 노동 강제에 의한 고된 작업과 희생의 관점에서 파악되는 것이 아니라, 자율적 계획과 자기 책임 속에서 옆의 동료들과 끊임없이 경쟁하며 창의성과 자기실현을 추구해 나가는 활동으로 간주된다. 더불어 이제 노동자들은 노동력이 아니라 자신의 인적 자본을 관리하고 경영하는 기업 주체로 주체화된다(푸코, 2011; 서동진, 2009). 이러한 양상은 비단 노동영역에만 한정되지 않는다. 신자유주의는 이러한 시장경쟁의 사회조직화 원리를 노동과 경제의 영역을 넘어 사회적 삶의 전 범위로 확장시키고자 했다.

이렇듯 사회적 노동 성과에 대한 사회적 평가의 신자유주의화가 안착하면서 이제 사회적 노동의 성과 평가는 공동의 목표를 이루기 위한 협동적 활동과 그 과정에서의 희생이라는 관점보다는 각자 개인의 뛰어난 재능의 발휘 및 시장에서의 수익성이라는 기준에 따른 노동 성과의 수월성 평가라는 관점하에 이루어지게 된다. 이는 사회적 노동이라는 말에서 '사회적'이라는 말의 의미가 협동, 공적 기여라는 사회적 통합의 규범적 지평에서 파악되는 것이 아니라 시장 경쟁이라는 '체계 통합의 사물 배치 메커니즘으로서의 사회적인 것'이라는 의미로 전환됨을 뜻한다. 즉, 사회적 노동에서 사회적 통합의 원리가 축소되고 체계 통합 원리가 강화된 것이다. 사회적 노동 영역에서 사회 통합은 사회적 통합보다는 체계 통합 메커니즘의 주도로 이루어지게 된다. 이제, 연대와 협동이 없이도, 경쟁에서의 보상과 처벌이라는 원리에 의해 사회가 기계적 및 기능적으로 통합되어 작동하는, 말하자면 협동적 연대 없이도 작동하는 사회라는 기이한 일이 벌어진다. 사회 통합은 이제 '규범적 수준'이 아니라 익명적인 사실적 사태의 '작동적 수준'에서 이루어지게 된다. 항간에 유행하며 사회학자들의 간담을 서늘하게 했던 이른바 '사회적인 것의 죽음'이라는 담론(Rose, 1996)은 사실상 이렇듯 규범적인 사회적 통합 메커니즘으로서의 '사회'와 '사회적 노동'이 익명적인 자본주의적 '시장' 체계 안으로 포섭되고 재조직되면서 나타나는 위기의 징후적 표현이라고 할 수 있다(김주환, 2018).[5]

4. 사회적 노동의 조직화 양상 2: 사회적 배제와 축출 영역으로서 사회적 노동

사회적 노동 영역을 통한 신자유주의적 사회 통합 메커니즘이 사회적 통

---

[5] 사회적인 것이 점차 익명적 사물 메커니즘 작동으로서의 체계 통합 원리로 조직되어 가고 있다는 시대감각은 '노동'뿐만 아니라 '언어와 의미' 그리고 '생명'의 영역에서도 유사하게 나타나고 있다. 보드리야르(Baudrillard, 1983)는 인간과 기호의 연관이 끊어지면서 사물로서의 기호, 정보, 미디어의 자체 작동 메커니즘에 의해 의미와 그 해석이 생산되면서 일종의 물화된 의미 체계가 의미의 영역으로서 사회적인 것을 대체하는 현상을 두고 '사회적인 것의 종언(the end of the social)'이라고 지칭한다. 푸코(2011, 2012)는 생명 권력 또는 생명 정치라는 용어를 통해 인간의 삶(life)의 문제를 생명체의 생명(life) 관리 문제로 전환하는 것이 근대 이후 등장한 새로운 권력 메커니즘의 핵심 양상임을 주목했다.

합 없이 체계 통합의 방식으로 작동하고 있다는 것은 사회적 노동 영역이 노동 통합보다는 사회적 배제의 영역으로 작동하고 있음을 뜻한다. 개인의 능력과 성과에 따른 여러 재화의 공정한 배분이라는 성과평가 관념은 중세에서 현대로의 이행기에 신분제적 분배 정의에 대한 비판으로서 등장한 현대의 전형적인 정의 원칙이었다. 이른바 능력주의라고 불리는 이러한 성과평가 체제는 '공정하고 정의로운 분배란 무엇인가?'라는 물음에 대한 현대의 규범적 응답이었다. 거기에는 신분 질서가 아니라 사회적 노동 영역에서의 능력 발휘와 성과에 따라 차별적 보상이 주어질 때, 통합과 배제에 대한 우리 사회의 공적인 도덕·규범에 기초한 사회적 통합이 가능하리라는 관념이 전제되어 있었다. 요점은 사회적 노동을 통한 능력 발휘와 그 성과에 대한 평가라는 원리는 공적 정의의 규범적 요구를 충족시키기 위한 것이었다는 점이다.

하지만 신자유주의 조건에서 이러한 성과 평가는 자신의 인적 자본을 성공적으로 경영하여 경쟁력을 갖춘 소수는 사회 안으로 포함하되 그렇지 못한 다수는 배제하는 원리로 작동한다. 배제된 자들에게는 자기 스스로를 경쟁력 있는 존재로 경영하는 데 있어서의 태만과 게으름, 무책임이라는 도덕적 비난과 무시의 낙인이 따라붙는다. 이에 따라 사회는 이들을 다시 사회적으로 통합시켜야 하는 공적 책임을 면제받는다. 이들은 외적인 사회구조의 힘에 의해 배제된 피해 집단이나 박탈된 집단이 아니라, 스스로 사회에 적응하고 통합될 노력을 하지 않은 자들로 간주된다. 서구에서 뚜렷하게 나타나는 사회보장 장치들의 축소 경향, 복지의 민영화 경향 등은 그 귀결이다. 푸코가 신자유주의 통치의 작동 원리를 "살게 만들고 죽게 내버려 두는 권력"(Foucault, 1978: 138)이라고 표현했듯이, 사회적 노동시장에서 배제된 자들은 또한 사회적으로 쓸모없는 '잉여', '쓰레기'(바우만, 2008)로 간주되면서 공적 돌봄의 대상에서도 배제되어 죽든 살든 알아서 하라고 방치된다. 심지어 운 좋게 선택된 소수에 포함되었을지라도 그들은 항상적으로 언제 패배자, 낙오자가 될지도 모른다는 불안감, 노동시장에서 배제되어 공적 돌봄의 대상도 못 될지 모른다는 불안감에 떨어야 한다.

신자유주의는 시장 경쟁이 모든 삶의 원리가 될 때 효율성이 극대화되고 자본의 축적이 그만큼 높아진다는 전제를 둔 시각이다. 만약 그렇다면 별다른 노력과 경쟁 없이도 막대한 부를 대물림 받은 이른바 '슈퍼 리치' 같은 최상층의 존재는 신자유주의의 암세포 같은 존재라고 해야 할 것이다. 그런 점에서 성과 경쟁을 금과옥조로 여기는 사회적 노동의 신자유주의적 성과평가의 원리는 슈퍼 리치들에게 가장 먼저 적용되어야 마땅하다. 노력과 성과 없이 단지 부유한 집안의 자제로 태어났다는 이유로 부를 거머쥐는 일이 없도록 부의 대물림 자체를 폐지하는 것이야말로 신자유주의 원리에 부합한다. 만약 이를 실천할 수 있다면, 어쩌면 신자유주의 성과평가 원리는 훌륭한 분배 정의의 원리로서 평가받을 수도 있을 것이다. 하지만 우리가 항상 목도하듯이 신자유주의는 이러한 일에는 관심이 없다. 이렇게 보면 사회적 노동에 대한 신자유주의적 성과평가 원리는 겨우겨우 성과의 경쟁력을 인정받아 잠시 노동시장에 포함될 수 있는 중간층에게는 숨 막히는 경쟁의 채찍으로 작동하고, 최상층에게는 부를 축적하는 특권으로 작용하며, 최하층에게는 배제의 원리로 작동한다. 그런 점에서 사회적 노동의 신자유주의적 성과평가 원리는 그 어느 집단에서도 분배 정의의 원리로 작동하지 않는다. 결국 사회적 노동에 대한 신자유주의적 성과평가 원리는 공적 정의의 구축을 통한 사회적 통합의 원리가 아니라, 오히려 사회적 배제와 불평등을 정당화하고 조장하는 원리로 작동한다.

노동에 대한 신자유주의적 성과 평가를 통해 조직되는 사회적 노동의 영역은 이처럼 사회적 통합이 아니라 사회적 배제의 메커니즘으로 전환된다. 하지만 이러한 사회적 배제의 메커니즘은 또한 '죽을래, 살래?'라는 협박의 공포를 모든 이들에게 부과해 사회적 노동의 참여자들이 살아남기 위해 목숨을 걸고 경쟁하도록 만들어 시장 경쟁의 효율성을 극대화하고 자본축적을 실현하고자 하는 자본주의 시장의 체계 통합 메커니즘이기도 하다. 즉, 사회적 노동의 영역에서 사회적 배제는 체계 통합을 작동시키는 조건이 된다. 이러한 역설이 벌어지는 것은 신자유주의적 사회조직화 방식에서 사회 통합이 사회적 통합보다는 체계 통합을 통해 이루어지는 경향이 강해지고 있기 때문이다(슈트렉, 2015).

이는 선진 자본주의 국가들에서의 신자유주의적 체계 통합에서 점차 노동의 중요성이 감소하고 있음을 시사한다. 신자유주의적 체계 통합에서 노동의 중요성이 감소한다는 것은 잉여가치 창출의 원천으로서 노동의 지위 상실이 벌어지고 있음을 뜻한다. 기술혁신이나 금융투자기법이 오히려 자본주의 체계 통합의 주요 관심대상이 되고 있는 것이다. 큰 이익을 내면서 성장하는 기업일지라도 고용이 늘어나지 않는 성장과 고용의 분리 현상, 저성장의 뉴노멀 상황에서 일상화된 괜찮은 일자리(decent work)의 부족은 그 단적인 예이다. 오늘날의 자본주의는 사센(2016)이 말하듯 축출(expulsion) 자본주의의 형태를 취한다. 사센은 『축출 자본주의』라는 자신의 책이 전하고자 하는 핵심은 "축출이 통계상으로는 경제성장과 공존할 수 있다는 것"이라고 밝히는데(사센, 2016: 17), 이는 이 글의 논의 맥락에서 체계 통합 메커니즘으로 조직되는 자본주의의 잔인성을 단적으로 보여 준다. 축출 자본주의는 바우만(2008)이 다소 파격적으로 표현했듯이 다수의 인간을 생산과 소비 영역에서 아무런 역할도 담당하지 못하는, 그래서 버려져도 무방한 "잉여", "쓰레기"로 만드는 방향으로 작동한다. 그들의 삶은 아무런 보호복도 없이, 심지어 존엄에 대한 인정도 없이 무시되면서 삶 자체가 발가벗겨진 존재, 아감벤(2008)의 표현을 빌리자면 "벌거벗은 생명"이 된다. 축출되어 '잉여', '쓰레기' 처지로 전락한 다수의 사람들은 더 이상 사회구조의 희생자로서 '가여운 사람들(레 미제라블)'이 아니라, 사회를 위협하고 안전을 파괴하는 또는 그럴 잠재력이 농후한 '위험한 사람들', '잠재적 범죄자들'로 취급된다. 이에 대한 국가의 대응은 사회보장이 아니라 치안적 해법, 즉 범죄에 대한 형사 사법적 개입의 확대와 강화가 된다(바우만, 2018: 127).

자본주의는 그 많은 비판들에도 불구하고 한 사회를 자본주의적으로 조직할 때 많은 사람들이 노동을 통해 한 사회에 통합되고 적절한 소득을 얻으며 여러 삶의 편익을 안정적으로 누리게 됨으로써 사회 통합을 실현할 수 있다는 것을 증명함으로써 정당성을 획득하고 유지될 수 있었다. 하지만 자기 정당화의 처소가 시장에서의 경쟁력과 수익성이 되면서 사람들을 사회적 노동을 통해 사회적으로 통합하는 데는 무관심해진다. 오늘날의 자본주의는 일자리로부터 노동자들을 축출하고 안정적 거주지로부터 가난한 자들을 축출하며 가난한 나라의 사람들을 부유한 나라 사람들의 삶을 위해 축출한다. 이제 체계 통합 원리 주도로 작동하는 자본주의는 사람들의 사회적 삶을 규범적·사회적으로 통합시킬 능력을 보여 줘야 하는 부담으로부터 자유로워지고 있다.

5. 사회적 노동의 조직화 양상 3: 자본주의 조직 원리와 민주주의 조직 원리의 분리

협소한 제도 정치의 의미를 넘어 더 넓은 사회적 의미에서 바라보면 민주주의는 우리의 삶을 결정하는 것이 있다면 그것은 우리에 의해 결정되고 통제되는 자율과 자치의 사회 작동 메커니즘이라 이해할 수 있다. 민주주의가 정상적으로 작동한다면, 우리의 삶을 결정하는 것이 있다면 그것은 응당 우리에 의해 결정되고 통제되어야 한다. 다시 말해 우리가 결정한 것에 의해 우리의 삶이 결정될 수 있어야 한다. 그래야 집합적 자기 통치로서 민주주의가 가능하다. 하지만 사회적 노동에 대한 신자유주의적 성과평가 원리는 우리의 사회적 삶을 결정하고 있고 많은 고통과 문제들을 만들어 내고 있으나, 우리는 우리의 삶을 결정하는 그 성과평가 원리 및 시장의 힘을 통제하지 못하고 있는 실정이다. 우리 사회의 민주적 역량이 매우 취약해져 민주적 자기 통치의 구성 맥락과 적용 맥락이 분리되어 버린 것이다. 그렇기에 이미 한 시대를 풍미하며 우리의 삶을 조직해 왔던 자본주의 시장 메커니즘이 여러 문제와 위기를 만들어 내며 실패하고 있고 민주주의의 위기가 전면화되면서 시장의 민주적 정당성에 의심이 강화되고 있지만, 그럼에도 불구하고 자본주의 시장에 대한 민주적 통제 역시 요원해지고 있다.

그런 점에서 오늘날의 상황은 현대사회의 등장 이후, 특히 제2차 세계대전 이후 성립되었던 자본주의 원리와 민주주의 원리 사이의 상호 의존적 결합 관계가 깨지고 둘 사이의 간극이 커져 긴장이 더욱 노골화되는 상황이라고 말할 수 있을 것이다. 지배 체제와 정당성의 관계라는 측면에서 볼 때, 이는 또한 오늘날의 자본주의가 민주주의 원리의 간섭으로부터 벗어나 민주주의로부터 자신의 정당성을 끌어오는 것이 아니라 스스로 정당성을 창출하는 방식으로 작동하고 있음을 의미한다. 정당성의 처소가 민주주의로부터 시장으로 이동하여 '자본주의의 탈민주화'가 발생하고 있는 것이다(슈트렉, 2015: 2018).

사회적 노동이라는 인간 삶의 영역은 사회적 통합과 체계 통합이 교차하고 접하는 대표적인 영역이다. 자본주의적 체계의 명령이 관철되기 위해서 그것은 사회적 노동의 영역을 경유하여 사람들의 일상적 삶의 영역에 뿌리내림으로써 정당성을 확보할 수 있어야 했다. 그러한 이유로 역으로 사회적 노동 영역은 일상의 사회적 삶을 살아가는 사람들의 규범적 기대를 제도화하여 자본주의적 체계의 명령을 통제해 갈 수 있는 중요한 근거지이기도 했다. 하지만 자본주의 체계 통합의 메커니즘이 점차 사회적 노동의 영역과 분리되기 시작하면 자본주의 체계 통합의 명령을 적절히 통제할 통로가 사라진다. 그렇다면 질문은 다음과 같은 것이 되어야 할 것이다. 과연 자신을 산출한 모태인 사람들의 일상적 삶의 규범적 지평의 통제로부터 분리되어 스스로 자립적인 준거 체계가 되어 가고 있는 자본주의 체계의 발목을 잡고 끌어내려 다시 사회적 영역의 지평 안에서 작동하도록 통제하기 위한 힘의 원천은 무엇이고 그 힘을 어떻게 조직할 것인가?

6. 자본주의적 체계 통합 원리에 대한 민주적 통제의 필요성

신자유주의가 사회적 통합을 체계 통합 메커니즘에 종속 및 포섭시키는 방식으로 작동하면서 사회 통합을 유지해 나가고자 했고 한동안은 그 시도가 성공하는 듯 보이기도 했지만, 그러한 사회 통합 방식이 허술하기 짝이 없다는 것은 오늘날 명약관화해지고 있다. 신자유주의적 노동 성과평가 방식은 포디즘적 노동 체제에서 억압되었던 개인의 자유, 자기실현, 창의성을 복원하고자 한다는 담론을 통해 자기를 정당화했다. 이로써 노동과 교육은 자신의 인적 자본을 경영하는 과정으로 간주되었고 노동자 주체성은 기업 주체성으로 대체되었다. 하지만 그 결과 노동을 통해 자율적으로 자기를 실현한다는 규범적 요구는 매 순간마다 살아남기 위해 자신의 영혼까지 끌어올려 경쟁력을 높이고 시장에서의 수익성을 증명해야 하는 지속적 경쟁 상황에 처하게 했다. 경쟁에서는 뛰어난 소수만이 살아남기에 자기실현을 위해서는 목숨을 걸고 자신을 불태워야(burn-out) 한다. 그러니 자기실현의 요구는 역설적으로 번아웃과 우울증의 소진 증후군만을 남긴다. 자기실현의 노력이 실패했다는 감각을 가지는 자들에게 문제는 신자유주의적 노동 성과평가 방식에 있는 것으로 보이지 않고, 경쟁의 승자가 될 만큼 충분한 경쟁력을 가진 사람으로 자기를 경영하지 못한 자신의 무능과 게으름 탓이라는 자책만이 남는다. 신자유주의적 사회적 노동의 조직화는 자기실현이라는 본래의 약속과 달리 자기 포기, 좌절, 소진의 피로만을 낳는다(한병철. 2012).

호네트(2011)가 강조하듯이, 자기실현은 상호 주관적 인정의 사회적 통합 차원 없이 이루어질 수 없다. 그런 점에서 협동적 연대의 규범적 요구를 지워 버리고 개인을 개별화된 기업가적 주체로 간주하는 신자유주의적 노동의 성과평가 양식은 애초부터 자기실현의 요구를 충족시킬 수 없는 것이었다. 그것은 개개인의 자기실현이 아니라 자본의 자기실현을 위해 개개인의 자기실현 욕구를 땔감으로 사용할 뿐이다.

또한 사회적 공공성, 분배 정의의 공정성, 협력과 공생의 연대와 같은 사회적 통합의 규범적 지평을 훼손한 결과 신자유주의는 배제된 자들을 체계적으로 양산하고 이들이 겪는 삶의 고통을 사방에서 들어야 하는 처지에 놓여 있다. 이 고통의 목소리와 몸짓은 오늘날 우익 포퓰리즘의 득세, 약자에 대한 혐오 정념의 공격적 분출, 능력주의 공정성에 대한 과도한 집착, 금융 투기에 대한 몰입 등의 방식으로 표출되고 있다. 많은 사람들의 자기실현 욕구를 기망하고 그 욕구를 자본축적 실현의 메커니즘을 작동시키기 위한 에너지로 삼는 사회조직화 방식, 사람들이 안정적으로 생계를 유지할 수 있는 최소한의 사회적 삶의 영역으로서 사회적 노동의 규범적 요구를 무시함으로써 많은 사람들을 사회에 통합하기는커녕 배제하고 축출하는 방식으로 작동하는 사회조직화 원리라면 왜 그것을 지속시켜야 한단 말인가? 도대체 그것을 지속시켜야 할 정당한 근거는 무엇인가?

자신의 정당성을 전적으로 자신의 체계 통합 원리로부터 끌어오면서 사회 통합에서의 무능을 보여 주고 있는 이 전제적인 자본주의의 지배가 언제 본격적인 위기에 직면하고 다시 자본에 대한 민주적 통제의 필요성 요구가 득세하게 될지는 예측하기 힘들다. 하지만 분명한 것은 오늘날의 자본주의는 일자리로부터 노동자들을 축출하고 대도시 일부 계층의 평안한 삶을 위해 가난한 주민들을 도시로부터 축출하면서 통합적으로 사회를 조직하는 데 무능을 드러내고 있고 그로 인해 많은 사람들의 사회적 삶 속에서 고통과 분노가 전면화되고 있다는 점이다. 언제나 그렇듯이 사회에 이러한 문제를 야기하는 지배 체제, 사람들을 적절하게 통합해 내지 못하는 체제는 붕괴하기 마련이다.

공공성을 한 사회의 사회적 삶을 통합적으로 조직하는 원리라고 정의해 볼 때, 그동안 그 조직 원리가 자본주의 시장이나 관료적 국가가 되었을 때 어떤 일이 벌어졌는지 우리는 이미 충분히 잘 알고 있다. 그렇다면 우리의 사회적 삶을 재조직할 수 있는 대안적인 공공성의 주도권은 시장이나 국가가 아니라 민주적 사회 차원에서 확보되어야 할 필요가 있을 것이다. 존 듀이(John Dewey)는 공공성을 꽤나 독특하게 규정한다. 그에 따르면 공공성이란 협소한 공적 정치제도 영역이 아니다. 공공성(또는 공적인 것)이란 이해당사자들의 직접적 행위 결과를 넘어 모종의 행위와 결정의 결과에 의해 간접적으로 영향을 받는 모든 사람들의 삶의 조직화 영역이다(듀이, 2014). 현대사회의 복잡한 사회적 삶은 내 앞의 타인은 물론 잘 알지 못하는 사람들,

특정 기구, 제도 등의 정책이나 결정에 의해 영향을 받기 마련이다. 즉, 그러한 많은 것들이 우리의 삶을 결정하고 있다. 그렇다면 우리는 그러한 것들에 개입해 결정하고 통제해야 할 권리가 있는 셈이다. 내 삶을 결정하는 것이 있다면 그것은 내가 결정할 수 있는 것, 이것이 바로 자치이고 민주 아니겠는가? 많은 사람들이 자신이 하는 노동을 통해 한 사회에 적절히 통합되지 못해 불평등과 빈곤, 삶의 고통을 경험한다면 그러한 결과를 낳게 한 요인은 사람들에 의해 사회적으로 결정되고 통제될 수 있어야 한다. 이러한 과정을 우리는 좁은 의미의 정치를 넘어 '사회적인 것의 정치'라고 부를 수 있을 것이다. 그리고 그것은 사회적 통합의 규범적 요구의 힘을 조직해 자립화된 채 작동하면서 우리의 삶을 좌지우지하며 고통으로 몰아넣고 있는 자본주의 체계 통합의 명령을 통제하는 형태가 될 것이다.

7. 포스트 사회적인 것의 구축으로서 사회적 노동의 인정 이론적 재구성의 한 방법

그렇다면 사회적 노동의 영역에서 사회적 통합의 규범적 힘의 조직화는 어떠한 형태를 취할 수 있을까? 앞서 살폈듯이 자본주의 체계 통합 메커니즘에 있어서 사람들을 노동을 통해 통합하는 것이 점차 중요하지 않게 되어가는 현상이 나타나고 있는 것은, 특히 선진 자본주의 국가들에서 잉여가치의 원천으로서 노동의 지위가 약화되고 있다는 현실을 반영한다. 노동보다는 지식과 기술혁신에 대한 투자를 통한 잉여가치의 창출이 보다 효과적인 것이 되어 가고 있는 것이다. 그런 점에서 과거 포디즘적 복지국가의 경우처럼 모든 사람들을 시장의 지불노동에 편입시키는 완전고용의 사회적 노동 체제로 재조직화하는 것은 현실 가능성이 적어 보인다. 달리 말해, 신자유주의의 사회 통합 능력이 위기에 빠져 있다는 징후들이 전면화되고 있는 상황에서 포디즘적 노동 체제에 기반한 복지국가로의 단순한 회귀를 바라기보다는 신자유주의도, 포디즘적 노동 체제에 기반한 복지국가도 해법이 되기 힘든 상황에서 포스트 사회적인 것을 어떻게 재구성할지 고민할 필요가 있는 것이다.

체계 통합 논리가 주도할 때, 포스트 사회적인 것의 모습은 안전한 지배질서 안에 들어온 일군의 사람들을 기계적·기능적으로 통합시키고 배제 및 축출된 일군의 사람들에 대해서 치안과 사법적으로 대응하는 형태가 될 가능성이 크다. 이와 달리 사회적 통합의 논리가 주도하게 될 때 새로운 사회적인 것의 모습은 사람들 사이의 사회적 관계 맺음의 새로운 규범적 양식의 창안이라는 형태가 될 것이다. 그렇다면 이제 사회적 통합의 규범적 힘을 조직하는 데 있어서 사회적 노동은 그 역량이 고갈된 것일까? 그래서 사회적 노동 대신 다른 사회적 삶의 범주 영역을 찾아봐야 할까? 이와 관련하여 다음과 같은 호네트의 지적은 매우 타당해 보인다.

> 자본주의적 산업화의 학문적 자식이라고 할 수 있는 사회학조차 한때 자신들의 핵심 영역이었던 노동문제에서 많이 벗어나, 점점 더 문화적 변동 과정을 자신들의 연구 대상으로 삼고 있다. 그러나 노동 세계로부터의 지적 후퇴라 할 수 있는 이런 경향들은 서민 대중들이 실제로 느끼는 것과는 동떨어진 것이다. 노동 세계의 종말에 대한 서로 상반되는 모든 예측에도 불구하고 사회적 생활 세계에서 노동이 갖는 중요성은 줄어들지 않았다(호네트, 2009a: 392).

앞서 호네트가 적절히 지적하고 있듯이, 사회적 노동은 인간 삶의 가장 핵심적인 영역이다. 또한 노동은 단지 경제적 목적 달성에만 지향된 공리주의적 활동, 즉 체계 통합적 활동일 뿐만 아니라 협력적 상호작용 속에서 상호 활동과 성과에 대한 인정과 존중의 사회적 규범의 지평 속에서 사회적으로 조직되는 활동이다. 즉, 사회적 노동은 단지 자기 보존을 위한 물질적 재화의 배분을 넘어 사회의 온전한 성원으로서 자기 활동의 가치를 인정받고 자기 존재에 대한 존중을 확보 받을 수 있는 사회적이고 규범적인 활동인 것이다. 따라서 사회적 노동 속에서 자신의 활동의 가치에 대한 상호 인정의 평가가 정당하게 이루어지고 있다는 믿음이 없다면 구성원들은 사회적 노동을 통해 사회로 통합되기 힘들다(호네트, 2009a).[6] 그렇기에 사회적 노동은 사회적 통합 메커니즘으로서 사회적인 것의 정치가 관여해야 할 핵심 영역이라고 할 수 있다.

과거처럼 고도성장이 가능해 일자리가 충분히 제공될 수 있는 조건이 아닌 상황에서는 완전고용 같은 실현 불가능한 과거의 기억을 떠올리려고 하기보다 사회적 노동의 관념을 바꾸고 이에 발맞추어 노동의 성과평가 방식을 새롭게 재구성하려는 시도가 더욱 유망해 보인다. '노동' 또는 '직업'은 우리가 자신의 활동을 통해 한 사회에 참여하여 긍정적 기여를 하고 그 활동과 성과에 대한 사회적 평가를 통해 소득을 얻는 통로이다. 따라서 노동은

---

6 물론 그와 같은 사회적 상호 인정 없이도 당분간은 체계 유지를 위해 얼마나 많은 물질적 가치를 생산했는가라는 경제적 체계 통합 원리에 따라 사람들이 노동을 통해 통합될 수는 있을 것이다. 하지만 경제적 기여에 대한 평가라는 체계 통합 원리 자체가 전근대사회의 신분 질서에 대한 규범적 비판을 통해 확립된 것임을 생각해 볼 때, 지금처럼 그 규범적 토대로부터 이탈해 사회적 통합 능력 없이 체계 통합 원리로만 작동하는 자본주의적 성과평가 방식은 호네트가 '인정 망각'이라고 정의하는 '물화'의 한 형태라고 할 수 있을 것이고(호네트, 2015) 곧 사회 통합의 한계를 드러낼 수밖에 없을 것이다.

한 사회를 조직화하는 핵심적인 삶의 영역이었다. 하지만 이때 자본주의 노동 체계 속에서 그 활동과 성과는 사용자의 이익에 기여하는 한에서만 평가되고 가치가 인정된다. 그러나 이러한 평가 체계를 지속하는 한, 사회적 노동은 '사회적 통합'이 주도하는 사회조직화의 영역이 될 수 없다. 개개인들의 활동과 성과가 한 사회에 어떠한 기여를 하며 그 가치가 어떻게 결정되어야 하는지에 대한 결정은 시장이나 국가가 아니라 사회적 차원에서 이루어져야 할 필요가 있다. 사회적 노동은 "사회적으로 조직된 노동"으로서 "그 성과 역시 사회적으로 유용한 것으로 수용될 수 있는 노동"을 의미한다(서도식, 2016: 133). '사회적으로' 생산적이고 긍정적인 기여를 하는 활동을 하고 그 활동의 가치가 '사회적으로' 평가되어 소득이 보장될 때, 축출되었던 많은 이들이 사회에 재통합될 수 있는 조건이 열릴 것이다.

가령, 비록 시장의 가치평가 체계에서는 수익성은커녕 무가치하다고 여겨질지라도, 장애인들이 장애인식 개선 문화 행사와 캠페인을 벌이는 것도 사회적으로 기여하는 훌륭한 일이고, 예술가들이 예술 활동을 통해 인류의 정신문화에 기여하는 것도 사회적으로 가치 있는 일이며, 학생들이 훗날 자신은 물론 사회에 기여하는 역량을 기르고자 열심히 공부하는 것도 충분히 사회적으로 유익한 활동이다. 불안정한 위치에서 소외된 학문 분야를 붙들고 있는 불안정 연구자들의 연구 역시 사회적으로 가치 있는 기여 활동이다. 사회문제들을 드러내고 해결을 촉구하는 사회운동 역시 충분히 사회적으로 가치 있고 의미 있는 활동이다.

사회적으로 기여하는 활동을 수행하고 있다면 이러한 활동의 가치를 인정하고 그 성과를 평가하여 소득의 형태로 사회적 보상이 주어져야 하지 않을까? 우리는 이러한 많은 이들의 활동을 통해 긍정적 영향과 도움을 받으며 윤택한 삶을 영위해 간다. 이 모든 활동의 영역들이 곧 공적인 것의 영역이고 사회적인 것의 정치를 통해 민주주의의 강화가 모색되어야 할 지점일 것이다. 이러한 노력을 통해 자신은 결정되지 않으면서 우리의 삶을 전제적으로 결정하고 있는 자본주의 시장의 힘, 그리고 관료제적 국가의 힘을 민주적으로 통제할 수 있어야 하지 않을까?

사회적 노동을 통한 사회참여와 사회적 기여 그리고 그 참여와 기여에 대한 사회적 평가의 모든 과정을 시장에서 기업의 이익 계산에 따라 처리하는 임금노동의 관점이 아니라, 공적인 사회적인 것의 관점에서 바라보자는 이런 견해는 이미 '사회참여 소득', '사회적 임금' 등의 제도나 운동으로 제시된 바 있다. 우선 사회참여 소득은 경제학자 앤서니 앳킨슨(Anthony Atkinson)이 1996년 기본 소득의 문제점을 보완하는 동시에 보다 실현 가능한 대안적 복지 모델로서 제안한 것이다(앳킨슨, 2015; Atkinson, 1996; 석재은, 2020; 임운택, 2020). 사회참여 소득에서 참여란 임금노동에의 참여를 말하는 것이 아니라, 긍정적 기여를 할 수 있는 방식으로 사회적으로 의미 있는 활동에 참여하는 것을 말한다. 지역사회봉사, 노인 및 취약계층 돌봄, 직업훈련이나 교육 참여 등 사회적 가치와 의미를 생산하는 사회참여 활동은 수없이 많다.

이탈리아 자율주의 그룹인 오페라이스모(operaismo, 노동자주의)가 제기한 사회적 임금 개념은 사회참여 소득보다 좀 더 마르크스 정치경제학 분석에 기초하여 오늘날의 자본주의 상황을 새롭게 보고자 하는 이론적 논의 속에서 제기되었다. 그들에 따르면 공장에 기반한 초기 자본주의의 생산 시스템과 달리 오늘날 자본주의는 사회 전체가 공장이 되는 이른바 '사회(적) 공장' 체제이다. 이는 공장 바깥의 사회적 영역에서 이루어지는, 언뜻 보면 생산적이지 않은 많은 활동들이 공장에서의 생산을 지탱하고 비물질적인 방식으로 가치를 생산하는 활동들이라는 주장이다. 따라서 직접적 공장 생산 활동이 아니라고 할지라도 많은 사회적 활동들이 이미 가치를 생산하고 있으므로 이러한 활동들에 대해 임금이 주어져야 한다는 것이다(네그리, 1996, 1997; 네그리·하트, 2001).

사회적 기여에 기반한 활동과 그 평가를 기반으로 급여를 제공하자는 이와 같은 논의들은 기본소득 논의와는 구분되어야 한다. 기본 소득의 특징 중 하나는 무조건성이다. 즉, 그것은 누구에게든 '아무 조건 없이' 소득을 지급하는 것이다. 따라서 기본 소득은 기본 소득이 필요하지 않은 부유층이나 사회적 기여가 없는 사람에게도 소득을 지급하는 것이 정당한지에 대한 논란을 피할 수 없을 뿐만 아니라, 특히 사회적 기여 제공 여부나 그 정도와 무관하게 일률적으로 소득을 지급하자는 것이기 때문에 노동의 가치를 절하하는 부작용이 있다(한권탁, 2020; 임운택, 2020). 더욱이 기본 소득은 한 사회의 구성원으로서 가지는 공통된 속성에 대해서만 주목하지 개인 능력의 탁월성과 뛰어난 성취를 무시한다. 이로 인해 기본 소득에서는 도덕규범적 원리이자 정의로운 분배의 기준으로서 공적이고 사회적인 성과 평가의 문제가 고려되지 않는다. 인간은 여러 활동을 통해 사회와 세계에 참여하며 살아간다. 그런데 그 활동들 중 어떤 활동을 보다 가치 있는 것으로 인정할 것이며, 보다 많은 성취를 이룬 사람에게 어떠한 보상을 통해 그 성취의 탁월함을 인정해 줄 것인지 등에 관련된 사회적 성과 평가의 문제가 고려되지 않는다는 것은 기본소득 논의의 규범적 토대가 매우 취약하다는 것을 뜻한다. 결국 기본소득 주장은 한 사회의 사회적 통합의 규범적 지평으로부터 유리되어 정당성을 얻기 힘들다. 이로 인해 비록 기본소득에 대한 찬성 여론이 높게 나온다 할지라도 그 지지는 도덕규범적 숙의라기보다 피상적인 포퓰리즘적 지지라는 혐의를 피하기 어렵다. 기본 소득 주창자들의 많은 부류가 임금노동을 강요하는 현 자본주의 질서에 대한 규범적 비판의 문제의식 아래 기본 소득을 주장하지만 정작 기본 소득은 도덕규범적 토대가 취약한 탓에 실현 가능성도, 설득력도 약하다.

사회참여 소득이나 사회적 임금의 경우처럼 사회적으로 의미 있고 가치를 생산하는 인간 활동을 노동으로 재개념화하고 이러한 활동들에 사회적으로 보상을 해 주는 것은 여러 이점이 있다. 우선 사회적 노동이 임노동과 동일시되어 그 개념의 외연이 현저히 축소된 채 이해되는 현 상황에서 노동의 본래적 의미, 즉 자신의 능력으로 사회적으로 가치 있는 활동을 통해 사회에 참여하고 통합되며 이를 통해 자아를 실현한다는 의미를 제고하는 좋은 기회가 될 수 있을 것이다. 또한 임노동 개념에 가려 분명히 사회적으로 의미 있고 가치 있는 활동이지만 적절한 보상이 이루어지지 못했던 가정 내 돌봄 노동, 가사 노동 등 여러 노동 형태에 대한 보상이 이루어질 수 있게 한다는 장점도 있다. 또한 김철식(2025)이 '노동의 탈경계화'라고 표현하듯이, 기술혁신을 통해 만들어지는 새로운 노동환경에서 기존의 임노동의 틀로는 노동인지 아닌지 구분하기 애매한 다양한 형태의 비공식 노동 형태들이 만들어지고 있다. 이러한 조건에서 기존의 임노동만을 가치 있는 노동으로 인정하는 것은 시대착오적이다. 그리고 무엇보다도 자본주의 시장이 탈취해 간 인간 활동의 가치와 의미에 대한 규정을 사회가 되찾아 오고 그럼으로써 사회가 시장과 국가를 민주적으로 통제하는 구체적인 방안이 될 수 있을 것이다.

물론 체계 통합 논리를 상호 인정의 사회적 통합 논리로 환원시켜 이해하고자 하는 호네트의 인정 일원론은 이론적으로는 대담한 야심이고 가치 있는 시도임이 분명하지만, 이론가가 채택하는 이론적 관점과는 무관하게, 엄연히 현실에서 작동하고 있는 사회적 노동의 체계 통합 메커니즘을 무시하는 치명적 약점이 있는 것이 분명하다.[7] 대안적인 사회적 노동의 재조직에 있어서 한 사회의 규범적 요구와 무관하게 체계 유지와 보존을 위한 물적 조건의 생산과 재생산을 위한 체계 통합의 요구를 무시할 수는 없다. 그런 점에서 임금노동 체제를 넘어 모든 사회적으로 가치 있는 활동에 대한 정당한 가치 평가와 보상 체계를 마련해야 한다는 이 글의 제안은 한 사회 체계를 유지하기 위한 최소한의 필수적 체계 통합 메커니즘의 필요성을 무시하려는 것이 아니다. 다만 이 글은 다양한 활동들의 사회적 기여에 대한 가치 평가가 아니라 기업 관점에서의 경제적 가치 평가(또는 체계 유지와 재생산이라는 목적 달성으로서의 도구적·기능적 가치 평가)라는 단일 기준으로만 사회적 노동의 가치를 인정해서는 우리 사회가 더 이상 유지될 수 없으며, 다양한 활동들의 사회적 기여를 평가하고 보상을 통해 인정하는 사회적 통합 메커니즘을 강화할 때 오늘의 위기를 타개해 갈 수 있는 가능성이 열릴 것이라고 주장한다.

---

7   이에 대해서는 분배와 인정의 이원론이냐(프레이저) 아니면 인정 일원론이냐(호네트)를 두고 벌어진 프레이저와 호네트의 논쟁(프레이저·호네트, 2014), 인정과 모욕, 불평등의 문제를 정의의 문제와 연결하여 프레이저와 여러 걸출한 비판 이론가들이 벌인 논쟁(프레이저 외, 2016)을 참조해 볼 만하다.

참고문헌

김주환. 2018. 「빈곤, 사회적인 것 그리고 민주주의: 아렌트와 동즐로의 논의를 중심으로 본 사회적인 것의 정치의 난점들과 민주주의를 위한 전망」. ≪기억과 전망≫, 39호, 468~514쪽.
김철식. 2025. 『경계에 선 노동: 디지털 자본주의와 새로운 노동권의 모색 출처』. 파이돈.
네그리, 안토니오(Antonio Negri). 1996. 『디오니소스의 노동 1』. 이원영 옮김. 갈무리.
네그리, 안토니오. 1997. 『디오니소스의 노동 2』. 이원영 옮김. 갈무리.
네그리, 안토니오·하트, 마이클(Michael Hardt). 2001. 『제국』. 윤수종 옮김. 이학사.
다나카 다쿠지(田中拓道). 2014. 『빈곤과 공화국: 사회적 연대의 탄생』. 박해남 옮김. 문학동네.
뒤르켐, 에밀(Emile Durkheim). 2012. 『사회분업론』. 민문홍 옮김. 아카넷.
듀이, 존(John Dewey). 2014. 『공공성과 그 문제들』. 정창호 옮김. 한국문화사.
무어, 베링턴(Barrington Moore). 1990. 『독제와 민주주의 사회적 기원』. 진덕규 옮김. 까치.
바우만, 지그문트(Zygmunt Bauman). 2008. 『쓰레기가 되는 삶들: 모더니티와 그 추방자들』. 정일준 옮김. 새물결.
배진한. 2018. 「기업 내부노동시장 변화와 인적자원개발 투자 유인」. 『노동경제논집』, 41권 1호, 83~124쪽.
브레이버맨, 해리(Harry Braverman). 1998. 『노동과 독점자본』. 이한주·강남훈 옮김. 까치글방.
사센, 사스키아(Saskia Sassen). 2016. 『축출자본주의: 복잡한 세계 경제가 낳은 잔혹한 현실』. 박슬라 옮김. 글항아리.
서도식. 2016. 「사회적 노동과 정의」. ≪도시인문학연구≫, 8권 1호, 129~154쪽.
서동진. 2009. 『자유의 의지 자기계발의 의지』. 돌베개.
석재은. 2020. 「사회적 가치 있는 일에 대한 사회적 대가는 어떻게 지불할 수 있을까?」. 『중장기 사회보장 발전 방향 모색을 위한 사회보장 의제 발굴 연구』. 보건사회연구원.
세넷, 리처드(Richard Sennett). 2002. 『신자유주의와 인간성의 파괴』. 조용 옮김. 문예출판사.
슈트렉, 볼프강(Wolfgang Streeck). 2015. 『시간 벌기: 민주적 자본주의의 유예된 위기』. 김희상 옮김. 돌베개.
슈트렉, 볼프강. 2018. 『조종이 울린다: 자본주의라는 난파선에 관하여』. 유강은 옮김. 여문책.
스탠딩, 가이(Guy Standing). 2014. 『프레카리아트: 새로운 위험한 계급』. 김태호 옮김. 박종철출판사.
아감벤, 조르조(Giorgio Agamben). 2008. 『호모 사케르: 주권 권력과 벌거벗은 생명』. 박진우 옮김. 새물결.
애쓰모글루, 대런(Daron Acemoglu)·로빈슨, 제임스(James Robinson). 2012. 『국가는 왜 실패하는가』. 최완규 옮김. 시공사.
앳킨슨, 앤서니(Anthony Atkinson). 2015. 『불평등을 넘어: 정의를 위해 무엇을 할 것인가?』. 장경덕 옮김. 글항아리.
임운택. 2015. 「금융시장 자본주의와 노동의 프레카리아트화」. ≪경제와사회≫, 107호, 12~43쪽.
임운택. 2020. 「기본소득은 진정 노동의 해방구인가?」. ≪경제와사회≫, 128호, 78~104쪽.
푸코, 미셸(Michel Foucault). 2011. 『안전, 영토, 인구』. 심세광 외 옮김. 난장.

푸코, 미셸. 2012. 『생명관리정치의 탄생』. 심세광 외 옮김. 난장.
프레이저, 낸시(Nancy Fraser) 외. 2016. 『불평등과 모욕을 넘어: 낸시 프레이저의 비판적 정의론과 논쟁들』. 케빈 올슨 편. 이현재·문현아·박건 옮김. 그린비.
프레이저, 낸시·악셀 호네트(Axel Honneth). 2014. 『분배냐, 인정이냐?』. 김원식·문성훈 옮김. 사월의책.
하버마스, 위르겐(Jürgen Habermas). 2006. 『의사소통행위이론 2』. 장춘익 옮김. 나남.
하버마스, 위르겐. 2007. 『사실성과 타당성』. 박영도·한상진 옮김. 나남.
한권탁. 2020. 「참여소득을 통한 노동의 확장」. ≪동아법학≫, 89호, 287~316쪽.
한병철. 2012. 『피로사회』. 김태환 옮김. 문학과지성사.
호네트, 악셀(Axel Honneth). 2009a. 「노동과 인정: 새로운 관계 규정을 위한 시도」. ≪시민과 세계≫, 15호, 391~416쪽.
호네트, 악셀. 2009b. 「탈전통적 공동체」. 『정의의 타자』. 문성훈 외 옮김. 나남.
호네트, 악셀. 2011. 『인정투쟁: 사회적 갈등의 도덕적 형식론』. 이현재·문성훈 옮김. 사월의 책.
호네트, 악셀. 2015. 『물화: 인정이론적 탐구』. 강병호 옮김. 나남.
호네트, 악셀. 2016. 『사회주의 재발명』. 문성훈 옮김. 사월의책.
호네트, 악셀. 2017. 『비규정성의 고통』. 이행남 옮김. 그린비.
Archer, Margaret. 1996. "Social Integration and System Integration: Developing the Distinction." *Sociology*, 30(4): 679~699.
Atkinson, Anthony. 1996. "The Case for a Participation Income." *The Political Quarterly*, 67(1).
Baudrillard, Jean. 1983. *In the Shadow of the Silent Majorities*. New York: Semiotext.
Boltanski, Luc and Ève Chiapello. 2005. *The New Spirit of Capitalism*. London: Verso.
Doeringer, Peter and Michael Piore. 1985. *Internal Labor Markets and Manpower Analysis*. New York: Routledge.
Foucault, Michel. 1978. *History of Sexuality*. New York: Pantheon Books.
Honneth, Axel. 2012. *The I in We: Studies in the Theory of Recognition*. Malden: Polity.
Lipset, Seymour. 1960. *Plotical Man: The Social Bases of Politics*. Garden City: Doubleday & Company.
Lockwood, David. 1964. "Social Integration and System Integration." *Explorations in Social Change*. edited by G. K. Zollschan and W. Hirsch. London: Routledge.
Lockwood, David. 1992. *Solidarity and Schism: 'The Problem of Disorder' in Durkheimian and Marxist Sociologies*. Oxford: Oxford University Press.
Mouzelis, Nicos. 1997. "Social and System Integration: Lockwood, Habermas, Giddens." *Sociology*, 31(1): 111~119.
Rosa, Hartmut and Andreas Reckwitz. 2023. *Modernity in Crisis: Why We Need a Theory of Society*. Cambridge: Polity Press.
Rose, Nikolas. 1996. "The Death of the Social? R-figuring the territory of government." *Economy and Society*, 25(3).

Sennett, Richard. 2007. *The Culture of New Capitalism*. New Haven: Yale University Press.
Taylor, Charles. 1985. "Legitimation Crisis?" *Philosophy and the Human Sciences: Philosophical Papers 2*. London: Cambridge University Press.

8　포스트 성장 사회로의 전환과 인간의 활동적 삶
한나 아렌트의 개념을 중심으로

김연철

1. 들어가며

ChatGPT로 대표되는 인공지능 기술은 이미 널리 활용되고 있을 뿐만 아니라, 일상생활 및 업무 활동 안으로 자연스럽게 통합되고 있다. 초기 수용자(early adopter)들만 열광하는 단계가 아니라 이미 인간의 활동에 질적인 변화를 일으키는 중요한 동인으로 자리 잡았다. 이것을 사용할 것인가 거부할 것인가 여부는 무의미한 질문이며, 주요한 관심은 이제 이것을 어떻게 사용할 것인가로 모이고 있다.

핵심 정보기술 플랫폼을 장악하고 있는 세계적 기술 기업들은 하루라도 빨리 자사의 새로운 인공지능 모델을 내놓기 위해 사운을 건 경쟁에 돌입했다. 기술의 생산자뿐만 아니라 이 기술의 소비자들 역시 새로운 인공지능 기술을 활용하기 위해 기꺼이 비용을 부담한다. 이는 새로운 기술이 확실히 부가적인 효율성을 생산한다는 점이 명백하기 때문이다. 더 높은 효율성은 더 많은 생산을 의미하기도 하지만 동시에 더 적은 노동 투입으로 동일한 생산이 가능하다는 의미이기도 하다. 따라서 신기술이 가져다준 부가적인 효율성은 노동력의 감소로 연결된다. 실제로 인공지능 기술의 개발과 활용을 선도하는 기업 중 하나인 마이크로소프트(Microsoft)는 이미 2025년에만 세 번의 대규모 구조 조정을 단행한 바 있다(지디넷코리아, 2025.7.3). 일자리의 감소가 전적으로 인공지능 기술 때문만이라고 할 수는 없지만 인공지능 기술의 활용을 위한 조직적 준비가 주요한 동기라는 점은 부정하기 어렵다.

인공지능 기술은 인간의 삶에 개입하는 수준이 강화되는 수준을 넘어 이제는 국가적 패권과 세계의 질서에 거대한 변동을 가져올 수 있는 요인으로 발전하고 있다. 이는 인공지능 기술을 둘러싼 경쟁을 심화[1]시키고, 기술의 발전 속도를 올리며, 기술의 적용 범위를 심화한다. 이는 인공지능 기술의 적용이 가져올 사회 변화의 속도를 대단히 빠르게 만든다. 사회 변화의 속도가 빠르다는 것은 그 자체로 사람들의 적응을 어렵게 만들고, 부수적으로 발생하는 문제점에 대응하기도 어려운 사회적 조건으로 작용한다.

여기에 전 지구가 직면하고 있는 기후변화와 생태적 위기는 새로운 차원의 위험으로 작동하고 있다. 생산과 소비를 끊임없이 자극하는 현대의 자본주의 경제체제의 유지와 전 인류가 당면한 생태적 위기의 극복은 양립하기 어렵다는 점이 점점 확실해지고 있다. 이런 점에서 현재의 생태적 위기는 그동안 유지해 왔던 근대적 성장 모델 그 자체를 의심할 수밖에 없도록 강

---

[1] 최근 페이스북(Facebook)을 운영하는 메타(Meta)는 자사의 기술 개발을 위해 경쟁사의 인재를 엄청난 조건으로 영입하여 큰 주목을 받았다(KBS, 2025.7.28). 뛰어난 인재 1명에게 1억 달러 이상의 연봉을 제시할 정도로 메타는 인공지능 기술에 회사의 미래를 걸었다. 이는 인공지능 기술에 대한 경쟁이 대단히 심화하고 있음을 단적으로 보여 준다.

제하고 있다. 한쪽에서는 효율성을 극대화할 수 있는 인공지능 기술이 폭발적으로 발전하고 있고, 다른 한쪽에서는 근대적 경제성장 모델을 근본적으로 의심해야 하는 모순적인 상황이 벌어지고 있는 셈이다.

근대사회로의 전환 이후, 인류는 대량생산-대량 소비에 기초한 무한한 경제성장을 추구했다. 하지만, 이제 이러한 무한 성장은 과거의 향수가 되었다. 이제 현대사회는 물질적 생산과 경제성장을 최우선의 가치로 삼았던 시대를 뒤로 하고, 그 이후의 새로운 단계로 진입하고 있다. 이 글은 이러한 새로운 단계를 포스트 성장(Post-Growth) 사회라는 개념으로 정리하고, 새로운 사회적 조건 아래 인간의 활동은 어떤 의미를 가져야 할 것인지의 문제에 대해 다루고자 한다.

2. 포스트-성장 사회

1) 기후변화와 생태적 위기

자본주의 경제체제는 생산과 소비 모두에서 급격한 양적 팽창을 가능케 했다. 대량생산 체제의 구축과 끊임없는 소비를 찬양하는 사회에서 사람들은 인류사적인 물질적 풍요를 누렸지만, 그 대가로 기후변화와 생태적 위기라는 상황에 직면했다. 산업혁명 이후, 인류가 배출한 온실가스는 이미 심각한 기후변화를 현실화시켰고, 지구 안에서 인간의 압도적인 독점적 지위는 생태계의 흐름을 심각하게 왜곡시켜 생태계에 거대한 절멸의 위기를 불러왔다.

인류가 경험하지 못했던 이 새로운 유형의 문제에 대해 그동안 다양한 접근 방법이 제시되었다. 인간의 자연 지배 및 자연에 대한 독점적 권리를 포기해야만 한다는 급진적인 사회 생태주의적(북친, 2024) 관점, 생태 위기는 자본주의적 계급투쟁의 차원으로 환원할 수 없음을 비판하고 이에 대한 대안으로서 녹색 계급(라투르·슐츠, 2022) 개념을 제시, 현재의 기후 위기에 대응하고자 탄소 배출을 경제적으로 규제하는 탄소 경제의 성공적인 작동을 주장(노드하우스, 2017), 기후변화의 세계적 의미를 이해하기 위해서는 경제적 관점보다 국제정치적 관점이 더욱 중요하다는 입장(기든스, 2009) 등 이 문제에 관한 다양한 이론적 관점이 제시되어 있다.

제시된 다양한 입장들은 정도의 차이는 있지만 모두 더 이상 과거와 같은 무한한 생산과 소비가 가능하지 않다는 점을 공유하고 있다. 이는 성장의 한계가 필연적으로 존재한다는 단순한 사실을 의미한다. 그리고 이 점은 1972년에 발표된 "성장의 한계"라는 유명한 보고서에 의해 이미 지적된 바 있다(메도즈·메도즈·랜더스, 2021). 경제의 양적 성장이 지속될 수 없다는 것은 생산의 양을 줄여야 하는 시점이 도래한다는 뜻이며, 현재의 생태적 위기는 그 시점이 당도했음을 증명한다. 생산의 양을 줄인다는 것은 여러 의미를 내포한다. GDP와 일자리는 줄어들고, 이에 따라 양극화가 심화하며, 복지는 축소되고 사회적 갈등은 심화한다. 단기간에 감당하기 어려운 문제에 대응하는 가장 손쉬운 방법은 그것을 무시하는 것이다.[2] 하지만, 그것이 지속될 수 없음이 확인된 현재 시점에서 이런 정책을 펼치는 것은 다음 세대에게 더 큰 위기를 떠넘기는 무책임한 행위일 뿐이다. 이것은 마치 그 끝이 결정된 "저거너트(Juggernaut) 수레"(기든스, 1991)에서 내리지 않겠다는

---

[2] 도널드 트럼프 미국 대통령이 기후변화 자체를 부정하고 제조업의 부활을 강조하는 것이 이에 관한 대표적인 예시이다.

결심과 같다.

　기후변화와 생태적 위기는 과거의 경제성장 모델이 더는 작동할 수 없다는 사실을 명징하게 보여 주는 사건이다. 지금까지 인류의 삶은 성장을 최우선의 가치로 여기는 방식으로 조직되었고, 그것을 위한 삶의 방식을 구축했다. 그러나 이제는 성장을 최우선적 가치로 여기지 않는 사회로의 대전환이 요구된다. 이것이 바로 포스트-성장 사회로의 전환이 요청되는 첫 번째 축이다.

　생태적 위기는 성장을 포기하는 양적인 접근만을 요구하지 않는다. 인간과 자연, 인간과 생태와의 관계에 대한 기존의 관행 역시 전면적인 수정이 필요하다. 성장 중심의 시대에서 자연은 인간과 분리된 환경(Milieu)일 뿐이고, 생태는 경제활동을 위한 자원으로만 취급되었다. 이런 관계는 작금의 생태적 위기의 한 원인이 되었다. 따라서 생태적 위기를 극복하기 위해서는 인간과 자연, 그리고 인간과 생태 사이의 새로운 관계 설정의 문제가 핵심으로 부상하며, 이는 생태적 위기에 대한 질적인 접근이 된다.

2) 디지털 전환과 기술의 지능화

　지금 폭발적으로 성장하는 인공지능 기술의 발전은 "기술의 지능화"(김연철·민병교·박치현, 2023)라는 개념으로 이해하는 것이 적절하다. 이전의 기술이 노동력의 양적 측면을 대체하는 방식으로 발전했다면, 현재의 인공지능은 인간 노동의 질적 측면, 즉 의사 결정을 대체하는 방식으로 발전하고 있기 때문이다. 따라서 인공지능이 대표하는 기술의 지능화는 인간 노동력의 양적·질적 모든 측면의 대체가 가능한 조건이 성립되었음을 시사한다.[3]

　현재 인공지능은 ChatGPT가 대표하고 있는 거대언어모델(LLM)이나, 프로그래밍 코드나 새로운 이미지를 만들어 주는 생성성 AI를 지칭하는 경우가 일반적이지만 여기에서 말하는 기술의 지능화는 이보다 더 광범위하고 거대한 패러다임 전환을 지향한다. 기술의 지능화는 새로운 기술과 기계의 등장 및 그것의 넓은 확산을 의미한다. 하지만 혁신적인 기술이 가져오는 사회적 변화는 여기에 그치지 않는다. 새로운 생산방식, 새로운 조직 구성의 원리, 사회제도의 변화는 물론 사회 구성원의 의식에 이르기까지 광범위한 변화를 불러온다. 혁신적인 기술일수록 이러한 변화는 더욱 거대하고 강력하게 일어난다.[4] 이런 관점에서 디지털 전환이라는 거시적 변화의 의미를 이해할 수 있다. 다시 말해, 정보 기술의 전면적인 혁신으로 기원하는 거대한 사회적 변화를 총칭하여 디지털 전환이라고 정의할 수 있다.

인공지능 기술이 비용 부담에도 불구하고 빠르게 확산하는 이유는 사람들이 그것을 이용해 즉각적인 생산성 향상을 체험했기 때문이다. 동일한 작업을 수행하는 데에 있어 그 시간을 극적으로 줄여 주는 경우가 속출하고 있고, 이것을 통해 새로운 아이디어나 영감을 얻기도 한다. 어떤 이들은 생성형 인공지능이 아직도 그 수준이 높지 않다고 비판하지만, 고도로 전문화된 최상급 노동의 결과물만이 시장에서 거래되는 것은 아니다. 수용할 수

---

3   자동화와 지능화의 차이가 이런 부분을 대변한다. 자동화는 인간에 의해 사전에 정의된 대로 기계가 인간의 노동을 대신 수행하는 것을 말한다. 그 과정에서 필요한 의사 결정은 사전에 인간에 의해 수행된 것이다. 그러므로 자동화라는 용어는 양적인 측면에만 한정될 뿐이다. 반면, 지능화 기계가 인간을 대신하여 스스로 의사 결정을 수행하는 과정도 포함한다. 지능화는 자동화를 대체하는 개념이 아니라, 자동화를 포함하는 더 확장된 개념이다. 이런 점에서 기술의 지능화가 인간 노동력의 양적·질적 대체를 모두 내포하고 있다.
4   혁신적 기술의 확산과 사회 변화 사이의 이러한 관계는 "와해성 혁신(disruptive innovation)"이라는 개념(크리스텐슨, 2020)으로 널리 알려져 있다. 이 개념은 슘페터(Joseph Schumpeter)가 제시한 "창조적 파괴(creative destruction)"(슘페터, 2011)로부터 큰 영향을 받았다.

있는 나쁘지 않은 품질에 부담되지 않는 가격의 상품이라면 충분히 시장에서 거래될 수 있고, 실제로 이런 상품이 차지하는 비율은 대단히 높다. 이런 점에서 현재 생성형 인공지능의 성능은 충분히 파괴적이다.

생산성이 높아진다는 것은 더 적은 노동력을 투입하고도 현재의 생산성을 유지할 수 있다는 의미이다. 즉, 일자리가 줄어든다. 일자리가 줄어들면 한정된 일자리를 두고 더 많은 사람이 경쟁할 수밖에 없고, 그 한정된 일자리는 대체로 인공지능이 쉽게 인간 노동력을 대체할 수 있는 분야가 된다. 그 결과, 인공지능에 의해 대체되는 일자리와 그렇지 않은 일자리 사이에는 경쟁의 정도에 있어 현격한 차이가 발생한다. 즉, 일자리의 양극화가 발생한다.

한정된 일자리를 둘러싼 경쟁이 심화한다는 것은 결국 실업자가 증가한다는 뜻이다. 사회가 더 많은 생산을 감수하고 추가적인 일자리를 만드는 방법도 있겠지만 이는 앞서 제시한 생태 문제와 직결된다. 더 많은 생산은 생태 위기로 연결되기에 현시점에서 필요한 것은 많은 생산이 아니라 적절한 생산이다. 인공지능 기술처럼 강력한 생산성 향상을 가져오는 기술일수록 더 많은 실업자를 만들어 낼 수 있다. 기술 진보가 "노동의 종말"(리프킨, 2005)을 가져올 것이라는 오래된 주장이 실현될 가능성은 더 커지고 있다. 실업자가 증가하면 자연스럽게 사회 전체의 구매력은 하락하고, 기업들은 성장하기 어려워진다. 경제가 성장하지 못하거나 축소하면 세수는 감소하지만, 복지 수요는 오히려 증가하는 이중 부담이 발생한다. 인공지능 기술이 선도하는 전면적인 디지털 전환은 이런 위험의 실현을 가속할 우려가 있다. 이것이 바로 포스트-성장 사회로의 이행을 추동하는 두 번째 축이다.

인공지능 기술의 확산은 양적인 측면에만 문제를 일으키지 않는다. 사회의 질적인 문제도 함께 유발한다. 인공지능 기술은 기본적으로 사람의 판단을 대체할 수 있다. 그렇기에 인공지능 기술은 나를 전면적으로 대신할 수 있다. 즉, 인공지능 기술은 나의 대리인 혹은 비서의 역할을 맡게 된다. 그렇게 될 경우, 사회 속에서 이루어지는 개인 대 개인의 관계는 완전히 새로운 상황에 직면하게 된다. 전통적인 대면 관계에서는 사람과 사람이 직접적으로 연결되는 사회적 관계를 맺지만, 인공지능 기술이 나의 비서가 되면 개인 대 개인의 관계는 나를 대신하는 비서와 상대방을 대신하는 비서 사이의 관계로 변화한다. 즉, 개인들 사이의 관계는 간접적인 연결로 변모하게 된다. 모든 사회 구성원이 간접적인 관계를 맺게 되면 사람들이 타인의 처지와 맥락을 이해하고 공감하는 데 있어 심각한 문제가 발생할 수 있다. 만약 그런 사회적 관계가 전면적으로 확산한다면 그 사회의 통합을 가능하게 하는 사회적 연대의 기반이 약화할 수도 있다(김연철 외, 2023).

사회적 연대의 약화는 사회의 존립 기반 자체를 흔든다는 점에서 심각한 문제이지만, 개인의 차원에서도 큰 문제가 될 수 있다. 사람은 사회화 과정을 통해 그 사회의 구성원으로 성장한다. 사회화 과정은 다양한 사람들과의 상호작용이 누적되면서 이루어진다. 그 과정에서 정체성의 문제와 소속감의 문제도 함께 정립된다. 그러나 인공지능 기술의 전면적인 확산이 이러한

그림 8-1 포스트-성장 사회로의 이행을 추동하는 두 가지 축의 작용

	양적 작용	질적 작용
기후변화와 사회의 생태화	탄소 절감, 생산 제한, 친환경 제품과 에너지, 재활용과 폐기물 처리, 녹지 보호와 개발 제한	인간 중심주의의 문제, 자연에 대한 인식 변화, 인간-동물 관계 재정립, 세대 갈등, 국제적 협력
디지털 전환과 기술의 지능화	구조 조정, 조직 축소, 실업 증가, 일자리 감소와 양극화, 구매력 감소와 복지수요 증가	상호작용 감소와 간접화, 사회적 연대 쇠퇴, 사회통합 문제, 사회화와 정체성의 문제, 사회적 신뢰

상호작용의 경험을 차단하는 효과를 만든다. 상호작용 경험의 부족은 타인을 신뢰하지 못하게 만들고, 개인 간의 깊은 관계를 맺기 어렵게 만든다. 다수의 사회 구성원이 이런 조건에 놓이게 된다면 그 사회는 통합적으로 유지되기가 대단히 어려워진다. 즉, 인공지능 기술의 확산은 사람들 사이의 관계에서 변화를 유발하고, 이는 장기적으로 사회의 존립에 위협이 될 수 있다.

상술한 바를 정리하면 그림 8-1과 같다.

3) 소결: 포스트-성장 사회로의 이행

지금까지 포스트-성장 사회로의 이행을 추동하는 두 가지 축을 살펴보았다. 기후변화와 생태 위기는 더 적은 생산과 더 적은 폐기물을 강제하는 가장 강력한 조건으로 작용한다. 지속가능한(sustainable) 개발이란 무제한 개발이 아니라 환경이 자생력을 잃지 않는 범위 내에서의 개발과 발전을 의미한다. 즉, 성장의 상한선을 설정하는 것이다. 이런 조건에서 성장을 최우선 가치로 설정하는 사회는 미래를 보장할 수 없다.

또한, 인공지능 기술이 상징하는 기술의 지능화는 높은 효율성으로 인해 더 적은 노동력의 투입만으로도 충분한 생산성을 유지할 수 있게 해 준다. 생태 위기로 인해 성장의 상한선이 강력하게 작용하는 가운데 지능화된 기술과 전면적인 디지털 전환으로 인해 효율성이 더 높아지게 된다면 그 결과는 소수의 사람만이 생산과정에 참여하는 대량실업사회로 귀결된다.

이렇듯, 포스트-성장 사회는 경제성장을 중심으로 조직되었던 근대 사회가 총체적인 한계에 직면함으로써 논의가 시작된다. 과거의 사회구조가 더는 지속될 수 없음이 명확해진바, 당면한 구조적 모순을 극복하는 사회가 바로 포스트-성장 사회이다. 다음은 당면한 구조적 모순 중 노동의 문제를 중점적으로 살펴보고자 한다.

3. 활동적 삶으로서 노동과 작업의 문제

1) 전통적 노동의 의미와 그 한계

노동(Labor)[5], 특히 산업 노동은 근대사회를 상징하는 인간의 대표적 활동이다. 산업혁명을 통해 공업(industry)이 만들어졌고, 임금을 받아 삶을 영위하는 노동자가 등장했다. 노동자가 수행하는 노동은 크게 두 가지 측면에서 중요한 의미가 있다. 하나는 조직과 규율에 따라 통제된다는 점이고, 다른 하나는 노동시장에서 거래를 통해 보상이 결정되고 일자리의 분배가 일어난다는 점이다. 이러한 노동 개념은 특히 마르크스 이론에서 중요한 의미가 있다. 카를 마르크스(Karl Marx)는 이 노동 개념으로부터 어떻게 자본주의적 착취가 일어나는지, 어떤 형식의 소외가 발생하는지를 상세히 연구했다.

그러나 마르크스의 노동 개념은 여러 측면에서 비판의 대상이 되었다. 그 중에서 포스트-성장 사회의 논의가 직접적으로 관련된 두 가지 비판을 간략히 살펴보고자 한다. 우선 생태주의적 관점의 결여이다. 마르크스의 노동 개념은 철저하게 자연의 독자적인 존재와 그것의 작용을 인정하지 않았다.

---

[5] 산업혁명 이전의 노동, 즉 독립적인 인간이 자연을 대상으로 수행하는 수고스러운 행위로서의 노동은 여기에서 다루지 않는다. 고용 관계에 의한 임금노동이 아닌 순수하게 자신의 의지에 따라 자연을 대상으로 노동을 수행하여 그 결과로 삶을 영위하는 자급자족 방식의 전통적인 노동은 현대 회에서 비중이 미미하기 때문이다. 여기에서는 노동시장을 통해 경쟁하는 노동력의 수행을 의미하는 산업 노동을 중심으로 논의를 이끌어 가고자 한다.

마르크스에게 있어 역사란 직접적인 실천이며, 실천은 인간의 의식적인 활동이다. 자연은 역사적 과정에서 현상할 뿐이기에 인간의 실천 대상으로만 존재한다(슈미트, 2020). 부가가치를 창조하는 활동으로서 노동은 오직 경제적 관계로만 환원되었고, 그러한 노동의 과정에서 인간의 자연 착취는 자연스럽게 정당화되었다. 이는 생태 위기가 자본주의적 경제체제가 극도로 발전한 현대사회에서 필연적일 수 있음을 암시한다.

마르크스의 노동 개념에 대한 두 번째 비판은 그가 노동을 오직 시장에서 매개되는 행위로만 이해했다는 점이다. 인간이 특정한 행위를 수행하는 동기가 오직 경제적 차원으로만 환원될 뿐이라는 입장은 인간의 복잡다단한 지적 활동에 일차원적으로만 접근한 것이다. 인간은 꼭 경제적 동기가 아니더라도 수고스러운 행위를 수행하는 경우가 대단히 많다. 남을 돕는 행위나 기부를 하는 경우가 단적인 예시이다. 남을 돕는 행위는 규율이나 지시에 따른 수행도 아니고, 경제적 대가를 기대하고 하는 일도 아니다. 순수하게 자발적인 동기에서 시작된 공동체 지향적인 행위이다. 비시장적 동기로부터 출발한 사회적 실천으로서 인간의 수고스러운 행위는 마르크스의 이론적 흐름에서 그 위치를 발견하기 어렵다.

정보 기술이 발전한 현대로 들어오면 마르크스의 노동 개념에서 또 다른 한계를 발견할 수 있다. 요즘은 영화를 보든, 물건을 구매하든, 음식을 배달하든 간에 별점으로 평가하는 경우가 매우 흔하다. 거대 플랫폼에서 수많은 소비자들이 부여한 별점은 부가가치 창출의 기반이 된다. 고객은 자기가 의식하지 못한 상태에서 부가가치를 생산하는 노동의 과정에 동참하고 있는 셈이다. 다른 예시로 온라인 게시판에서 수많은 사용자가 자신의 의견을 나누고 질문에 답하는 상황을 생각해 보자. 해당 게시판에 많은 사용자가 몰려 다양한 정보가 게시되고 누적되면 그때부터 이것이 새로운 사용자를 불러 모으고, 더 많은 사용자는 더 많은 트래픽과 더 많은 광고 노출로 연결된다. 이 경우도 전자의 사례와 마찬가지로 사용자가 의도하지 않았지만 부가가치를 창출하는 수고스러운 행위를 제공했다. 하지만, 별점을 남긴 고객이나 자신의 의견을 게시한 사용자들이 규율이나 상관의 지시에 따라서 혹은 시장에서 대가를 기대하고 그런 행위를 수행한 것이 아니다. 그렇다면 이 사람들의 행위는 노동인가 아닌가?

이처럼 현대에는 마르크스의 노동 개념으로 분석하기가 쉽지 않은 새로운 현상들이 등장하고 있다. 자본주의적 성장이 중요한 가치였던 시대에는 이에 대한 비판적 도구로서 마르크스의 노동 개념이 충분한 의의가 있었다고 평가할 수 있지만, 포스트-성장의 시대에 그런 개념은 더는 유용하지 않다. 중요한 지점은 경제적 가치를 창출하기도 하지만 시장적 동기에서 출발하지 않는 인간의 행위를 어떻게 포착할 수 있는가 하는 점이다. 이것이 바로 마르크스의 노동 개념이 잡아내지 못하는 난점이기 때문이다.

2) 한나 아렌트: 노동, 작업, 행위

앞서 제기한 문제에 대처할 수 있는 적절한 이론적 관점을 한나 아렌트의 이론에서 찾을 수 있다. 아렌트(2019)는 인간의 활동적 삶(vita activa)을 노동(labor), 작업(work), 행위(action) 세 가지 차원으로 확장했다.

우선 노동은 마르크스의 개념이 지시하는 바와 대체로 일치한다. 다만 사회나 시장에서의 관계적 측면보다는 행위의 본질 그 자체에 더 집중했다. 그녀가 제기하는 노동은 생존에 필요한 재화를 얻기 위해 수행하는 순환적이며 무한 반복적인 행위이다. 농사를 짓거나, 수렵하는 등의 행위는 기본적으로 생존을 위해 필수적인 재화를 얻기 위한 생산 활동이며, 동일한 행위를 순환적으로 반복한다. 이는 가장 원초적인 수준에서의 인간 활동이며, 고독하고 고통스러운 활동이다.

반면, 작업은 이와 다르다. 작업은 인간이 무언가를 구상하여 창조하는 행위를 말한다. 이것이 노동과 다른 점은 구상의 과정, 즉 창의성이 개입된다는 것이다. 이는 순환적이고 반복적인 작업도 아니며, 인간이 자신을 둘러싼 세계와 의식적인 상호작용을 통해 기능과 의미를 부여하는 창의적인 행위이다. 인간은 이 작업이라는 수행을 통해 다른 동물과 인간만의 실존성을 획득한다. 예술과 같은 미적 창조 과정이나, 도구를 발명하고 기능을 창조하는 과정이 이 작업 개념의 전형이다. 인간이 창조를 통해 의미를 부여하고 기능을 발명하는 것은 그것이 시장에서의 거래 여부와 상관없이 그 자체로 인간의 실존적인 삶의 원천이 된다. 바로 이 작업의 개념이 마르크스의 노동 개념이 갖는 한계를 뛰어넘기 위한 좋은 출발점이 된다.

마지막으로 행위는 인간과 대상 사이가 아닌 인간과 인간 사이에서 이루어지는 활동적 삶의 형태를 말한다. 인간과 인간 사이에서는 발화 행위를 하고 언어가 교환되고 상호 간의 해석이 이루어진다. 이를 통해 서로의 다양성을 이해하고 정치적 행위가 실현된다. 노동과 작업이 인간과 세계 사이의 관계로부터 이루어졌다면, 행위는 인간과 인간 사이의 관계를 향한다.

3) 작업을 노동으로 전환하는 기제로서의 기술

아렌트의 노동과 작업의 구분을 따르면, 인간을 인간답게 만들어 주는 것은 바로 작업이다. 동물이 자연에서 먹이 활동을 하듯이, 인간 역시 생존을 위해 노동을 수행한다. 마르크스가 말했던 노동이 바로 이에 해당한다. 자본주의 체제 내에서 노동자는 오직 자신의 노동력을 팔아서만 생존을 유지할 수 있다. 하지만 이는 인간의 다채로운 창의적 활동을 제대로 포착해 내지 못하는 한계를 갖는다.

정보 기술의 발전과 확산은 인류의 삶을 새로운 단계로 인도했다. 시간적·공간적 제약은 점차 극복되었고 인간의 소통은 전 지구로 확장되었으며, 경쟁 역시도 마찬가지이다. 간단히 전 지구가 시장이 되었다. 이런 조건에서 인간은 다양한 협업을 통해 끊임없이 새로운 가치를 창조해 냈다. 십시일반으로 위키피디아(wikipedia)라는 인류의 위대한 지식의 집합을 만들었고, 다양한 발명을 통해 새로운 상품과 새로운 사용성, 새로운 심미성을 세상에 내놓았다. 사람들은 온라인 공간에서 정보와 의견을 교환했고, 자신의 지식을 공개했고, 별점을 부여하여 서열을 만들었고, 태그(tag)를 달아 분류를 만들었다. 그리고 이 모든 것은 시장적 부가가치의 창출로 연결되었다.

즉, 사람들은 온라인 공간에서 각자의 의지와 노력으로 새로운 가치를 창조하는 작업을 수행했지만, 이는 곧 자본주의적 질서에 의해 노동의 결과물로 변해 버린 것이다. 사람들이 수행한 것은 아렌트가 정의한 작업에 해당하는 활동이었다. 그러나 그것의 축적은 거대한 이윤 창출의 도구가 되었다. 선의를 갖고 수고스러운 행위를 감수했던 무고한 사용자들은 이제 자신의 정직함으로 인해 누군가로부터 공격을 받거나 법적 다툼에 휘말리기도 한다. 이는 작업의 결과물이 이윤 창출의 도구로 전락했기 때문이다. 그리고 그 이윤을 획득하는 주체는 무고한 사용자가 겪는 갈등과 곤란을 무시한다. 정직한 평가를 남겼다고 비난을 받거나 공격의 대상이 되는 이유는 작업의 공간이 누군가의 노동의 공간으로 변해 버렸기 때문이다. 창의적인 의도는 생존의 욕망에 대항하여 이길 수 없다. 그리고 그 갈등의 사이에서 이윤이 발생한다. 관심은 돈을 만들기 때문이다.

자본주의 체제는 기본적으로 작업을 노동으로 바꾸는 데 탁월하다. 독립적으로 활동하는 수공업자의 아이디어와, 생산 방식 및 결과물은 자본가에 의해 대량생산체제로 편입되어 천편일률적인 수십만 개의 상품으로 복제되고 시장에 팔린다. 그리고 그 과정에서 수많은 산업 노동자들이 자신의 노동력을 팔아 생계를 유지하게 된다. 창의적인 수공업자는 대자본의 생산성과 겨룰 수 없어 도태되어 사라진다. 결국 작업은 사라지고 노동만 남는다.

대량생산기술 시스템은 작업을 노동으로 전환시키는 기제로서 작동한다. 그런데 인공지능과 같이 지능화된 기술은 이런 과정을 더욱 급진화한다. 인공지능 기술은 두 가지 측면에서 작업을 노동으로 전환시키는 기능을 급진화·극단화한다. 첫째, 작업을 노동으로 전환하는 기존의 방식을 극단화한다. 과거의 기술도 끊임없이 작업을 노동으로 바꾸어 왔지만, 이 전환은 시장이 작동하는 영역 안에서만 제대로 작동했다. 즉, 이윤 추구의 가능성이 없거나 순전히 취향의 영역에서는 아무리 기술이 발전해도 작업이 노동으로 전환되지 않았다. 그러나 지금의 인공지능 기술은 이런 조건과 무관하거나 그것을 넘어서서 작업을 노동으로 바꾸고 있다. 예를 들어, 그림 그리기를 생각해 보자. 어린아이가 장난스럽게 그린 그림들, 열정을 쏟았지만 뛰어난 결과물이라고는 보기 어려운 아마추어의 작품들, 이런 것들은 온라인에 게시되어도 소통의 대상이었지 그 자체로 시장적 가치를 획득하기는 어려웠다. 하지만 생성형 인공지능에게는 이것마저도 학습의 대상이 되고 심지어는 상품화의 재료가 된다.[6] 생성형 인공지능은 그 작품 하나만으로는 충분한 시장적 가치를 지니지 못한 아마추어들의 작업 결과물을 노동으로

---

[6] 실제로 어린아이가 상상력으로 그린 삐뚤빼뚤한 동물 그림마저도 3차원으로 확장시켜 실제 인형으로 만들어 주는 기술이 등장했다. 인공지능 기술이 작업을 노동으로 전환하는 과정을 급진화했다는 사실의 좋은 예시이다.

바꾸고 있다. 심지어 그것으로 이윤을 추구할 수 없음에도 불구하고 화풍을 그대로 학습하여 모방 결과물을 생성하고 온라인에 배포한다. 이제 이런 그림은 창의적인 작업이 아니라 프롬프트를 이렇게 했다가 저렇게 했다가 하는 지루한 반복 노동의 영역으로 변했다. 이런 것이 등장하는 이유는 경제적 시장이 아니라 평판 시장의 부가가치를 만드는 새로운 원천이 되었기 때문이다. 이렇듯, 인공지능 기술은 작업을 노동으로 전환하는 기존의 과정을 급진화시켰다.

둘째, 지능화된 기술은 인간의 활동적 삶(vita activa)의 영역에서 작업을 노동으로 전환시켰을 뿐만 아니라, 인간의 사색적 삶(vita contemplativa)마저도(전광식, 2011) 노동으로 전환시켰다. 인간의 사색적 삶은 오랜 기간 창조와 영감의 원천으로 기능했다. 예술가들은 자신의 내면과 마주하면서, 정신적 극한을 경험하며 새로운 작품 세계를 창조했다. 하지만 지금의 인공지능 기술은 이 과정마저도 대체해 가고 있다. 아직은 그 수준이 미미하지만 이미 몇몇 대중문화의 영역[7]에서는 인공지능이 제공하는 다양한 시도로부터 영감이나 창작의 아이디어를 얻고 있다. 머지않은 미래에 이런 경향은 더욱 보편화될 것이며 학술의 영역에서도 지능화한 기술은 단순한 보조의 역할이 아닌 공동 연구자의 지위를 획득하게 될 것이다. 즉, 인공지능 기술은 활동적 삶에서 진행되는 작업뿐만 아니라, 사색적 삶의 영역에서 이루어지는 작업 역시 노동의 공간으로 끌어 가고 있다.

---

[7] 웹툰의 경우, 채색이나 캐릭터의 생성과 변형 작업에서 이미 인공지능이 활용되기 시작했다. 작가들은 기계의 결과물을 그대로 이용한다기보다는 기계가 빠르게 내놓은 다양한 결과물들로부터 새로운 창작의 아이디어를 얻고자 한다. 작곡의 영역에서도 이와 유사한 일들이 일어나고 있다.

4. 포스트-성장 사회에서의 활동적 삶

1) 작업의 가치와 인간의 실존성

포스트-성장 사회에서 개인의 활동적 삶은 큰 위기에 직면한다. 과거와 같은 고도성장을 기대할 수 없는 조건에서 부과되는 생태 위기와 지능화한 기술의 확산은 활동적 삶의 조건을 크게 위축시켰다. 이제는 모든 사람이 적절한 삶을 유지하기 위한 일자리를 얻는 것이 불가능해지고 있다. 많은 정치인들이 일자리 창출을 약속하지만, 그것이 기존의 사회구조를 유지한 채 실현될 가능성은 희박해 보인다. 인간의 창의적인 작업은 노동으로 변화하고 있지만, 정작 그 노동과정에 참여하는 사람은 점점 줄어 이제는 기계들이 담당하고 있다. 공장은 자동화되고, 에이전트 인공지능은 서비스직까지 대체하고 있다. 이 전환의 방향이 뒤집힐 가능성은 발견하기 어렵다.

상술한 바와 같이, 인공지능 기술은 작업을 노동으로 전환한다. 과거 자신들의 창작 결과물을 공개했던 아마추어 예술가들은 더 이상 그런 일을 하지 않는다. 왜냐하면 자신들의 창작물이 인공지능의 학습 데이터로 활용되고 있음을 깨달았기 때문이다. 자신들이 만든 결과물을 학습한 인공지능은 나의 작업에서 나를 배제한다. 나 없이도 나의 창작물이 만들어진다. 작업은 노동으로 순식간에 바뀌고, 동시에 나는 노동과정에서 즉시 배제된다. 이런 이유로 할리우드의 작가들은 인공지능 기술의 도입을 반대하면서 파업을 진행하기도 했다. 이런 일들이 전환의 힘에 저항하는 한 예시이다.

이와 같은 일들이 앞으로 더 가속화되면 우리는 작업의 결과물을 무상으로 세상에 내놓을 수 없게 된다. 만약 세상에 공개한다면 그것은 작업의 결과물로서가 아니라, 노동의 결과물로서 시장에서 경쟁하는 상품이 될 수밖에 없다. 그렇다고 해서 시장에서의 경쟁이 일개 개인에게 만만한 것도 아니다. 인간이 작업이란 활동적 삶을 수행하는 것은 시장에서 유리한 위치를 얻기 위함이 아니다. 인간은 언제나 사회적 존재였고, 작업은 그런 사회적 관계를 유지하고 고도화하는 특별한 활동 중 하나였다. 하지만 인공지능 기술은 그 사회적 관계마저도 단절시켜 파괴한다. 인공지능 기술의 경쟁은 더 나은 학습 데이터를 위해 언제든 인간의 작업 결과물을 획득하기 위해 만반의 준비가 되어 있다. 이런 조건에서 인간이 작업이라는 활동적 삶을 유지하기는 더욱 어려워지고 있다. 이런 과정이 야기하는 총체적인 귀결은 결국 사회적 관계 그 자체의 붕괴, 즉 사회 구성원의 실존적 위험이다.

인간이 사회를 구성하고 유지하는 한, 인간은 인간만이 제공할 수 있는 가치를 포기할 수 없다. 그러므로 포스트-성장 사회에서 인간의 활동적 삶은 작업과 행위 중심이어야 한다. 하지만, 작업이 아무리 인간의 실존성을 증명하는 창의적이고 고귀한 활동적 삶이라 해도 노동을 통한 생존의 조건이 충족되지 못한다면 이 모든 것이 무의미해질 수밖에 없다. 즉, 삶의 물질적 기반이 충족된 바탕 위에 인간의 창의성이 실현되는 것[8]이야말로 포스트-성장 사회에서 활동적 삶의 실존적 조건으로 구현될 수 있다.

---

8   어떤 방식으로 인간 삶의 물질적 기반이 충족될 수 있는가의 문제는 대단히 중요하고 동시에 대단히 어려운 문제이다. 이 문제에 대해 먼저 제시되는 대안은 대체로 기본 소득(basic income)이다. 그러나 기본 소득은 매우 광범위한 논점과 다양한 정치적 입장을 모두 포괄하고 있기에 따로 분리하여 논의해야 할 것이다. 하지만 한 가지 생각해야 할 것은 기계가 인간의 일자리를 대체하게 되면 결국 구매력 하락이 발생하므로, 기업 쪽에서는 기술혁신의 결과가 오히려 자기 발등을 찍는 결과로 연결된다. 이런 상황에 대한 기업 입장의 해결책 역시 기본 소득이 될 수도 있다는 점이다.

2) 행위와 사회적 관계의 복원

　노동이든 작업이든 이것들은 모두 생산의 문제와 관련이 있다. 인간이 세계와 마주하여 수행하는 활동적 삶의 영역인 것이다. 하지만 모든 사람이 이 영역에서 기대한 바의 성과를 얻을 수는 없다. 또한 인간은 홀로 세계와 마주하면서 살아가는 존재가 아니라 타인과 함께 삶을 영위하는 존재이다. 이런 점에서 궁극적으로 인간의 활동적 삶은 작업의 완성으로 그치는 것이 아니라, 행위라는 양식에까지 나아가야 한다.

　아렌트가 말하는 행위는 기본적으로 타인의 존재를 가정해야 성립이 가능하다. 따라서 행위는 그 자체로 사회적 관계를 지향하는 활동적 삶이다. 대량생산체제에서 인간은 하나의 부속품에 불과하고 이를 수행하는 노동자는 시스템을 구성하는 말단이지 인간적 가치로 존중받지 못한다. 마르크스는 이를 노동의 소외라는 개념으로 정식화했다. 마르크스가 제시한 노동의 소외는 인간이 인간으로서의 실존적 가치를 인정받지 못하는 사회적 조건이 작동하고 있기에 발생한다. 기술의 지능화가 진행될수록 노동은 더욱 세밀하게 분절화될 것이고, 개인을 대신하는 인공지능 비서들은 오히려 인간적 관계를 단절하는 방향으로 작동할 것이다.

　이런 조건에서 작업과 행위의 문제는 더욱 중요해진다. 온라인 공간에서 자신만의 독특한 취향과 가치를 고집스럽게 밀고 나아가는 사람들을 쉽게 발견할 수 있다. 타인에게는 사소해 보일 수 있지만 자신에게는 그것이 세상의 전부일 수도 있는 것들에 애착을 가진 사람들이 그렇다. 이런 사람들은 세상이 자신을 어떻게 평가하든 간에 자신에게 중요한 가치를 실현한다. 어떤 사람은 자신의 만든 작품을 무상으로 세상에 공개한다.[9] 또 어떤 사람은 온라인 게임의 세계에서 초보자를 도와주는 것을 낙으로 삼는다. 이런 이들의 활동적 삶은 작업에 해당한다. 이것으로 수익을 기대할 수는 없지만 그들은 자신의 작업으로 인정받고 존중받는다. 사람들은 그들의 작업을 기억하고, 그 결과물로 연결되고 소통한다. 작업 결과물이 행위로 이어지는 것이다. 이러한 반복과 누적은 사회적 관계의 복원으로 발전할 수 있다. 기술이 사회적 관계를 매개하는 시대에 그러한 기술의 도움으로 새로운 관계를 창출하는 것은 작업을 행위로 연결하는 것으로 그 가능성을 발견할 수 있다. 그리고 행위를 통한 사회적 관계의 복원은 바로 사회적 연대의 복원이다.

5. 나가며

포스트-성장 사회는 성장을 최우선의 가치로 삼을 수 없는 사회이자 동시에 대량 실업의 상태를 의미한다. 현재 한국에서 고등교육을 받은 우수한 청년들이 그에 걸맞은 일자리를 얻는 데 실패하고 있다. 지금 펼쳐지는 기술의 발전을 고려하면 그들에게 좋은 일자리를 만들어 주기는 요원해 보인다. 이런 흐름은 현대사회가 개인과 사회가 모두 성장했던 과거의 성장 중심 사회에서 벗어났음을 보여 준다. 이런 사회에서 다수의 개인은 삶의 의미를 상실하고 사회적 의미를 발견하는 데 실패할 수밖에 없다.

---

9   실제로 일본의 일러스트레이터인 미후네 타카시는 자신이 제작한 그림들을 10년 넘게 온라인 공간에 무상으로 공개하고 있다. 그의 꾸준한 활동과 기여 덕분에 일관성 있는 그림의 세트를 손쉽게 활용할 수 있게 되었다. 그는 수익을 추구하지도 않았다. 철저히 자신만의 가치를 세상에 드러내는 순수한 작업의 결과물을 내놓았고, 결과적으로 그것을 가지고 세상으로부터 인정받고 세상과 소통하는 수준까지 나아갔다.

최근 돌봄 노동이 크게 주목받고 있다. 인공지능에 의해 대체되기 어려운 직업으로 손꼽히고, 고령화 사회가 심화하면서 돌봄 노동의 사회적 수요가 많이 증가하기도 했기 때문이다. 하지만 돌봄 노동을 노동 시장에서의 가치로만 판단하지 말고, 그것이 가진 본질적인 특성을 고려할 필요가 있다. 돌봄이란 기본적으로 약자를 향한 것이다. 노인이든, 장애인이든, 어린아이든 간에 기본적으로 돌봄은 약자를 향하는 도움의 실천이다. 돌봄 노동의 수행은 수행자가 경제적 이득을 얻기도 하지만 돌봄을 받는 이의 입장에서는 사회적으로 소외되지 않고 배려받는 경험을 얻는다. 나약해지기 쉬운 조건에 놓인 개인이 사회적 배려와 인정을 받음으로써 자신의 실존적 가치를 회복하는 것은 사회적으로 중요한 의미가 있다. 이런 점에서 돌봄 노동을 단순히 시장적 가치로만 바라보는 것은 우리의 시야를 편협하게 만든다.

돌봄 노동이 지닌 이러한 본질적 가치를 재고해 보면, 아렌트의 노동, 작업, 행위가 모두 한곳으로 모일 수 있음을 깨닫게 된다. 작업이 노동으로 축소되는 시대적 조건에서 인간의 실존적 조건을 완성할 수 있는 수단의 한 가지 예시로서 돌봄 노동은 중요한 가치를 지닌다. 인간의 수고스러운 활동은 다양한 의미와 가치를 지닌다. 그것을 오직 시장적 가치 영역 안으로만 축소하는 압력에 저항하여 다채로운 의미와 관계를 복원함으로써 연대의 가치를 회복시키는 것, 그것이 인간의 활동적 삶이 지향하는 방향이 된다.

참고문헌

기든스, 앤서니(Anthony Giddens). 1991. 『포드트모더니티』. 이윤희 옮김. 민영사.
기든스, 앤서니. 2009. 『기후변화의 정치학』. 홍욱희 옮김. 에코리브르.
김연철·민병교·박치현. 2023. 「지능화된 플랫폼과 유기적 연대의 쇠퇴: 뒤르켐 이론의 변용」. 《사회와 이론》, 91~124쪽.
노드하우스, 윌리엄(William Nordhaus). 2017. 『기후 카지노: 지구온난화를 어떻게 해결할 것인가』. 성원 옮김. 한길사.
라투르, 브뤼노(Bruno Latour)·슐츠, 니콜라이(Nikolaj Schultz). 2024. 『녹색 계급의 출현: 스스로를 의식하고 자랑스러워하는』. 이규현 옮김. 서울: 이음.
리프킨, 제레미(Jeremy Rifkin). 2005. 『노동의 종말』. 이영호 옮김. 민음사.
머레이 북친(Murray Bookchin). 2024. 『착취 없는 세계를 위한 생태정치학: 사회적 생태론과 코뮌주의 선언』. 서유석 옮김. 동녘.
메도즈, 도넬라 H.(Donella H. Meadows)·메도즈, 데니스 L.(Dennis L. Meadows)·랜더스, 요르겐(Jorgen Randers). 2021. 『성장의 한계』. 김병순 옮김. 갈라파고스.
슈미트, 알프레드(Alfred Schmidt). 2020. 『마르크스의 자연 개념』. 김경수 옮김. 두번째테제.
슘페터, 조지프(Joseph Schumpeter). 2011. 『자본주의, 사회주의, 민주주의』. 변상진 옮김. 한길그레이트북스.
아렌트, 한나(Hannah Arendt). 2019. 『인간의 조건』. 이진우 옮김. 한글사.
전광식. 2011. 「Vita Activa와 Vita contemplativa: 삶의 유형에 대한 개념사적 논의」. 《대동철학》, 56: 27~55.
크리스텐슨, 클레이튼 M.(Clayton M. Christensen) 2020. 『혁신기업의 딜레마: 미래를 준비하는 기업들의 파괴적 혁신 전략』. 이진원 옮김. 세종.

• 언론기사

지디넷코리아. 2025.7.3. "MS, 올해만 세 번째 'AI 중심' 구조조정 … 전 세계 9천 명 감원". https://zdnet.co.kr/view/?no=20250703085025(최종 방문일: 2025.8.3)
KBS. 2025.7.28. ""연봉 1,400억 줄게"…메타가 경쟁사 인재 영입에 나선 까닭은?". https://news.kbs.co.kr/news/pc/view/view.do?ncd=8314663(최종 방문일: 2025.8.3)

4부 돌봄과 계층

9장 포스트 성장 사회에서 돌봄과 주체 되기의 문제 _홍찬숙

10장 포스트 성장 시대와 한국 사회의 계층 재생산 _최샛별

11장 시대를 횡단하기: 한강의 『채식주의자』를 중심으로 _김홍중

9 포스트 성장 사회에서 돌봄과 주체 되기의 문제

홍찬숙

1. 근대 자유주의적 '개인' 개념의 형성과 붕괴

경제성장의 자율적 시스템을 봉건적 지배로부터 탈배태(disembedding)한 근대 자본주의 산업사회는 새로운 역사적 주체로서 '개인'이라는 존재 형태를 창출했다. 그것은 사유재산제도에 기초하여, 전승된 부계 친족제도로부터 정치적 시민사회를 분리하는 데 성공한 고대 그리스 민주주의와 로마의 공화정을 모델로 삼아 정당화되었다. 그리스와 로마의 시민 자격은 전쟁을 수행하는 '병사'의 지위에 기초한 것으로서, 성인 남성에게만 허용되었다.

특히 고대 그리스는 사적 경제단위로서의 가족과 공적 정치단위로서의 국가를 명확하게 구분했는데, 이는 근대 자유주의에서도 이어졌다. 그리하여 근대 시민으로서 '개인'은 사적으로는 '가장'으로서 아내의 권리를 대리하고, 공적으로는 재산 소유에 기초하여 '시민권'을 인정받는 자유주의적 행위자로 정의되었다. 사적 영역과 공적 영역의 이러한 분리는 '합리주의 속의 낭만적 섬'으로 규정되는 가족 내 돌봄과 의존관계(사적 공동체 관계)를 '불가침의 사생활' 영역으로 정의하여 기능적으로 분리하는 동시에 비가시화했다. 그리하여 가족 내 성인 남녀 간의 '돌봄과 부양'이라는 비대칭적 교환 관계는 '생물학적'인, 즉 사회적 설명이 불필요한 '자연적' 관계로 치부되었다.

근대과학의 권위에 기대어 이처럼 여성은 근대 민주주의 체제에서 정치 영역으로부터 축출되었다. 어쩌면 이것은, 전근대적 신분 체계의 물리적 생산(출산) 담당자로서 중세 권력체계 재생산의 핵심적 매개 고리였던 지배층 여성에 대한 보복 조치였다고 할 것이다. 그러나 그 결과는 지배층 여성 출산 기능의 탈정치화뿐만 아니라, 여성을 하나의 동일성 범주, 즉 동물 세계의 '암컷(출산 기능)'으로 획일화하여 인본주의적 '개인' 범주로부터도 축출하는 새로운 가부장제의 발생이었다. 이렇게 여성을 공적 세계에서 축출하여 사적인 '집안 존재'로 규정하는 것은, 전통적 도덕 공동체가 해체되고 개인이 다수의 기능으로 파편화되면서 시작된 시민 개인의 심리적 위기에 대한 해결책이기도 했다.

시장 질서에 의해 전통적 공동체가 해체되고 그것의 각 기능이 분절 및 교환되며 초래된 사회의 도덕적 위기를 뒤르켐은 '아노미'라고 부르고, 그에 대한 정치(공공성) 규범 중심의 해결책을 제시했다. 한편에서는 이렇게 '사회'라는 새로운 근대적 집합체에 걸맞은 새로운 규범적 통합을 통해 문제를 해결하려는 거시적 관점(사회학)이 발생했다. 다른 한편에서는 분절된 기능들의 생물학적 집합체인 '개인'의 내적 통합이라는 관점에서 도덕적 위기를 극복하려는 시도(심리학) 역시 생겨났다. 프로이트는 근대과학을 통해 동물적 존재로 밝혀진 개인이 어떻게 규범적으로 통제될 수 있는가를 연구하며, 합리적 '자아'의 심리적 메커니즘을 밝히는 데 주력했다.

뒤르켐의 사회학에서나 프로이트의 심리학에서나, 개인 '행위자' 또는 '자아'의 근대적 주체화에서 핵심적인 것은 '여성으로부터의 존재론적 분리'이다. 뒤르켐의 사회학에서 여성은 '이성의 부재'라는 생물학적 숙명을 부여받으며 '집안 존재'로 비가시화되었다. 인본주의적 이성의 규범으로 작동하는 '사회'가 본능적인 '자연'과 분리되어 마땅하듯이, '공공성'은 '집안'과 분리되어야 했다. 따라서 '집안 존재'인 여성은 공공성으로부터 단절된다. 프로이트의 심리학에서, 자아는 어머니와의 연결 관계(사랑)를 끊어 내고 아버지에 의한 남성성 제거의 압력(가부장적 권위주의)에 굴복함으로써 비로소 사회적 능력을 갖춘 '자아'로 인정받게 된다.

여성으로부터의 이러한 존재론적 분리는, 애덤 스미스에서 칸트에 이르기까지 경제학적·정치학적·철학적으로 확립된 근대 자유주의 이론의 토대이기도 하다. 여성으로부터의 존재론적 분리는 이처럼 근대사회의 새로운 규범 모색 과정에서 생산된 '사회적 구성물'이지만, 마치 현실을 '있는 그대로 재현'하는 자연과학적 '기술'에 불과한 듯 곡해되었다. 실제로 성인 남성은 집안의 아내로부터 돌봄과 사랑을 제공받고, 미성년 아들은 어머니로부터 그것을 제공받지만, 공공성의 주체로서 남성은 마치 버섯처럼 홀로 생겨난 듯 이론화되었다.

공적 행위자로서 성인 남성이 사적 가족 내 돌봄의 수혜자라는 사실이 이처럼 체계적으로 망각되면서, 성인 남성의 '개인' 지위는 타인으로부터 완전히 자유롭고 독립적이라는 '상상된' 모습으로 정의되었다. 이것은 '개인'이라는 근대적 주체의 지위를 다른 성인 남성과의 관계 속(공화주의적 '형제애')에서만 정의하는 일면적 관점이다. 그러나 이런 비현실적 '상상'이 가능했던 것은, 루만(2009)이 설명하듯이 '낭만적 사랑' 이념에 기초하여 그들의 아내가 그들에게 매우 내밀한 방식('친밀성')으로 공동체적 돌봄 관계를 제공해 주었기 때문이다.

'사회학'의 거시적 관점에서 부르디외는 근대적 행위자의 위계화한 자산을 사회자본, 상징자본으로까지 확대했는데, 이제 우리는 프로이트를 이어 '심리학'의 미시적 관점에서 '심리자본'을 제안할 필요가 있다. 앞서 본 뒤르켐과 프로이트의 비교를 통해 확인되듯이, 개인의 '사회적 통합'의 이면은 '심리적 통합'이기 때문이다. '사회'의 이면이 곧 '개인'이고, 근대적 '사회 되기(Vergesellschaftung)'의 이면은 곧 '개인 되기(Individualisierung)'임을 일찍이 짐멜은 강조한 바 있다.

이렇게 해서, 근대적 시민의 삶은 고대 그리스 시대와는 다른 특유의 공/사 영역으로 분리되었다. 고대 그리스에서 가족이 단순한 '경제활동(oikos)'의 영역이었다면, 산업화 이후 가족은 생산 활동과 분리된 생물학적 번식 단위이자 동시에 '도덕적' 공동체로 새롭게 규정되었다. 세속화한 근대사회에서 도덕은 더 이상 공적 규범이 아니라, 사적 규범으로 재규정되었기('다원주의') 때문이다. 공공성은 가치중립성의 개념인 '규범(보편 윤리)'에 의해 '과학적'으로 설명되어야 했다.

이처럼 사적 도덕과 공적 규범을 구별하는 데는, 고대 그리스와 달리 오히려 '이성애'를 도덕적 성관계로 규정한 개신교의 경건주의가 작용했다. 미소년에 대한 성인 남성의 동성애를 찬양했던 고대 그리스에서 여성과의 관계는 에로스가 아니라 단지 번식 본능을 따르는 것이었다. 그리하여 여성과 도덕성을 상호 배제적 관계로 보았던 고대 그리스에서와 달리, 근대사회에서 여성은 가족 구성원의 도덕적 구심점이라는 격상된 지위를 부여받았다(Shope, 1994: 29). 루만(2009)은 '낭만적 사랑' 속에서 여성이 남성과 대등한 지위―남성의 구애를 거절할 자유―를 획득했다고 평가했는데, 이것은 여성의 '도덕적 지위 격상'이 부른 착시라고 할 수 있을 것이다. 하여튼 여성은 공적 시민으로서의 도덕성은 갖추지 못했으나, 가족의 시민적 도덕성을 뒷받침

(내조)하고 또 전수해야(가정교육) 하는 모순된 존재로 거듭났다.

사생활 영역으로서 근대 가족은 이처럼 도덕적이고 인격적인 개인 성장 —'교양'(독일어로 Bildung)—의 출발점으로 격상되었고, 하버마스(2004)는 가족이 중추에 있는 이 생활 세계로부터 근대 공론장(공공성)이 발생했다고 설명했다. 한편, 실제로는 이렇게 공동체적 가족을 디딤돌로 삼은 공공성의 세계에서, '개인'(남성)은 완전한 '자율성'의 화신, 이익과 권리 주장 그리고 공적 윤리의 '최소 단위'로 인식되었다. 남성의 돌봄 의존성이 '사생활 영역(자연 세계)의 현상'이라는 이유로 사회적 시야에서 사라지고, 마치 애초부터 존재하지 않았던 듯 근대 자유주의적 개념 그물망에서 걸러진 것이다.

콩트의 실증주의를 이어받은 뒤르켐은 칸트의 '윤리' 개념을 '규범'이라는 '과학적' 언어로 바꾸었다. 그가 '유기적 연대'라고 부른 근대적 보편 윤리는 과거 공동체의 전인적 관계성을 상실하고 개인화한 행위자들 간에도 이성적 연대를 가능하게 할 원칙이다. 칸트는 그것을 '정언명령'이라고 불렀는데, 뒤르켐은 '사회적 사실'이라고 불렀다. 이 보편 윤리의 주체로서 개인들은 고도화하는 분업 구조 속에서도 인격적 통합성을 유지한다. 그러나 역설적으로 그런 근대적 개인주의는 유기적 연대라는 보편 규범이 개인의 자율성 수준을 뛰어넘는 '사회적 사실'로 작동할 때만 보장된다. 프로이트가 말한 '초자아'와 같은 이치이다.

여기서 개인(남성)들이 어떻게 인격적 통합을 유지할 수 있는가는 '사회학적'으로는 설명되지 않았다. 칸트가 근대적 '실천이성'은 그 실체를 알 수 없는 '정언명령'을 따른다고 단순히 선언했듯이, 뒤르켐은 교환을 통해 분업화한 사회에서 협동의 '필수성'이 유기적 연대를 부른다—그렇지 않으면 아노미에서 벗어나지 못하므로—고 선언했다. 개인은 '필요'를 따르는 합리적 존재라는 것이다. 물론 여기서 여성은 제외된다. 공화주의적 '형제애'를 내세운 루소로부터 '남성은 사회적 존재, 여성은 자연적 존재'라는 이분법이 자리 잡았는데, 칸트, 뒤르켐, 그리고 20세기 후반의 롤스(2003)에 이르기까지, 이 성별 존재론의 이분법은 자유주의 사상의 핵심으로 계승되었다.

이렇게 볼 때, 전인적 공동체 관계를 내밀하게 유지하며 시민 도덕 형성의 근간으로 탈바꿈한 가족은 사실상 여성이 관리하는 '자연적' 세계이다. 말하자면 자연과 도덕이 일치하는 자연법적 세계라고 할 수 있겠다. 그리하여 여성의 본능이라고 규정된 성교와 출산의 '동물적' 행위는 동시에 경건한 시민 도덕성의 원천이 된다. 봉건제에서 그것이 신분 재생산의 물리적 매개 고리였다면, 이제 그것은 도덕적 매개체로 격상되었다. 그렇다면 동물적 행위가 도덕성의 원천이 되는 이 논리적 비약은 어떻게 설명될 수 있는가? 이런 비약을 정당화하는 연결 고리는 무엇인가?

뒤르켐에 의하면 그것은 가족이 남성에게 제공하는 성적 규제와 규율이다(Cristi, 2012: 422). 남성이 공적 세계에서 이성적 시민으로 행동할 수 있도록, 그에게 내밀하게 규율된 친밀성이 제공되어야 한다. 이렇게 찬찬히 논리를 따져 보면, 사실상 남성은 타고난 이성적 존재라고 볼 수 없다. 오히려 근대 시민 남성은 사적 가족에 대한 가부장적 통제라는 '당근'을 통해 규율됨으로써 비로소 합리적 주체로 거듭난다고 설명해야 할 것이다. 또한 이렇게 설명하는 것이, '초자아'를 상정한 프로이트의 심리학과도 일맥상통한다.

그렇다면 이 논리를 뒤집어 보자. 그러면 다음과 같은 논리가 성립된다. 자유주의 규범 속에서 사회화된 남성은 사적 가족에 대한 가부장적 통제력을 잃을 때 공민으로서의 합리성 역시 잃을 것이다! 그리고 이것이 바로 과거 뒤르켐이 마리안네 베버 등의 페미니즘에 반대했던 이유이다(Cristi, 2012: 424~426). 그런데 이것은 이미 논쟁 차원을 떠나 현실로 나타나고 있다. 제2 개인화(서구)나 압축적 개인화(한국) 속에서, 서구 중장년 남성의 '전통적 가장 남성성' 인정 투쟁으로 또 세계적 현상인 Z세대 남성의 '반페미니즘'으로 말이다. 산업사회 제도화 이후 뒤늦게 '여성의 개인화'(벡)가 진행되며, '성찰적 근대화'와는 정반대로 남성의 군중적 정치 결집, 아도르노가 말한 '개인 소멸'의 정치가 확산하고 있다. 서구의 중장년 남성들이 노골적 극우로 결집한다면, 청년 남성들은 키보드 군단 형태로 페미니즘과 기성 정치에 환멸을 표현하며 보수화를 넘어 극우적 동원의 대상이 되고 있다.

2. '포스트-' 현상들: 남성의 포스트-주체화 위협?

분업화한 사회를 '규범으로 통합'할 수 있다는, 뒤르켐 이후 사회학적 이상주의는 산업사회의 고도화와 함께 위기를 맞고 있다. 다양한 '포스트-' 담론들은 그런 위기를 돌파해서 도달할 미래에 대한 청사진보다, 오히려 현재의 '규범 붕괴' 상황에 초점을 둔다. '무엇이 더 이상 유효하지 않은가?' 그래서 '무엇에서 벗어나는 중인가?'와 같은 질문이다. 여기서 '포스트-'라는 접두어의 의미를 어떻게 규정할 것인가에 대해서는 본격적인 논의가 진행되지 않았다. 그것을 '후기(late)'로 해석하여 지속성을 강조하거나(기든스), 반대로 '벗어남'을 강조하여 단절을 강조하기도 한다. 또는 단절과 지속의 변증법으로 해석하자는 관점(벡)도 있다. 필자가 보기에는 대략 '벗어남'을 강조하는 경우가 많은데, 이때도 완전한 단절을 주장한다고 보기는 쉽지 않다.

여하튼 이제는 현실이 주류 사회학의 인식론을 비집고 탈출하는 모양새이다. 그렇다면 무엇이 어디서 어떻게 벗어나고 있는가? 특히 '낭만적 사랑'과 근대적 주체 되기의 문제와 관련하여, 변화는 어디서부터 어떻게 시작되었는가? 우선 '포스트-'의 변화는 '산업구조 변화'에서 시작되었다. 1970년대

'포스트-산업화' 추세와 함께, 가장인 남성 '개인'의 사생활로 감춰졌던 가족의 기능들이 공적으로 가시화되기 시작했다. 기혼 여성 노동력에 대한 수요와 공급이 늘고 기혼 여성 노동시장이 성장하면서, 가족 내 돌봄 기능이 시장이나 복지 제도 등의 공적 세계 속으로 이전되었기 때문이다.

이렇게 가족 내 돌봄 기능이 공적 영역으로 유입되자, 성인 남성 '개인'이 가족 돌봄에 의존해 왔다는 사실이 사회적으로 더 이상 망각되기 어려워졌다. 공적 세계에서 수행되는 돌봄이 임금을 받는 '노동'이 되자, 가족 내의 사적 돌봄은 '부불노동'으로 재해석되었다. 당시 페미니즘에서는 가족의 돌봄 기능을 '주체 되기'의 측면보다는 경제학적 관점에서 접근했다. 그래서 노동력의 일상적 재생산 노동으로서 '가사 노동' 또는 노동력의 세대 재생산 노동으로서 '양육 노동' 등 '재생산 노동'의 성격을 강조했다. 그러나 이를 통해, 사회에서 '개인' 자격으로 수행된 남성의 활동이 실상은 여성의 노동력에 의존한다는 사실 또한 가시화되었다. 남성 노동력은 1인 노동력이 아니라, 1.5인 노동력으로 봐야 한다는 것이다(벡-게른스하임, 2000).

이어서 전후 황금시대를 가능케 한 대량생산 대량소비 체계로부터의 탈피(포스트-포드주의), 그리고 신자유주의화는 남성 주체의 '가장 지위'('사적 가부장제')에 직접적 손상을 가했다. 제도화된 표준노동모델이 무너지고 노동 유연화가 진행되면서, 아내의 경제활동을 단순히 용인하거나 응원하는 수준이 아니라 맞벌이가 규범적으로 정상화되었기 때문이다. 여성의 경제활동이 더는 예외적 현상으로 취급되지 않으면서 여성의 이동성은 거부할 수 없는 것이 되었고, '집안 존재'로서 여성을 고정하는 '낭만적 사랑'과 성역할 규범에 타격이 왔다. 이제 공/사 간, 가족/노동 간의 기능 분화와 유기적 통합은 불가능한 이념이 되었다.

노동과 산업의 구조에서 그와 같은 변화가 시작되었다면, 지식 세계에서는 포스트-구조주의, 포스트-근대주의로의 변화가 시작되었다. 여기서는 근대 산업사회에서 제도화된 규범 체계가 객관적 '사회 진화'를 반영하는 것이 아니라, 사회적 구성물에 불과하다고 상대화했다. 사회 구성원들의 행위와 소통 속에서 그러한 의미 구조가 창출되었다는 것이다. 따라서 버섯처럼 땅에서 불쑥 솟아난 자유주의적 '개인'의 이미지 역시 근대성의 세계 속에서 구성된 것으로서, 변화될 수 있을 뿐만 아니라 변화되어야 한다. 포스트-구조주의 또는 포스트-근대주의는 이렇게 개인의 '수행성'과 소통의 '상호작용'이 생산하는 의미를 강조하는 '문화적 전회'를 꾀했다. 그리하여 사회 변화의 출발점을 '탈규범적 수행성과 소통'으로 잡았다. '낭만적 사랑'과 성역할을 포함하여 근대성의 '보편 제도'로 설명되었던 사회적 의미들이 역사적·사회적 구성물로 상대화된 것이다('문화상대주의').

한편, 이러한 문화주의적 설명을 유물론적으로 뒤집는, 또 한 번의 '물질적 전회'가 진행되고 있다—1차 물질적 전회는 헤겔의 변증법을 유물론적으로 뒤집은 마르크스의 구유물론이다. 신유물론의 포스트-인본주의는 수행성과 소통이 단순한 문화적 현상이 아니라, 동시에 신체적이고 또 (비인간을 포함한) 물질적인 작용임을 강조한다. 여기서는 근대적 개념들을 만들어 낸 인간 본위의 수행성과 소통이 순수하게 문화적이거나 의식적인 과정이 아니라고 강조한다. 사회적 의미 및 제도의 구성은 오히려 인간의 의미 부여(문화) 행위와 다양한 물질 및 인간 신체의 물질적 행위성 간 '상호 연결' 또는 '하나로 얽힘'의 결과라는 것이다.

따라서 규범은 문화적으로만 작용하는 것이 아니라 물질적으로도 작용한다. 즉, 문화적 의미는 동시에 물질화한다. 규범은 물질적 재화 분배의 불평등에도 작용하고, 인간의 신체 불평등에도 작용하며, 특히 생태계 질서에서 인간-비인간 간 생명 불평등에도 작용한다. 이처럼 '의미의 사회적 구성'이 인간 자아 및 (비인간을 포함한) 타자의 물질적 현상과 직결되므로, 근대 자유주의의 기초인 절대적 개인주의 규범은 부정된다. 만물은 반드시 서로 의존할 수밖에 없다. 따라서 근대 개인주의가 주장하는 자율성 규범보다 오히려 '보편적 상호 의존성', 즉 '돌봄'이 더 근원적이다.

이처럼 여타 '포스트-'주의들과 달리, '돌봄'이라는 새로운 규범의 내용과 근거를 제시함으로써, 포스트-인본주의에서 '포스트-'는 단순한 '벗어남'을 뛰어넘어 미래 사회의 향방을 제시한다. 다만 그것이 완전한 벗어남인지, 아니면 단절과 연속의 변증법인지는 여전히 불분명하다. 포스트-인본주의 입장의 여러 논자가 인간 행위자에게 '결단'을 촉구하기 때문에, 필자는 그것이 '근대적 주체' 개념으로부터 완전한 단절을 의미하지는 않는다고 판단한다. 그리하여 '포스트-'주의들에 대한 벡의 관점과 유사하게, 필자 역시 '단절과 연속의 변증법' 관점의 필요성을 주장해 왔다(홍찬숙, 2022b, 2025b). 다만 벡과 달리 필자는 그것을 양자역학적 '이중성' 개념으로 설명하는데, 그것은 개인의 자율성과 의존성을 동시에 관찰하고 설명할 종합적 이론 체계가 완벽히 제시되지 않아도, 그 둘은 명백히 각각 유효하고 또 부정될 수 없다는 뜻이다.

여하튼 신유물론의 포스트-인본주의에 이르러, 근대 자유주의 규범은 '해체'와 '상대화(문화상대주의)'라는 부정적 규정을 넘어서 포스트-자유주의적 대안으로 연결되고 있다. 그렇다면 근대 이후 자유주의적 주체로 규정되어 '인간'을 대표했던 '남성 주체'에게 이것이 의미하는 바는 무엇인가? 자유주의 개념들이 그 존재론적·인식론적·윤리론적 기반에서 와해된다면, 자유주의의 '주체' 개념 역시 같은 운명에 처하지 않겠는가?

입자 물리학자 출신의 페미니스트 신유물론자인 버라드(Barad, 2007)에 따르면, 양자역학 관점에서 볼 때 존재론, 인식론, 윤리론은 더 이상 근대 기계론적 물리학이나 철학에서처럼 상호 단절될 수 없다. 따라서 그는 존재-인식-윤리 층위들의 상호 얽힘이라는 새로운 전제에서 출발하여, 만물의 존재론적 상호 의존성이 인간에게 '응답 능력(response-ability)'으로서 돌봄의 보편 윤리를 요구한다고 결론지었다. 응답 능력은 인간을 제외한 만물에게는 자연스러운 생명현상의 기초이자 존재의 출발점이다. 그러나 근대 철학은 존재론/인식론/윤리론의 단절에서 출발하여 개인의 '책임(responsibility)'이라는 윤리적 가공물을 산출했을 뿐, 그것의 근거를 '권리'의 윤리처럼 설득력 있게 제시하지 못했다(트론토, 2024와 비교).

그러나 이제 응답 능력이 인간을 포함한 만물의 존재-인식-윤리적 출발점이라면, 근대 자유주의 주체라는 '고립된 존재'로 규정되었던 남성의 '포스트-주체화'는 불가피하다. 여기서 '포스트-주체화'가 주체 지위를 완전히 벗어나기가 아니라 새로운 주체로 거듭남을 의미한다면, 자유주의적 개인주의 존재론은 폐기되어야 한다.

3. 포스트-성장 사회: 탈주체화인가 포스트-자유주의 주체화인가?

2010년 독일 사회학자 지크하르트 네켈(Neckel, 2010)은 『경제의 재봉건화: 자본주의 경제의 구조 변동』이라는 저서를 발표했다. 여기서 그는 신자유주의 양극화로 인한 '예속 노동의 귀환'에 관해 설명하며, 그것을 '재봉건화'로 규정했다. "하위 계층은 가난해질 뿐만 아니라 더 이상 근대적 계약관계의 기본 표준에 걸맞지 않은 고용 관계에 점점 더 노출"(네켈, 2016: 187)된다. 이제 자유노동에 기초한 '시민' 지위가 다시 예속 노동에 기초한 '신민' 지위로 회귀할 가능성이 있다는 것이다. 그 대표적 사례로서 그는 여성의 돌봄 일자리와 여러 유형의 강제노동 증가를 지적했다.

사실 '재봉건화'—봉건제가 없던 한국까지 포함하기 위해 '신분 사회로의 회귀'라고 수정할 필요가 있다—는, 노동시장의 구조 변화뿐만 아니라 사회적 집단행동의 변화 속에서도 포착된다. 물론 베버가 설명했듯이, 마르크스가 기대했던 자본주의의 신분해방 업적, 즉 신분제로부터의 완전한 단절은 근대화 과정에서도 실현된 적이 없다. 신분적 차이는 생활양식이나 연결망, 취향 등의 여러 영역에서 살아남았고, 신분화된 위계는 성, 인종, 문화 등의 '귀속적 범주'가 사회 불평등의 범주로 새롭게 작동하는 현실 속에서 되살아났다. 불평등의 사회적 갈등에서도 마르크스가 기대했던 양극화한 계급 대립이 아니라, 계급 내 분열과 이합집산, 사회적 폐쇄, 파시즘 등 불평등에 신분제적 결집으로 대응하는 양상 역시 간헐적으로 관찰되었다.

그러나 신자유주의 이후, 자유주의적 보편 윤리와 평등 이념을 부정하면서까지 불평등 지위를 고착시키려는 '극우적 결집'이 자유주의 질서를 위협하는 수준으로 전면화하고 있다. 이것은 단순히 양적 변화가 아니라, 자유주의 질서의 임계점을 알리는 경고음이다. '재봉건화'든, '신분 사회로 회귀'이든, 아니면 이제는 돌이킬 수 없는 정도로 주류화하는 중인 '근대적 야만'이든, 이런 변화는 이제 신분제적 질서가 기능주의 사회학 시대처럼 '간헐적'으로 살아남아 '자유주의 속에 재배치'되는 정도로 그치지 않는다. 그것은 오히려 자유주의 이후의 새로운 질서를 예고하는 성질의 것이다.

신자유주의는 포스트-포드주의의 표준노동모델 해체에 디지털화라는 포스트-산업화 전략을 결합하여 저성장에 빠진 고도 산업국 경제를 되살리기 위한, '정치적 자유주의(공공성 정치)' 붕괴의 시나리오이다. 그리하여 신자유주의 노선은 그 자체로서 현대 고도산업사회의 저성장 위험을 웅변한다. 막다른 골목에 도달한 자본주의 성장 시스템을 구출하기 위해서, 칸트의 '실천이성' 개념으로 정당화된 공공성 윤리를 부정하고, 애덤 스미스의 고전적인 경제적 자유주의로 회귀한다는 노선이다. 사회학적으로 보면, 이것은 19세기에 뒤르켐이 주장했던 '규범적 통합을 통한 유기적 사회연대'의 모델을 폐기하는 것이다. 즉, 아노미의 정상화를 의미한다.

뒤르켐이 살았던 19세기 제3공화정까지 프랑스에서는 영국과 달리 경제적 자유주의가 정치적 민주주의와 안정적으로 결합하지 못했다. 프랑스 혁명에 이은 빈번한 반혁명으로, 왕정복고가 나타나고 황제정이 반복되는 식의 불안정이 지속되었다. 산업화에도 불구하고 시민사회가 정치적으로 안정되지 못한 것이다. 이런 사회 불안정의 근본 원인을 뒤르켐은 규범적 통합의 부재, 즉 아노미에서 찾았다. 그리하여 그는 분업화한 시장의 개인주의를 부정하지 않으면서도 그것을 상쇄할 수 있는 규범적 연대의 가능성을 모색했다. 그가 찾은 해답은 분업에 기초한 '호혜성'의 합리성 원칙이었다. 근대적 '이익사회'는 역설적으로, 개인의 이익 추구를 제한할 수 있는 조직적 도덕성에 기초한 사회의 유기적 통합에 의해서만 유지될 수 있다.

그런데 신자유주의는 분화된 사회 각 부문의 자율적 규범과 사회 통합의 거시적 규범을 모두 해체하며 시장 규범을 사회의 유일 규범이자 절대 규범으로 격상시켰다. 경제성장이 목적이라면, 시장의 논리는 사회적 규범을 모두 침해해도 무방한 것이다. 따라서 사회학적으로 이것은 '제2아노미'에 대한 질문(벡, 1997)으로 연결될 수밖에 없다. 만일 신자유주의 노선을 통해 저성장에서 빠르게 탈출하여 다시 부의 '낙수 효과'를 창출할 수 있다면, 제2아노미로 귀결되지는 않을 것이다. 그러나 벡이 지적했듯이, 여기에는 지구 생태계 붕괴라는 거대한 위험이 반드시 수반된다. 따라서 경제성장에서 출발하는 산업사회 규범의 지속가능성은 사실상 제한된다.

신자유주의 세계화 경제 속에서 생태계의 위험은 더욱 가속화되었다. 특히 코로나19 팬데믹으로 세계경제가 일시에 중단되고 각국의 재정지출이 증가했으며, 그 와중에 기후변화의 속도는 더욱 빨라졌다. 팬데믹이 재발할 위험 역시 상존한다. 구미 등 고도 산업사회에서 극우 정권이 출현했거나 출현할 가능성이 커지며 세계시장의 불안정성이 커지고, 고령화와 저출생(특히 한국) 등 생산인구 감소로 선진 산업사회의 경제성장이 위협받고 있다. 설령 경제가 성장해도 양극화와 플랫폼 경제 확대로 낙수 효과는 더 이상 기대되기 어렵지만, 성장에 대한 불안 요인도 계속 추가된다. 이제 '성장 이후'의 사회, 포스트-성장 사회를 예상해야 하는 시점이다.

포스트-성장 사회는 근대화의 동력이었던 자본주의 경제 체계가 스스로 재생산하기 어려운 단계에 들어섰음을 말해 준다. 신분제에서 개인을 해방하여 주체로 세우고, 계층 이동의 가능성을 만들고, 개인의 발전과 자율을 약속한 자유주의 규범의 토대는 자본주의 성장 경제였다. 성장하는 근대사회에서 주체의 근간은 노동이었고, 노동 주체의 위치를 독점한 남성은 돌봄의 존재론을 부정하며 동시에 무상으로 사적 돌봄을 제공받을 수 있었다. 네켈은 신자유주의화로 노동시장 주변부인 돌봄 일자리 등에서 예속 노동자가 확대된다고 말했지만, 신자유주의와 생태 위험의 앙상블 속에서, 포스트-성장 사회의 불안은 사회의 중심부에서도 근대적 주체를 위협한다.

한편, 신자유주의화보다 위험사회로의 탈바꿈에 방점을 찍으면서, 벡(1997)은 제2차 세계대전 이후 여성과 노동자계급으로 확대된 개인화를 아노미로 규정하지 말아야 한다고 주장했다. 오히려 개인들이 제2근대화의 성찰적 주체로 거듭나도록 더욱 포괄적인 연대의 규범을 제시하는 것이, 뒤르켐 이후 사회학의 전통을 계승하는 것이라고 보았다. 그러나 그는 궁극적으로 칸트의 자유주의를 벗어나지 못함으로써, 주체의 거듭남이 포스트-자유주의 방향을 취할 가능성에 관해 질문하지 않았다. 앞서 열거한 모든 '포스트-' 논의의 귀결이라고 할 '포스트-성장 사회'로의 전망은, 자유주의 주체의 지속 가능성에 대해 경고한다. 포스트-성장 사회에서 가부장적 남성 주체의 근간인 자유노동이 위협받고, 그들의 존재론적 규정(독립성)과 규범적 주도성, 인격적 통합성(심리자본)이 위협받는다.

자유주의 주체가 이처럼 위협받고 있다는 징후는 무엇보다 남성들, 특히 남성 청년들의 보수화 추세 속에서 드러난다. 2017년 할리우드를 뒤흔든 미투운동이 전 세계로 확산하면서,[1] 그리고 코로나19 팬데믹으로 디지털 전환의 속도가 빨라지면서(홍찬숙, 2025b), 세계적으로 청소년과 청년 남성들의 반페미니즘 성향이 증가하고 있다. 청(소)년 남성들은 '키보드 군단' 속에서 제각각 고립된 상태의 연결을 통해, 반페미니즘이라는 집단 문화를 창출하고 있다. 이들을 과거 군대식으로, 집단주의 도덕으로 무장한 파시즘 세력과 동일시하는 것은 적절하지 않을 수 있다(홍찬숙, 2025a). 그러나 극우화하는 정당들이 그들의 반페미니즘 결집을 가시적으로 이용하기 때문에,[2] 그들의 반페미니즘은 극우화로 연동되기 쉽다.

4. 'Z세대' 남녀의 문화적 양극화

서구에서 극우화는 제조업 해외 이전으로 외국인을 노동시장 경쟁자로

---

1 ≪중앙일보≫, 2024.2.12., "'한국도 극단적 상황' … 남녀로 갈린 Z세대, 전 세계가 다 이렇다", https://www.joongang.co.kr/article/25228076#home(검색일 2024.12.30)
2 예컨대 미국의 경우는 다음의 기사를 참고하라. ≪헤럴드경제≫, 2024.11.4, "트럼프 승리의 열쇠는 '젊은 남성 투표율'[美 대선 D-1]", https://biz.heraldcorp.com/article/3846376(검색일 2025.6.11)

인식하게 된 중장년 남성 노동자를 중심으로 시작되었다. 그리고 코로나19 팬데믹을 전후하여, 이들과는 좀 양상이 다르지만, 'Z세대' 이하 청(소)년 남성의 극우 지지율 역시 증가하는 추세이다. 한국의 경우, 최근 몇 년 사이에 두드러진 청년 남성 보수화(또는 극우화)의 배경 역시 노동시장 변동이다. 외국인보다 여성이 새로운 노동시장 경쟁자로 인식된다는 점이 다르다. 고도 산업사회가 저성장 사회로 변화하며 노동시장 경쟁 압박이 전반적으로 증가하는 가운데, 포스트-산업화와 신자유주의 세계화로 과거에는 예상하지 않았던 노동시장 경쟁자가 대거 등장한 사실이 남성의 정치적 폐쇄성을 추동하고 있다.

사실 노동시장의 일국화와 남성화는 자본주의 산업사회의 본질적 특성이라기보다는 오히려 역사적 행위성의 산물이다. 자본주의 산업화를 가장 먼저 문제 삼은 마르크스는 정작 일국적 자본주의에 대해 말한 적이 없다. 독일인인 마르크스와 엥겔스는 영국 맨체스터를 중심으로 산업화하는 자본주의를 연구했고, 프랑스에서 사회주의 혁명을 조직했다. 당시 맨체스터의 방직공장 노동자들은 다수가 아일랜드 출신의 이주 여성 노동자들이었고, 그들은 영국 차티스트 운동의 핵심 세력이기도 했다. 산업화는 중세의 일터에서 가부장권에 의해 배제되어 있던 여성과 아동들을 값싼 산업 노동자로 대규모 동원한 역사적 계기였다.

그러나 차티스트 운동의 열매는 남성 노동자에게만 돌아갔고, 선거권 독점으로 공공성의 주인이 된 남성은 여성과 아동을 집안으로 돌려보내고, 산업화한 노동시장을 독점했다. 동시에 유럽에서 국민국가 민족 만들기 경쟁이 진행되면서, 자본주의 경제 영토는 일국 단위로 축소되었다. 근대 산업사회의 '자명성'으로 이해되는 노동시장의 일국화와 남성화는 이렇게 남녀 간, 국적 간의 복잡한 사회정치적 갈등의 결과였고, 그것을 정당화한 것은

'여성', '아동기', '민족'에 대한 낭만주의 시대정신이었다.

그런데 포스트-산업화와 신자유주의화로 인해서, 다시 여성, (저발전국) 아동, 외국인이 값싼 노동력으로 동원되기 시작했다. 과거 중세 도시 수공업 체제의 기득권자였던 남성이 근대적 산업 노동자로 전환되는 과정에서 여성, 아동, 외국인 노동자가 대거 동원되었다가 배제되었듯이, 동일한 행위성이 다시 반복되는 중이다. 과거에는 합리주의와 계몽주의에 맞선 낭만주의 사조가 그런 일련의 불합리성을 정당화했다면, 이제는 한층 적나라한 극우적 정체성, 혐오 정서가 그런 행위성을 뒷받침한다.

구미 중장년층 남성의 극우화가 한때 스스로 '경험했던' 기득권에 대한 상실감과 관련된다면, Z세대 남성의 보수화는 애초부터 기득권을 기대하기 힘든 세대의 박탈감에 기초한다. 그들은 어려서부터, 예컨대 초등학교 생활부터, 동료 여성에게 밀리며 디지털 게임의 고립된 연결망으로 후퇴하여 구원을 찾는다. 마치 종교개혁 후 사제의 중개를 부정하고 스스로 신의 구원을 구해야 했던 개신교도들이 속세의 노동 세계로 뛰어들었듯이(베버, 2010) 말이다. 디지털 세계에서 이들은 자신들과 다름없이 개인화하여 더 이상 '낭만적 사랑'의 명목으로 양보하지 않으려는, 이제 '합리적' 존재가 된 여성들에 대한 불만을 쏟아 낸다. 디지털 세계 속에서 그들이 찾는 구원은 페미니즘으로부터 전통적 여성상을 선택적으로 구출하는 것이다. 여성이 경제활동을 하는 것은 당연하나, 그것은 자신의 이익과 공존해야 한다. 외로운 전사가 되어 기약 없는 성취를 위해 고군분투하는 신자유주의 세상에서, 여성은 최후의 '내 편'이 되어 주어야 하는 존재이다. 하이데거(Heidegger, 2016)가 '집'에 기대했던 위로와 돌봄을 여성에게서 구하는 것이다.

그런데 서구의 '인셀'(베이츠, 2023), 한국의 '일베', '펨코' 등에서 보이듯이, 반페미니즘은 단순히 산업사회 전통으로의 낭만적 회귀가 아니라, 극단적인 혐오 문화를 구축한다. 전통적 가족공동체에 대한 '애도'가 아니라, 여성과 사회적 취약자에 대한 '공격'이라는 적극적 행위성을 구축한다. 기든스(1999)는 낭만적 사랑 이후의 양성 관계가 상호 합의적인 '조형적 섹슈얼리티'와 '합류적 사랑'으로 바뀌리라고 예상했고, 벡(1997)은 성별 갈등이 사적 관계에서만 잠정적으로 나타날 것으로 보았다. 그러나 현실은 이들이 기대한 '성찰성'과는 정반대 방향을 향하고 있다.

한국과 관련하여, 필자는 '압축적 개인화'(홍찬숙, 2022a, 2025a)가 벡이 진단한 서구의 '성찰적 개인화'보다 오히려 뒤르켐이 우려했던 제3공화정 당시의 '아노미'에 가깝다고 판단했다. 그런데 이제 서구에서도 'Z세대 남성의 반페미니즘'이 극우 정치의 새로운 정동을 형성하는 방식으로, 아노미가 진행되고 있다. 뒤르켐은 가족의 아노미가 결국 사회의 아노미를 부른다고 보고 가족과 여성에 대해 보수적 태도를 고수했는데(Cristi, 2012: 422), 이제 가족의 변화는 되돌릴 수 없는 현실이 되었다. 그것이 근대적 노동분업 엔진의 현실적 결과라면, 이제 가족 변화를 새로운 사회연대로 연결시킬 규범 변화가 모색되어야 한다. 지금의 변화한 상황에서는 그것이 뒤르켐의 논리와 일치하는 방향일 것이다.

한편, 과거 파시즘 세력과 달리 현대 극우세력은 '자유'를 내세워 자유주의를 위협하는 혼란스러운 전략을 사용한다. 사회정치적 아노미를 '자유주의'로 규정하여 정상화하려는 의도이다. 그들은 혐오 문화를 '표현의 자유', 혐오 시위를 '국민 저항권'이라는 자유주의적 개념으로 정당화하는데, 이 새로운 극우화에는 특히 언론 권력을 중심으로 하는 고학력 엘리트들이 주도적 역할을 한다(홍찬숙, 2025b).

'개인주의'가 제도적으로 확립된 서구의 여성과 노동자계급에서 진행되는 제2개인화 또는 제2의 탈전통이 근대 개인주의 규범의 자기 성찰로 거듭나리라는 벡, 기든스의 낙관적 전망은 부정되는 중이다. 특히 그것이 'Z세대 남성의 반페미니즘'이라는 세계적 동시성의 사건들을 통해 진행되면서, 근대 이성애 규범과 가족제도의 기초인 '낭만적 사랑'이 남성의 자유주의적 '개인 되기'에서 얼마나 핵심적인 요소였던가를 새삼 확인시키고 있다. 낭만적 사랑의 제도가 동요하며 남성의 '공적 합리성' 역시 흔들리는데, 여기서 그 연결 고리는 '짝짓기 기회 축소'(천관율·정한울, 2019)라는 생물학적 위협으로만 축소될 수 없다.

헤겔의 인정 이론을 현대적으로 재해석한 호네트(2011)는 사랑, 권리, 연대라는 세 가지의 (근대적) 인정 형식을 구별했다. 남아의 원초적 성욕을 강조한 프로이트와 달리, 호네트는 어머니와 자녀의 관계를 '사랑'의 원초적 기본 관계로 설정했다. 또한 사랑이 어머니-자녀의 관계뿐만 아니라 연인과 우정 등에서도 반복되는 도덕적 인정 관계라고 보았다. 호네트에 따르면, 사랑은 자신의 욕구에 대한 긍정과 자기 자신에 대한 믿음을 가능하게 하는 원천으로서, 모든 활동의 발생적 토대이다. 그러나 동시에 사랑은 신체적인 현상이다. 사랑을 통해 확보되는 자신에 대한 믿음은 "내가 원하는 바를 나의 '신체적' 활동에 따라 추구할 수 있다는 믿음"(장성빈, 2024: 97)이다.

호네트는 사랑이라는 '인정'의 위반으로 학대, 고문, 폭행이라는 '무시'의 유형을 대응시키는데, 이것은 앞서 말한 신체성과 관련된다. "몸을 자신의 마음대로 사용할 수 없고 타인의 강제에 노출되는 경험이 [⋯] 자기 믿음마저 훼손하는 치명적인 사건이 된다"(장성빈, 2024: 97). 호네트는 '낭만적 사랑' 이데올로기를 인정 이론의 관점에서 자세히 분석하지는 않지만, 필자는 '인셀'이나 '일베' 등을 통해 표출되는 반페미니즘의 정서가 바로 이런 '무시'의 감정에 기초한 인정 투쟁의 표현이라고 생각한다. 예컨대 앞서 언급한 '짝짓기 기회 축소'라는 표현은, '자기 마음대로 이성애를 실현할 수 없고 여성의 결정을 존중해야 하는 현실에 노출되어 자신에 대한 신뢰가 훼손되는 경험'을 말하려는 것일 수 있다.

호네트는 '무시'에서 기인하는 '인정 투쟁'을 그가 '사회적 인정'이라고 규정한 두 인정 형식(권리, 연대)에서만 유효한 것으로 규정했다(장성빈, 2020). 그리고 어머니-자녀의 기본 모델에서 출발하여, 사랑에서의 '무시'는 현실 인식을 통해 결국 극복된다고 설명했다. 말하자면, 아이는 어머니가 자기 마음대로 되지 않을 때 어머니를 공격하고 파괴하려고 하고, 어머니가 아닌 다른 대상에게 애착을 이전한다. 그러나 이 과정에서 아이는 어머니의 독립성과 자신의 의존성을 긍정하며 현실을 수용하고, 어머니의 부재에도 불구하고 돌봄 받는다는 믿음을 통해 혼자 있을 수 있는 능력을 형성한다. 이로써 사랑이 '개인 행위'를 가능하게 하는 발생적 토대가 된다는 것이다(호네트, 2011: 199~206).

어머니-자녀 관계라는 비대칭적 사랑에 대한 호네트의 위와 같은 설명을 '낭만적 사랑'에 대한 설명으로 치환해 보자. 그러면 자기의 성적·정서적 욕구가 무시당한다는 느낌 속에서 남성은 상대의 독립성과 자신의 의존성을 긍정하며 현실을 수용하고, 자신에 대한 신뢰를 유지할 수 있어야 한다. 물론, 이미 둘 다 성인이기 때문에, 어머니의 사랑처럼 부재중에도 돌봄이 지속되는 영구적인 인정 관계는 기대하기 어렵다. 그리고 이 지점에서, 성인 간의 사랑은 어머니-자녀 모델과 달리 '투쟁'을 부르는 정치적 관계일 수 있다(장성빈, 2024와 비교).

이런 의미에서 필자는, Z세대 남성의 반페미니즘이 이성애 상대 범주인 '여성'에게 신체적·정서적 욕구를 거절당한다고 느끼는 '루저' 정체성을 앞세운 인정 투쟁의 언어를 사용한다고 본다. 물론 논자에 따라서는 한국의 '일베'나 '펨코'를 주도하는 세력이 실제 이런 '루저'가 아니라 오히려 극우화된 엘리트 남성이라고 보기도 한다. 그러나 누가 주도 세력이건, 이와 같은 '인정 투쟁'의 언어를 사용함으로써, 성별·세대별·계층별 등 다양한 루저 정체성에 동화되는 청년 남성의 결집이 확실히 용이해진다.

'사랑'을 인정 투쟁의 정치적 대립으로 연결되지 않는 '특수한' 인정의 관계로 설명한 호네트는 여전히 자유주의적 공/사 구분을 유지한다고 비판받는다(장성빈, 2020). 결국 호네트의 인정 이론은 근대성 규범에 대한 설명에 멈춰 있다고 할 것이다. 근대성의 제도들이 확립되는 19세기는 여성의 법적 지위가 '집안 존재'로 확립되는 시기였다. 루만(2009)은 남성의 '개인 되기'를 사적 관계 속에서 보장하는 '낭만적 사랑' 제도가 나름 양성평등적(연애결혼) 방향의 진화였다고 평가했다. 그러면서도 동시에, 그는 그것이 사실상 남녀 권력의 비대칭에 근거하므로 불안정할 수밖에 없다고 보았다. 그 불안정성의 현실화가 바로 지금 우리가 경험하는 Z세대의 성별 양극화라고 할 것이다.

한편 '낭만적 사랑'의 제도화가 낳은 또 다른 결과는, 남성 간의 '사랑'(동성애)과 '우정'이라는 고대 그리스 이후의 미덕을 무력화하는 것이다(루만, 2009; Sedgwick, 1985). 예컨대 낭만주의 문학 등의 기본 구도는 한 여성과 그녀를 두고 경쟁하는 두 남성 간의 삼각관계이다. 남성들은 이제 서로 경쟁자가 되었다. 서구 근대의 개인주의 규범은 부자 관계에서 각각 '개인 되기' 뿐만 아니라, 친구 관계에서도 개인의 이익을 우선시하도록 했다. 한국에서는 1990년대 김건모의 가요 「잘못된 만남」에서 아마 최초로, 같은 여성을 사랑하기 때문에 남성 간의 우정이 깨진 내용이 대중적 반향을 얻었다.

전근대적 공동체로부터 '거리 두기', '나만의 행위세계 창출'을 의미하는 개인화는 전인적 관계의 도덕성을 완전히 포기하는 '기능적 기계 되기'의 방향이 아니라, 호네트가 말하듯이 '사랑'이라는 친밀성의 새로운 윤리적 기초를 창출했다. 그러나 사회학적으로 볼 때, 프로이트나 호네트가 분석한 가족 관계의 기초는 '낭만적 사랑'에 기초한 근대 소가족이다. 벡과 벡-게른스하임(1999)은, 여성의 개인화로 근대 산업사회의 '낭만적 사랑'이 점점 불가능해지는 와중에도, 그에 대한 열망, 즉 의존성은 오히려 커진다고 보았다.

특히 Z세대 남성의 반페미니즘은 '낭만적 사랑'으로 회귀하려는 열망을 드러낸다. 그러나 남성뿐만 아니라 여성 역시 이제 '개인 되기'에 성공해야 하므로, 여성에게도 '낭만적 사랑'의 기능적 등가물이 필요하다. 벡과 벡-게른스하임(1999)은 여성이 독점적인 '사랑 제공자'의 역할을 감당할 수 없게 되자, 이제 자녀가 그 대체 존재로 떠오른다고 보았다. 그러나 동시에 그것은 건강한 관계도 아니고 지속가능하지도 않다고 판단했다. 부모-자녀의 비대칭성 속에서 자녀에 대한 의존성 강화는 병적 애착으로 반전될 수 있기 때문이다.

결국 '기능 분화'라는 사회적 협업 구조가 유지되는 현실에서는 전근대적으로 일체화한 공동체와는 다른 방식의 인격적 통합(돌봄) 기제가 필요하다. 일차적으로 산업사회에서 그것은 낭만적 사랑의 이념에 기초한 균질적 가족제도였다. 그러나 그것은 남성만이 공적 주체, 권리 주체가 될 수 있어서 가능했다. 이제 모든 성인이 공적 주체가 되고, 권리 주체로서 '개인'의 목소리를 내면서, 친밀성과 그것의 사회적 기능(돌봄)을 둘러싼 성별 대립이 새로운 정치적 의제로 부상하고 있다. 사랑의 탈전통화를 주장하고 여성의 주체 되기를 지원하는 페미니즘에 Z세대 여성은 친화적이다. '낭만적 사랑'의 대체물을 상상하지 못한다면, Z세대 남성은 페미니즘 속에서 자아의 위기를 감지할 수밖에 없다. 반면, 애초부터 '낭만적 사랑'의 수혜자 위치를 상상하기 어려운 Z세대 여성은 제3의 대안을 찾는다. 가족 관계의 다양화와 새로운 사생활 공동체의 인정을 주장하고, '팬덤'과 같이 공/사의 영역 경계를 유동화하는 새로운 형태의 친밀성을 수행하는 모습이 나타난다.

5. '성찰적 주체화'인가 '회절적 포스트-자유주의 주체화'인가?

오늘날 여성들이 개인화하며, 성인 여성에게 사적 돌봄을 일방적으로 요구 또는 기대할 수 있었던 '낭만적 사랑'의 정당성이 붕괴하고 있다. 미성년자, 환자, 노인처럼 비대칭적 돌봄 관계에 의존할 수밖에 없는 경우를 제외하면, 동등한 개인 위치에서 모든 성인은 스스로를 돌보거나(자기 돌봄), 상호 대칭적 돌봄 관계(평등한 돌봄) 속에서 돌봄 욕구를 해결해야 한다. 말하자면 돌봄이 성인 개인의 새로운 존재론적 조건으로 떠오르고 있는데, 이것은 포스트-자유주의적인 방향의 변화이다. 왜냐하면, 타인에 대한 의존관계를 완전히 부정한 자유주의 존재론은 역설적으로 가족 관계라는 사적 의존관계를 오히려 '자연화'했기 때문이다.

그러나 이제 친밀성의 사적 의존관계가 더 이상 자연주의적으로 인식되지 않으면서, 역방향의 변화 역시 불가피하다. 개인의 '독립성'이라는 자유주의 존재론 자체가 성립하기 어렵게 된 것이다. 당연히 이런 변화는 근대적 자율성의 주체로 정의되었던 성인 남성에게 위협적으로 받아들여질 것이다. 그들이 '자율성'의 명분으로 의심 없이 요구했던 '의존할' 권리가 침해받기 때문이다. 동시에 가족 내 돌봄은 상품화되며 새로운 존재론의 문제를 단순한 경제적 문제로 둔갑시킨다. 신자유주의 추세 속에서 '자율적 존재론'이 일상의 구석구석까지 확대되며, 가족 내 돌봄을 구성했던 제반 요소가 각각 상품화·전문화되어 비용을 청구한다. 시장의 독립적 존재론에서 의존성은 비정상적 일탈이지 '개인의 권리'로 인정될 수 없는 것이다. 이리하여 '의존성'이라는 새로운 존재론적 문제는 '돈'으로 환산되는 경제적 문제로 전환한다.

Z세대 남성들은 결혼이 어려운 첫 번째 이유로 '경제적 요인'을 꼽는다.

가족 '규범의 변화'를 비용의 '경제적 문제'로 인지하는 것이다. 반면에 Z세대 여성들은 '결혼 생활을 함께할 적당한 남성을 못 찾아서'를 가장 많이 꼽는데, 이 역시 남성들은 '돈'의 문제로 해석한다. 그리하여 '남성을 경제적으로 차별하는 여성의 천박한 경제주의'가 그들이 진단하는 친밀성 구조 변동의 원인이 된다. 여성들이 요구하는 규범 변화의 측면은 사라지고, 흙수저/금수저의 불평등이 여성에 대한 분노와 혐오로 변화하는 것이다. 그 결과 흙수저 남성과 금수저 남성은 다시 '형제애'로 연대할 수 있는 동지가 된다.

규범과 존재론의 변화 필요성이라는 사회적 구조 변동의 결과—이것은 바로 근대사회를 규범 변화 중심으로 관찰했던 고전 사회학의 문제의식이다—를 비용의 경제적 문제로 환원시키는 이런 1차원적 현실 인식 속에서, 사회학의 과제는 무엇인가? 벡과 기든스(기든스·벡·래쉬, 2010)가 기대했듯, 사회학은 더 포용적인 자유주의의 '성찰적 방법론'으로 이 문제를 해결할 수 있는가? 아니면 포스트-자유주의 규범으로의 시대적 단절을 규명하는 또 한 번의 탈전통, 탈인습의 학문으로서, 사회학의 정체성을 지켜내야 하는가?

벡은 근대 정치체계의 '지배'라는, 베버에서 비판 이론으로 연결된 근대적 숙명론을 깨며 진행된, '탈물질주의 공론장 정치의 발현'이라는 새로운 변증법적 변화를 강조했다. 이 새로운 시민 연대를 정당화하여 주류적 현상으로 만들 수 있는 규범적 기초를, 그는 '개인주의 규범의 자기 성찰'에서 찾았다. 이것은 '도덕적 개인주의'를 표방한 '유기적 연대' 개념으로 프랑스 제3공화정 당시의 아노미를 극복하고자 한 뒤르켐의 처방을 따라, 개인주의 규범과 공공성 규범의 상호 연동을 재차 강조한 것이다. 여기서 개인주의적 개인들은 산업사회에서 체계의 식민지로 전락(하버마스)했던 주체의 행위성을 탈환하여, 급진 민주주의적 주체로 부활하리라 기대되었다.

그러나 벡 사후에 일어난 일이지만, 코로나19 팬데믹 이후 (이익 중심) '산업사회' 공론장에서 (생명 중심) '위험사회' 공론장으로 탈바꿈이 진행되기보다는, 오히려 두 공론장이 서로 뒤엉켜서 새로운 정치적 양극화를 산출하고 있다. 예컨대 코로나19 팬데믹 이전에 '미래를 위한 금요일'의 핵심 지지 세력이던 독일 청소년층은 2025년 연방의회 선거를 계기로 좌파당과 극우당 지지로 양극화되었다. 특히 남성 청(소)년의 극우 지지 추세가 문제로 등장하고 있다. 그리하여 유럽에서도 기후변화가 피부로 느낄 만큼 빨라짐에도, 당파적 이익을 둘러싼 정쟁과 전쟁의 불길을 가라앉힐 세력을 찾기는 더욱 어려워지고 있다. 이익 추구의 합리성이라는 산업사회 '이성'(아도르노)이 오히려 합리성 자체를 조롱하는 '비이성'으로 탈바꿈하고 있다.

한편, 이런 상황 속에서도 '위험사회'의 현실 명령은 부정될 수 없다. 다만 무시될 뿐이다. 그리하여 그 무시의 결과는 지구 생태계의 파국, 민주주의의 파국, 경제의 파국, 합리성의 파국, 사회의 파국으로 나타날 것이다. 근대 산업사회의 지속 자체가 파괴될 것이다. 산업사회의 이 같은 완벽한 자기 파괴 가능성 속에서, 그것이 생산하는 문명 위험은 더 이상 벡이 말한 것처럼 '의도하지 않은 부작용'에 머물지 않을 것이다. 이제 '의도' 자체가 문제가 된다. 산업사회 '의도'의 출발점인 근대 자유주의, 개인주의 철학의 존재론, 인식론, 윤리론이 모두 문제가 된다. 출발점이 어긋나므로, 그에 대한 자기 성찰 역시 정당한 방법론이 될 수 없다. 자유주의 주체가 성찰적으로 거듭나는 일은 더 이상 불가능하다. 자유주의 존재론에서 부정했던 이면, 개인의 돌봄 필요와 생명체의 상호 의존성이 가시화되어 정당하게 다루어져야 한다.

결국 위험사회 공론장을 통해 사회적 삶과 생명체의 삶을 동시에 지켜야 하는 새로운 주체가 되는 길은 자유주의의 성찰이 아니라, 인간-인간, 인간-비인간, 비인간-비인간의 상호 의존성과 돌봄 관계를 긍정하는 '인식론의 회절'일 것이다. 새로운 재난 및 과학적 발견을 통과할 때, 우리의 근대적 인식론이라는 파동은 방향을 바꿀 수밖에 없다. 기후변화에서 팬데믹에 이르는 재난을 통과하며, 그리고 여성의 개인화라는 포스트-산업사회 현상을 통과하며, 개인은 타자로부터 완전히 독립적일 수 있다는 자유주의 존재론은 폐기될 수밖에 없다.

참고문헌

기든스, 앤서니(Anthony Giddens). 1999. 『현대사회의 성·사랑·에로티시즘』. 배은경·황정미 옮김. 새물결.
기든스, 앤서니·벡, 울리히(Ulich Beck)·래쉬, 스콧(Scott Lash). 1998. 『성찰적 근대화』. 임현진·정일준 옮김. 한울.
네켈, 지크하르트(Neckel, Sighard). 2016. 「근대 자본주의의 재봉건화」. ≪시민과 세계≫, 29: 181~199.
롤스, 존(John Rawls). 2003. 『정의론』. 황경식 옮김. 이학사.
루만, 니클라스(Niklas Luhmann). 2009. 『열정으로서의 사랑』. 권기돈·조형준·정성훈 옮김. 새물결.
베버, 막스(Max Weber). 2010. 『프로테스탄티즘의 윤리와 자본주의 정신』. 김덕영 옮김. 길.
베이츠, 로라(Laura Bates). 2023. 『인셀 테러』. 성원 옮김. 위즈덤하우스.
벡, 울리히(Ulich Beck). 1997. 『위험사회』. 홍성태 옮김. 새물결.
벡, 울리히·벡-게른스하임, 엘리자베트(Elizabeth Beck-Gernshiem). 1999. 『사랑은 지독한 혼란』. 강수영·권기돈·배은경 옮김. 새물결.
벡-게른스하임, 엘리자베트. 2000. 『내 모든 사랑을 아이에게?』. 이재원 옮김. 새물결.
장성빈. 2020. 「공·사의 인정이론적 경계 긋기: 악셀 호네트에서 사랑의 인정을 중심으로」. ≪사회와 철학≫, 39: 1~34.
장성빈. 2024. 「악셀 호네트의 인정이론에서 사랑의 상호성」. ≪사회와 철학≫, 47: 87~118.
천관율·정한울. 2019. 『20대 남자』. 시사IN북.
트론토, 조안 C.(Joan C. Tronto). 『돌봄 민주주의』. 김희강·나상원 옮김. 박영사.
하버마스, 위르겐(Jürgen Habermas). 2004. 『공론장의 구조변동』. 한승완 옮김. 나남출판.
호네트, 악셀(Axel Honneth). 2011. 『인정투쟁』. 이현재·문성훈 옮김. 사월의책.
홍찬숙. 2022a. 『한국 사회의 압축적 개인화와 문화 변동』. 세창출판사.
홍찬숙. 2022b. 「돌봄의 디지털 전환을 향한 두 관점의 비교: '인간중심' 관점과 '인간-너머'의 관점」. ≪여/성이론≫, 47: 89~116.
홍찬숙. 2025a. 『젠더 갈라치기 정치』. 세창출판사.
홍찬숙. 2025b. 「재난 인식(risk)과 불안의 양극화: 위험사회 대 야만의 정치 2.0」. ≪사회와 이론≫, 50: 7~38.
Adorno, Theodor W. 1995. *Studien zum autoritären Charakter*. Frankfurt am Main: Suhrkamp.
Barad, Karen. 2007. *Meeting the Universe Halfway*. Durham: Duke University Press.
Cristi, Marcela. 2012. "Durkheim on Moral Individualism, Social Justice, and Rights: A Gendered Construction of Rights." *Canadian Journal of Sociology*, 37(4): 409~438.
Heidegger, Martin. 2016. *Bauen Wohnen Denken: Vorträge und Aufsätze*. Stuttgart: Klett-Cotta.
Neckel, Sighard. 2010. Refeudalisierung der Okonomie: Zum Strukturwandel kapitalistischer Wirtschaft. Max-Planck-Institut für Gesellschaftsforschung Working Paper 10/6. Köln.
Sedgwick, E. Kosofsky. 1985. *Between Men*. New York: Columbia University Press.

• 언론기사

중앙일보. 2024.2.12. "'한국도 극단적 상황' ⋯ 남녀로 갈린 Z세대, 전 세계가 다 이렇다".
　　https://www.joongang.co.kr/article/25228076#home(검색일: 2024.12.30)
헤럴드경제. 2024.11.4. "트럼프 승리의 열쇠는 '젊은 남성 투표율' [美 대선 D-1]".
　　https://biz.heraldcorp.com/article/3846376(검색일: 2025.6.11)

10 포스트 성장 시대와 한국 사회의 계층 재생산

최샛별

1990년대 중반까지 한국 사회는 '한강의 기적'을 이룬 나라, 즉 누구나 근면하고 성실하게 노력하면 가난이라는 현실을 벗어나 자녀에게 더 나은 삶을 물려줄 수 있는 '기회의 땅'으로 인식되었다. 압축적 근대화와 산업화 과정에서 한국은 고도 경제성장을 이룩했으며, 이러한 성장의 혜택은 일정 부분 대중에게도 분배되었다. 경제적 풍요와 더불어 교육 기회의 확장은 계층 이동의 사다리를 형성하는 데 핵심적인 역할을 했고, 국민들 사이에는 '하면 된다'는 신념이 강하게 자리 잡았다.

당시 사회이동에 대한 주요 연구들(김병관, 1984; 강희돈, 1988; 공제욱, 1991; 설동훈, 1994) 역시 현대 한국 사회에서 사회적 상승 이동의 가능성이 높다는 결론을 일관되게 도출하고 있었으며, 일반인을 대상으로 한 통계조사 결과에서도 90%의 응답자가 교육을 통한 세대 간 계층 이동이 가능하다고 응답했다(홍두승, 1993: 162~163). 이는 교육을 통한 공정한 경쟁과 개인의 노력만으로도 계층 상승이 가능하다는 낙관주의적 믿음을 반영하며, 당시 한국 사회의 계층구조가 어느 정도의 유동성과 개방성을 유지하고 있었음을 시사한다.

그러나 2000년대에 접어들면서 이러한 낙관주의는 점차 설득력을 잃어가기 시작했다. 이른바 '계층 이동의 사다리가 붕괴되었다'는 표현이 널리 회자되기 시작하면서, 계층 고착화 및 재생산에 관한 사회적·학문적 담론이 본격적으로 대두되었다. 표면적으로는 여전히 교육이나 취업 등을 통해 계층 상승이 가능하다는 신화가 유지되고 있었지만, 실제로는 부모의 경제력과 배경이 자녀 세대의 사회적 위치를 결정짓는 결정적 요인이 되고 있다는 인식이 확산되었다. 이에 따라 심층적인 기저에서 계층 재생산을 강화하는 요인들, 특히 피에르 부르디외(Pierre Bourdieu)가 제시한 문화자본(cultural capital)과 사회자본(social capital) 같은 비가시적 자원의 작동 메커니즘에 주목하는 연구들이 다수 등장하게 되었다.

그로부터 20여 년이 지난 지금, 우리가 현실에서 경험하는 계급 재생산과 불평등의 문제는 오히려 더욱 심화되고 있다. '개천에서 용 난다'는 옛말은 더 이상 유효하지 않게 되었고, 그 자리를 '수저론'이 대체했다. 흙수저, 금수저, 다이아수저 등으로 대표되는 이 새로운 계층 은유는 출생 시점에 물려받는 자원의 양과 질이 개인의 생애 궤적을 결정한다는 현실 인식을 반영한다. 특히 코로나19 팬데믹 이후 사회 전반의 양극화가 가속화되면서, 계층 문제는 단순한 사회적 지위나 명예의 문제가 아니라 실질적인 생존과 직결된 문제로 전환되었다. 일자리, 주거, 교육, 의료 등 거의 모든 삶의 영역에서 불평등이 심화되고 있으며, 이는 사회 구성원들 사이의 상호 신뢰와 연대의 기반을 약화시키는 구조적 위기로 이어지고 있다.

흥미로운 점은, 이와 같은 현실에서 부의 대물림이 노골적으로 드러나고 있다는 점이다. 최근에는 '올드 머니(old money)', 즉 세대를 거쳐 축적된 자산과 문화적 기품을 갖춘 부유층에 대한 선망이 사회 전반에 걸쳐 뚜렷하게 관찰된다(김용섭, 2023). 이는 단순히 경제적 자산의 유무를 넘어, '물려받은 삶'이 '스스로 쟁취한 삶'보다 더 안정적이고 품위 있다는 인식이 확산되고 있음을 시사한다. 에커트(Eckert, 1990: 96)가 1990년대 초에 남한의 상류층을 "비헤게모니적 계층"으로 묘사하면서, 그들이 부와 정치적 영향력을 가지고 있음에도 불구하고 여전히 사회적 정당성을 확보하지 못하고 있다고 보았던 것과 비교할 때, 최근의 변화는 상류층의 계층적 위상이 점차 정당성을 획득해 가고 있는 방향으로 해석될 수 있다. 이는 부를 축적한 3세대가 누적되면, 그 과정에서 축적된 문화자본이 체화되고, 계급 간 구별 짓기의 정당성이 사회적으로 승인받는다는 기존 연구의 결론과도 상응한다(최샛별, 2002).

이와 같은 흐름은 '새로운 성공의 요건'이라는 온라인 담론에서도 잘 드러난다. 2010년대 초반 등장한 해당 담론은 "요즘 태어나는 아이에게 가장 필요한 건 할아버지의 재력"이라는 문구로 압축되며, 조부모 세대의 경제적 자산이 손자녀 세대의 사회적 지위 형성에까지 결정적 영향을 미친다는 현실을 날카롭게 지적한다. 이는 부모-자녀 관계를 넘어서, 조부모의 자산이 직접 손자녀에게 이전되는 구조를 반영하며, '3세대 대물림'이라는 계층 고착의 구조가 현실에서 가시화되고 있다는 의미이기도 하다. 실제로도 조부모가 손자녀에게 직접 증여하는 이른바 '세대생략 증여'의 사례가 최근 급격하게 증가하고 있다. 통계청과 국세청 자료에 따르면, 2021년 조부모가 1세 이하 손자녀에게 증여한 자산은 1천억 원에 달하며, 이는 2020년 대비 3.2배 증가한 수치이다(곽민서, 2022.10.4). 또, 2018년부터 2022년까지 10세 미만 손자녀가 증여받은 건물 및 토지는 4,652건에 이르며, 그 가치는 무려 7,875억 원에 달한다(설용석, 2023.10.2).

이처럼 세대 간 이동성이 약화되고, 계층구조가 점차 경직되어 가는 현상은 이제 더 이상 일부 계층이나 지역에 한정된 문제가 아니라, 한국 사회 전반의 구조적 위기라고 할 수 있다. 이에 따라 사회적 경각심도 높아지고 있으며, 단기적 정책 개입이나 미시적 지원만으로는 해결할 수 없는 구조적 문제들에 대한 근본적 성찰과 대응이 요구된다. 무엇보다 지금 우리에게 필요한 것은, 한국 사회의 계층구조를 단편적인 현상 분석을 넘어, 보다 긴 호흡의 역사적 흐름 속에서 연속성 있게 고찰하고 분석하려는 시도이다. 특히 압축 성장을 경험한 특수한 역사적 맥락 속에서 가능했던 계층 이동의 시기를 기억하는 한국 사회가, 그 반대급부로서 '포스트 성장 시대'에 접어든 오늘날 어떤 사회구조적 전환을 겪고 있는지 정밀하게 추적하고 진단하는 작업은 무엇보다 중요하다.

이 글에서는 이러한 문제의식에 기반하여, 포스트 성장 시대에 접어든 한국 사회가 어떤 방식으로 계층구조를 재편하고 있으며, 그 속에서 불평등은 어떤 형식으로 심화·고착화되고 있는지를 분석하고자 한다. 특히 주목할 것은, 경제성장이 더 이상 계층 간 격차를 완화하지 못하는 상황에서, 비가시적인 자본─특히 문화자본과 사회자본─이 계급 재생산의 중심축으로 부상하고 있다는 점이다. 이에 따라 이 글은 부르디외의 이론을 바탕으로 포스트 성장 국면에서 나타나는 새로운 계층 위계의 정당화 메커니즘을 조명하고자 하며, 특히 그 사례로서 '에코 아비투스(eco-habitus)'라는 개념과 점점 뚜렷해지고 있는 3세대 계층 이동에 초점을 맞추고자 한다. 이러한 논의를 통해 포스트 성장 사회가 단지 성장 둔화의 국면이 아니라, 누가 올바른 삶을 영위할 자격이 있는가를 둘러싼 새로운 사회적 경계와 구별 짓기의 투쟁으로 전개되고 있음을 밝히고자 한다.

1. 한강의 기적, 한국 사회의 구조적 계층 이동의 장이 열리다

한국 사회는 1960년대 이후 고도성장기를 거치며 경제적 번영과 함께 계층구조의 역동적인 재편을 경험했다. 이른바 '한강의 기적'이라 불리는 시기는 단지 국가 전체의 경제지표가 상승한 시점이 아니라, 그 성장의 궤도 속에서 수많은 개인들이 자신의 출신 계층을 넘어서 실질적 상향 이동을 이룰 수 있었던 기회의 창이 열린 시기였다. 다시 말해, 계층 간 이동이 제로섬 경쟁이 아니라, 전체 계층 사다리의 확장을 통해 가능했던 "구조적 계층 이동(structural mobility)"의 시공간이 형성된 것이다.

실제로 성장 궤적은 통계 수치로도 분명히 확인된다. 1960년대 초반 한국의 1인당 국민총소득(GNI)은 80달러에도 미치지 못했지만, 1969년에는 221달러를 기록하며 처음으로 200달러를 돌파했고, 이후 지속적인 상승세를 이

그림 10-1 1인당 국민총소득(GNI) 변화, 1960~2024년

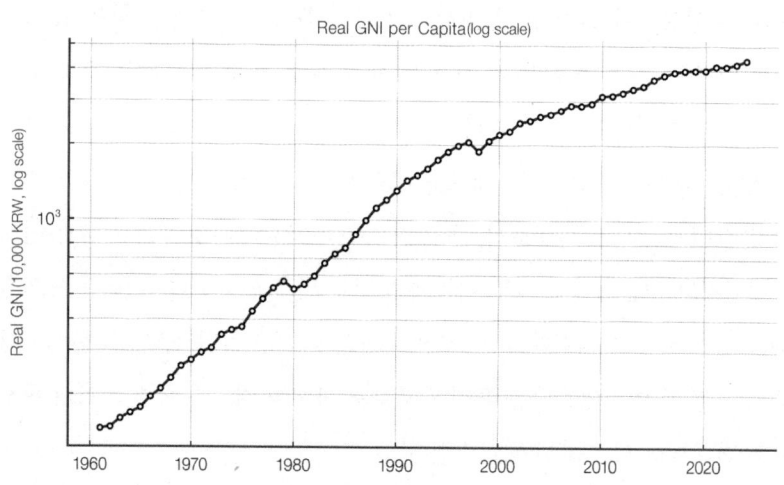

자료: e-나라지표(2025a)를 GNI 값 로그 스케일로 재구성.

어 가며 1989년에는 5,800달러를 넘어서게 된다. 약 30년 동안 70배 이상의 증가를 이룬 이 같은 경제성장은 전 세계적으로도 드문 압축 성장의 전형이며, 그림 10-1에서 확인할 수 있듯이, GNI 곡선은 선형이 아닌 지수함수적 추세를 보이며 당시의 급격한 산업화와 경제 전환의 속도감을 상징적으로 보여 준다.

이러한 성장은 단순한 경제지표의 개선에 그치지 않고, 사회 전반의 직업 구조, 생활양식, 주거지 분포, 교육 수준 등의 변화를 수반하며 계층구조의 재편과 이동 가능성의 확장으로 이어졌다. 특히 농촌에서 도시로의 대규모 인구 이동은 '공간의 이동'이 곧 '계층의 이동'으로 직결되는 경로를 형성했다. 1970년 50.2%였던 도시화율은 1990년 82.7%까지 상승(국토교통부, 2019: 86)하며, 전체 인구의 다수가 도시의 공장, 서비스업, 사무직 등으로 진출해 과거와는 다른 사회적 위상을 획득할 수 있는 여건이 마련되었다.

이와 함께 대학 진학률의 급증은 교육이 계층 상승을 가능케 하는 핵심 경로로 작동하고 있었음을 보여 준다. 실제로 대학 진학률은 1970년대 26.9%에서 1990년 33.2%로 증가했고, 1994년에는 40%를 넘어선 뒤 1995년에는 50.0%, 1996년에는 54.9%에 달하는 가파른 증가세를 보였다(한국교육개발원, 2021). 그러나 대학 진학률은 실제 고등교육 참여 수준을 과대평가할 수 있다는 한계가 있다. 이에 따라 교육인적자원부(2003)는 적정 연령대만을 기준으로 하는 순 취학률(net enrollment rate)[1] 개념을 도입했으며, 이

---

[1] 국내 주요 교육통계 자료집에서는 취학률을 '취학적령인구' 대비 '각급 학교 재학생 수'의 비율로 정의하고 있다. 그러나 이 방식은 특히 고등교육기관의 경우 실제 학령을 초과한 재학생을 포함함으로써 취학률을 과대 추정하는 구조적 한계를 지닌다. 이러한 문제의식에 따라 교육인적자원부(2003)는 OECD의 순 취학률 개념을 도입해, 적정 연령대 학생만을 기준으로 하는 새로운 산정 방식을 제시했다.

에 따르면 1970년대 초반 5.3%에 불과했던 순 취학률은 1995년 35.6%로 약 5배 증가했다. 이는 고등교육에 대한 접근성과 수요가 동시에 확대되었음을 의미하며, 학력 자체가 곧 안정된 직업, 높은 소득, 계층 상승을 보장하는 확실한 사회적 자원으로 기능하고 있었음을 반증한다. 공무원, 교사, 대기업 등 당시 '신흥 중산층'의 상징이 된 직업들이 대학 졸업을 조건으로 요구하면서 교육은 명실상부한 '계층 상승의 사다리'로 정착했다.

또한 제조업 종사자 비중의 변화는 산업구조 전환과 계층 이동 간의 긴밀한 연계를 보여 주는 지표이다. 1970년대에는 전체 취업자의 약 14%가 제조업에 종사했으나, 1980년 후반에는 약 28%에 달하며 절정을 이루었다(국토교통부, 2021). 제조업의 확장은 농업 중심의 저숙련노동에서 고정적 임금이 보장되는 산업 노동으로의 전환을 가능케 했고, 특히 도시로 유입된 청년층에게는 일정한 소득과 안정된 삶, 그리고 자녀 세대에 대한 교육투자라는 선순환 구조를 제공했다.

이러한 지표들의 변화는 단순한 경제성장의 부산물이 아닌, 계층이동 경로가 제도적·구조적으로 열려 있고 작동하고 있었음을 보여 주는 실증적 증거이다. 도시화, 고등교육의 확대, 산업구조의 변화가 맞물리며 사회 전반에 새로운 통합과 이동의 경험을 가능케 한 이 시기는, 계층구조가 폐쇄적이지 않았던 '이동 가능한 사회'로서의 한국을 형성했다. 특히 고도성장기에는 고소득·고안정의 직업군이 대규모로 창출되었고, 과거 상층 계층에게만 허용되던 사회경제적 지위가 평범한 시민에게도 도달 가능한 경로로 열리게 되었다. 새마을 운동, 무상 초등교육, 기술고등학교 및 공과대학의 확충 등은 모두 그러한 경로를 제도적으로 뒷받침한 국가 주도의 개입이었다. 이 시기, 개인의 노력과 역량은 실제 사회적 상승 경로로 전환될 수 있었고, 이는 많은 이들에게 사회 통합의 실질적 경험으로 체화되었다.

그림 10-2 구조적 계층 이동

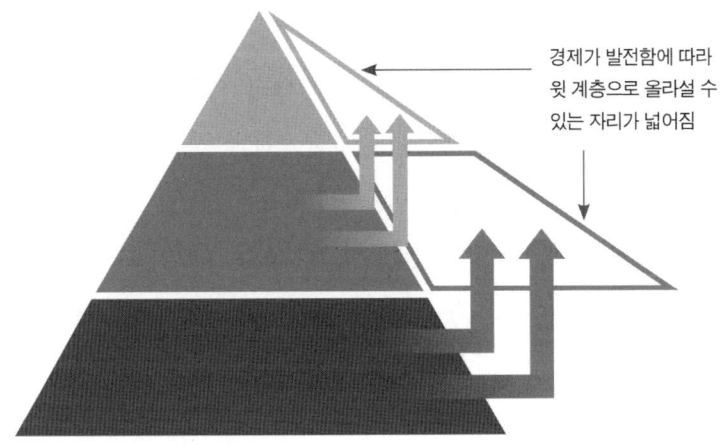

'구조적 계층 이동'이라는 개념은 단순히 개인의 상승 사례를 뜻하지 않는다. 이는 산업화 과정에서 전체 사회의 직업 및 계층구조 자체가 재편되면서 발생하는 집단적·구조적 이동을 의미한다. 당시 한국 사회는 경제성장이 곧바로 상위 직업군의 확대와 연결되었으며, 이는 농업에 종사하던 다수의 하위 계층이 도시의 노동자, 기술직, 사무직, 혹은 공공기관 종사자로 전환되는 대규모 이동으로 이어졌다. 이러한 변화는 상층계급의 자리를 기존 구성원이 비워야 가능한 정태적 구조가 아니라, 전체 계층 피라미드의 상단 자체가 넓어지는 방식으로 이루어졌기에 가능했던 것이다(그림 10-2 참조).

무엇보다도 중요한 점은, 이러한 계층 이동의 가능성이 단지 구조적 지표에만 나타난 것이 아니라 사회 구성원들의 인식과 체감 수준에서도 확연히 드러났다는 점이다. 1970년대 후반부터 1990년대 중반까지는 교육을 통한 계층 상승에 대한 신념이 광범위하게 공유되었고, 실제로 대학 진학과 취업, 결혼, 자산 형성 등의 경로는 그 기대를 일정 부분 충족시켜 주었다. 이는 계층 사다리의 실재를 구성하는 강력한 사회문화적 조건이 되었으며, 당시를 살아간 세대에게 한국 사회는 '개천에서 용이 나는' 것이 가능한 나라라는 집합적 신화를 형성하게 했다.

결국 이 시기는 단지 개인의 경제적 성취를 넘어, 한국 사회가 근대화·산업화 과정 속에서 계층구조를 재편하고, 사회 통합과 정당성의 기반을 다져 나갔던 결정적 전환기였다. 성장과 이동이 긴밀하게 결합되어 있던 이 시기의 경험은 이후 세대에게도 강력한 집합적 기억으로 남게 되었다.

2. 포스트 성장 시대: 고성장의 종식과 포스트 성장 담론의 부상

한국 사회는 지금까지 '성장'이라는 이름 아래 거대한 사회적 상상력과 제도적 동력을 축적해 왔다. 그것은 단지 경제의 총량적 증가만을 의미하지 않았다. 성장은 곧 발전이었고, 발전은 곧 진보로 간주되었다. 교육과 노동, 주거와 복지, 심지어 문화와 감정까지도 성장의 논리로 포섭되었으며, '성장 없는 미래'는 곧 실패한 사회로 간주되었다. 그러나 지금 한국 사회는 그 어떤 정치적 선언이나 이론적 전환 없이도, 서서히 그리고 확실히 '성장 이후(Post-Growth)'의 시대에 접어들고 있다. 고도성장 국면은 2000년대 이후 서서히 둔화되었고, 이제는 단기적인 경기변동이 아닌, 구조적 저성장의 시대에 진입했음을 시사하는 수많은 지표가 확인되고 있다. 한국의 최근 15년간 실질 GDP 성장률의 변화를 보여 주는 그림 10-3을 보면, 2010년대 중반부터 실질성장률은 꾸준히 하락 추세를 보였고, 2023년에는 1.36%까지 낮아졌다. 한국개발연구원(KDI)은 2025년 성장률을 1% 미만으로 전망하고 있으며, 이는 이제 '성장 없는 시대'가 예외가 아닌 상수가 되었음을 상징적으로 보여 준다.

그림10- 3 한국 연도별 실질 GDP 성장률 추이, 2010~2024년

자료: e-나라지표(2025b).

우리는 여기서 중대한 질문과 마주하게 된다. 성장이 더 이상 지속될 수 없다면, 우리는 무엇을 향해 나아가야 하는가? 성장 없는 시대에도 사회 통합은 가능한가?

포스트 성장 담론은 단순한 경제정책의 조정이나 일시적인 성장 둔화에 대한 대응 전략이 아니라, 근본적으로는 사회 전체의 작동 원리를 다시 묻는 성찰적 문제 제기이다. 이 담론은 오랫동안 한국 사회의 사회적 상상력을 지배해 왔던 "성장 중심 패러다임"을 전환하자는 요구이며, 동시에 삶의 목적, 일의 의미, 공동체의 가치, 그리고 사회적 보상의 원리를 새롭게 설계하자는 총체적 요청이기도 하다.

그러나 이 전환이 마냥 순조롭거나, 자연스럽게 이루어지는 것은 아니다. 특히 한국 사회처럼 성장주의가 오랫동안 계층 상승에 대한 기대, 사회 통합의 원리, 그리고 개인의 정당한 노력에 대한 보상 논리를 지탱해 온 경우, 포스트 성장은 단지 기존의 틀을 보완하는 수준을 넘어, 그 기반 자체를 흔드는 근본적인 문제를 제기하게 된다. 즉, 더 이상 성장을 중심으로 사회정책을 설계할 수 없다면, 공정한 경쟁, 노동의 대가, 기회 평등이라는 오래된 사회적 규범들 역시 재정의되어야 한다는 요구가 함께 도출되는 것이다.

무엇보다 한국 사회는 '성장=개인 노력의 보상'이라는 인식을 오랫동안 내면화해 왔다. 경제성장은 계층 상승의 가능성과 연결되었고, 교육투자와 근면한 노동은 곧 더 나은 삶으로 이어질 것이라는 서사로 기능했다. 그러나 포스트 성장 담론은 이 인과관계를 해체한다. 더 이상 성장이 개인의 미래를 보장하지 않으며, 오히려 지속적인 성장을 추구하는 사회구조 자체가 불평등과 자원 고갈, 사회적 분열을 야기하고 있다는 인식이 그 핵심에 있다. 이러한 전환은 필연적으로 기존의 '정당한 노력 → 공정한 보상'이라는 도덕적 질서에 대한 도전으로 받아들여질 수밖에 없다.

이러한 맥락에서 포스트 성장 담론은 필연적으로 새로운 형태의 사회적 긴장과 계층 불균형을 유발한다. 무엇보다도 성장의 과실이 더 이상 충분히 확대되지 않는 상황에서, 기존에 존재하던 자원 배분의 갈등은 더욱 첨예해지고, '누가 무엇을 감당할 것인가'에 대한 윤리적 질문이 전면에 부상하게 된다. 예컨대 탄소중립 전환이나 복지 확장과 같은 정책은 사회 전체의 지속가능성을 위한 조치이지만, 그것이 누구에게 어떤 비용으로 돌아가는가에 따라 계급적 갈등이 심화될 수 있다. 성장 사회에서는 일정 부분 '성장 분배'라는 이름으로 이러한 갈등이 유예되거나 희석되었지만, 성장 없는 사회에서는 분배 그 자체가 '제로섬 게임'으로 인식될 위험도 높아진다. 특히 기성세대에게는 과거의 성공 공식이 무효화되는 것이며, 청년 세대에게는 애초에 그 공식이 작동하지 않았다는 체념과 절망으로 다가온다. 이는 세대 간 가치 충돌과 신뢰 위기를 심화시키는 원인이 된다.

또한, 포스트 성장이 제안하는 절제된 소비, 돌봄 중심 사회, 지역공동체의 복원과 같은 가치들은 실천적으로는 매우 바람직해 보이지만, 실제로 누가 이 전환을 주도하고 감당할 것인지에 따라 새로운 사회문화적 위계가 형성될 가능성도 존재한다. 즉, 포스트 성장 시대는 단순히 성장이 사라진 시대가 아니라, 성장에 의해 가려졌던 불평등의 실질적 얼굴이 더욱 적나라하게 드러나는 시대일 수 있다. 더 나아가, 이 시기는 새로운 정의와 새로운 합의가 없이는 오히려 이전보다 더 큰 사회적 긴장을 낳을 수 있는 전환기이기도 하다. 성장이 더 이상 보편적 희망의 언어로 작동하지 않을 때, 사회 구성원들을 통합하고 납득시킬 수 있는 다른 언어와 제도가 요구되는 것이다.

다음 절에서는 이러한 포스트 성장 사회가 실질적으로 어떤 불평등 구조의 재편을 수반하고 있는지 다루고자 한다. 특히 부르디외의 구별 짓기 이론적 틀에 기반하여 '에코 아비투스' 개념과 3세대 계층이동 현상에 초점을 맞추어 분석을 시도할 것이다. 포스트 성장 시대에 요구되는 생태적 윤리와 절제된 삶은 겉보기에는 모두에게 보편적인 가치로 제시되지만, 실천의 조건은 계층마다 현격히 다르다. 실상은 문화자본이 축적된 계층일수록 이러한 '윤리적 소비'를 적극적으로 전유하며, 오히려 그것을 통해 새로운 계층적 위계를 구성할 가능성이 높다. 이는 탈성장적 가치를 중심으로 한 또 다른 형태의 사회적 구별 짓기가 작동하고 있음을 시사한다.

동시에, 최근 한국 사회에서 점차 뚜렷하게 나타나는 3세대 계층이동 구조―즉, 조부모 세대의 경제자본이 부모를 건너뛰어 손자녀 세대로 직접 이전되는 세대생략 증여의 확산―는 포스트 성장 시대의 계층구조가 어떻게 재편되고 있는지를 단적으로 보여 주는 사례이다. 오늘날 계층 상승은 더 이상 개인의 노력이나 부모 세대의 교육투자만으로 실현되지 않으며, 세대를 관통하는 자산의 이전과 그것을 둘러싼 문화자본의 체화야말로 계급 재생산의 핵심 동력으로 작동하고 있다.

이와 같은 분석은 포스트 성장 사회를 단순히 '성장률이 낮은 사회'로 이해하는 것을 넘어, 새로운 자본의 형식과 계층구별 방식이 출현하고 있는 구별 짓기의 신국면으로 바라볼 필요성을 제기한다. 이제는 단순히 '얼마나 많이 갖고 있는가'라는 양적 기준이 아니라, '어떻게 소비하고, 어떤 가치를 실천하며, 누구와 구별되는가'가 새로운 계급 질서를 규정하는 핵심 자원으로 부상하고 있다. 이러한 맥락 속에서, 다음 절에서는 부르디외의 이론을 중심으로 포스트 성장 시대의 계급구조 재편과 상징자본의 불균등한 분배 양상, 그리고 그로 인해 드러나는 새로운 사회적 위계의 재생산을 어떻게 구체적으로 살펴보아야 하는지를 다루고자 한다.

3. 포스트 성장 국면에서의 계층 고착화와 부르디외의 이론적 함의

1) 부르디외의 문화자본론 이야기

이러한 현실을 이론적으로 해석하기 위해 부르디외의 문화자본론은 결정적인 통찰을 제공한다. 부르디외는 계급 구조의 재생산이 단지 경제적 자본에 의해서만 작동하지 않으며, 경제자본을 매개로 문화자본과 사회자본이라는 보다 은폐된 형식을 통해 더욱 정교하고 견고하게 작동한다고 보았다. 그는 문화자본을 세 가지 형태로 나누었는데, 이는 ① 장기간에 걸쳐 신체화된 성향과 취향으로 구성되는 체화된 문화자본, ② 예술 작품, 서적, 악기 등의 물리적 형태로 존재하는 객체화된 문화자본, ③ 학위나 자격증처럼 제도적 정당성을 획득한 제도화된 문화자본이다. 이들은 상호 전환이 가능하며, 특정 계층이 자신의 자본을 대물림하고 정당화하는 수단으로 작용한다.

중요한 점은 이러한 문화자본이 비가시적이고 자연화된 방식으로 계급적 위계를 정당화한다는 데 있다. 예컨대 특정 계층은 클래식 음악, 미술, 문학에 대한 친숙함을 타고난 취향으로 제시하며, 그것이 보편적인 '좋은 취향',

곧 고급문화로 간주되도록 만든다. 이처럼 고급문화의 임의적 가치가 상징자본으로 전화되면, 특정 계층의 문화가 지배적인 문화 질서로 정당화되고, 그에 따르지 못하는 집단은 자연스럽게 사회적 열등성을 내면화하게 된다. 부르디외는 이러한 현상을 '상징 폭력(symbolic violence)'이라 명명하며, 사회적 질서가 자율적인 동의와 감수성을 통해 은폐된 방식으로 재생산된다고 보았다.

이때 포스트 성장 사회라는 역사적 국면에서 문화자본론이 갖는 이론적 의의는 더욱 분명해진다. 고도성장기에는 경제자본의 축적과 계층 이동의 가능성이 사회 통합의 동력으로 작용했으나, 성장이 구조적으로 둔화된 이후에는 더 이상 물질적 자원의 확대를 통한 '상향 이동의 희망'이 유효하지 않게 된다. 이처럼 경제적 자본의 이동성이 축소되는 조건에서 계층 간 구별은 점점 더 상징자본의 형태, 즉 비가시적이고 문화적인 자원의 분배를 통해 작동하게 된다. 문화자본은 그 특성상 경제자본보다 더 은폐되고, 개인의 '자연스러운 성향'이나 '개인적인 취향'이라는 외피를 쓰고 전유되기 때문에, 사회적 불평등을 더욱 정당화하고 자연화하는 강력한 수단으로 기능한다.

결국 부르디외의 이론은 포스트 성장 국면에서 계층 재생산이 어떻게 물질의 축적이 아닌 문화의 실천, 감각의 형성, 라이프 스타일의 선택을 통해 이루어지고 있는지를 설명하는 데 결정적인 틀을 제공한다. 물질적 희소성이 심화되고 사회적 이동 가능성이 축소된 시대일수록, 구별 짓기와 상징자본의 경쟁은 더욱 치열해진다. 이에 따라 포스트 성장 사회에서의 계층 고착화 문제는 단지 경제적 양극화의 문제가 아니라, 문화적 실천의 자격과 정당성을 둘러싼 '누가 올바른 삶을 영위할 수 있는가'에 대한 구별의 정치로 전환되고 있음을 부르디외의 이론을 통해 날카롭게 포착할 수 있다.

2) 포스트 성장 사회에서의 에코 아비투스 이야기

포스트 성장 사회에서는 경제성장이 계층 간 격차를 완화하는 기능을 상실한 가운데, 부르디외가 제시한 문화자본의 위계화 메커니즘이 더욱 뚜렷이 작동하게 된다. 특히 생태적 감수성과 윤리적 실천은 단순한 개인적 선택을 넘어, 계층 간 문화적 위계를 재구성하는 핵심 실천으로 부상하고 있다. 고소득층이 주도하는 착한 소비, 지속가능한 삶, 윤리적 선택 등은 그 자체로 새로운 상징자본으로 기능하며, 생태주의적 실천의 불균등한 분포는 새로운 형태의 구별 짓기를 가능하게 한다. 부르디외의 이론에서 체화된 문화자본이란 특정한 실천 감각과 감수성이 신체화된 양식으로 자리 잡아, 계층 간 위계를 자연스럽게 정당화하는 메커니즘이다. 생태적 감수성 역시 이러한 성향의 일환으로, 특정 계층이 전유한 신체화된 실천으로 작동하며, 그 자체가 도덕적 우월성과 사회적 위상을 가시화하는 수단이 된다.

이러한 이론적 맥락에서 '에코 아비투스'는 부르디외의 아비투스 개념을 확장하여 생태적 실천과 계층 재생산 간의 관계를 분석하는 유효한 틀이다. 할루자 딜레이(Haluza-DeLay, 2008)는 에코 아비투스를 "우리가 특정한 장소에서 사회적·환경적으로 잘 살아가기 위해 행하는 실천들"로 정의하며, 이것이 환경에 대한 신체화된 감수성과 실천 능력의 결합임을 강조한 바 있다. 즉, 에코 아비투스는 "장소에 대한 감각(sense of place)"에서 비롯된 실천 감각이며, 특정한 생태적 삶의 방식을 실현할 수 있는 전문 지식과 자원의 결합체로 간주된다.

이 개념은 최근 한국 사회를 대상으로 한 실증 연구에서도 중요한 분석 도구로 활용되고 있다. 김수정·박해란·최샛별(2020)은 에코 아비투스 개념을 도입하여, 한국의 청년 세대가 수행하는 생태 지향적 실천이 단지 윤리적 선택의 결과가 아니라, 계층적으로 분화된 문화자본과 밀접히 연결되어 있다는 점을 밝혀냈다. 이들은 서울 및 수도권 청년을 중심으로 한 심층면접 자료를 분석하여, 윤리적 소비나 환경 친화적 삶에 대한 실천 가능성이 계층에 따라 상이하게 분포하고 있으며, 이러한 실천이 상층 계층일수록 '더 나은 삶'의 표상으로 기능하고 있음을 보여 주었다. 특히 에코 아비투스는 체화된 생태 감수성으로 나타날 뿐 아니라, 환경 정보를 탐색·활용할 수 있는 인지능력, 그리고 그에 상응하는 시간과 경제적 여유라는 자원에 의존하고 있으며, 결과적으로 계층 구별의 수단으로 기능할 수 있는 가능성을 내포하고 있음을 강조했다. 또한 대규모 설문 조사를 통한 양적 분석을 통해서도 윤리적 소비가 사회경제적 자원이 높은 계층에서 실천 가능성이 현저히 높다는 점이 실증적으로 확인된다. 특히 20대 소비자 집단에서는 부모의 학력 수준이 윤리적 소비의 행위 여부에 중요한 영향을 미치는 요인으로 작용하는 것으로 나타났는데, 이는 생태 지향적 실천이 단순히 개인의 가치관이나 윤리적 감수성에서 비롯되는 것이 아니라, 가족 배경과 문화자본의 대물림이라는 구조적 조건과 밀접히 연결되어 있음을 뒷받침한다(김재원·김민지·최샛별, 2023).

이러한 관점은 해외 연구들에서도 유사한 방식으로 제기되고 있다. 거스먼(Guthman, 2003)은 윤리적 식사(ethical eating)의 확산이 실은 고학력 중산층에 의해 주도되었음을 분석하며, 유기농 식품이나 슬로푸드운동 등이 '여피족(yuppie)'의 새로운 정체성 자원으로 활용되었음을 지적했다. 존스턴 등(Johnston et al., 2011)은 윤리적 소비가 높은 비용과 정보 접근의 문제로 인해 계층적으로 실천 가능성이 제한되며, 나아가 그 자체가 도덕적 우월성의 상징으로 기능한다고 보았다. 카르파냐 등(Carfagna et al., 2014)은 문화자본 이론에 기반하여, 환경 의식을 갖춘 고급문화 소비 집단이 생태 지향적 실천을 통해 계층적 차별화를 강화하고 있다는 점을 분석했다.

결국, 에코 아비투스는 단순히 생태적 실천의 양태를 설명하는 개념이 아니라, 포스트 성장 국면에서 문화자본의 불균등한 분포가 어떻게 '올바른 삶'에 대한 정의를 선점하고, 그를 통해 새로운 계층 구도를 정당화하는지 설명하는 데 매우 유효하다. 경제자본의 축적 가능성이 제한된 사회에서는, 상징자본으로 전환 가능한 문화자본이 계층 구별과 재생산의 핵심 자원이 되며, 이는 곧 생태주의적 실천이 공공적 가치를 표방하면서도 실제로는 사적 계층성을 심화시키는 메커니즘으로 작동하게 되는 역설을 보여 준다.

3) 한국의 3세대 계층 이동 이야기—우리는 무엇을 봐야 하나?

부르디외 이론과 포스트 성장 사회의 실천 양식이 만들어 내는 위계 재생산 구조를 보다 입체적으로 분석하기 위해서는, 계층 이동을 단지 부모-자녀 간의 2세대 구조로 한정하지 않고 3세대 이상의 다세대 관점에서 재구성하는 작업이 필수적이다. 특히 한국 사회는 최근 조부모의 경제자본이 손자녀 세대에 직접 이전되는 세대생략 증여의 증가와 함께, 계층 이동의 실질적 동력이 더 이상 개인이나 핵가족 단위의 노력만으로 설명되지 않는 구조에 진입하고 있다.

3세대 계층이동 연구는 단지 한 세대 간의 상향 혹은 하향 이동을 포착하는 것이 아니라, 계층 재생산의 속도와 방식, 누적과 전이의 경로, 문화자본과 경제자본의 상호작용을 보다 장기적이고 구조적인 틀에서 이해할 수 있는 가능성을 제공한다. 따라서 다세대 모델은 포스트 성장 사회의 계층구조 고착화 문제를 분석하는 데 핵심적인 분석 단위이자, 오늘날 불평등의 본질을 파악하기 위한 방법론적 전환이기도 하다.

이러한 문제의식을 바탕으로, 다음에서는 3세대 계층 이동의 구조와 작동 방식을 이해하기 위해 우리가 반드시 주목해야 할 다섯 가지 핵심 질문을 중심으로 분석을 제시해 보고자 한다.

(1) 누적되는 자원은 무엇이며 어떤 형태로 전수되는가

계층이동 연구에서 가장 중요한 과제 중 하나는 세대와 세대를 거치며 누적되는 자원의 종류와, 그것이 구체적으로 어떤 형태로 전수되는지를 파악하는 것이다. 시간의 흐름에 따라 심화되는 불평등 문제와 계급 고착화 현상은 결국 세대 간에 차별적으로 전수되는 자원의 차이에서 기인하기 때문이다. 자원의 종류로는 크게 현금이나 주식 같은 경제자본과 학위나 취향 등으로 대표되는 문화자본, 혈연과 학연 등의 연결망을 통해 얻게 되는 사회자본을 들 수 있다. 각각의 자본은 불평등을 구성하는 영역인 동시에 불평등의 요인으로 작동하는데, 특정한 형태로 고정되어 불변하는 것이 아니라 상황에 따라 유동적으로 변화하기도 하고, 또 새로운 유형의 자본이 출현하기도 하며, 시대적 맥락에 따라 그것이 발휘하는 효과가 달라지기도 한다는 점에서 자본의 개념과 특징, 이들 자본이 다세대 간 계층이동 과정에서 전달되는 형태 모두를 주의 깊게 살펴보아야 한다.

예를 들어 경제자본은 다시 금융기관의 적금, 펀드와 같은 '금융자본', 주택·토지와 보증금 등을 포함하는 '부동산 자본', 골프 회원권 같은 '기타 자본'으로 나뉠 수 있는데(백가현, 2015) 세대 간 전달의 결과가 가시적이며 위 세대의 결정에 따라 쉽게 전수된다는 점에서 특정 세대가 보유한 경제자본이 그 세대의 성취적 노력에 의한 것인지, 아니면 증여나 상속에 의한 것인지를 알아보아야 한다. 또한 문화자본은 경제자본과 달리 그것이 형성되는 과정이나 전수되는 형태가 비가시적이기 때문에 더욱 강력한 계급 재생산

의 통로가 될 수 있어 그것을 포착하는 데 각별한 주의와 섬세한 접근이 필요하다. 한편 사회자본의 경우, 다른 자본들과 연계하여 위 세대가 아래 세대에게 미치는 효과의 내용이 달라질 수 있다는 점에서 다각적인 분석이 요구된다.

(2) 누적된 자원은 어떤 경로를 통해 누구에게 전달되는가

자원의 종류와 형태가 파악되었다면, 그다음으로 확인해야 할 것은 누적된 자원이 구체적으로 어떤 경로를 통해 누구에게 전달되는가 하는 것이다. 이는 단순히 조부모에서 자녀로 이어지는 자원의 전수가 연쇄적이냐(마코비안 상속) 혹은 비연쇄적이냐(비마코비안 상속)를 살펴보는 것에 그치지 않는다. 양적 조사에 기반한 기존 다세대 연구에서는 부모를 거치지 않고 조부모가 자녀에게 직접 영향을 미치는 이른바 조부모 효과를 검증하는 데 주목했지만, 질적 조사에서는 조부모, 부모, 자녀의 성별과 개인의 가족 내 위치(맏아들, 외동딸 등), 그 외 부계와 모계를 아우르는 친족 관계까지 모두 포괄하는 더 다양한 경로 모델을 고려한다. 특히, 다세대 연구에서 최근 방법론적으로 제기되었던 인구학적 행위들을 반영한(Song, 2021) 경로를 살펴보고자 한다. 즉, 가족 내에서 다세대 간의 출생과, 사망, 그리고 혼인 등과 같은 인구학적 행위들이 조부모와 손자녀의 계층 재생산에 있어서 어떠한 역할을 수행하는지 보다 구체적으로 고찰한다.

예를 들어 상류층 여성에 대한 최샛별(2002)의 연구는 계층적 지위를 재생산하기 위해 부모들이 딸과 아들을 어떻게 다르게 키우고 있는지 잘 보여주는데, 대학에서의 서양 고전음악 전공을 통한 문화자본의 획득은 상류층 여성이 상류층 남성과의 결혼을 통해 이들의 계층을 효과적으로 재생산하는 데 기여하는 것으로 확인되었다. 이 결과는 다세대 계층이동 연구에서 단순히 세대적 위치(조부모, 부모, 자녀)만 중요한 것이 아니라 그를 둘러싼 훨씬 더 다채로운 조건이나 요소들이 작동하고 있음을 보여 준다. 이전 세대가 후속 세대에게 그들이 보유한(그리고 한정되어 있는) 자원을 전달함에 있어 누구에게 구체적으로 어떤 종류의 자원을 얼마만큼 배분하는지, 자원의 전수는 경제자본의 상속 등을 통해 직접적으로 이루어지는지, 아니면 문화자본 및 사회자본 형성 등을 통해 간접적인 경로로 이루어지는지를 살펴보아야 한다.

(3) 전수된 자원은 계층 이동을 위해 어떻게 활용되며 그 전략은 무엇인가

계층 이동과 재생산 과정에서 전수받은 자원을 어떻게 전략적으로 활용하느냐 하는 것도 자원의 전수 못지않게 중요하다. 이에 이 연구에서는 이전 세대로부터 자원을 전수받은 혹은 전수받지 못한 개인들이 구체적으로 어떤 전략을 사용해 그들의 계층적 지위를 획득, 유지, 변화시키는지를 살펴볼 것이다. 미국의 문화사회학자인 스위들러(Swidler, 1986: 273)는 개인이 보유한 다양한 문화적 자원들을 이들이 행위 전략(strategies of action)의 구성을 위해 활용하게 되는 "습관(habits), 기술(skills), 스타일(styles) 등"의 "레퍼토리(repertoire)" 혹은 "도구 상자(toolkits)"로 설명한바 있는데, 이를 다세대 계층이동 연구에 적용해 보면 각 세대의 행위자들이 계층 이동을 위해 주체적으로, 또 전략적으로 어떤 선택을 했는지 살펴볼 수 있다.

계층이동 과정에서 개인들이 가졌던 동기, 목표, 의도를 좀 더 깊이 들여다보아야 한다. 이는 각 시대에 보편적으로 작용했던 가치관과도 연결되어 있다는 점에서 개인의 계층이동 욕구와, 그를 둘러싼 맥락적 조건까지 모두 살펴볼 수 있다는 장점을 갖는다. 또한 각 개인이 그들의 내적 동기와 의도, 설정한 목표를 바탕으로 어떤 전략을 택했고, 그것이 어떠한 구체적인 실천으로 이어졌으며 그 결과는 어떠했는지를 연구함으로써 실제적인 행동의 측면에서 다세대 계층 이동에 영향을 미친 요인들을 파악할 수 있다.

(4) **자원은 어느 시기에 전수되며 언제 영향력을 발휘하는가**

앞서 세 가지 질문이 계층이동 과정 전반에 관한 것이라면, 이후의 질문들은 3세대 이상의 모델에서만 나타날 수 있는 다세대적 영향력에 관한 것이다. 먼저 3세대 이상부터는 비연쇄 모델과 같이 부모 세대를 뛰어넘어 직접적으로 조부모 세대가 손자녀 세대에게 영향을 줄 수 있기 때문에 위 세대의 자본과 영향력이 구체적으로 어떤 후속 세대에게, 정확히 어느 시점에 영향을 주는지가 중요한 연구 문제가 될 수 있다. 이는 결국 다세대 간에 이루어지는 '지연된 효과(lagged effect)'에 관한 것으로, 이 연구에서는 구체적인 자원 전수의 시기와 더불어 해당 자원이 효과를 발휘하게 되는 시점, 자원의 효과가 지연되는 이유와 거기에 영향을 미친 다양한 제도적·상황적 요인까지를 살펴본다.

가령 자원의 영향력이 지연되는 이유는 조부모의 영향력이 부모 세대보다 덜 직접적이어서일 수도 있고, 전수된 자원이 계층 이동에 영향을 미치게 되는 시점이 시대적 조건에 따라 다소 우연하게 형성될 수도 있기 때문이다. 일례로 조부모의 사회경제적 지위는 손자녀의 교육적·직업적 선택에 있어서 기준틀(reference frame)이 되는 방식으로 영향력을 행사할 수 있다(Hertel and Gosh-Samberg, 2014: 38~39; Pfeffer, 2014: 6). 또, 한국의 경우에는 산업화 세대가 비교적 저렴하게 구매한 부동산 자산의 가치가 2000년대에 들어 갑자기 급등하면서 후속 세대의 계층 상승에 영향을 준 경우가 있는데, 이는 후자의 예시가 될 것이다. 이처럼 시간차를 두고 발생하는 세대 간 자원의 전수와 그 영향력을 살펴봄으로써 한국 다세대 계층이동 양상을 보다 입체적으로 살펴보아야 한다.

이때, 조부모와 손자녀의 '공유 생애시간(shared lifetimes)' 개념에 주목해 연구를 진행해야 한다. 공유 생애시간의 증가는 조부모와 손자녀가 함께할 수 있는 물리적 시간을 증가시켜 왔기 때문에, 조부모의 자원이 손자녀에게 전수되는 시기와 방식이 보다 복잡화될 수 있음을 암시한다. 따라서, 단순히 양적인 공유 생애시간의 팽창뿐만 아니라 조부모의 사회경제적 지위에 따른 질적 차이의 변화에도 주목하는 것이 필요하다.

(5) 누적된 이익과 불이익은 무엇이며 그 효과는 어느 정도인가

마지막 질문은 조부모와 그 위 세대에서부터 누적된 이익과 불이익에 대한 것이다. 조부모 세대가 손자녀 세대에게 미치는 영향력은 일원적이지 않다. 후속 세대에 와서 발휘되는 누적된 자원들의 지연된 효과는 긍정적일 수도 있고, 부정적일 수도 있다. 메어(Mare, 2011)는 다세대 간 비연쇄적 모델에 근거할 경우, 이전 세대에 불균등하게 분포되어 있던 이익과 불이익이 대를 거치며 직간접적인 다양한 경로를 통해 아래 세대에게 전달되고 그 결과 상류층 가족에서는 기존의 이익을 토대로 자신의 계층을 공고히 하는 일이 더 수월해지는 한편, 하류층 가족은 그와 반대로 기존의 불이익이 지속적으로 누적되며 점차 계층 이동의 가능성이 차단되는 결과가 나타난다. "먼 과거에 형성되었던 상황이 대를 걸쳐 오면서 평준화되기보다 오히려 누적적으로 지속되고 축적된다는 법칙"(Mare, 2011: 13)이 성립하는 것이다.

예를 들면, 조부모가 손자녀에게 미치는 효과는 중간 세대인 부모의 학력이나 사회적 지위와 상호작용할 수 있다. 이는 강화 가설(augmentation hypothesis)에서 주장하는 내용으로 조부모와 부모의 긍정적인 영향력이 맞물려 그 효과가 증대된다는 의미이다. 보상 가설(compensation hypothesis)에 따라 부모가 하향 이동을 한 경우, 부모보다 높은 계층에 위치한 조부모의 영향력이 이를 상쇄하는 역할을 하기도 한다(Lawrence, 2016). 반면에 조부모나 그 이상의 세대로부터 누적된 이익이 거의 없거나 그것이 부정적 성격의 자원(예: 부정적 평판 등)일 경우 아래 세대가 받게 되는 불이익의 크기는 훨씬 더 커진다. 이처럼 대를 거치며 상이하게 전개되는 계층이동 과정 속에서 누적된 이익과 불이익이 어떤 식으로 발현되고 그 효과는 어느 정도이며, 나아가 그것이 이후 세대에 대한 계층이동 전략에 어떤 영향을 미치는지 분석해야 한다.

4. 계층 이동의 신화를 넘어: 포스트 성장 사회와 불평등의 재구성

결국, 포스트 성장 시대의 계층구조 공고화는 단지 경제적 양극화나 일시적인 불평등의 문제가 아니다. 그것은 우리가 공유하던 사회적 상상력, 즉 '노력하면 성공할 수 있다'는 계층 상승의 신화 자체가 더 이상 작동하지 않는다는 점에서, 한국 사회의 근본적인 정당성과 통합성을 위협하는 구조적 위기이자 민주주의의 토대를 잠식하는 심층적인 균열이다. 단순히 누가 더 많은 자산을 보유했는가의 문제를 넘어, 어떤 계층이 미래를 계획할 수 있고, 어떤 계층은 그저 생존을 위해 현재를 유지하는 데 급급한가라는 질문이 우리 사회의 심부를 가르고 있다.

오늘날의 불평등은 소득이나 재산의 격차를 넘어, 교육, 직업, 주거, 문화 소비, 생태적 실천 등 삶의 전 영역에서 기회 구조를 제한하고 있으며, 이는 개인의 자유로운 선택과 능력 발휘라는 자유민주주의의 기본 원칙조차 제약하고 있다. 특히 '공정성'이라는 이름으로 작동하는 규범조차, 특정 계층

이 이미 축적한 문화자본과 상징자본에 의해 왜곡되고 있는 현실은 더 큰 문제이다. 이러한 상황은 결국 사회 구성원 간의 신뢰를 약화시키고, 연대보다는 경쟁과 배제의 논리가 지배하는 사회로 우리를 이끌 위험을 내포한다.

따라서 이제는 계층 이동의 가능성에 기대어 기존 질서를 유지하거나, 일시적 제도 개선에 만족할 것이 아니라, 구조적 불평등의 원인을 보다 정밀하게 진단하고 그에 따른 근본적 대안을 모색해야 할 시점이다. 포스트 성장 사회란 단순히 '더 이상 성장하지 않는 사회'가 아니라, 성장 이외의 방식으로 사회적 정의와 인간다운 삶을 구현해야 하는 전환기의 사회이다. 이런 사회에서는 분배뿐 아니라 인정(recognition), 실천(practice), 감수성(sensibility) 등 새로운 사회적 자원의 정의와 분배 방식이 요구된다.

이러한 조건에서 사회과학의 역할은 더욱 중요하다. 단편적 현상 설명을 넘어, 역사적 맥락을 통합적으로 해석하고, 권력과 자본의 미세한 작동 방식을 분석하며, 상상 가능한 다른 삶의 방식들을 설계하는 이론적·실천적 상상력이 절실히 요구된다. 이제 우리에게 필요한 것은 포스트 성장 시대의 불평등을 정확히 포착할 수 있는 감각, 그리고 그로부터 '다르게 살 수 있는' 길을 함께 모색하려는 집단적 지적 노력이다. 계층 이동의 신화를 넘어, 구조적 불평등의 현실을 직시하고, 그 속에서 가능성과 대안을 모색할 새로운 사회과학적 상상력이 요구되는 시점인 것이다.

참고문헌

강희돈. 1988. 「한국의 사회이동과 학교교육의 효과」. 고려대학교 박사학위논문.
공제욱. 1991. 「1950년대 한국의 거대 자본가들」. 서울대학교 사회학연구회 편. 『사회계층: 이론과 실재』. 다산.
곽민서. 2022. "작년 1살 이하 손주에 증여한 재산 1천억 원 … 1년새 3배로 늘어." 연합뉴스.
  https://www.yna.co.kr/view/AKR20221002047500002(검색일: 2022.10.4)
교육인적자원부. 2003. 『통계로 본 우리 교육』. 교육인적자원부.
국토교통부. 2019. 「국토 변화와 공간계획」. 『대한민국 국가지도집 I』. 82~87쪽.
국토교통부. 2021. 「제조업 개관」. 『대한민국 국가지도집 III』. 158~167쪽.
김병관. 1984. 「한국 사회이동에 관한 일 연구」. 서울대학교 석사학위논문.
김수정·박해란·최샛별. 2020. 「윤리적 소비에 관한 사회학적 고찰: 20대 여성의 윤리적 소비 인식과 실천을 중심으로」. ≪사회과학연구≫, 31(1): 279~299.
김용섭. 2023. 『라이프트렌드 2024』. 부키.
김재원·김민지·최샛별. 2023. 「한국사회에서 누가 윤리적 소비를 하는가?」. ≪문화와 사회≫, 31(3): 279~326.
백가현. 2015. 「세대 간 이전이 부의 불평등에 미치는 영향」. 서울대학교 석사학위논문.
설동훈. 1994. 「한국 노동자들의 세대 간 이동, 1978-1989」. 한국산업사회연구회 편. 『계급과 한국 사회』. 한울아카데미.
설용석. 2023. "0세 손주도 건물주 … '세대생략 증여' 5년새 1만 건". ≪주간조선≫.
  http://weekly.chosun.com/news/articleView.html?idxno=29204(2023.10.2)
e-나라지표. 2025a. "1인당 국민총소득".
  https://www.index.go.kr/unify/idx-info.do?idxCd=8086(검색일: 2025.6.12)
e-나라지표. 2025b. "국내총생산 및 경제성장률(GDP)".
  https://www.index.go.kr/unity/potal/main/EachDtlPageDetail.do?idx_cd=2736#(검색일: 2025.6.17)
최샛별. 2002. 「상류계층 공고화에 있어서의 상류계층 여성과 문화자본: 한국의 서양고전음악전공 여성 사례」. ≪한국사회학≫, 36(1): 113~144.
한국교육개발원. 2021. "시계열 자료집(1965-2021): 고등학교 학생 졸업 후 상황".
  https://kess.kedi.re.kr/publ/publFile/pdfjs?survSeq=2021&menuSeq=3894&publSeq=87&menuCd=91812&itemCode=02&menuId=3_3_5&language=undefined#(검색일: 2025.7.10)
홍두승. 1993. 『사회계층과 계급』. 나남.
Bourdieu, Pierre. 2002. 「Habitus」. in Jean Hillier and Emma Rooksby(eds.). *Habitus: A Sense of Place*. Burlington, VT: Ashgate.
Carfagna, Lindsey B., Emilie A. Dubois, Connor Fitzmaurice, Monique Y. Ouimette, Juliet B. Schor, Margaret Willis, and Thomas Laidley. 2014. "An Emerging Eco-Habitus: The Reconfiguration of High Cultural Capital Practices among Ethical Consumers." *Journal of Consumer*

Culture, 14(2): 158~178.

Eckert, Carter J. 1990. "The South Korean Bourgeoisie: A Class in Search of Hegemony." *The Journal of Korean Studies*, 7: 115~148.

Guthman, Julie. 2003. "Fast food/organic food: Reflexive Tastes and the Making of 'Yuppie Chow'." *Social and Cultural Geography*, 4(1): 45~58.

Haluza-Delay, Randolph. 2008. "A Theory of Practice for SocialMovements: Environmentalism and Ecological Habitus." *Mobilization*, 13(2): 205~218.

Hertel, Florin R. and Olaf Gosh-Samberg. 2014. "Class Mobility Across Three Generations in the U.S. and Germany." *Research in Social Stratification and Mobility*, 35: 35~52.

Holt, Douglas. 1997. "Distinction in America? Recovering Bourdieu's Theoryof Tastes from Its Critics." *Poetics*, 25(2): 93~120.

Johnston, Josee, Alexandra Rodney, and Michelle Szabo. 2011. "Good Food, Good People: Understanding the Cultural Repertoire of Ethical Eating." *Journal of Consumer Culture*, 11(3): 293~318.

Kennedy, Emily Huddart, Shyon Baumann, and Josee Johnston. 2019. "Eating for Taste and Eating for Change: Ethical Consumption asa High-Status Practice." *Social Forces*, 98(1): 381~402.

Lawrence, Matthew. 2016. "Unequal Advantages: The Intergenerational Effects of Parental Educational Mobility." *American Educational Research Journal*, 53(1): 71~99.

Mare, Robert D. 2011. "A Multigenerational View of Inequality." *Demography*, 48(1): 1~23.

Pfeffer, Fabian T. 2014. "Multigenerational Approaches to Social Mobility: A Multifaceted Research Agenda." *Research in Social Stratification and Mobility*, 35: 1~12.

Song, Xi. 2021. "Multigenerational Social Mobility: A Demographic Approach." *Sociological Methodology*, 51(1): 1~43.

Swidler, Ann. 1986. "Culture in Action: Symbols and Strategies." *American Sociological Review*, 51(2): 273~286.

11 시대를 횡단하기*
한강의 『채식주의자』를 중심으로

김홍중

1. 시대 횡단

시대란 사람들이 함께 짊어진 삶의 조건들이 얽혀, 나름의 안정성과 지속의 논리를 통해 유지되는 시간의 틀이다. 시대를 직접 지각하거나 사유하기는 매우 어려운데, 그 이유는 그것이 우리의 삶을 규정하는 비가시적 지평을 이루기 때문이다. 따라서, 현시대에 균열이 생겨 그다음 시대가 모습을 드러낼 때 비로소 우리는 시대의 존재를 감각할 수 있게 된다. 시대가 전환되는 이런 순간을 증언하듯 문화의 장에 출현하는 형상들을 나는 '시대 횡단자(epoch-traverser)'라 부르기를 제안한다.[1] 같은 맥락에서, 시대 횡단자가 수

---

* 이 글은 ≪사회와이론≫ 통권 제52집(2025년)에 게재된 논문 「시대횡단의 징후학 1. 한강의 『채식주의자』를 중심으로」를 수정한 것이다.
1 샹탈 자케(Chantal Jaquet)는 『계급횡단자들 혹은 비-재생산』이라는 저서에서 계급 횡단자

행하는 발화, 실천, 제스처, 사유의 양상들을 '시대 횡단'이라 부르고자 한다.

시대 횡단의 요체는 그 특수한 모빌리티 양식에 있다. 그것은 계급이나 공간의 이동이 아니라 시간/시대적 차원을 가로지르는 이동을 본질로 한다. 시대 횡단자는 과거와 미래 사이의 좁은 통로를 연다. 하지만 아직 과거를 완전히 벗어나지 못했고 미래 속으로 온전히 들어서지도 못했다는 점에서, 그는 중간적 존재이다. 탈(脫)-현재적 언어, 감각, 가치를 보임에도 불구하고 시대 횡단자는 여전히 과거의 사상적·도덕적·문화적 힘에 붙들려 있다. 현재의 눈으로 보면 급진적 이단아지만, 미래의 눈으로 보면 어설픈 예언자처럼 보일 수도 있다. 이런 모순들과 맞서며, 시대 횡단자는 미래로 향하는 출구를 더듬어 가는 것이다.

이 글에서는 한강의 『채식주의자』(2007)를 21세기 한국 사회가 산출한 가장 탁월하고 급진적인 시대 횡단의 문학적 사례로 읽기를 제안한다.[2] 이 소설은 극단적인 주체성의 변화를 겪으며, 가부장제와 육식 문화, 그리고 사회의 지배적 규범들을 거부하고, 인간성의 경계를 넘어 문명의 바깥으로 탈주하는 한 여성의 이야기를 그린다. 한강은 영혜의 정상성이 파열되는 과정을 추적함으로써, 그녀를 규정하는 사회적 힘의 구조와 인간의 존재론적 모

(transclasse) 개념을 제안한다(자케, 2024). 자케가 말하는 계급 횡단자는 태어날 때 주어진 계급과는 다른 계급으로 이동한 행위자를 지칭한다. 시대 횡단자는 이 개념에서 영감을 받아 만들어졌다.

2 시대 횡단자는 현실에서보다 오히려 허구나 철학적 사유에서 더 인상적으로 출현하는 경향이 있다. 그것은 아마도 허구와 철학의 영역에서는 현실적으로 불가능한 사유와 실천의 양상들을 극한으로 밀어붙이는 사고실험이 가능하기 때문인 듯 보인다. 가령, 근대에서 그 이후로 건너가는 시대 횡단자의 철학적 형상으로 우리는 브뤼노 라투르(Bruno Latour)의 '생태 계급', 로지 브라이도티(Rosi Braidotti)의 '포스트휴먼', 도나 해러웨이(Donna Haraway)의 '사이보그'와 같은 형상 등을 거론할 수 있다.

순을 적나라하게 드러낸다.

독자들은 영혜를 통해 우리 시대의 유력한 가치들을 타자의 시각으로 조망하고, 인간 존재의 깊은 어둠을 직시하게 된다. 그 어둠의 중심에는 인간이 다른 생물과 물질을 지배, 사용, 통치할 권리를 갖고 있다는 굳건한 관념(근대적 인간 중심주의)이 자리 잡고 있다. 영혜는 바로 이 관념과 대결하는 존재이다. 그녀는 인간이 다른 생명체에 가하는 폭력의 끔찍함을 폭로하고, 인간 아닌 다른 무언가(나무)가 되려 한다. 이 과정에서 가족으로부터 버림받고, 정신병원에 감금되며, 결국 죽음과 파멸 속으로 침몰한다.

영혜가 보여 주는 비인간-되기의 몸짓에는 근대에서 그다음 시대로의 격렬한 이동성이 깃들어 있다. 영혜는 시대와 시대 사이를 절망적으로 뚫고 나간다. 하지만, 그녀가 주파하고 있는 저 시간의 끝에서 우리를 기다리는 미래가 과연 무엇인지를 아는 사람은 없다. 영혜는 해답이 아니라 질문이다. 우리에게 사고를 명령하지만 동시에 우리를 사고 불가능성의 궁지로 몰아넣는다. 한강은 2024년 노벨상 수상식 연설문에서 이렇게 말한다.

"폭력을 거부하기 위해 육식을 거부하고, 종내에는 스스로 식물이 되었다고 믿으며 물 외의 어떤 것도 먹으려 하지 않는 주인공 영혜는 자신을 구원하기 위해 매 순간 죽음에 가까워지는 아이러니 안에 있다. 사실상 두 주인공이라고 할 수 있는 영혜와 인혜 자매는 소리 없이 비명을 지르며, 악몽과 부서짐의 순간들을 통과해 마침내 함께 있다. 이 소설의 세계 속에서 영혜가 끝까지 살아 있기를 바랐으므로 마지막 장면은 앰뷸런스 안이다. 타오르는 초록의 불꽃 같은 나무들 사이로 구급차는 달리고, 깨어 있는 언니는 뚫어지게 창밖을 쏘아본다. 대답을 기다리듯, 무엇인가에 항의하듯. **이 소설 전체가 그렇게 질문의 상태에 놓여 있다. 응시하고 저항하며. 대답을 기다리며**"(한강, 2025: 12~

133, 강조는 인용자).

『채식주의자』는 우리가 쉽게 상상할 수 있는 대안적 미래 사회나 새로운 인간 주체를 제시하지 않는다. 규범적으로 올바른 해답을 주는 대신, 쉽게 대답될 수 없는 질문의 심연으로 우리를 이끈다. 발전주의적·가부장적·자본주의적·인간 중심적 세계를 벗어나 "사람에서 벗어 나오려는 몸부림"(한강, 2007: 218)에 사로잡혀 스스로의 생명을 지워 가는 영혜는 누구인가? 우리는 다른 생명체의 살을 먹을 권리가 있는가? 만일 우리가 타자의 살을 먹어야만 생존하고 확장할 수 있는 존재인 자신을 용서할 수 없다면, 우리는 어떻게 살아가야 하는가?

2. 징후학

카를 마르크스(Karl Marx), 죄르지 루카치(György Lukács), 뤼시앵 골드망(Lucien Goldmann)으로 이어지면서 확립된 문학사회학의 전통은, 작품이 표방하는 세계관과 그 세계관을 공유하는 사회집단과의 연관 속에서 작품의 의미 구조를 분석하는 것을 핵심 과제로 삼는다. 이때 작품은 사회적 현실과 세계관을 매개하는 표현물로 간주된다(Goldmann, 1959; Goldmann, 1986). 피에르 부르디외(Pierre Bourdieu)의 문학사회학은 이러한 전통이 문학적 실천이 이루어지는 실질적 사회 공간인 문학 장(場)을 제대로 탐구하지 않음을 비판하면서 등장하여, 20세기 후반 이후 문학사회학을 견실하게 정초한다(부르디외, 1999).

잘 알려진 것처럼, 그의 문학사회학은 작품 그 자체보다 그것을 생산한 제도적 요소들(장과 하비투스)에 집중하면서, 문학을 사회적인 것에 의해 전적으로 규정되는 종속변수로 상정했다. 이를 통해 문학사회학은 과거보다 더 정교한 설명 논리와 명확한 대상 영역을 획득했지만, 이와 동시에 문학적 체험 세계, 텍스트의 경계를 범람하여 발휘되는 문학의 정동적 힘, 그리고 문학이 자기 시대와 맺는 내밀한 표현적 관계에 대한 포착을 사실상 방기하는 결과로 이어졌다. 이런 점에서 라투르가 종교, 과학, 예술사회학에 대해서 행한 다음의 비판은 문학사회학에도 그대로 적용될 수 있다.

"종교와 대면했을 때 왜 우리는 우리의 연구를 종교의 '사회적 차원들'에 국한시키고 종교 그 자체를 연구하지 '않는' 것을 과학적 덕목으로 여기는가? 과학과 대면했을 때, 왜 우리의 첫 번째 반응은 과학의 '사회적 바이어스(bias)'에 공손하게 집착하고 객관성 그 자체를 해명하지 않는 것인가? 예술에 대해서 탐구할 때 왜 우리는 걸작의 평가에 있어서 '사회적인 것'으로 스스로를 축소시키고 예술의 가치가 솟아날 수 있는 다른 수많은 원천들을 고려하지 않는가?"(Latour, 2005: 233~234).

이런 비판을 진지하게 고려할 때 우리는 라투르가 말하는 "예술의 가치가 솟아날 수 있는 다른 수많은 원천들"에 대한 깊은 탐구를 시도해야 할 필요성을 느낀다. 그중에서 특히 중요한 의미를 갖는 것이 바로 작품이 형상화하는 시대적 '징후'들을 해독해 내는 작업, 즉 '징후학(symptomatology)'의 가능성이다. 가령, 들뢰즈는 문학, 예술 작품에 대한 징후학적 접근의 필요성을 역설하면서 마르셀 프루스트(Marcel Proust), 프란츠 카프카(Franz Kafka), 레오폴트 폰 사허-마조흐(Leopold von Sacher-Masoch), 프랜시스 베이컨(Francis Bacon) 등의 작품에 대한 탁월한 징후학적 비평들을 남겼다(들뢰즈, 1997; 들뢰즈·과타리, 2001a; Deleuze, 1967, 2002).

그는 예술 작품을 (문학사회학이 그랬듯이) 현실의 단순한 재현이나 반영으로 간주하는 대신, 작품이 현실의 비가시적 차원을 드러내는 진단적이고 치료적 힘을 지니고 있다고 보았다. 예술과 문학의 본질은 "힘들을 포획하는 것"이며(Deleuze, 2002: 57), 예술가와 작가는 이를 통해 시대와 현실의 병리적 양상을 드러내는 징후학자이자 의사와 같은 존재들이다. 이들은 세계의 힘에 노출되어 그것을 겪으며 "자신과 세계를 치료"한다(Deleuze, 1993: 14). 그는 한 인터뷰에서 이렇게 말한다.

"왜 마조흐가 세상만큼이나 오래된 도착증에 자신의 이름을 부여했을까요? 그것은 자신이 그것으로 '고통받았기' 때문이 아니라 그 징후들을 갱신하고 독창적인 표를 만들었기 때문입니다(…). 마조흐는 위대한 징후학자입니다. 프루스트의 경우도, 그가 탐구한 것은 기억이 아니라 모든 종류의 기호들입니다(…). 『잃어버린 시간을 찾아서』는 일반 기호학, 세계의 징후학에 관한 책입니다. 카프카의 작품은 우리를 기다리는 모든 악마적 힘들을 진단하고 있습니다. 니체가 말했듯이, 예술가 혹은 철학자는 문명의 의사입니다. 기호들은 삶의 양식들, 실존의 가능성들을 지시하는 것으로서, 분출하는 생명 혹은 고갈된 생명의 징후들입니다"(Deleuze, 1990: 195~196).

들뢰즈에 의하면, 작품은 '의미'이기 이전에 사유를 촉발하고 강제하는 기호(징후)의 '작동'이다(보그, 2003: 14). 텍스트의 폐쇄된 체계 속에 유폐된 의미 구조가 아니라 사회, 정치, 권력, 생명적 존재자들과의 리좀적 연결을 통해 증식되는 "물질적 장치"인 것이다(소바냐르그, 2009: 138). 또한 작품은 미래에 도래할 힘들을 예고하는 "표현 기계"이자(들뢰즈, 2001a: 49), 기존 영토 바깥으로 나가는 창조적 도주선을 그리는 "전쟁 기계"이다(들뢰즈·과타리, 2001b).

들뢰즈가 이야기하는 징후학의 관점에서 보면, 영혜라는 캐릭터의 참된 의미는 단순히 소설적으로 서사된 영혜가 대표하는 사회학적 파라미터들의 함수에서 찾아질 수 없다. 영혜는 하나의 사건처럼 우리에게 던져져서, 불투명성과 다의성을 지닌 채 전개되며, 우리에게 깊은 사고를 촉구하고 궁극적인 질문을 던지는 '징후'로 접근되어야 한다.

뒤에서 더 자세히 분석하겠지만, 『채식주의자』에서 영혜는 지금 우리 시대의 지배적 가치 체계와 다가올 다른 시대의 가치 사이에서 찢겨진 존재이다. 두 힘, 두 문명, 두 가치 시스템이 그녀를 관통하고 있다. 영혜는 존재 자체로서 두 가지 모순적 힘들의 공존과 충돌을 겪고 있다. 말하자면, 그녀는 우리 시대의 내부에서 진행 중인 현실적이고 정치적이며 동시에 문화적인 '시대 횡단'의 무의식적 역동, 마그마처럼 끓고 있는 보이지 않는 힘들의 충돌을 형상화하는 존재인 것이다. 영혜가 보여 주는 '병리성'에 대해서도 매한가지 이중성이 적용될 수 있다. 지금 시각으로는 질병이지만, 미래의 관점에서 보면 거기에는 해방적 함의가 내포되어 있을 수도 있다.

신샛별이 지적하듯, 문학은 다른 세상을 쉽게 상상하는 대신, "'이 세상'을 가능한 한 넓고 깊게 경험해 보려" 애쓰면서, "경미하거나 부분적인 **증상으로만 파악되는 '다음 세상'**을 먼저 앓아 버린다"(신샛별, 2016: 365, 강조는 인용자). 문학이 우리에게 주는 것은 세속적 의미의 찬란한 건강이 아니라 질병과 뒤엉킨 채 전개되는 생명에 주어지는 "조그만 건강(petite santé)"이다 (Delezue, 1993: 14). 영혜의 시대 횡단은 바로 이런 의미의 문학적 방식을 취한다. 즉, 스스로 자기 시대의 가장 어두운 진실을 겪어 내는 살아 있는 징후가 되어 미래를 앓음으로써, 아직 도래하지 않은 미래의 어떤 양상들을 자신의 몸짓 속에서 예언적으로 구현하는 방식이 그것이다. 이런 점에서, 그녀의 시대 횡단은 영웅적 행위도 아방가르드적 실험도 적응이나 혁신 같은 것도 아니다. 영혜의 시대 횡단은 자신의 병리성, 곧 앓음의 극단화를 통해 미지의 장소를 향한 출구를 여는 역설의 형태를 띠고 있다.

3. 『채식주의자』

한강은 1994년 단편 「붉은 닻」으로 서울신문 신춘문예에 등단한 뒤, 『여수의 사랑』(1995), 『검은 사슴』(1998), 『내 여자의 열매』(2000), 『그대의 차가운 손』(2002), 『바람이 분다, 가라』(2010), 『희랍어 시간』(2011), 『소년이 온다』(2014), 『흰』(2016), 『작별하지 않는다』(2021) 등 대표작들을 꾸준히 내놓았다. 그녀는 시적이고 밀도 높은 문체로 "상처 입은 존재의 처절함을 미의 문제와 결합해" 끊임없이 탐구해 왔다(김예림, 2008: 350).

노벨상 수상 연설에서 한강은 이렇게 물었다. "세계는 왜 이토록 폭력적이고 고통스러운가? 동시에 세계는 어떻게 이렇게 아름다운가?"(한강, 2025: 28) 이 질문은 한강 문학의 정수를 압축하고 있다. 우선, 한강이 보는 세계는 폭력으로 충만해 있다(조창오, 2025). 거기 던져져 살아가는 인간들은 다치고 부서지고, 흉터와 트라우마를 떠안은 채 버티는 감수자(patient)들이다. 그들은 병이 들어 아프거나, 신체의 일부를 잃었거나, 국가 폭력의 억울한 희생자가 되거나, 불운한 사고를 겪어 죽는다.

그런데 역설적으로, 그러한 감수자들 곁에는 그를 돌보는 존재들이 있다. 그림자처럼 감수자의 옆에 머물며 그를 지켜보고 감싸고 돌보는 자들 역시 아프고 취약하기는 마찬가지이다. 그들 사이에 수다스럽지 않은 그러나 깊고 아득한 소통이 일어날 때, 우리는 취약성을 매개로 두 연약한 인간이 만드는 "감수자-어셈블리지(patient-assemblage)"를 목격하게 된다(김홍중, 2024: 293). 한강 소설에서 폭력은 돌봄과 인접해 있으며, 환자와 그를 돌보는 자의 관계가 소설을 움직이는 내적 장치로 기능한다.

그렇다면 아름다움은 어디에서 오는가? 그것은 아마 삶의 의지를 꺾을 만큼 무참한 저 폭력 속에서도 사람들이 여전히 삶을 욕망한다는 사실에서 비롯되는 듯하다. 한강은 허무주의자도 관념론자도 아니다. 한강 소설에서 들려오는 가장 깊고, 모순적이고, 착잡하지만 동시에 숭고한 목소리는 이것이다. 사악하고 폭력적인 세계에 상처 입은 취약한 존재로 태어났지만, 우리는 "폭력과 아름다움이 격렬히 뒤섞인 세계를 배고, 밀고, 기어가 껴안아야 한다"(윤경희·한강, 2015: 103)는 것. 이를 선명하게 보여 주는 특유의 모티프가 바로 한강의 작품들에서 여러 차례 변주된 '꿈' 이야기이다(한강, 2012: 212).[3] 시집 『서랍에 저녁을 넣어 두었다』(2013)에 수록된 「파란 돌」이라는 시에 그 장면이 나온다.

"십 년 전 꿈에 본
파란 돌
아직 그 냇물 아래 있을까

난 죽어 있었는데
죽어서 봄날의 냇가를 걷고 있었는데
아, 죽어서 좋았는데
환했는데 솜털처럼
가벼웠는데

---

[3] 한강은 한 인터뷰에서 이 꿈이 아직도 자신에게는 숙제와 같은 무엇이라고 말한다(윤경희·한강, 2015: 114). 실제로 한강은 2006년 ≪현대문학≫ 6월호에 위의 시와 같은 제목의 단편소설을 발표한다. 그 소설에도 동일한 꿈의 이야기가 등장한다(한강, 2012: 212). 또한 2010년의 장편 『바람이 분다, 가라』의 9장 제목 또한 '파란 돌'이며 거기에서도 위의 꿈 이야기가 거의 동일한 방식으로 이야기되고 있다(한강, 2010: 343~344).

(…).

거기 있었네
파르스름해 더 고요하던
그 돌

나도 모르게 팔 뻗어 줍고 싶었지
그때 알았네
그러려면 다시 살아야 한다는 것
그때 처음 아팠네
그러려면 다시 살아야 한다는 것"(한강, 2013: 33~34).

이 시에서 죽은 영혼은 삶을 떠나 비로소 평화와 안식을 누린다. 하지만 그 영혼은 '파란 돌'을 보고, 그것을 주우려는 마음을 일으키고, 결국 자신에게 신체가 필요하다는 사실을 깨닫는다("아팠네"). 자신이 욕망하는 저 파란 돌이 속해 있는 부조리하고 폭력적인 삶으로, 몸을 가진 채, 들어가야 한다. 살아야 한다. 이는 죽음을 통한 영생이나 부활이라는 영웅적 변증법이 아니다. 생명에 대한 예찬도 계시도 아니다. 오히려 그것은 버틀러가 말하는 "살만하지 않은 삶(unlivable life)"(버틀러·보름스, 2024)마저 끌어안고 버티려는 존재론적 결기에 더 가깝다.

취약한 존재들과 뒤엉켜, 서로 돌보고, 서로에게 기대며, 죽음이 아닌 삶 쪽으로 몸을 돌리려는 그 아슬아슬한 순간, 인물들의 마음 깊은 곳에서 일어나는 심적 전회(轉回)의 파문은 한강 문학에 온기를 드리운다. 폭력으로 미만한 세계에 대한 냉철한 인식에서 출발하지만 작가가 끝내 전하려는 메시지는 이것이다. 즉, "그래도 우리는 살아남아야 하지 않는가? 생명으로 진실을 증거해야 하는 것 아닌가?"(윤경희·한강, 2015: 14)

한강 소설이 우리 마음을 깊게 흔드는 순간, 거기에는 언제나 "인간의 가장 연한 부분"(한강, 2025: 15)을 다친 자들, 혹은 "우리가 가진 가장 약하고 연하고 쓸쓸한 것"(한강, 2011: 120)이 훼손된 자들이 서로에게 손을 내미는 장면이 있는 것이다. 『희랍어 시간』에서, 말하지 못하는 혀와 볼 수 없는 눈이 스치며 서로를 이해할 때, 그 희귀한 마주침 속에서 세계의 폭력이 정화될 작은 틈이 열린다. 한강에게 구원이란 그 틈의 가능성이다. 아름다움은 연한 것과 연한 것이 서로 닿아 낼 때 번지는 빛이며, 바로 그 빛 속에서 폭력에 맞서는 약한 힘이 태어난다. 한강에게 그것은 죽음이 아닌 삶이다.

이런 시각에서 보면, 『채식주의자』의 특이성이 도드라져 보인다. 왜냐하면, 다른 작품들과 달리 이 소설에서는 한강 문학 특유의 저 윤리적 육성(그래도 살아남아야 한다)이 잘 들려오지 않기 때문이다. 영혜는 생명의 영점(零點)을 향해 질주해 가고 있다. 죽음을 향한 그 단호하고 가차 없는 쇄도에는 삶에 대한 어떤 미련도 의지도 없는 듯하다. 우리가 죽음을 특정 개인의 생물학적 삶이 중단되는 것으로 이해한다면, 영혜를 움직이는 힘은 명백히 삶이 아니라 죽음 쪽에서 온다. 음식을 거부하는 동생을 보며 인혜가 "네가! 죽을까 봐 그러잖아!"라고 절망적으로 울부짖을 때, 영혜는 오히려 담담히 되묻는 것이다. "……왜 죽으면 안 되는 거야?"(한강, 2007: 190~200).

왜 죽으면 안 되는 거야? 이 물음은 『채식주의자』를 다른 소설들과 구별하게 만드는 표식인 동시에 영혜라는 인물이 어떤 의미에서 시대 횡단의 징후로 이해될 수 있는지를 통찰하게 하는 열쇠이다. 존재를 소진시키고, 존재를 고갈시키고, 존재를 서서히 지워 나가는 저 젊은 여성을 우리는 어떻게 이해해야 하는가? 그것은 모든 인간이 스스로 죽음을 선택할 권리를 지닌다는 실존주의적 주장인가? 혹은 자신의 행동을 전혀 이해하지 못하는 언니에 대한 실망과 분노의 표현인가? 아니면 저 물음은, 우리가 통상적으로 상정하는 생명/죽음이라는 코드와 다른 어떤 가치, 우리가 아직 과거에 머물고 있어서 완벽히 이해할 수 없는 미지의 가치를 표방하는 시대 횡단적·징후적 언표로 읽어야 하는가? 이에 대한 해답을 찾기 위해 우리는 『채식주의자』를 심층적으로 읽어야 할 필요가 있다.

『채식주의자』는 2000년대 초·중반에 집필된 세 편의 단편인 「채식주의자」(≪창작과비평≫ 2004년 여름호), 「몽고반점」(≪문학과사회≫ 2004년 가을호), 「나무 불꽃」(≪문학판≫ 2005년 겨울호)을 묶은 작품집이다. 서로 다른 지면에 발표된 이야기를 묶었지만, 이 작품은 영혜의 행적을 중심으로 유기적으로 통합된 구조를 보여 준다. 주목할 것은 소설의 서술 주체가 영혜가 아니라는 사실이다. 「채식주의자」에서는 영혜의 남편이, 「몽고반점」에서는 영혜의 형부가, 마지막 「나무 불꽃」에서는 언니 인혜가 초점 화자로 나타난다. 이들이 각자의 관점과 시각에서 겪은 일들을 진술하고 있다.

이런 서사론적 특성으로 인해 독자들은 영혜가 누구이며, 어떤 내면과 성격을 갖고 있으며, 왜 육식과 음식을 거부하고 죽어 가는지, 오직 주위 인물들의 관찰, 보고, 판단, 묘사를 통해서만 추적할 수 있다. 따라서 영혜가 누구인지를 깊이 이해하기 위해서는 『채식주의자』를 이루는 세 편의 이야기가 제시하는 파편들을 엮어, 그 몽타주 속에서 비로소 드러나는 영혜의 실루엣을 더듬어 가야 한다.

첫 번째 이야기 「채식주의자」는 영혜의 갑작스러운 변화를 서술하며 시작된다. 평범한 부부 생활을 이어 가던 그녀는 어느 날 꿈을 꾼 뒤 육식을 거부하기 시작한다. 그녀는 고기를 먹지도 요리하지도 않고, 점차 몸은 말라 가며, 잠도 거의 자지 않고, 남편과의 잠자리도 거부한다. 변화는 사회적 관계에서도 드러난다. 남편의 회사 사장 집에서 영혜는 고기를 먹지 않겠다고 선언했고, 가족 식탁에서는 아버지의 폭력과 강요에 맞서다 손목을 그어 자살을 시도한다. 결국 그녀는 병원에 입원한다.

이어지는 「몽고반점」은 영혜와 예술가 형부 사이의 금지된 성애를 중심으로 전개된다. 비디오 아티스트인 형부는 아내에게서 영혜의 몸에 아직 몽고반점이 남아 있다는 말을 전해 듣고, 그 푸른 자국에 대한 저항할 수 없는 욕망을 느낀다. 그는 마침내 처제를 찾아가 자신이 기획하고 있는 작업에 출연해 달라고 간청한다. 남녀 출연자의 몸에 꽃을 그려 넣고 두 사람이 성적으로 결합하는 장면을 담으려는 시도였는데, 섭외한 남자 배우가 촬영을 거부하자, 형부는 자신이 그 배역을 맡아 결국 작품을 완성한다. 우연히 비디오를 본 인혜는 충격에 빠져, 동생을 정신병원에 입원시키고 남편과의 결혼에도 종지부를 찍는다.

마지막 이야기 「나무 불꽃」은 정신병원에 감금된 영혜가 서서히 침몰해 가는 과정을 그린다. 인혜는 영혜를 찾아와 그녀의 상태를 살피면서, 이 이해할 수 없는 파멸이 어디에서 비롯되었는지를 되짚는다. 그 과정에서 그녀는 억압적인 부모, 사랑 없는 결혼 생활, 최근의 자살 시도를 떠올리며, 자신 삶의 이면을 깊게 성찰한다. 반면, 영혜는 간호와 치료에 완강히 저항하며 한층 더 확고하게 '나무-되기'를 밀고 나간다. 음식 투여를 거부하고 피를 토하며 발작에 이른 그녀는 결국 더 큰 병원으로 이송된다. 앰뷸런스 안에서 인혜가 도로변의 나무들을 묵묵히 응시하는 장면과 함께 소설은 막을 내린다.

4. 탈주체화

이 모든 이야기들은 영혜라는 인물, 영혜라는 징후적 형상을 중심으로 회전한다. 그녀의 첫 등장은 남편을 통해 서사되는데, 처음부터 집요하게 강조되는 것은 영혜의 평범성이다. 남편은 되풀이해 이야기한다. 영혜는 "세상에서 가장 평범한 여자"(한강, 2007: 10)이며, 자신이 그녀와 결혼한 이유도 바로 거기에 있다고. 남편의 눈에 비친 영혜는 한국 사회의 평균적 가치관을 충실히 따르며 살아가는 지극히 무난한 존재이다. 그런데, 영혜의 평범성에 대한 이런 장광설은, 그녀가 어느 날 보여 주는 변신의 돌연성(突然性)을 극적으로 부각시킨다.

영혜는 육식 거부, 이혼, 입원, 그리고 죽어 감에 이르는 행적과 궤적을 통해 이전과는 완전히 다른 인간으로 변화해 간다. 얼핏 이 과정은 우리가 흔히 '주체화(subjectivation)'라 부르는 것과 유사해 보인다. 하지만 조금만 더 깊게 살펴보면, 영혜의 이런 실존적 변화는 일반적 의미의 주체화 도식에 잘 부합하지 않는다. 미셸 푸코(Michel Foucault)가 말하듯이, 주체화는 특정 장치를 통해 합리적 통치성이 작동한 결과 모종의 힘과 기능을 갖춘 인간 행위자가 설립되는 과정이다. 주체가 되기 위해서는, 자신에게 부과되는 통치성의 논리와 테크닉에 스스로를 예속시켜야 한다. 즉, 주체화는 권력에의 '예속(subjection)'을 요청하는 것이다(Butler, 1997: 12~18).

그런데, 영혜에게서 우리는 주체화 장치의 작동과 그에 대한 합리적 예속을 거의 찾아볼 수 없다. 영혜는 어느 날 갑자기 이전의 자아와 결별한 채 새로운 인간으로 변모했다. 새벽녘 꿈에서 깬 뒤, 그녀는 불현듯 '평범한 자'이기를 멈춘다. 동시에, 부부 관계에서 여성에게 부과된 요리와 섹스, 육식의 습관, 사회적 매너, 가족 규범, 언어와 감정의 규칙, 이 모든 사회적이고 권력적인 장치들, 그에 대한 예속으로부터 오히려 이탈한다. 그녀는 장치가 발휘하는 통치성이 아니라 어떤 설명할 수 없는, 비합리적이고 불가항력적인 충동에 사로잡혀 움직이고 있다. 이는 주체의 '형성'이라기보다는 오히려 '해체'에 더 가깝다. 그 돌발적 사건성을 고려할 때, 차라리 주체의 '강림(降臨)'이나 '도래'라 불러도 무방해 보인다.

이런 점에서, 나는 『채식주의자』를 주체의 형성 과정(주체화)이 아닌 그 해체 과정(탈주체화)의 드라마로 읽는다. 영혜는 사회적이고 구조적인 힘들로부터 이탈해 나가는 도주선들의 다발이다. 부부 관계, 부모-자식 관계, 사회적 관계들로부터 탈영토화된 영혜는 예술에 재영토화되어 도덕적으로 금지된 형부와의 정사에 몸을 던지기도 하지만, 결국 병원에 갇혀 식별 불가능한 존재로 변해 간다. 꽃-되기, 식물-되기, 나무-되기는 결국 영혜를 움직이는 이 '비인간-되기'의 다양한 양상들이다. 그녀는 인간과 비인간 사이에 존재하는 종적 경계선을 넘어가려는 무모한 '종(種) 횡단자'이지만, 이 과정에서 죽음을 향해 질주한다.[4] 요컨대, 영혜의 주체성은 어떤 실체가 아니라 모든 탈주체화의 선(線)들이 이루는 리좀의 형태로 제시되고 있다.

그렇다면 이러한 탈주체화 운동의 시작점에는 무엇이 있는가? 무엇이 이

---

[4] 잘 알려진 것처럼, 한강은 1997년 ≪창작과비평≫ 봄호에 『채식주의자』와 유사한 테마를 다루는 단편 「내 여자의 열매」를 발표했다(한강, 2018). 이 작품에서도 식물-되기의 주제가 등장하며, 평범한 여주인공이 그 주체이고, 남편이 그 과정을 서술한다. 그러나 두 작품 사이의 차이는 분명하다. 심진경의 지적대로, 「내 여자의 열매」에서 아내는 '실제로' 식물로 변하는 것으로 묘사된다. 일종의 "환상적 비약"이다(심진경, 2018: 66). 남편은 아내의 식물-되기를 돕는다. 아내를 화분에 심고 거기 맺힌 열매를 따기까지 한다. 이렇게 판타지에 기반한 「내 여자의 열매」와 달리, 『채식주의자』는 환상적 장치를 거의 사용하지 않는다. 따라서 영혜의 나무-되기는 현실 속에서는 결코 완수될 수 없는 기획이 된다(한귀은, 2008: 8~9).

처럼 극단적인 탈주체화를 촉발했는가? 한강이 내놓는 해답은 '꿈'이다. 실제로 영혜는 자신의 변화된 행동을 이해하지 못하는 주변 사람들이 그 연유를 물을 때마다 "꿈을 꿨어"라는 짧은 답을 던진다(한강, 2007: 14, 18). 스스로 변화의 원인을 꿈에서 찾고 있는 것이다. 가령 「몽고반점」에서 영혜는 형부와 이런 대화를 나눈다.

> "왜 고기를 먹지 않는거지? 언제나 궁금했는데, 묻지 못했어."
> (…).
> "……꿈 때문이에요."
> "꿈?"
> 그는 되물었다.
> "꿈을 꿔서……그래서 고기를 먹지 않아요."
> "무슨……꿈을 꾼다는 거야?"
> "얼굴."
> "얼굴?"(한강, 2007: 109~110)

「채식주의자」에서 꿈은 결정적인 의미를 갖는다. 꿈 장면은 영혜의 독백으로 처리되고 있는데, 이는 초점 화자인 남편의 서술을 뚫고, 영혜 스스로가 발화자가 되어 목소리를 내는 예외적 장면들을 이룬다. 한강은 이 예외성을 표시하기 위해 이탤릭체를 사용한다.[5] 영혜가 꾼 꿈들의 주된 내용은

---

[5] 한강이 이택릭체를 처음으로 도입한 것은 『채식주의자』에서다. 이 작품 전체에 약 여덟 차례의 이탤릭체 문장이 등장하는데, 이 가운데 여섯 차례가 첫 번째 이야기 「채식주의자」에 집중되어 있다. 이 여섯 차례 이탤릭체 발화 중 두 대목은 꿈의 장면이고, 나머지 네 대목은 내면의

다음처럼 진술되고 있다.

    A. "*어두운 숲이었어. 아무도 없었어 (…). 얼어붙은 계곡을 하나 건너서, 헛간 같은 밝은 건물을 발견했어.* **거적때기를 걷고 들어간 순간 봤어. 수백 개의 커다랗고 시뻘건 고깃덩어리들이 기다란 대막대들에 매달려 있는걸.** *어떤 덩어리에선 아직 마르지 않은 붉은 피가 떨어져내리고 있었어 (…). 내 손에 피가 묻어 있었어. 내 입에 피가 묻어 있었어. 그 헛간에서, 나는 떨어진 고깃덩어리를 주워먹었거든. 내 잇몸과 입천장에 물컹한 날고기를 문질러 붉은 피를 발랐거든.* **헛간 바닥, 피웅덩이에 비친 내 눈이 번쩍였어.** *그렇게 생생할 수 없어. 이빨에 씹히던 날고기의 감촉이. 내 얼굴이, 눈빛이. 처음 보는 얼굴 같은데, 분명 내 얼굴이었어. 아니야, 거꾸로, 수없이 봤던 얼굴 같은데, 내 얼굴이 아니었어. 설명할 수 없어. 익숙하면서도 낯선…… 그 생생하고 이상한, 끔찍하게 이상한 느낌을*"(한강, 2007: 18~19. 강조는 인용자).

    B. "*다시 꿈을 꿨어. 누군가가 사람을 죽여서, 다른 누군가가 그걸 감쪽같이 숨겨줬는데, 깨는 순간 잊었어.* **죽인 사람이 난지, 아니면 살해된 쪽인지 (…). 이번 꿈이 처음이 아니다. 무수히 꿨던 꿈이야.** *술에 취하면 예전에 취했을 때 기억이 나는 것처럼, 꿈속에서 지난 꿈 생각이 나.* **수없이 누군가가 누군가를 죽였어.** *가물가물한, 잡히지 않는…… 하지만 소름끼치게 확고한 느낌으로 기억돼 (…). 내 손으로 사람을 죽인 느낌, 아니면 누군가 나를 살해한 느*

독백으로 이루어져 있다(정미숙, 2008: 12). 한강 자신의 말에 따르면, 이탤릭체는 "좀 더 안으로 들어가서 나오는 말, 정체로 쓸 수 없는 말"을 담아내기 위해 사용되기 시작했다고 한다(이혜경·한강·차미령, 2013: 138).

낌, 겪어보지 않았다면 결코 느끼지 못할…… 단호하고, 환멸스러운. 덜 식은 피처럼 미지근한. 무엇 때문일까. 모든 것이 낯설게 느껴져. 내가 뭔가의 뒤편으로 들어와 있는 것 같아. 손잡이가 없는 문 뒤에 갇힌 것 같아. 아니, 어쩌면 처음부터 여기 있었던 걸 이제와 갑자기 알게 된 걸까. 어두워. 모든 것이 캄캄하게 뭉개어져 있어"(한강, 2007: 36~37. 강조는 인용자).

탈주체화의 작인(agent)으로 소설에 제시된 것은 앞서 두 꿈이 전부이다. A는 그녀가 냉장고 앞에 서 있던 밤에 꾼 꿈이고, B는 그 이후 육식 거부가 심화되던 시기에 꾼 꿈이다. 약간의 시차를 두고 이어진 이 두 꿈을 단순히 영혜의 심리 상태를 '표상'하는 상징으로 볼 때 우리는 꿈이 소설에서 발휘하는 힘을 제대로 설명할 수 없다. 『채식주의자』에서 꿈은 뭔가를 '표상'하는 동시에 그보다 더 중요한 어떤 '작용'을 행하기 때문이다. 꿈의 의미보다 그 행위 능력(agency)이 더 중요하게 부각된다고 할 수 있다. 라투르처럼 말하자면, 이때 꿈은 행위자로 기능한다. 꿈의 행위 능력은 한 인간을 변형시킬 수 있는 극적 전회를 유발할 정도로 강력한 것으로 그려지고 있다. 꿈의 이미지와 연결된 영혜는 일종의 행위자-네트워크이다. 그렇다면, 도대체 꿈의 어떤 요소가 그녀를 그렇게 이끌었는가?

5. 뱃속의 얼굴들

영혜의 삶을 일상적 궤도에서 이탈시킨 결정적 계기는 첫 번째 꿈(A)에 나타나 있다. 꿈은 우연한 사건에서 촉발되었다. 그날 아침 영혜는 얼어붙은 고기를 썰다 칼이 미끄러져 손가락을 벤다. 그 와중에 칼날이 부러져 떨어져 나온 작은 쇳조각이 음식에 섞였다. 남편은 하마터면 그걸 삼킬 뻔한다(한강, 2007: 26~27). 이 사건의 여파인 듯, 영혜는 그날 밤 고기, 피, 칼이라는 세 요소가 변주되어 나타난 꿈(A)을 꾸고, 이어 또 다른 유사한 꿈(B)을 꾸게 된다.

꿈 A에서 영혜는 폭력과 연관된 두 대표적 이미지를 본다. 하나는 헛간에 매달린 "수백 개의, 커다랗고 시뻘건 고깃덩어리들"이고, 다른 하나는 "헛간 바닥 피웅덩이에 비친" 자신의 눈과 얼굴이었다. 말하자면, 꿈을 통해 영혜는 생명체를 죽여 그 고기를 먹는 자신을 보게 된다. 이 결정적 마주침은 잊고 있던 진실을 일깨운다. 즉, 우리가 사는 이 세상은 사실 거대한 '도살장'이며, 그녀는 (누군가의 아내, 자식, 동생이기 이전) '식육자(食肉者)'라는 것.

『채식주의자』에서 꿈이 차지하는 의미가 바로 이것이다. 꿈은 흔히 그렇게 생각되듯 비현실적 환상들이 출몰하는 심적 스크린이 아니라 "끔찍한 살육의 현실을 냉정하게 반영한 '사실'"(정미숙, 2008: 11)들이 모습을 드러내는 공간이다. 환언하면, 꿈은 진실을 '보게 되는' 특권적 장소이다. 영혜의 탈주체화를 이해하기 위해서 이 '봄(seeing)'의 경험, 다시 말해 그녀의 '견자적(見者的)' 성격을 깊이 성찰해 볼 필요가 있다.

영혜는 꿈에서 뭔가를 본 이후 급격한 변화를 보인다. 즉, 영혜의 변화는 교육이나 독서나 설득의 산물이 아니라, 꿈의 이미지(얼굴)가 던져 준 돌연한 충격의 결과였다. 꿈속의 '봄'은 선택적 의지나 의도와 무관하게 닥쳐온다. 꿈은 보는 자를 깊은 수동성 속으로 이끌어, 열린 눈동자를 통해 무언가를 흘려보낸다. 정확히 말하자면, 꿈속의 시각적 대상은 꿈꾸는 자가 (자발적으로) 본 것이 아니라, 그에게 (우발적으로) 보여진 것 또는 그가 보게 된 것에 더 가깝다. 꿈속의 봄은 행위이면서 동시에 감수이고, 능동과 수동이 교차하는 자리인 것이다. 우리는 이러한 유형의 응시 또는 바라봄을 적극적

'행위'의 관점이 아니라 수동적 '겪음'의 관점에서 이해할 필요가 있다. 나는 이를 '봄의 겪음(suffering seeing)'이라 부르기를 제안한다.

영혜에게 일어난 일이 바로 이것이다. 즉, 영혜는 꿈속에서 자신이 본 것이 발휘하는 힘에 휘말렸다. 꿈을 꾸었다기보다 꿈에 침투당한다. 관통당한다. 고깃덩이와 피 묻은 자기 얼굴의 이미지에 의해 깊이 찔려 그것과 하나로 얽혀 버린다. 영혜는 말하자면 '이미지-감수자(image-patient)'의 면모를 보이고 있다. 즉, 이미지의 힘에 말려 그 힘을 겪고 있다.

'봄의 겪음'은 능동과 수동의 결합이다. 보는 행위의 능동성은, 봄을 겪는 순간 필연적으로 개입하는 수동성에 의해 현저히 제약된다. 우리는 봄을 겪을 때, 보고 싶은 것만을 보는 것도 아니고, 볼 수 있는 것을 보는 것도 아니며, 보고 싶은 방식대로 보는 것도 아니다. 보는 행위의 자발성은 줄어들고, 시각은 자기통제를 상실한 채 세계에 열려 버린다. 그리하여 우리는 원하지 않았음에도 뭔가를 보게 되거나, 피하고 싶었던 것을 마주하게 된다.

이처럼 봄의 겪음은 행위에 부착되어 있던 자율성의 신화를 붕괴시킨다. 그때 우리의 눈은 세계를 구성하는 칸트적 인식 장치라기보다, 오히려 세계의 힘이 우리의 마음과 신체로 스며드는 열린 구멍, 혹은 파상(破像)의 장소에 더 가깝다. 이러한 봄의 겪음 속에서 우리는 그간 시각적 경험에서 배제되어 비가시적으로 남아 있던 사물들과 사태들을 직접 접촉하고, 그것들에 의해 변용된다. 봄의 대상이 보는 주체 속으로 침투하여 그 주체를 흔들어 변형시키는 것이다. 보는 자가 자신이 보는 것에 의해 빙의되고, 소유되고, 점령당하여, 그와 함께 움직이기 시작한다.

다른 한편, 사람을 삽으로 내려쳐 죽이는 두 번째 꿈(B)은 좀 더 구체적인 살해 행위와 연관되어 있다. 이 꿈에서 영혜는 자신이 가해자인지 피해자인지를 명확히 판별하지 못한 채 혼란에 휩싸인다. 그런데 이보다 더 본질적인 것은, 그녀가 꿈을 통해 세상을 지배하는 근본적 관계 형식이 '상호 살해'라는 사실을 깨닫게 되었다는 점이다. 살해 혹은 피살은 일회적인 사건이 아니라, 무수히 반복되어 온 보편적 패턴으로 인지되고 있다. 인간 사이의 살해 관계이든 아니면 자연 속 포식자와 피식자의 관계이든, 세계의 실재는 죽이거나 죽임을 당하는 관계다. 꿈 A가 일회적 에피소드에 머물렀다면, 꿈 B는 보편적 폭력 구조에 대한 직관을 드러내고 있다.

이러한 진실과 직면한 영혜는 계속 악몽에 시달리며 자신 안에서 솟구치는 그로테스크한 욕망을 자각한다. 그것은 타인의 신체를 난도질하고 먹어서 자신의 살로 변화시키고자 하는 원초적이고 공격적인 욕망이었다(한강, 2007: 42). 육식을 끊었음에도 불구하고, 그녀는 "번들거리는 짐승의 눈, 피의 형상, 파헤쳐진 두개골 (…) 내 뱃속에서 올라온 것 같은 눈" 같은 이미지에 사로잡혀 괴로워한다(한강, 2007: 43). 그러던 중 마침내 육식과 결부된 유년기의 기억을 하나 떠올린다. 그것은 어린 시절 자신을 문 개를 벌하기 위해 그 개를 잔혹하게 도살하여 먹었던 기억이다.

"오토바이의 시동이 걸리고, 아버지는 달리기 시작해. 개도 함께 달려. 동네를 두 바퀴, 세 바퀴, 같은 길로 돌아. 나는 꼼짝 않고 문간에 서서 점점 지쳐가는, 헐떡이며 눈을 희번덕이는 흰둥이를 **보고 있어. 번쩍이는 녀석의 눈과 마주칠 때마다 난 더욱 눈을 부릅떠.** 나쁜 놈의 개, 나를 물어? 다섯 바퀴째 돌자 개는 입에 거품을 물고 있어 (…). 거품 섞인 피. 번쩍이는 두 눈을 나는 꼿꼿이 서서 지켜봐. 일곱 바퀴째 나타날 녀석을 기다리고 있을 때, 축 늘어진 녀석을 오토바이 뒤에 실은 아버지가 보여. 녀석의 덜렁거리는 네 다리, 눈꺼풀이 열린, **핏물이 고인 눈을 나는 보고 있어.** 그날 저녁 우리집에선 잔치가 벌어졌어 (…). 사실은 밥을 말아 한그릇을 다 먹었어 (…). 국밥 위로 어른거리

*던 눈, 녀석이 달리며, **거품 섞인 피를 토하며 나를 보던 두 눈을 기억해***"(한강, 2007: 52~53. 강조는 인용자).

영혜의 아버지는 베트남전에 참전하여 무공훈장을 받았다. 그는 종종 "내가 월남에서 베트콩 일곱을……"(한강, 2007: 38)이라고 자랑하며, 딸들을 가부장적이고 폭력적인 방식으로 양육했다. 영혜와 인혜는 어린 시절부터 그의 손찌검을 받으며 자랐다(한강, 2007: 158). 군사정권의 개발독재 시대를 헤쳐 온 그에게 육식은 단순한 음식의 문제가 아니라 생존의 문제였던 것으로 보인다. "네가 고기를 안 먹으면, 세상 사람들이 널 죄다 잡아먹는 거다"(한강, 2007: 60)라는 어머니의 말은 육식에 대한 저들의 태도를 노골적으로 드러낸다. 자신을 위협한 개가 공동체의 과잉 폭력 속에 죽임을 당하고 고기로 나눠지는 장면을 회상하면서, 영혜는 자기를 양육하고 교육한 세계의 철학을 정확히 인지한다.

기억의 가장 깊고 어두운 곳에, 학대 속에서 죽어 가며 자신을 바라보던 개의 "핏물이 고인 눈"이 있다. 자신의 눈동자가 개의 눈동자를 바라보고 있다. 개와 영혜는 눈빛으로 서로 얽혀 있다. 레비나스(Emmanuel Lévinas)를 빌려 말하자면, 영혜는 자기를 죽이지 말라고 호소하는 동물의 얼굴을 본다. "얼굴의 첫 번째 말은 '죽이지 말라'이다. 그것은 명령이다. 얼굴의 나타남 속에는, 마치 스승이 내게 말하는 것 같은, 어떤 계명이 있는 것이다"(Lévinas, 1982: 83). 타자의 얼굴이 던지는 계명은 응답의 의무다. "나를 바라보는 것, 얼굴로서 내가 마주한 것"(Lévinas, 1982: 92)이 나에게 원하는 것에 응답하는 것이야말로 참된 책임이다.

영혜가 트라우마적 기억 속에서 '본' 개의 얼굴은 응답되지 못한 타자의 얼굴이다. 어린 영혜는 책임질 수 없었다. 살고 싶어 하는 생명체를 죽여 그

고기를 먹었고, 그것을 죽이는 사람들에게 항거하지도 않았다. 그런 이유로, 개의 얼굴은 삭제되지 않은 채 기억의 아득한 겹들 뒤에 잔존하다가 오랜 시간이 지난 후에 비로소 영혜에게 다시 나타난다. 타자의 얼굴에 제대로 응답하지 못했던 그 과거의 무게를 영혜는 내내 짊어지고 있었던 것이다. 그녀가 자신이 어떤 존재인지를 명확히 깨닫게 되는 것은 바로 저 "뱃속에서부터 올라온 얼굴"(한강, 2007: 143)과 대면하면서였다. 깨달음 속에서 드러난 자신의 실제 모습은 (가부장제의 폭력에 희생된 피해자인 동시에) 동물들을 먹어 온 가해자(오은영, 2017: 14~17), 즉 무수한 생명들의 무덤이었다.

"어떤 고함이, 울부짖음이 겹겹이 뭉쳐져, 거기 박혀 있어. 고기 때문이야. 너무 많은 고기를 먹었어. 그 목숨들이 고스란히 그 자리에 걸려 있는 거야. 틀림없어. 피와 살은 모두 소화돼 몸 구석구석으로 흩어지고, 찌꺼기는 배설됐지만, 목숨들만은 끈질기게 명치에 달라붙어 있는 거야"(한강, 2007: 61).

영혜의 육식 거부가 참회의 몸짓으로 읽힌다는 점에서 그녀는 니체(Friedrich Nietzsche)를 연상시키기도 한다. 잘 알려져 있듯, 니체는 생애 말년에 토리노 광장에서 말을 매질하는 마부를 말리다가 혼절하고 광기에 빠져 십년간 정신병원 생활을 하고 생을 마감했다. 그의 발병과 붕괴는, 동물을 노예처럼 부리고 먹이로 삼는 것을 인간의 권리로 여겨 온 문명, 동물을 '고기-기계'(데카르트)로 환원했던 문명적 죄악에 대한 철학적 참회의 성격을 갖는다(김홍중, 2023). 영혜 역시 자신의 명치에 매달려 있는 동물들의 목숨의 무게를 감당하지 못하고 고기를 끊는다. 그렇다면, 이처럼 자신의 종적 가해성을 깨달아 버린 영혜가 "완전하게 결백한 존재가 되는 것은 가능한가?"(한강, 2025: 12) 그녀는 포식이라는 폭력의 그물을 벗어날 수 있을까?

6. 케노시스

한강은 단호하다. 영혜의 각성은 존재론적 정화로 곧바로 이어지지 않는다. 금육(禁肉)을 시작했지만, 영혜는 여전히 본질적으로 포식자다. 폭력의 그물망을 그렇게 쉽게 벗어날 수는 없는 것이다. 「채식주의자」의 마지막 장면은 이를 참담하게 드러낸다. 병원 분수대 벤치에 앉아 상의를 벗은 영혜는 작은 동박새를 움켜쥐고 있다. 그런데 새의 몸에 날카로운 이빨 자국이 남아 있다(한강, 2007: 65). 영혜가 새를 물어뜯었다는 암시다.

오정란이 지적하듯, 이 장면은 "단순히 육식을 거부하는 것만으로는 포식자로서의 본성을 극복할 수 없다"(오정란, 2016: 186)는 사실을 역설한다. 한강은 이 대목에서 식이(食餌)와 섭생(攝生)보다 더 깊은 존재론적 문제를 제기하고 있다. 앞서 살핀 것처럼, 영혜는 꿈과 회상을 통해 인간의 폭력에 의해 살해당하고 먹히는 타자의 얼굴을 목격했다. 이 마주침은 그녀의 주체성에 돌이킬 수 없는 균열을 남긴다. 그녀는 자신의 죄성(罪性)을 자각하고 마치 참회하듯 육식을 끊는다. 하지만, 그러한 결행에도 불구하고 영혜는 여전히 악몽에 시달린다. 꿈속에서 반복적으로 마주치는 살해, 죽음, 육식의 이미지들은 고기를 끊는 것만으로는 사라지지 않았던 것이다.

저 이미지들이 소멸하게 되는 결정적 계기는 「몽고반점」에서 영혜가 형부의 작품에 출연하여 몸에 꽃을 그려 넣을 때 주어진다(한강, 2007: 118). 이 행위는 단순히 고기를 끊는 수준을 넘어 보다 적극적으로 식물 쪽으로 다가가는 제스처를 의미한다. 여기서 중요한 매개물로 작용하는 것이 몽고반점이다. 형부는 영혜의 몸에 푸르스름한 반점이 남아 있다는 인혜의 말을 듣고 알 수 없는 흥분을 느끼며 작품을 구상한다. 그를 사로잡은 것은 "푸른 꽃잎 같은 반점의 이미지"(한강, 2007: 87)였다. 실제로 반점을 마주하고 그는 거기서 "태고의 것, 진화 이전의 것, 혹은 광합성의 흔적 같은 것"을 감지한다. 그에게 반점은 "식물적인 무엇"으로 다가온다(한강, 2007: 101).

예술가다운 예민하고 섬세한 직관으로 형부는 영혜를 사로잡은 식물-되기의 움직임, 영혜에게서 실제로 일어나고 있던 존재의 변화를 읽어 낸다. 가령, 자해사건 이후 영혜는 기이한 향일성(向日性)에 지배되는 듯한 모습을 자주 보인다. 병원에서 "수시로 옷을 벗고 햇볕을 쬐려" 하다가 퇴원이 늦어지거나(한강, 2007: 101), 이후 잠시 언니의 집에 머물 때는 종일 베란다에서 늦가을 햇볕을 쬐며 시간을 보낸다(한강, 2007: 85). 형부는 이러한 그녀에게서 "어떤 성스러운 것, 사람이라고도, 짐승이라고도 할 수 없는, 식물이며 동물이며 인간, 혹은 그 중간쯤의 낯선 존재"를 본다(한강, 2007: 107).

영혜를 작품에 출연시키겠다는 그의 의지는 이런 관찰과 영감에서 비롯되었다. 작업을 하면서 그가 품은 기대는 실현되어 간다. 그는 영혜의 몸에 꽃을 그려 넣으며 "무언가 근원을 건드리는, 계속해서 수십만 볼트의 전류에 감전되는 듯한 감동"을 경험한다(한강, 2007: 103). 영혜 역시 형부와의 예술적 협업 속에서 강도 높은 식물-되기를 체험한다. 꽃의 이미지가 몸에 그려지자 그녀의 신체는 다시 욕망과 생기를 회복하기 시작한다. 작업이 절정으로 치달아 갈 때 두 인물은 사회적 금기를 깨고 육체적으로 결합한다. 한강은 이 장면을 다음과 같이 묘사하고 있다.

"모든 것이 완벽했다. 그러왔던 대로였다. 그녀의 몽고반점 위로 그의 붉은 꽃이 닫혔다 열리는 동작이 반복되었고, 그의 성기는 거대한 꽃술처럼 그녀의 몸속을 드나들었다. 그는 전율했다. 가장 추악하며, 동시에 가장 아름다운 이미지의 끔찍한 결합이었다. 눈을 감을 때마다 그는 자신의 아랫도리를 물들이고 배와 허벅지까지 적시는 끈끈한 풀물의 푸른빛을 보았다"(한강, 2007: 140).

인간의 성교라기보다는 식물들의 교합처럼 묘사된 이 장면은 영혜가 육식의 거부에서 한층 더 나아간 변신의 단계에 이르렀음을 보여 준다. 실제로 영혜는 자신의 몸에 꽃이 그려지자 비로소 고기 꿈을 꾸지 않게 된다. 꽃의 이미지를 몸에 휘감는 예술적 가상만으로도 영혜는 식물-되기의 상징적 효과를 획득한다. 하지만, 형부와의 이런 파행은 「나무 불꽃」에서 진행될 파멸의 서막을 예고한다.

사실, 예술적 엑스터시에 취해 있는 형부의 모습에서는 현실적 책임성을 동반하지 않은 '허약성'이 엿보인다. 당연한 이야기지만, 예술은 영혜를 구원하지 못했다. 영혜는 예술가인 형부의 '실재에 대한 열망'을 충족시키기 위한 한 요소에 불과한 듯이 보이기도 한다. 인혜가 비디오를 보는 순간, 예술의 시간은 끝나고 현실의 시간이 도래한다. 정신병원에 감금된 후, 영혜는 더욱 고집스럽게 인간 너머를 향해 나아간다. 자신을 나무라고 믿고, 나무처럼 행동하고, (고기뿐 아니라) 음식 자체를 완전히 거부한다.

인혜가 병원을 방문했을 때, 간호사는 그녀에게 보고한다. 영혜가 "깊은 산비탈의 외딴 자리에서 (…) 마치 비에 젖은 나무들 중 한 그루인 듯 미동도 하지 않고 서 있었다"(한강, 2007: 153)고. 사람들과 대화도 하지 않은 채 양달에 앉아 혼자 중얼거리며 음식을 거부한다고. 그리고는 병실에서 마치 자신이 나무인 듯 물구나무를 선다고. 인혜는 동생의 상태에 충격을 받는다. 아랑곳하지 않은 채 영혜는 언니에게 자신의 속마음을 해맑게 이야기한다.

"언니, 내가 물구나무서 있는데, 내 몸에 잎사귀가 자라고, 내 손에서 뿌리가 돋아서…… 땅 속으로 파고들었어. 끝없이, 끝없이…… 응, 사타구니에서 꽃이 피어나려고 해서 다리를 벌렸는데, 활짝 벌렸는데……"(한강, 2007: 156).

"언니…… 세상의 나무들은 모두 형제 같아"(한강, 2007: 175).

"난 몰랐거든. 나무들이 똑바로 서 있다고만 생각했는데…… 이제야 알게 됐어. 모두 두 팔로 땅을 받치고 있는 거더라구. 봐, 저거 봐, 놀랍지 않아? (…). 모두, 모두 다 물구나무서 있어 (…). 어떻게 내가 알게 됐는지 알아? 꿈에 말이야, 내가 물구나무서 있었는데…… 내 몸에서 잎사귀가 자라고, 내 손에서 뿌리가 돋아서…… 땅속으로 파고들었어. 끝없이, 끝없이…… 사타구니에서 꽃이 피어나려고 해서 다리를 벌렸는데, 활짝 벌렸는데……"(한강, 2007: 179~180).

"나, 내장이 다 퇴화됐다고 그러지, 그치 (…). 나는 이제 동물이 아니냐 언니 (…). 밥 같은 거 안 먹어도 돼. 살 수 있어. 햇빛만 있으면 (…) 이제 곧, 말도 생각도 모두 사라질거야. 금방이야"(한강, 2007: 186~187).

"비에 녹아서…… 전부 다 녹아서…… 땅속으로 들어가려던 참이었어. 다시 거꾸로 돋아나려면, 그렇게 할 수밖에 없거든"(한강, 2007: 195~196).

착란과 망상에 근접한 저 진술들 속에서, 우리는 영혜를 이끌고 가는 변신의 방향성, 존재의 정향(orientation)을 명확히 읽을 수 있다. 그것은 인간임을 스스로 비워 내려는 제스처이다. 그것은 다른 생명체의 살을 먹어야 생존할 수 있는 인간의 필연성을 스스로 제거하고 독립영양생물인 나무로 퇴행하려는 '불가능한' 몸짓이다. 비에 다 녹아 버리겠다는 죽음 충동이다. 이를 지켜보는 독자들은 영혜를 몰아가는 저 자기-비움의 철저함과 가차 없음에 충격을 받게 된다. 영혜가 수행하는 자기-비움은 더 강화된 자기를 만들기 위해 잠시 후퇴하는 명상이나 종교적 수행이 아니라, 자기의 완전한 사라짐을 향해 가는 기독교적 케노시스를 연상시킨다. 케노시스란 무엇인가?

주지하듯, 케노시스 개념의 기원은 유대교 카발라 창조론에서 찾을 수 있다(몰트만, 2003: 89~107). 이에 의하면, 창조는 축소(Zimzum)라는 신학적 모티프를 핵심으로 한다. 짐줌은 세계의 창조가 신의 확장이 아니라 반대로 신의 사라짐, 은거, 퇴각이라고 이해하는 논리다. 신은 자신이 창조한 세계에서 물러나 테히루(Tehiru)라 불리는 하나의 점 속으로 응축해 들어간다. 자기를 비우고 자신의 힘을 스스로 제한하는 것이다. 환언하면, 카발라 창조론에서 신은 전능한 존재가 아니라, 자신의 전능을 스스로 삭감시키는 케노시스적 존재로 설정되고 있다(Scholem, 1973: 261~282).

이 용어는 기독교 신학에서, 신이 인간으로 육화되어 온 강생(降生)과 십자가형이라는 테마를 통해, 예수의 행적과 긴밀하게 연결된다. 빌립보서에는 이와 연관된 중요한 근거가 등장한다. 즉, "그는 근본 하나님의 본체시나 (…) 오히려 자기를 비워 종의 형체를 가져"(빌립보서, 2: 6~8)라는 구절에 나오는 '비우다'라는 동사의 희랍어 '케노오($\kappa\varepsilon\nu\acute{o}\omega$)'가 그것이다. 이 단어의 명사형이 바로 케노시스다. 즉, 기독교의 신 역시 신적 존재성을 스스로 삭감하고 버린 채 육체의 욕망과 상처와 고통을 느끼는 인간으로 하강한다. 그리고 그 인간의 삶 중에서도 가장 처참하게 버려진 자리인 십자가에 못 박혀 죽는다.

이런 관점에서 우리는 영혜의 존재론적 운동을 인간이 자신의 인간성을 비워 (기존의 존재 위계에서 인간보다 낮은 것이라 여겨진) 비인간 생명체의 높이로 내려가는 자기-비움을 그 본질로 하고 있음을 알 수 있다. 영혜는 17세기 근대 유럽철학이 인간의 본질로 상정한 코나투스(conatus)의 원리와 정면으로 대립하는 또 다른 존재론적 원리를 좇고 있는 것이다(김홍중, 2024:

335~345). 자기 보존과 확장을 추구하는 코나투스적 인간과 반대로, 영혜에게 자기(自己)는 지워야 할 대상이다.

그녀는 인간이기를, 동물이기를, 더 나아가 존재이기를 거부한다. 그리하여 소설이 전개될수록 인간성과 동물성은 함께 희박해지고, 그녀는 점진적으로 죽음의 지평을 향해 나아간다. 음식, 링거, 심지어 튜브를 통한 미음 공급까지 필사적으로 거부한 채 탈수 증상을 보이고, 몸무게는 30킬로그램 이하로 떨어져 모든 이차 성징을 상실한 "기이한 여자아이의 모습"(한강, 2007: 183)으로 퇴행한다. 그러나 그녀는 생존 대신 차라리 죽음을 받아들이는 길을 택한다. 여러 선행 연구들은 이러한 영혜의 모습에서 남성 중심적이고 반(反)생태적인 문명의 규범과 질서에 저항하는 주체성을 읽었다(이귀우, 2011; 김아름, 2023; 김명주, 2020).

그런데, 주목해야 하는 것은 영혜의 저항이 외적 세계를 향해 있을 뿐 아니라 궁극적으로는 자기 자신의 존재를 이루는 인간성의 구조에까지 이르고 있다는 사실이다. 영혜는 "먹는다는 것에 대한 절대부정"(한귀은, 2008: 8)과 "'탈(脫)포식자'를 향한 몸부림"(오정란, 2016: 184) 속에서 "더 이상 인간이라는 종에 속하기를 거부하는"(한강, 2007: 12~13) 격렬한 의지를 드러내고 있다. 영혜의 저항은 사회정치적 투쟁보다 더 깊은 수준에서 전개되고 있다. 그녀는 힘을 증강해 (강력한 행위자로서) 세계와 맞서는 대신, 자기-소멸과 자기-삭제를 통해서 (취약하고 무기력한 존재로서) 저항을 수행한다. 초인적 상승이 아니라 인간 이하로의 하강이다.

그러나 바로 이 거세고 절박한 자기-삭제가 역설적으로 가장 극렬한 저항의 형식이 된다. 영혜의 저항이 이러한 케노시스의 형태를 띨 수밖에 없는 이유는 분명하다. 영혜는 "다른 생물을 죽여야만 생명을 유지할 수 있다는 점에서 인간으로서 생명을 유지한다는 것 자체에 죄책감"을 느끼고 있기 때문이다(조윤정, 2017: 7). 영혜를 괴롭히는 근본적인 문제는 자신이 인간이라는 사실 그 자체인 것이다. 인간이라는 존재에 내재하는 가해성(加害性), 존재한다는 것이 그 자체로 타자의 죽음을 요청한다는 사실에 대한 자책감.

이처럼 자신이 인간이라는 사실 그 자체가 문제라면 우리는 어떻게 살아야 하는가? 한강의 『채식주의자』는 묻는다. 그것은 인간 존재의 변화, 즉 너무나 근본적이기 때문에 근대 문명의 사고 도식을 가진 사람에게는 부조리하거나 불가능하거나 그저 병리적인 것으로밖에는 보이지 않을 어떤 총체적 변성(變成)을 요청하는 것이 아닐까? 동물의 살을 먹을 수 있는 인간의 권리 자체를 버리는 것, 인간적 힘의 행사를 포기하는 것, 인간 존재의 본성이라 여겨 온 '코나투스'를 스스로 삭감하고 비인간 생명체들과 공존 가능성을 사고하고 실천하는 것, 자본주의적 욕망 바깥으로 탈주하는 것, 인간성의 자기-비움, 인간 능력과 권력의 자기-비움, 그래서 나무의 수준으로 강생하는 것, 내려가는 것이 아닐까?

7. 인류세 영성

한강이 『채식주의자』 연작을 집필한 시기는 2002년 겨울부터 2005년 여름까지이다(한강, 2007: 245). 그 불과 몇 해 전인 2000년, 노벨상 수상자 폴 크뤼첸(Paul Crutzen)과 그의 동료 유진 스토머(Eugene Stoermer)는 이후 다양한 영역에 심대한 파장을 일으킬 용어인 '인류세(Anthropocene)'를 제안했다(Crutzen and Stoermer, 2000: 17~18).

이 개념은 약 1만 1,700년간 지속된 것으로 알려진 충적세(Holocene)를 대체하는 새로운 지질학적 시대를 가리키며, 인간을 뜻하는 'anthropos'와 새로움을 의미하는 'kainos'를 결합한 신조어다. 그 후 인류세 담론은 자연과학, 인문학, 사회과학을 넘어 문학과 예술에까지 퍼지면서, 우리 시대의 "생태-존재론적 긴급 상태"(김홍중, 2025: 25)를 드러내는 강력한 의제로 부상했다. 인류세 담론이 남긴 충격은 다면적이지만, 그 핵심은 다음 세 가지 명제로 요약될 수 있다.

첫째, 인류세의 도래와 함께 그간 주로 사회적 차원에서 규정되던 '시대(epoch)' 개념이 행성 전체의 시간성으로 확장되었다. 주지하듯, 20세기 철학과 사회학은 포스트모던, 세계화, 액체화, 위험사회, 후기 근대 등 다양한 개념을 고안해 각기 자기시대를 규정해 왔다. 그러나 인류세가 드러내는 것은 근본적으로 대기, 물, 토양, 비인간 생명체, 물질을 포괄하는 가이아의 시간이다. 인류세는 더 이상 사회의 시간만으로는 인간의 삶을 설명할 수 없다는 사실을 폭로한다(Chakrabarty, 2009).

둘째, 인류세의 도래는 근대 자본주의의 외부적 한계를 드러낸다. 자본주의를 떠받쳐 온 물질적 자원의 총체, 곧 행성 지구의 물리적 한계가 그것이다. 근대적 이념으로 기능해 온 진보와 발전에 대한 믿음은 이제 허구적이며 환상적인 이데올로기가 되었다. 이와 반대로 인류세 담론은 머지않은 미래에 전대미문의 행성적 파국이 도래하리라는 사실을 공표한다. 이는 우리가 성장주의적 세계관을 넘어서 "파국주의적 전환"(김홍중, 2025: 92)을 행해야 할 필요성을 역설한다.

셋째, 인류세는 그 이름이 암시하듯 인간 존재 그 자체에 대한 근본적 문제 제기를 내포한다. 21세기 인류가 맞닥뜨린 생존 위기의 근원은 근대 자본주의 문명과 그 문명이 산출한 인간 주체성의 형식에 있다. 자본주의적이며 자유주의적인 근대인은 무한 축적을 지향하는 코나투스에 추동되며, 외부 세계와 절연된 자기 충족적 개체로 표상된다. 이 개체는 외부 세계를 소유하고 정복하는 존재로 규범화되었다. 그러나 아이러니하게도, 이러한 인간 모델의 보편화가 가져온 것은 인간이 생존할 수 있는 생태적 조건의 파괴였다. 이로부터 새로운 존재론적 원리인 "케노시스적 모델(kenotic model)"의 필요성이 도출된다(Guess, 2023). 케노시스적 모델의 현실성은 윤리적이거나 신학적인 담론에 국한되지 않는다. 인류세에 접어들어 우리는, 생태를 파괴하는 주요한 행위자가 된 인간이 스스로의 코나투스적·자본주의적·추출주의적 행위 구조를 변화시키지 않는다면, 자멸의 위험에 처해 있다는 사실을 자명하게 깨닫고 있기 때문이다.[6]

물론 『채식주의자』가 인류세 담론을 직접적으로 반영하고 있는 것은 아니다. 하지만, 노벨상을 수상한 과학자 유진 스토머와 노벨상을 수상한 소설가 한강이 유사한 시기에 유사한 방식으로 우리가 살아가는 시대의 실재를 포착해 들어가고 있다는 사실은 의미심장하다. 앞서 언급한 것처럼, 스토머는 인간 행위에 의해 일어난 지구 시스템의 근본적 변화를 진단하면서 세계가 이제 전례 없는 지질학적 시대(인류세)로 접어들었음을 선언했다. 이 선언은 인간 행위의 어떤 부분이 그처럼 거대한 파괴력을 발휘하는 결과를 가져왔는지 냉정하게 되돌아볼 것을 강제한다.

---

6 가령, 우리는 탈성장 담론에서 경제적 삶 전체의 케노시스를 요청하는 시대적 목소리를 듣는다(라투슈, 2014). 이를 잘 보여 주는 사례가 사이토 고헤이(斎藤幸平)다. 그는 인류세의 기후 파국에 대응하기 위해, 마르크스 사상의 재해석을 경유하여, '감속주의(deaccelerationism)' 혹은 탈성장 코뮤니즘을 대안으로 제시한다(사이토 고헤이, 2020: 297). 사이토에 따르면 기후 파국을 극복하기 위한 핵심은 "미래를 위한 자기 억제"의 실천에 있다(사이토 고헤이, 2020: 273). 나아가 오늘날 혁명적 행위란 바로 이러한 자기 억제를 자발적으로 선택하는 것에 달려 있다고 그는 주장한다(사이토 고헤이, 2020: 274). 여기서 탈성장의 사상은 경제적 케노시스라고 불러도 무방할 것이다.

반면 한강은 생태 파괴를 정치적으로 고발하지도 않고, SF에서처럼 묵시록적 재난 서사를 펼치거나 포스트-아포칼립스의 황무지를 제시하지도 않았지만, 영혜라는 인물의 존재론적 회심에 천착하면서 인류세의 인간에게 일어날 수 있는 가장 근원적인 변화를 그려냈다. 그것은 한 여성이 자신의 인간성을 비워 내고 삭제함으로써, 자신이 속한 인류가 비인간 생명체들에게 행사해 온 폭력성과 가해성을 고통스럽고 착잡한 방식으로 정화해 가는 과정으로 나타난다. 즉, 영혜는 타자를 죽이고 그 살을 소비함으로써 자신의 존재를 보존·강화·확장하는 코나투스적 인간의 삶이 정의로운 것인지, 정당화될 수 있는 것인지를 묻는다.

한강이 창조한 영혜라는 인물은 극단적 자기-비움과 자기-삭제를 수행하면서 존재의 극점을 향해 간다. 바로 이런 점에서 영혜는 인간이 중심이 되는 시대를 벗어나 그 이후 도래할 미래의 문명으로 한 발을 내딛는다. 그런데, 그녀가 도달할 그 문명이 아직 구체적 형상을 띠지 않았기에, 우리는 그것을 실감할 수도, 쉽게 상상할 수도 없다. 여전히 인간 중심적 사고 속에 있는 우리에게 영혜가 던지는 메시지는 부조리하고, 이해할 수 없으며, 위험한 목소리로 다가온다. 영혜는 단호히 결별한 과거와 아직 도래하지 않은 세계 사이에서 두 힘의 충돌을 온몸으로 겪어 내며, 존재 자체로 그 충돌을 견디고 있다.

영혜는 말한다. 우리는 다른 존재가 되어야 한다. 우리를 이루는 타자들의 얼굴을 응시해야 한다. 우리는 우리 아닌 것으로 변화해야 한다. 인간의 권리와 능력을 내려놓아야 한다. 그런 자기-삭제를 통해서만 우리는 다른 문명으로 나아갈 수 있다. 자신은 한계 가까운 곳으로 이동하는 무모한 몸짓 속에서 소멸하겠지만, 그래서 자신의 시대 횡단은 실패로 끝나겠지만, 당신들은 그 실패를 이어 가며 시대 횡단의 새로운 길들을 열어야 한다.

영혜라는 징후는 이렇게 20년 전의 한국 사회에 새로운 윤리적 섬광으로, 그리고 명령하는 목소리로 도래했다. 『채식주의자』는 어두운 메시아의 수난을 그린 복음서다. 남편과 형부, 언니는, 신약의 복음서가 그러하듯 공관적으로(synoptically), 자신들이 목격한 시대 횡단자를 증언하고 있다. 하지만, 그녀가 가져온 복음은 인간을 위한 것이 아니라, 인간/비인간의 구분이 폐기된 미래적 문명의 주체들을 위한 것이다. 이제 우리가 기다리는 것은 그 복음이 시차를 두고 퍼져 가며 태어날 새로운 영혜들의 이야기, 곧 '생태적 사도행전'이다.

사도행전은, 죽고 실패한 메시아의 뜻이 바람처럼 사람들의 마음으로 옮겨져, 모두가 저마다의 자리에서 메시아의 존재론적 여정(수난)을 각자의 방식으로 반복하는 집합적 주체성의 탄생을 그리는 이야기다. 『채식주의자』의 결말은 바로 텍스트의 외부인 현실 세계에서 새로운 영혜들이 탄생하게 될 사건을 예고하는지도 모른다. 실제로 지난 20년간 한국 사회에서 우리는 페미니즘 리부트, 생태적 전환, 동물권 운동, 비거니즘, 그리고 미래와 타자에 대한 점증하는 성찰과 자기-비움의 다양한 실험들을 목격해 왔다. 발전주의적 유산이 강력하게 잔존해 있는 상황에서도, 당대의 사회 시스템과 지배적 가치에 저항하면서 자본주의 너머, 탄소문명 너머, 인간 중심주의 너머로 나아가려는 시대 횡단적 주체들이 등장했다.

이들의 목소리, 운동, 철학이 한국 사회의 주류적 가치라고 말할 수는 없다. 그러나, 이 움직임은 인류세 생태 파국이라는 부정할 수 없는 현실을 건너가려는 필사적인 몸부림이다. 이들은 아직도 근대적 정신 속에서 살아가는 자들과 대립하면서, 아직 오지 않았으며 또한 그것이 도래할 수 있을지 결코 자명하지 않은 미래의 생태 문명 쪽으로 발걸음을 옮겨 가고 있다. 저들 역시 영혜와 같은 시대 횡단자들이다. 영혜는 한강 소설의 내부에 상상적으로 존재하는 캐릭터에 불과한 것이 아니라, 우리의 현실에서 생성되는 주체성들의 어떤 극한(limit)을 드러내는 징후인 것이다.

참고문헌

김명주. 2020. 「한강의 『채식주의자』에서 피, 섹스, 나무 이미저리 다시 읽기」. ≪인문학연구≫, 59(4).
김아름. 2023. 「결핍과 (불)가능성으로 직조된 아브젝시옹의 문제: 한강의 『채식주의자』 문체연구」. ≪동남어문논집≫, 1(56).
김예림. 2008. 「'식물-되기'의 고통 혹은 아름다움에 관하여」. ≪창작과비평≫, 36(1).
김홍중. 2023. 「미래의 악마적 힘. 구로자와 아키라와 벨라 타르의 종말론」. ≪서울리뷰오브북스≫, 9.
김홍중. 2024. 『서바이벌리스트 모더니티』. 이음.
김홍중. 2025. 『가까스로-있음. 브뤼노 라투르와 파국의 존재론』. 이음.
나선혜. 2018. 「한강 소설에 나타난 생태학적 양상 고찰」. ≪한국문예비평연구≫, 57.
들뢰즈, 질(Deleuze, Gilles). 1997. 『프루스트와 기호들』. 서동욱·이충민 옮김. 민음사.
들뢰즈, 질·과타리, 펠릭스(Félix Guattari). 2001a. 『카프카』. 이진경 옮김. 동문선.
들뢰즈, 질·과타리, 펠릭스. 2001b. 『천개의 고원』. 김재인 옮김. 새물결.
라투슈, 세르주(Serge Latouche). 2014. 『탈성장 사회』. 양상모 옮김. 오래된생각.
몰트만, 위르겐(Jürgen Moltmann). 2003. 『과학과 지혜』. 김균진 옮김. 대한기독교서회.
버틀러, 주디스(Judith Butler)·보름스, 프레데리크(Frederic Worms). 2024. 『살 만한 삶과 살 만하지 않은 삶』. 조현준 옮김. 문학과지성.
보그, 로널드(Ronald Bogue). 2003. 『들뢰즈와 문학』. 김승숙 옮김. 동문선.
부르디외, 피에르(Pierre Bourdieu). 1999. 『예술의 규칙』. 하태환 옮김. 동문선.
사이토 고헤이(斎藤幸平). 2020. 『지속불가능 자본주의』. 김영현 옮김. 다다서재.
소바냐르그, 안(Anne Sauvagnargues). 2009. 『들뢰즈와 예술』. 열화당.
신샛별. 2016. 「식물적 주체성과 공동체적 상상역. 『채식주의자』에서 『소년이 온다』까지, 한강 소설의 궤적과 의의」. ≪창작과비평≫, 44(2).
심진경. 2018. 「변신하는 주체와 심리적 현실로서의 환상. 한강의 『채식주의자』를 중심으로」. ≪세계문학비교연구≫, 65.
오은영. 2017. 「한강의 『채식주의자』. '나'로부터의 탈출은 가능한가?」. ≪세계문학비교연구≫, 59.
오정란. 2016. 「한강 『채식주의자』의 언어기호론적 해석」. 『인문언어』, 18.
윤경희·한강. 2015. 「수상작가 인터뷰. 연하고 깨끗한, 막연하나 이끄는」. 『제15회 황순원문학상 수상작품집』. 문예중앙.
이귀우. 2011. 「음식 소비와 (여)성. 한강의 '채식주의자'의 바틀비적 저항」. ≪여성연구논총≫, 26.
이혜경·한강·차미령. 2013. 「간절하게, 운명을 향하여」. ≪문학동네≫, 74.
자케, 샹탈(Chantal Jaquet). 2024. 『계급횡단자들 혹은 비-재생산』. 류희철 옮김. 그린비.
정미숙. 2008. 「욕망, 무너지기 쉬운 절대성. 한강 연작소설 『채식주의자』의 욕망분석」. ≪코기토≫, 64.
조윤정. 2017. 「한강의 『채식주의자』에 나타나는 인간의 섭생과 트라우마」. ≪인문과학≫, 64.
조창오. 2025. 「폭력의 위기와 그 대응: 한강 소설의 폭력론」. ≪철학논총≫, 119.

한강. 2007. 『채식주의자』. 창작과비평.
한강. 2010. 『바람이 분다, 가라』. 문학과지성.
한강. 2011. 『희랍어 시간』. 문학동네.
한강. 2012. 『노랑무늬영원』. 문학과지성.
한강. 2013. 『서랍에 저녁을 넣어 두었다』. 문학과지성.
한강. 2018. 『내 여자의 열매』. 문학과지성.
한강. 2025. 『빛과실』. 문학과지성.
한귀은. 2008. 「외상의 (탈)역전이 서사. 한강의 『채식주의자』 연작에 관하여」. ≪배달말≫, 43.
Butler, Judith. 1997. *The Psychic Life of Power*. Stanford, California. Stanford University Press.
Charkrabarty, Dipesh. 2009. "The Climate of History. Four Theses." *Critical Inquiry*, 35.
Crutzen, Paul J. and Eugene F. Soermer. 2000. "The 'Anthropocene'". The International Geosphere-Biosphere Programme(IGBP) Newsletter 41.
Deleuze, Gilles. 1967. *Présentation de Sacher-Masoch*. Paris. Minuit.
Deleuze, Gilles. 1993. *Critique et clinique*. Paris. Minuit.
Deleuze, Gilles. 2002. *Francis Bacon. Logique de la sensation*. Paris. Seuil.
Goldmann, Lucien. 1959. *Dieu caché*. Paris. Gallimard.
Goldmann, Lucien. 1986. *Pour une sociologie du roman*. Paris. Gallimard.
Guess, Deborah. 2023. "Climate, Covid, and the Kenotic Model". *St Mark's Review*, 264.
Latour, Bruno. 2005. *Reassembling the Social*. Oxford. Oxford University Press.
Lévinas, Emmanuel. 1982. *Éthique et infini*. Paris. Fayard.
Scholem, Gershom. 1973. *Les grands courants de la mystique juive*. Paris. Payot & Rivages.
Tynan, Aidan. 2012. *Deleuze's Literary Clinic. Edinburgh*. Edinburgh University Press.

찾아보기

ㄱ

가치관 54, 55, 64, 67, 69, 70, 73~78, 87, 88, 89, 92
개인주의 293, 296, 301, 304, 307, 308
개인화 54, 68, 70, 71, 74~82, 86, 88~93
개인화된 네트워크 사회 70, 77, 82
개입 양식 116, 123
거대한 전환 32, 34
계급·계층 재생산 68, 69
계층이동의 신화 313, 320, 334, 335
계층 재생산 313, 325, 326, 328, 330
공업 사회 56, 78
공적개발원조 165, 178
공정 67~69, 76
구별 짓기 72
구조적 계층이동 316, 319
국가 체제 99, 101, 111~113, 119
국가 프로젝트 112, 118, 119, 123
국민국가 136, 137
균형 국가 98, 99, 105~108, 111~124
그린 전환 12, 14
극우주의 147, 148, 152~154, 156
근대성 162, 172, 173, 175, 178

근대성의 위기 14, 16
글로벌 노스 160~164, 167~189
글로벌 사우스 160~164, 166~189
기본적 필요 170, 171
기술의 지능화 264, 278
기후변화 26, 27, 30, 31
기후 위기 47~51, 57, 58, 75, 91, 92

ㄴ

낭만적 사랑 286, 287, 290~292, 300~306
내재적 비판 155
노동 269, 271, 272, 274~276, 278, 280
노동시장의 개인화 52, 64, 66, 67, 71, 78, 81, 86, 89
노동의 소외 278
노동 통합 232, 238, 241
녹색계급 121
누적된 이익과 불이익 333, 334
능력주의 68, 69, 73, 76

ㄷ

다세대 계층 이동 329~332
다중 세계 163, 171~175, 177, 178,

181, 184, 185
대인 관계 49, 54, 83~87, 89, 93
대표 양식 115, 123
돌봄 노동 280
디지털 전환 12, 14

ⓜ
문화자본론 324, 325
민족 129, 131~133, 137~141, 143, 144, 147, 150, 151, 153, 156
민족주의 132, 133, 136~140, 142, 143, 147~151, 153, 156

ⓑ
발전주의 197, 199, 200, 203, 204
변증법 153, 155
부르디외, 피에르(Pierre Bourdieu) 313, 315, 323~326, 328
불평등 159~162, 165~172, 175, 178, 179, 186~189
비인간 115, 116, 119, 122, 123

ⓢ
사색적 삶 275
사회기술적 상상 197
사회적 기반 112, 118, 119, 121~123
사회적 통합 228, 229, 232, 234~243, 245~247, 249~252, 254~256

사회정의 159, 162, 168, 175, 177, 178
사회조직화 231~233, 235, 237, 239, 243, 247, 248, 252
사회질서 조직화 230, 231
사회 통합 228~235, 237, 238, 240, 243, 244, 246, 248, 250, 251
산업 전환 49, 58
생태 사회주의 169
생태 위기 47, 49~52, 58, 70, 91
생태 전환 49, 54, 58, 73, 74, 77, 92
성장 사회 14, 16~18, 20~22, 31, 41, 42
성장주의 99, 109, 110, 112, 114, 119~121, 124
세계 체제론 162
소비사회 48, 55, 71, 87
시대 횡단 338, 339, 344, 348, 349, 370, 371
식민성 162, 167, 173, 175, 178
신자유주의 229, 232, 239~243, 245~247, 250

ⓞ
아노미 285, 296, 301
아렌트, 한나(Hannah Arendt) 271, 278
압축적 개인화 301

에너지 전환 49, 54, 58, 73
에코 아비투스 315, 323, 326~328
역량 접근법 168
영풍석포제련소 198, 200, 203, 212, 215, 216, 219, 222~224
위험사회 52, 56, 57, 75, 78, 79, 297, 308
의존성 293, 294, 303, 305, 306, 308
이성애 287, 302
이중 전환 13, 14
인간 중심주의 340, 371
인격적 관계 77, 79, 84, 88
인류세 367~371
인정 229, 235, 237, 238, 244, 247, 251, 252, 254~256
인터넷 부족주의 81, 82, 87

Ⓩ
자기 결정 229, 230
자기실현 229~231, 233, 235, 236, 238, 239, 246, 247
자본주의 국가 99, 100, 109, 114
자본주의 전환 13
자유주의 284, 286, 289, 293~296, 298, 301, 307~309
자유-지상주의 53, 75
작업 269, 271, 272, 274~276, 278, 280

재귀적 현대화 52, 56, 59, 78, 79
저발전 162, 164, 167, 173
접합 양식 112, 113, 123
제3세계 160, 164, 166, 167
제솝, 밥(Bob Jessop) 102, 104, 112
종속 이론 162, 165, 167, 170
종족 민족주의 147, 153~156
주권 130, 131, 136, 138
지속가능발전 170, 181, 185, 186, 189
지속가능한 사회 14
지식·정보·서비스 사회 59, 66, 87
지연된 효과 332, 333

ⓒ
『채식주의자』 339, 341, 344, 345, 348, 349, 352, 353, 355, 356, 361, 367, 369, 371
체계 전환 57, 85, 92
체계 통합 228, 229, 232, 234~237, 239~241, 243~246, 248~251, 255, 256
추출주의 196~220, 224, 225
친밀성 286, 289, 304~307

ⓚ
케노시스 361, 365, 366, 369

ⓔ

탈물질주의 53, 55, 56, 74, 75
탈성장 47, 48, 51, 57, 74, 159, 161~163, 167~171, 175~181, 183, 184, 188, 369
탈식민주의 162, 165, 175
탈인격적 네트워크 54, 81, 82
탈-자본주의 57
탈주체화 351~353, 355, 356

ⓟ

파편화 54, 66, 67, 71, 75, 77~82, 86, 88~93
페미니즘 289, 291, 300, 305
포스트 구조주의 165
포스트 발전 163, 164, 166, 171~179, 181, 182, 184~190
포스트 성장 48~52, 54, 55, 58, 59, 70, 71, 74, 76, 77, 79, 82~86, 88, 89, 91, 93, 159~164, 167~172, 174~182, 184~186, 188~190, 315, 320~326, 328, 334, 335
포스트 성장 사회 12, 16, 38, 39
포스트 식민주의 161, 164, 165
포스트-추출주의 199, 219, 223, 224, 225
포퓰리즘 148, 149, 154
플랫폼 자본주의 49, 60, 64, 66, 82

ⓗ

한강 339, 340, 345~348, 352, 353, 361, 362, 367, 369~371
행위 271, 272, 278
헤게모니적 비전 112, 118~121, 123
혼종성 163, 172, 174, 176~178, 181, 184
환경정의 199, 211, 214, 221~224
활동적 삶 269, 271, 276, 280
후기 자본주의 55, 75
희생지대 198, 205~207, 209, 216, 218, 219, 221~225

지은이

임운택

계명대학교 사회학과 교수이며, 2025년 한국사회학회 회장이다. 비판사회학회 회장, 대통령직속 정책기획위원회 국민성장분과 부위원장과 경제인문사회위원회 기획평가위원을 역임했다. 주요 연구분야는 노동사회학, 정치경제학, 사회 이론이다. 최근에는 디지털 자본주의에 대한 사회학 및 정치경제학적 분석, 디지털 전환 및 인공지능과 노동의 변화, 포스트 성장과 노동의 미래에 관한 주제로 연구하고 있다. 디지털 자본주의의 이중 전환에 기반을 둔 포스트 성장 사회 모델을 통해 성장 이데올로기에 대한 단순한 비판을 넘어, 사회경제의 지속가능성, 재생산, 복지, 민주적 참여를 중심으로 한 새로운 사회적 계약의 수립에 주된 관심을 가지고 있다.

정태석

전북대학교 일반사회교육과 교수이다. 한국 사회의 사회 갈등과 양극화 해결 방안 연구, 사회 이론에서 환원주의 경향들에 대한 비판적 연구 등을 진행하고 있다. 저서에 『기든스의 "제3의 길" 읽기』(2022), 『한국인의 에너지, 평등주의』(2020) 등이 있다.

지주형

경남대학교 사회학과·경영학부 교수이고 같은 학교 K-민주주의연구소 부소장이다. 현대 자본주의, 국가, 지리적 불균등 발전, 정치·경제위기 등을 연구하고 있다. 저서에 『한국 신자유주의의 기원과 형성』, 역서에 『국가론: 국가의 형성에 미래의 추세까지』 등이 있다.

권오용

한양대학교 사회학과를 졸업하고 독일 하노버 대학교 사회학과에서 박사학위를 취득했다. 사회 이론, 역사사회학, 정치사회학, 사회심리학 등을 전공했으며 비판 이론의 이데올로기 비판에 기초하여 현대사회 파편화된 개인을 집단으로 묶어 내는 정신적 구조물에 관심을 두고 있다. 현재 충남대학교에서 사회학을 강의하고 있다. 대표 연구논문으로 「인간 존엄 실현의 구체적 기반으로서 비판이론적 노동개념」(2022), 「현대사회연구에서 서구 마르크스주의와 비판이론의 함의」(2023), 저서로 『혐오 이론 2: 학제적 접근』(공저, 2023), 역서로 『과도한 부』(2021) 등이 있다.

김태균

서울대학교 국제대학원 교수이자 동 대학 아시아-아프리카센터 센터장이다. 글로벌 사우스, 국제개발, 국제정치사회학, 글로벌 거버넌스 등을 연구하고 있다. 저서에 『반등 이후: 글로벌 사우스의 국제정치사회학』(2023) 등이 있고, 편저에 *Asianization of Asia*(2024) 등이 있다.

백영경

제주대학교 사회학과 교수이다. 문화인류학/과학기술학자. 여성 건강, 역사적 기억, 그리고 사회적 고통의 문제에 대해 꾸준히 연구해 왔다. 최근에는 기후 위기와 같은 재난의 시대에 '돌봄'과 '커먼즈'가 어떻게 망가진 우리의 삶을 지탱하고 '수선'할 수 있는지 주목하며 연구를 이어 가고 있으며, 평등하고 자유로운 관계와 생태적인 삶이 모두의 건강한 삶에 직결된다고 믿는다. 저서에 『다른 의료는 가능하다』(2020, 공저), 『프랑켄슈타인의 일상: 생명공학시대의 건강과 의료』(2008, 공저), 『여성운동 새로 쓰기』(2008, 공저) 등 다수가 있다.

김주환

동아대학교 융합대학 교수로 있고 주요 연구분야는 사회이론, 문화, 정책이다. 사회 변동을 체계 통합 원리와 사회적 통합 원리의 긴장과 충돌이라는 관점에서 접근하는 이론적 연구를 지속해 왔고 최근에는 사회의 물화와 그 비판을 노동, 생명, 언어의 축으로 나누어 접근하면서 종합하는 연구를 수행하고 있다.

김연철

부산대학교 사회과학연구원 SSK '느린재난' 연구 팀의 전임연구원이다. 과학기술사회학을 전공하고 기술혁신과 사회 변화의 문제를 연구하고 있다. 특히, 정보 기술 및 인공지능의 문제와 디지털 사회학에 대한 연구에 집중하고 있다.

홍찬숙

서울대학교 여성연구소 객원연구원이다. 전공 영역은 울리히 벡, 니클라스 루만, 신유물론 등 현대 사회학 이론과 젠더 사회학이다. 울리히 벡의 개인화 이론을 한국 사회에 맞게 재해석하여 『젠더 갈라치기 정치』, 『한국 사회의 압축적 개인화와 문화변동』(세종도서 학술부문), 『개인화: 해방과 위험의 양면성』(대한민국학술원 우수학술도서)을 저술했다. 『자기만의 신』 등 울리히 벡의 여러 저서를 번역했고, 『울리히 벡 읽기』 등의 해설서를 출판했다. 그 외 여러 공저가 있다. 2023년부터 부산대학교 사회과학연구원 SSK '느린재난' 연구 팀의 공동연구원으로 활동하고 있다.

최샛별

이화여자대학교 사회학과를 졸업하고, 예일 대학교에서 사회학 석사·박사학위를 받았다. 현재 이화여자대학교 사회학과 교수로 재직 중이다. 사회현상은 문화의 프리즘으로, 문화 예술은 사회학의 프리즘으로 분석하기를 즐기며, 연구와 강의를 하고 있다. 『문화사회학으로 바라본 한국의 세대 연대기』, 『예술의 사회학적 읽기』, 『문화사회학으로의 초대』, 『현대문화론』, 『문화분석』 등 100여 편의 책과 논문을 쓰고 옮겼다.

김홍중

서울대학교 사회학과 교수이다. 서울대학교 사회학과와 동 대학원을 졸업하고 프랑스 파리 사회과학고등연구원(EHESS)에서 박사 학위를 받았다. 전공 분야는 사회이론과 문학, 예술, 문화사회학이다. 저서에 『마음의 사회학』(2009), 『사회학적 파상력』(2016), 『은둔기계』(2020), 『서바이벌리스트 모더니티』(2024), 『세계에 대한 믿음』(2024), 『가까스로-있음: 브뤼노 라투르와 파국의 존재론』(2025) 등이 있다.

한울아카데미 2622
포스트 성장 시대와 사회학의 과제

ⓒ 임운택·정태석·지주형·권오용·김태균·백영경·김주환·김연철·홍찬숙·최샛별·김홍중, 2025

지은이 **임운택·정태석·지주형·권오용·김태균·백영경·김주환·김연철·홍찬숙·최샛별·김홍중**
펴낸이 **김종수**
펴낸곳 **한울엠플러스(주)**
편　집　**배소영**

초판 1쇄 인쇄 2025년 12월 10일
초판 1쇄 발행 2025년 12월 17일

주소 10881 경기도 파주시 광인사길 153 한울시소빌딩 3층
전화 031-955-0655
팩스 031-955-0656
홈페이지 www.hanulmplus.kr

등록번호 제406-2015-000143호
Printed in Korea.

ISBN 978-89-460-7622-8 93300 (양장)
　　　 978-89-460-8416-2 93300 (무선)

※ 가격은 겉표지에 표시되어 있습니다.
※ 무선제본 책을 교재로 사용하시려면 본사로 연락해 주시기 바랍니다.